Cascading Stylesheets

Dan Shafer ist Webdesigner und Autor von über 50 Büchern aus dem Bereich IT und Web. Im Laufe vieler Jahr hat er über 100 Websites entworfen und programmiert, unter anderem war er der erste Webmaster und technische Leiter von Salon.com sowie fünf Jahre lang der leitende Entwickler von CNETs Builder.com-Abteilung. Er gilt als anerkannter Fachmann für Design und Implementierung von modernen Websites und ist Gastgeber der jährlichen »Builder.com Live!«-Konferenz in New Orleans.

Kevin Yank entwickelte seine ersten Websites 1995, lange bevor er an der McGill University seinen Abschluss in Computer Engineering erhielt. Heute ist er Technical Content Director der australischen Website SitePoint.com, Redakteur der SitePoint Tech Times und ein anerkannter Fachautor. In diesem Buch arbeitete er als Fachredakteur mit dem Hauptautoren Dan Shafer zusammen. Im dpunkt.verlag erschien bereits die Übersetzung seines erfolgreichen Buchs »PHP und MySQL – Schritt für Schritt zur datenbankgestützten Website«.

Dan Shafer · Kevin Yank

Cascading Stylesheets

**Anspruchsvolle Websites mit CSS gestalten –
Grundlagen, Designtechniken und Referenz**

Übersetzt aus dem Amerikanischen von Thorsten Mücke und Wolfgang Tress

Lektorat: René Schönfeldt
Übersetzung: Thorsten Mücke und Wolfgang Tress, textico.de, Berlin
Copy-Editing: Ursula Zimpfer, Herrenberg
Herstellung: Peter Eichler, Eberbach
Umschlaggestaltung: Helmut Kraus, Düsseldorf
Druck und Bindung: Koninklijke Wöhrmann B.V., Zutphen, Niederlande

Bibliografische Information Der Deutschen Bibliothek
Die Deutsche Bibliothek verzeichnet diese Publikation in der Deutschen Nationalbibliografie; detaillierte bibliografische Daten sind im Internet über <http://dnb.ddb.de> abrufbar.

ISBN 3-89864-248-8

1. Auflage 2004
Copyright der deutschen Übersetzung dpunkt.verlag GmbH
Ringstraße 19b
69115 Heidelberg

Copyright © 2003 of the original work by SitePoint Pty. Ltd., Richmond, Australia.
Title of the English-language original: »HTML Utopia – Designing Without Tables Using CSS«.
ISBN 0-9579218-2-9. Translation Copyright by dpunkt.verlag GmbH. All rights reserved.

Die vorliegende Publikation ist urheberrechtlich geschützt. Alle Rechte vorbehalten. Die Verwendung der Texte und Abbildungen, auch auszugsweise, ist ohne die schriftliche Zustimmung des Verlags urheberrechtswidrig und daher strafbar. Dies gilt insbesondere für die Vervielfältigung, Übersetzung oder die Verwendung in elektronischen Systemen.

Es wird darauf hingewiesen, dass die im Buch verwendeten Soft- und Hardware-Bezeichnungen sowie Markennamen und Produktbezeichnungen der jeweiligen Firmen im Allgemeinen warenzeichen-, marken- oder patentrechtlichem Schutz unterliegen.

Alle Angaben und Programme in diesem Buch wurden mit größter Sorgfalt kontrolliert. Weder Autor noch Verlag können jedoch für Schäden haftbar gemacht werden, die in Zusammenhang mit der Verwendung dieses Buches stehen.

5 4 3 2 1

Vorwort der Übersetzer

Vor Ihnen liegt ein Buch mit fast 500 Seiten, die sich ausschließlich um Cascading Stylesheets drehen. Wozu das Ganze, mag sich manch einer fragen. Gibt es doch genügend HTML-Handbücher und Einführungen, die CSS kurz und knapp in einem Kapitel abhandeln.

Auch wir waren zunächst skeptisch, als wir die Originalausgabe mit dem Titel »HTML Utopia: Designing Without Tables Using CSS« zum ersten Mal in die Hand nahmen. Was sollte darin schon Neues stehen, wo sich seit der CSS2-Spezifikation im Jahre 1998 doch nicht mehr viel getan hat?

Noch ein Buch zu CSS?

Je weiter wir darin lasen, desto klarer wurde uns: CSS sind weit mehr als nur eine HTML-Erweiterung zum »Anhübschen« von Texten und Hintergründen. Es ist eine eigenständige Technik, die nicht nur von vielen Buchautoren, sondern auch in der Praxis immer noch stark unterschätzt wird. Viele Designer und Entwickler greifen zwar auf CSS zurück – so richtig verstanden haben es aber nur die wenigsten.

Setzt man CSS erst einmal konsequent ein, werden Designerträume wahr: Man kann sämtliche Elemente auf einer Webseite frei positionieren und beliebig gestalten, fast wie in einem DTP-Programm à la QuarkXPress oder Adobe InDesign. Unmöglich ist mit CSS fast nichts mehr, wenn man nur weiß, wie man sie richtig anwendet.

Designerträume werden wahr

Wie man sie richtig anwendet, zeigt Dan Shafer in den 13 Kapiteln zu CSS-Grundlagen und -Webdesign, die die erste Hälfte dieses Buchs ausmachen. Shafer gehört in den USA zu den bekanntesten Web-Entwicklern und hat viele Jahre lang führende Websites technisch geleitet. Als Entwickler und Autor war er auch maßgeblich an der Einführung von CSS beteiligt.

13 einführende Kapitel

Kevin Yank, selbst erfolgreicher Buchautor mit einem Titel zu PHP und MySQL, stand ihm bei diesem Buch als technischer Redakteur zur Seite und steuerte die umfangreiche Referenz der CSS-Eigenschaften bei.

Umfangreiche Referenz der CSS-Eigenschaften

Die Übersetzung

In der deutschen Übersetzung wurde der Stil des Originals nicht vollständig übertragen. Passagen, die bei einer direkten Übersetzung ausschweifend gewirkt hätten, wurden gestrafft, während Sachverhalte an anderen Stellen etwas detaillierter erklärt wurden. Das Buch ist dadurch im Endeffekt schlanker geworden und kommt an einigen Stellen schneller auf den Punkt.

Korrekturen und Aktualisierungen

Auch haben wir die Zeit seit dem Erscheinen der Originalausgabe genutzt und alle Fehler, die Shafer und einige andere CSS-Cracks gefunden haben, in der Übersetzung gleich mitkorrigiert. So mancher Sourcecode und Screenshot hat sich dadurch verändert und wird erst in dieser Ausgabe korrekt angezeigt. Überprüft wurden auch alle Links, so dass diese Angaben (zumindest kurz vor Drucklegung) allesamt korrekt sein sollten.

Deutsches Code-Archiv

Ebenfalls übersetzt wurde das Code-Archiv, das den CSS-Code und die Beispiel-Website enthält. Sie finden es auf der Webseite zum deutschen Buch unter http://www.dpunkt.de/buch/css.html.

Ein zusätzliches Kapitel

Mit Kapitel 11 »Verbessertes Spaltenlayout mit CSS« finden Sie in der deutschsprachigen Ausgabe außerdem ein zusätzliches Kapitel, das im Original nicht enthalten ist. Co-Autor Kevin Yank veröffentlichte es erst nach dem Erscheinen des Buches auf der Website Sitepoint.com als Artikel.

Wir wünschen Ihnen viel Spaß und Erfolg mit diesem Buch!

Berlin, im September 2003

Thorsten Mücke,
Wolfgang Treß
(textico.de)

Inhalt

I Einführung in CSS

1 Ein erster Überblick   **3**

1.1 CSS im Zusammenhang 3
1.2 Der eigentliche Zweck von CSS 5
1.3 Warum die meisten Tabellen schlecht sind 5
     1.3.1 Tabellen verursachen lange Ladezeiten 6
     1.3.2 Transparente Bilder bremsen aus 6
     1.3.3 Tabellen pflegen ist ein Alptraum 7
     1.3.4 Wann Tabellen in Ordnung sind 7
1.4 Was ist CSS nun wirklich? 8
1.5 Teile einer CSS-Regel 10
1.6 Typen von CSS-Regeln 11
     1.6.1 Welche Eigenschaften kann man mit CSS-Regeln beeinflussen? 12
     1.6.2 Welche Elemente kann man mit CSS beeinflussen? 12
     1.6.3 Wo können CSS-Stile definiert werden? 13
1.7 Warum die ganze Aufregung? 16
1.8 Zusammenfassung 20

2 CSS ins rechte Licht gerückt   **21**

2.1 Wofür eigentlich CSS? 21
     2.1.1 Farben und CSS 22
     2.1.2 Schriften und CSS 24
     2.1.3 Animation von Pseudo-Klassen und CSS 26

		2.1.4	Bilder und CSS	27
		2.1.5	Alternative Stylesheets, Benutzer und CSS	29
	2.2		Wofür CSS allein nicht ausreicht	30
	2.3		CSS für behindertenfreundliche Websites	32
	2.4		CSS und die sich ständig verändernde Welt der Browser	37
		2.4.1	Alten Browsern entgegenkommen	38
		2.4.2	Der Umgang mit kaputten Browsern	40
	2.5		Zusammenfassung	41
3			**Blick hinter die Kulissen**	**43**
	3.1		CSS in Verbindung mit HTML-Dokumenten	43
	3.2		Zusammenfassende Eigenschaften einsetzen	44
	3.3		Wie Vererbung in CSS funktioniert	45
	3.4		Selektoren und Struktur von CSS-Regeln	47
		3.4.1	Universeller Selektor	48
		3.4.2	Elementtyp-Selektor	48
		3.4.3	Klassen-Selektor	50
		3.4.4	ID-Selektor	51
		3.4.5	Pseudo-Element-Selektor	52
		3.4.6	Pseudo-Klassen-Selektor	53
		3.4.7	Selektor für Nachfahren	54
		3.4.8	Selektor für direkt über- und untergeordnete Elemente	55
		3.4.9	Selektoren für benachbarte Elemente	56
		3.4.10	Attribut-Selektoren	56
		3.4.11	Selektor-Gruppierung	58
	3.5		Maßangaben	58
		3.5.1	Absolute Werte	59
		3.5.2	Relative Werte	61
	3.6		CSS-Kommentare	63
	3.7		Zusammenfassung	63

II Seitenlayout mit CSS

4   Webdesign mit CSS   **67**

4.1   Die Vorteile von CSS-Design 68

    4.1.1   Mehr Gestaltungsmöglichkeiten 68
    4.1.2   Zentrale Designinformationen 69
    4.1.3   Inhalte semantisch auszeichnen 70
    4.1.4   Verbesserter Zugang 72
    4.1.5   Standards einhalten 73

4.2   Erfolgsgeschichten mit CSS 74

4.3   Unsere Beispielseite: Footbag Freaks 75

4.4   Zusammenfassung 77

5   Das Gerüst aufbauen   **79**

5.1   Seitentypen und Seitenbereiche auflisten 79

    5.1.1   Wie viele Seitentypen? 79
    5.1.2   Wie viele Seitenbereiche? 80

5.2   Layout mit Abständen und Rahmen 81

    5.2.1   Das CSS-Box-Modell 82

5.3   Die `display`-Eigenschaft 101

5.4   CSS-Positionierung und mehrspaltiges Layout ... 102

    5.4.1   Absolute und relative Positionierung 102
    5.4.2   Ein normales Drei-Spalten-Layout 105
    5.4.3   Den Kopfbereich hinzufügen 108

5.5   Zusammenfassung 110

6   Alles an seinem Platz   **111**

6.1   Seitenbereiche positionieren – zweiter Teil 111

    6.1.1   Maßeinheiten beeinflussen das Design 111
    6.1.2   Die `float`-Eigenschaft 113
    6.1.3   Die `clear`-Eigenschaft 115

6.2   Die Eigenschaft `z-index` und gestapelte Inhalte ... 125

6.3   CSS-Layout in der Praxis: Footbag Freaks 129

6.4   Zusammenfassung 136

III Design mit CSS

7	**Etwas Farbe ins Spiel bringen**	**139**
7.1	Wer hat hier eigentlich das Sagen?	139
7.2	Farben in CSS	140
7.3	Wie man Farben bestimmt	141
7.4	Farben auswählen und kombinieren	143
7.5	Die body-Farbe festlegen	145
7.6	Transparenz, Farbe und Benutzereinstellungen	146
7.7	Kreativer Einsatz von Farben	146
	7.7.1 Auffällige farbige Textkästen	147
	7.7.2 Tabellen mit farbigen Feldern	149
7.8	Zusammenfassung	152
8	**Schriften einsetzen mit CSS**	**153**
8.1	Wie CSS mit Schriften umgeht	153
8.2	Die font-family-Eigenschaft	154
8.3	Die font-size-Eigenschaft	155
	8.3.1 HTML-Maße und CSS-Maße	156
	8.3.2 Unterschiede zwischen Browsern und Plattformen	156
	8.3.3 Relativ zu was?	157
8.4	Weitere Schrifteigenschaften	159
	8.4.1 Die font-style-Eigenschaft	159
	8.4.2 Die font-variant-Eigenschaft	159
	8.4.3 Die font-weight-Eigenschaft	160
8.5	Die zusammenfassende font-Eigenschaft	160
8.6	Standardisierte und nicht standardisierte Schrifttypen	163
	8.6.1 Schriftenlisten definieren	164
	8.6.2 Nicht standardisierte und herunterladbare Schriften einsetzen	166
8.7	Zusammenfassung	168

9	**Texteffekte und Kaskadierung**	**169**
9.1	Das span-Element	169
9.2	Textausrichtung als Designtechnik	171
	9.2.1 Textausrichtung in CSS und HTML 171	
	9.2.2 Ausrichtung schafft Platz und Luft 172	
9.3	Zeilen einrücken	176
9.4	Horizontale und vertikale Abstände	178
	9.4.1 Die line-height-Eigenschaft 179	
	9.4.2 Die Eigenschaften letter-spacing und word-spacing 182	
9.5	Dekorativer Text	187
9.6	Schattierter Text ohne Grafik	190
9.7	Hyperlinks gestalten	192
9.8	Listen gestalten mit CSS	195
	9.8.1 Die list-style-type-Eigenschaft 196	
	9.8.2 Die list-style-position-Eigenschaft 200	
	9.8.3 Die list-style-image-Eigenschaft 201	
9.9	Kaskadierung in CSS	202
	9.9.1 Das Prinzip der Kaskadierung 203	
	9.9.2 Abfolge von Ereignissen 205	
	9.9.3 Besonderheit (Spezifität) 206	
	9.9.4 Herkunft 208	
	9.9.5 Gewichtung (!important) 208	
9.10	Zusammenfassung	209
10	**CSS und Grafiken**	**211**
10.1	Bilder und Text ausrichten	211
10.2	Text auf Bildern positionieren	214
10.3	HTML-Inhalte ausschneiden	217
10.4	Zusammenfassung	219

IV Fortgeschrittene CSS-Techniken

11	**Verbessertes Spaltenlayout mit CSS**	**223**
11.1	Grenzen des CSS-Layouts	223
11.2	Mit JavaScript zum perfekten Spaltenlayout	229
11.3	Zusammenfassung	231

12	**Mehr Benutzerfreundlichkeit mit CSS**	**233**
12.1	Ein einfaches Navigationsmenü mit Listen	234
12.2	Das Look & Feel verbessern	239
12.3	Ein Untermenü im Hauptmenü hinzufügen	240
12.4	Den Mauszeiger verändern	242
12.5	Hintergrundbilder fixieren	244
12.6	Zusammenfassung	246

13	**CSS-Validierung und Unterstützung älterer Browser**	**249**
13.1	CSS-Seiten validieren	249
13.2	Eine CSS-Seite abwärtskompatibel machen	253
	13.2.1 Welche Browser sind nicht CSS-konform?	254
	13.2.2 Umgang mit Browsern, die CSS nicht unterstützen	254
	13.2.3 Netscape 4.x berücksichtigen	257
13.3	Einsatz von DOCTYPE Switching	260
13.4	Zusammenfassung	262

V Anhänge

A	**Verschiedenes über CSS**	**265**
	At-Regeln	265
	Auditive Stylesheets	269
	CSS und JavaScript	270

B	**CSS-Farbreferenz**	**273**

| C | **Referenz der CSS-Eigenschaften** | **279** |

```
azimuth ........................................ 279
background .................................... 280
background-attachment ......................... 281
background-color .............................. 282
background-image .............................. 283
background-position ........................... 284
background-position-x, background-position-y .... 286
background-repeat ............................. 287
behavior ...................................... 288
border ........................................ 289
border-bottom-color, border-top-color,
    border-left-color, border-right-color ......... 290
border-bottom-style, border-top-style,
    border-left-style, border-right-style ......... 291
border-bottom-width, border-top-width,
    border-left-width, border-right-width ......... 292
border-collapse ............................... 292
border-color .................................. 293
border-spacing ................................ 295
border-style .................................. 295
border-width .................................. 297
bottom ........................................ 298

caption-side .................................. 299
clear ......................................... 300
clip .......................................... 301
color ......................................... 302
content ....................................... 303
counter-increment ............................. 306
counter-reset ................................. 307
cue ........................................... 308
cue-after, cue-before ......................... 309
cursor ........................................ 309

direction ..................................... 311
display ....................................... 313
elevation ..................................... 317
empty-cells ................................... 317

filter ........................................ 318
float ......................................... 320
font .......................................... 321
font-family ................................... 323
font-size ..................................... 324
font-size-adjust .............................. 327
font-stretch .................................. 328
```

font-style 329
font-variant 330
font-weight 331
height 332
layer-background-color 334
ime-mode 334
layer-background-image 336
layout-flow 337
layout-grid 337
layout-grid-line 339
layout-grid-char 339
layout-grid-mode 340
layout-grid-type 341
left 342
line-break 344
letter-spacing 344
line-height 345
list-style 347
list-style-image 349
list-style-position 350
list-style-type 351
margin 352
margin-bottom, margin-top,
    margin-left, margin-right 354
marker-offset 355
marks 356
max-height, min-height 356
max-width, min-width 357
-moz-border-radius 358
-moz-border-radius-bottomleft,
    -moz-border-radius-bottomright,
    -moz-border-radius-topleft,
    -moz-border-radius-topright 360
-moz-opacity 361
orphans 362
outline 363
outline-color 364
outline-style 365
outline-width 366
overflow 367
overflow-x, overflow-y 368
padding 369
padding-bottom, padding-top;
    padding-left, padding-right 371
page 372

page-break-after	373
page-break-before	374
page-break-inside	375
pause	376
pause-after, pause-before	377
pitch	378
pitch-range	379
play-during	379
position	380
quotes	382
richness	383
right	384
ruby-align	385
ruby-overhang	386
ruby-position	387
scrollbar-base-color	389
scrollbar-element-color	390
size	391
speak-header	392
speak	392
speak-numeral	393
speak-punctuation	394
speech-rate	395
stress	396
table-layout	396
text-align	397
text-align-last	398
text-autospace	399
text-decoration	400
text-indent	401
text-justify	402
text-kashida-space	403
text-overflow	404
text-shadow	405
text-transform	406
text-underline-position	407
top	408
unicode-bidi	409
vertical-align	411
visibility	414
volume	415
voice-family	415
white-space	416
width	418

	widows 418
	word-break 420
	word-spacing 421
	word-wrap 422
	writing-mode 422
	z-index 423
	zoom 424

D	**Empfohlene Bücher und Websites**	**427**
	Bücher 427
	Nützliche Webseiten 428

Index   **435**

Vorwort

Ich war bereits über fünfzig Jahre alt, als das World Wide Web über die Welt hereinbrach. Fast mein gesamtes Lebens hatte ich als Autor und Redakteur zugebracht. Angesichts der neuen, bahnbrechenden Möglichkeiten begeisterte ich mich sofort dafür, selbst Inhalte darin zu veröffentlichen, und nicht nur all die wunderbaren Websites und Hyperlinks zu konsumieren.

Den ersten grafischen Webbrowser bekam ich zu Gesicht, noch bevor er offiziell verfügbar war. Man kann von daher sagen, ich sei von Anfang an im Web dabei gewesen. Was mich als Schreiber und Herausgeber aber gleich von Beginn an störte, war, dass alle Inhalte und die Anweisungen für ihre Darstellung untrennbar in ein Dokument geschrieben werden mussten. Um eine Website aufzubauen, musste man daher nicht nur wissen, was man darauf sagen wollte und wie man es mit etwas Grafikdesign gut aussehen ließ. Man musste sich gleichzeitig als eine Art Programmierer betätigen. Für mich persönlich stellte das zwar keine unlösbare Aufgabe dar und im Grunde genommen programmiert man mit HTML ja auch nicht wie im herkömmlichen Sinne. Dennoch ging es bei der Erstellung von Webseiten immer um weit mehr als nur um das Schreiben von Wörtern. Und es war weit mehr Know-how gefragt, als nur eine Textverarbeitungs-Software bedienen zu können.

HTML: Inhalt und Design sind verwoben

Webdesigner mit klaren Vorstellungen waren frustriert davon, dass sie aufwändig komplexe und verschachtelte Tabellen erstellen mussten, um ihre Designideen auch nur *ansatzweise* umzusetzen. Als immer komplexere Entwürfe aufkamen und die Webbrowser sich weiter und weiter von den Standards entfernten und dann auch noch inkompatibel zueinander wurden, drohte das Web unter seiner eigenen Last zusammenzubrechen. Anerkannte Designer machten sich am Ende sogar mit der Forderung nach neuen technologischen Ansätzen stark und schlugen gar vor, gleich vollständig mit HTML zu brechen. Es regierte das Chaos.

Design mit Tabellen

Diese Entwicklung zeichnete ich als Berichterstatter bei CNET Builder.com auf und nahm gleichzeitig als Designer und Experte aktiv an den Debatten teil. Ich zählte zu den Mitbegründern des Web Standards Project, kurz WaSP[1], und arbeitete maßgeblich mit an der *Builder.com Live!*-Konferenz in New Orleans, der wichtigsten Zusammenkunft für die Kreativen und Designer des Webs. Ich saß in der ersten Reihe, als wir nach und nach den besten Weg fanden, mit den Problemen umzugehen.

Arbeitsteilung

Wir ernannten es zum Heiligen Gral des Webs, dass Autoren fortan Texte schreiben, Designer mit Grafik und HTML die Seiten gestalten und Programmierer ganz einfach programmieren sollten – ganz anders als in den ersten Jahren des Webs, als es keine klare Grenze zwischen diesen Tätigkeiten gab.

CSS: Inhalt und Design sind getrennt

So traten die Cascading Stylesheets (CSS) auf den Plan, das Thema dieses Buches. Die führenden Entscheidungsträger für das Web – vertreten durch das World Wide Web Consortium (W3C)[2] – nahmen sich der Sache an und schlugen vor, die Darstellungsanweisung von der strukturellen Auszeichnung mitsamt des Inhalts zu trennen und in verschiedene Dateien zu schreiben.

Von da an war nichts wie zuvor! Wir waren endlich in der Lage, unabhängig voneinander zu bearbeiten, was wir auf einer Seite sagen wollten und wie es dann im Webbrowser des Benutzers dargestellt werden sollte. Ich wette, dass die meisten Entwickler sich heute ganz wohl fühlen mit CSS und mittlerweile ebenso wenig in Erwägung ziehen, Designelemente in ihr HTML einzubetten wie etwa 23 Fonts auf derselben Web- oder Druckseite zusammenzuwürfeln.

Seit dem Aufkommen von CSS sind viele Dutzend Bücher darüber erschienen. Als die australische Entwickler-Website Sitepoint mit der Bitte an mich herantrat, ein neues zu schreiben, dachte ich zuerst: »Aber wer braucht ein weiteres CSS-Buch?« Nach vielem Überlegen und einigen Gesprächen ergab die Idee aber einen Sinn. Es war tatsächlich Zeit für ein neues Buch, aufbauend auf den umfangreichen Erfahrungen der Webdesign-Community.

Dieses Buch ist anders

Dieses Buch ist anders als andere CSS-Bücher. Vor allem in zwei Punkten:

Tabellen ersetzen

Erstens, es konzentriert sich auf die Frage, wie Designer mit CSS dieselben Ergebnisse erreichen können wie mit aufwändig verschachtelten Tabellen, für die erheblich mehr Zeit und Energie aufgewendet

---

1. http://www.webstandards.org
2. http://www.w3.org

werden muss. Es soll damit ein erster Schritt zu einem vollständigen, allein auf CSS aufbauenden Design-Guide für Websites sein.

Zweitens, dieses Buch beginnt an der Oberfläche von CSS und arbeitet sich dann mehr und mehr ins Innere vor. Die meisten CSS-Bücher konzentrieren sich zuerst auf die Einzelteile der Syntax wie Attribute, Werte und Tags. Erst dann wird erklärt, wie man aus den Teilstücken eine Website zusammenfügt. Dieses Buch beginnt mit den Einflüssen von CSS auf das gesamte Design einer Site und wie man zuerst ein vernünftiges CSS-Gerüst errichtet. Erst dann kommen die einzelnen HTML-Elemente und ihre Formgebung an die Reihe.

Erklären von außen nach innen

Wer sollte dieses Buch lesen?

Während des Schreibens hatte ich folgende Leser vor meinem geistigen Auge: Webdesigner mit ersten Erfahrungen im Site-Design und einer ordentlichen Portion Neugier, wie sie mit CSS einfach noch viel bessere Designer werden. Das Buch richtet sich an Anfänger wie Fortgeschrittene. Vorausgesetzt werden lediglich gründliche HTML-Kenntnisse. Das ist aber auch schon alles.

Webdesigner mit HTML-Kenntnissen

Die Website zum Buch

Die englische Original-Website zum Buch finden Sie unter der Adresse http://www.sitepoint.com/books/. Dort haben Sie Zugang zu folgenden weiteren Ressourcen:

www.sitepoint.com/ books/

- *Das Code-Archiv*
  Beim Lesen des Buches werden Ihnen an einigen Stellen Hinweise auf das Code-Archiv begegnen. Dabei handelt es sich um ein ZIP-Archiv zum Herunterladen mit dem vollständigen Code aller Beispiele aus dem Buch. Außerdem enthält es eine Kopie der Footbag-Freaks-Website, die als durchgehendes Beispiel in diesem Buch dient.[3]

- *Updates und Druckfehler*
  Kein Buch ist perfekt und ich rechne damit, dass aufmerksame Leser den einen oder anderen Fehler finden werden. Die Seite für Druckfehler auf der Website zum Buch hält Sie über typografische Fehler und Bugs im Code auf dem Laufenden und hält auch notwendige Aktualisierungen für neue Browser- und CSS-Standardversionen für Sie bereit.

---

3. Deutschsprachige Leserinnen und Leser können sich die Code-Beispiele, die auf der Übersetzung basieren, unter http://www.dpunkt.de/buch/css.html herunterladen. Dort finden Sie auch evtl. nötige Korrekturen.

Die Sitepoint-Foren

www.sitepointforums.com — Wenn Sie sich mit mir oder anderen Experten aus dem Sitepoint-Team in Verbindung setzen möchten, stellen Sie Ihre Fragen in Englisch einfach in der Sitepoint-Online-Community (www.sitepointforums.com). Überhaupt möchte ich Ihnen ans Herz legen, an den Foren teilzunehmen, denn dort treffen Sie eine Menge erfahrener und origineller Webdesigner. Nutzen Sie diese Möglichkeit, um Neuigkeiten zu erfahren, Antworten auf Ihre Fragen zu finden (es sei denn Sie bevorzugen stundenlange Telefongespräche mit technischen Hotlines) oder einfach nur Spaß zu haben.

Die Sitepoint-Newsletter

www.sitepoint.com/newsletter/ — Zusätzlich zu den Büchern wie dieses veröffentlicht Sitepoint kostenlose englischsprachige E-Mail-Newsletter wie *The Sitepoint Tribune* und *The Sitepoint Tech Times*. Damit landen die letzten Neuigkeiten, Produktankündigungen, Trends, Tipps und Techniken für alle Bereiche des Webdesigns sofort in Ihrer Mailbox. Über CSS finden Sie hier nützliche Artikel und Tipps wie auch zu vielen anderen Technologien in der Web-Entwicklung. Abonnieren können Sie die Newsletter unter http://www.sitepoint.com/newsletter/.

Ihre Meinung

books@sitepoint.com — Wenn Sie in einem der Foren nicht fündig werden oder uns einfach so eine Mail schreiben möchten, ist die beste Adresse dafür <books@sitepoint.com>. Wir bieten Ihnen einen gut besetzten, englischsprachigen E-Mail-Hilfeservice, der sich ausschließlich um Ihre Anfragen kümmert. Falls die Hilfsmannschaft nicht in der Lage ist, Ihre Fragen zu beantworten, werden diese einfach direkt an mich weitergeleitet. Verbesserungsvorschläge sowie Fehlermeldungen sind uns natürlich besonders willkommen.

Danksagung

Besonderer Dank und Anerkennung geht an den technischen Redakteur dieses Buchs, Kevin Yank. Sitepoint hat eine völlig andere Herangehensweise an ein Buch als alle anderen Verlage, mit denen ich bisher zusammengearbeitet habe. Durch Kevin habe ich viel über CSS gelernt. Wo nötig diskutierte er mit mir bis ins Detail und trug deutlich zur technischen Qualität des Buchs bei. Aus seiner Feder stammt auch der eindrucksvolle Anhang C. Ich muss erst gar nicht darauf hinweisen, dass alle Fehler auf mein Konto gehen. Ich kann versichern, dass jeglicher Bug, der es bis in das Buch geschafft hat, auf meinem Verschulden und nicht etwa auf Kevins beruht. Ich weiß nicht, wie ich es anders sagen soll: Kevin scheint W3C-Spezifikationen mit der Nahrung aufzunehmen, sie im Schlaf zu lernen und sie jeden Tag ein- und auszuatmen.

Einen ebenso großen Einfluss auf das Buch hatte Georgina Laidlaw, meine Lektorin. Sie hielt das ganze Projekt soweit wie möglich im Terminplan, fungierte als Schnittstelle zwischen Kevin und mir und redigierte den Text, um sicherzugehen, dass meinem Hang, schrecklich lange Sätze zu schreiben, Einhalt geboten wird. Außerdem war es einfach eine Freude, mit ihr zu arbeiten.

Als Designer entwickelte Julian Carroll das grafische Design für das Buch, führte fast alle Grafikarbeiten selbst aus und entwickelte obendrein die Beispielwebsite *Footbag Freaks*. Außerdem schrieb er den Artikel, der die Idee für dieses Buch lieferte: *HTML Utopia: Designing without Tables using CSS*[4].

Der CEO von Sitepoint, Mark Harbottle, trat mit dem Konzept an mich heran, handelte die Rahmenbedingungen aus und blieb während manch schwieriger Phase, in der das Buch wuchs, schrumpfte und Termine überschritt, immer entspannt und verständnisvoll. Er ist ein echter Profi und Ehrenmann durch und durch.

Jeff Soulé, ein sehr intelligenter Techniker, der zufällig mit meiner geliebten ältesten Tochter Sheila verheiratet ist, las einige Kapitel des Buchs während seiner Entstehung, lernte dadurch ein wenig CSS und trug mit nützlichen Vorschlägen an verschiedenen Stellen zu besseren Erklärungen und mehr Klarheit bei.

Eric Meyer und Jeffrey Zeldman, zwei Weltklasse-Webdesigner, halfen mir beim Schreiben mit ihren Artikeln, Beispielen und der hartnäckigen Entschlossenheit, dass schlicht alle Webdesigner CSS verstehen und einsetzen sollten.

Schließlich noch Dank an meine Frau Carolyn, die trotz langer Stunden in Traurigkeit, Selbstzweifel- und Depressionsattacken, Phasen unerklärlicher und unverständlicher Freude und maßlosem Gerede über Technik zu ihrem Mann hielt. Sie ist die größte Quelle meiner Inspiration und der Lehrer meines Lebens, ohne den all das nicht möglich wäre und auch keinen Sinn ergeben würde.

---

4. http://www.sitepoint.com/article/379

I Einführung in CSS

1 Ein erster Überblick

Cascading Stylesheets (CSS) kann man aus verschiedenen Blickwinkeln betrachten. Ich persönlich sehe sie vor allem als Korrektur eines elementaren Fehlers, der bereits in den frühen 90er Jahren begangen wurde, als Tim Berners-Lee und die anderen Pioniere gerade erst mit dem Web loslegten.

Was dieser Fehler war? Für die ursprünglichen Einsatzzwecke des Webs war es schlichtweg nicht notwendig, den Inhalt von der Darstellung zu trennen. Auch wenn man es im Allgemeinen für keine schlechte Idee hielt, es gab dafür einfach keine zwingenden Gründe. Das Web war eigentlich nur für eine kleine Gruppe von Nuklearphysikern erschaffen worden, die von verschiedenen Orten und unterschiedlichen Systemen aus schnell und unkompliziert Versuchsdaten austauschen wollten.

Tim Berners-Lee hatte damals nicht die leiseste Ahnung davon, dass aus seiner Idee das populäre, größtenteils kommerzielle und im Laufe der Zeit deutlich veränderte Web entstehen würde – und ich zweifle daran, dass damals überhaupt jemand in der Lage gewesen wäre, das vorherzusagen.

Der Fehler bestand also vielmehr in einem Mangel an Voraussicht, weniger an fehlender Übersicht. Dennoch, es war ein Fehler.

1.1 CSS im Zusammenhang

Zu der Zeit, als das Web mit dem Aufkommen des ersten grafischen Browsers immer beliebter wurde, dämmerte es den Designern, dass sie vor einem Problem standen: Die Methoden, mit der die in HTML-Dateien gespeicherten Daten im Browser dargestellt wurden, unterlagen nicht ihrer Kontrolle. Es waren vielmehr die Benutzer, die in ihrem Browser einstellen konnten, wie eine Webseite auf ihrem Rechner auszusehen hatte.

Benutzer...

... und Designer

Während viele Programmierer und Benutzer das durchaus für den richtigen Ansatz hielten, waren die Designer außer sich vor Sorge. Aus ihrer Sicht besaß das Web damit eine grundlegende Schwachstelle. »Benutzer haben von gutem Design einfach keine Ahnung«, so lautete ihre einhellige Meinung. Wenn sie – die Designer – nicht in der Lage seien, etwa Farben, Schriften und die Positionierung jedes Elements auf einer Webseite mit äußerster Präzision zu bestimmen, würden sich ihre anspruchsvollen Entwürfe in den Browsern schnell in hässliche Zerrbilder verwandeln.

Während einige Designer sich dazu entschlossen, dies als sportliche Herausforderung anzugehen, suchten die anderen nach Mitteln und Wegen, wie sie dem Web doch noch streng fixierte und vollständig kontrollierbare Layouts aufzwingen konnten.

Bevor ich an dieser Stelle den Zorn der Designer unter den Lesern auf mich ziehe, möchte ich hinzufügen, dass sie auch durchaus das Recht dazu hatten. Ohne Zweifel verstehen Designer mehr davon als Benutzer, wie Webseiten auszusehen haben. Abstände, Farbkombinationen und viele andere Designelemente beeinflussen gleichermaßen auch Lesbarkeit und Usability. Aber hier soll es auch gar nicht um Grundsatzfragen gehen. Fakt ist, dass Designer mehr oder weniger zu solchen Maßnahmen gezwungen waren, um wenigstens ein geringes Maß an Kontrolle über ihre Websites zu behalten.

Tabellen

Bald erkannten die Designexperten den Nutzen von Tabellen für ihre Zwecke. Mit dem geschickten Einbetten von Tabellen in Tabellen konnte man tatsächlich so ziemlich jedes Designelement mit großer Präzision auf einer Webseite positionieren.

Der erste Web-Editor NetObjects Fusion bot Designern eine Arbeitsumgebung, die an ein Desktop-Publishing-Programm erinnerte und es ermöglichte, ohne großen Aufwand weitgehend präzise Seiten zu gestalten. Im »Hintergrund« erzeugte das Programm sehr komplexes, tabellenbasiertes HTML, im »Vordergrund« lieferte es im Browser Seiten, die nahe an die Entwürfe der Designer heranreichten.

Ursprünglich war den Tabellen aber nie eine Rolle als Layoutwerkzeug zugedacht gewesen. Sie konnten zwar ansatzweise bei den Problemen helfen, die HTML für das Design mit sich brachte. Ihr Einsatz war jedoch mit großem Aufwand verbunden und auf Dauer nicht effizient. Letztlich waren sich so ziemlich alle über die Unbeholfenheit dieser Lösung im Klaren, auch die Designer.

1.2 Der eigentliche Zweck von CSS

Vereinfacht kann man sagen, dass CSS als Antwort auf den übermäßigen Einsatz komplexer Tabellen entstanden. Präzise Layouts waren in HTML einfach nicht vorgesehen. Die Tabellen wurden dafür missbraucht, bis letzten Endes sogar die Designer damit ins Stocken gerieten.

Als sich das Gestrüpp verschachtelter Tabellen schließlich zum undurchdringlichen HTML-Dickicht entwickelte, fühlte sich selbst die Design-Community nicht mehr wohl bei der Sache. Die Produktion und Unterhaltung einer Seite, die aus mehr als einem halben Dutzend eng miteinander verwobener Tabellen besteht, ist ein schierer Alptraum. Viele Designer arbeiteten gar nicht mehr mit HTML, sondern setzten nur noch Grafiken ein.

In die Bresche sprang schließlich das World Wide Web Consortium, besser bekannt als W3C[1]. Diese Organisation war von Tim Berners-Lee gegründet worden, um die technische Entwicklung des Webs zu überwachen. Das W3C erkannte, dass die Trennung des Inhalts einer Site von ihrem Design letztlich doch die sinnvollste aller Lösungen wäre. Dadurch könnten die Inhalte-Experten wie Autoren, Künstler und Fotografen sich voll auf den »Stoff« konzentrieren, den die Leute online sehen, lesen oder erleben wollten. Die Webdesigner, Künstler, Grafiker und Schriftexperten hätten endlich den Freiraum und die Werkzeuge, sich nur um die Ästhetik der Website zu kümmern.

Das W3C

Das Ergebnis war CSS.

1.3 Warum die meisten Tabellen schlecht sind

Warum sind Tabellen eigentlich so eine schlechte Idee als Mittel für das Webdesign? Dafür gibt es viele Gründe. Die wichtigsten sind:

- Sie führen zu unnötig lange Ladezeiten.
- Sie verführen zum Einsatz von uneffizienten »Platzhalter-Grafiken«, die den Seitenaufbau verzögern.
- Ihre Programmierung kann zum reinen Alptraum werden, weil nur kleinste Veränderungen im HTML das gesamte Layout der Seite zerschießen können.

---

1. http://www.w3.org

1.3.1 Tabellen verursachen lange Ladezeiten

Nur den wenigsten Benutzern ist bewusst, dass ein Webbrowser so programmiert ist, dass er jede Tabelle nicht Schritt für Schritt, sondern als ganze Einheit vom Server herunterlädt. Auf diese Weise zeigt der Browser innerhalb einer Tabelle so lange nichts an, bis all ihre Bestandteile auf dem Zielrechner angekommen sind.[2]

Betrachtet man den eigentlichen Zweck von Tabellen, macht das durchaus Sinn. Tabellen sind in HTML eigentlich dafür vorgesehen, um Daten übersichtlich in Spalten und Zeilen nebeneinander zu stellen. Jede Zelle enthält einen Wert, der mit anderen Werten in der Tabelle verglichen oder verbunden wird. Einzelne, von anderen völlig unabhängige Datenfelder sind nicht vorgesehen, denn eine Tabelle sollte inhaltlich wie technisch eine ganze, in sich geschlossene Einheit darstellen.

Als Webdesigner anfingen, Großteile der Seiteninhalte in Tabellen unterzubringen, mussten sie sich also auf einige Konsequenzen gefasst machen. Zusätzlich zu der deutlichen Verzögerung durch das stufenlose Rendering einer verschachtelten Tabelle kann ihre schlichte Menge an HTML-Code längere Ladezeiten bewirken. Komplexe Tabellenlayouts zählen höchstwahrscheinlich zu den Hauptgründen für die langen Wartezeiten der Surfer im Netz.

Solche langen Ladezeiten zu vermeiden, wäre eine gute Sache.

1.3.2 Transparente Bilder bremsen aus

Selbst mit Hilfe von Tabellen ist es für Webdesigner nicht möglich, das Aussehen ihrer Seite so festzulegen, wie sie es sich eigentlich wünschen. Es kann etwa vorkommen, dass ein Designer um eine Tabellenzelle herum mehr Abstand benötigt als um die anderen in der gleichen Tabelle – was in HTML aber nicht vorgesehen ist.

`transparent.gif` Schon bald kam die Designer auf die Idee, mit der Bilddatei `transparent.gif` zu arbeiten – einem winzigen, transparenten GIF-Bild ohne sichtbaren Inhalt. Füllt man dieses in eine Tabellenzelle, kann man darin horizontal und vertikal zusätzliche Abstände erzwingen.

Richtig zum Problem wird das bei einer Tabelle mit Dutzenden (oder gar Hunderten) dieser Bilder. Der Einsatz von transparenten GIFs kann dann erhebliche Auswirkungen auf die Performance einer Webseite haben. Noch schlimmer ist aber, dass diese Technik wesentli-

---

2. Cascading Stylesheets Level 2 (CSS2) enthalten auch die Eigenschaft `table-layout`, die dieses Verhalten unter bestimmten Umständen verändern kann. Alle Details dazu finden Sie in Anhang C.

che Bestandteile des Layouts auf feste Pixelgrößen definiert und sie mit Bildern überhäuft, die mit dem eigentlichen Inhalt der Website nichts zu tun haben. Die Ergebnisse mit selteneren Browsern oder von der Norm abweichenden Systemeinstellungen sind häufig zerschossene Seiten. (Auch die Zugänglichkeit einer Website für behinderte Benutzer kann so stark eingeschränkt werden – doch dazu später mehr.)

1.3.3 Tabellen pflegen ist ein Alptraum

Der dritte Grund, warum die meisten Tabellen schlecht sind, ist die schwierige Wartung von Webseiten mit tiefen Verschachtelungen. Wer Werkzeuge wie Macromedia Dreamweaver oder Adobe GoLive für das Erstellen und Verwalten seiner Site benutzt, kann das Chaos größtenteils ignorieren, weil er den HTML-Code nicht mehr direkt zu Gesicht bekommt. Aber selbst diese Programme sind nicht perfekt, und wenn sie erst einmal ein großes Chaos angerichtet haben, wird die Reparatur zu einer echten Herausforderung.

Wenn Sie wie die meisten Designer nur Ihrem eigenen Sourcecode vertrauen und lieber tot umfallen würden, als einen HTML-Editor einzusetzen, dann dürften Ihnen die Probleme mit Tabellen gut bekannt sein.

Die Schwierigkeiten mit Tabellen liegen daran, dass sie aus einer relativ komplexen Menge an HTML-Elementen zusammengesetzt sind – selbst wenn sie nicht einmal verschachtelt sind.

HTML-Editoren, die im Gegensatz zu Programmierumgebungen keinen sauber lesbaren Sourcecode generieren, erschweren die Situation beträchtlich. Das Finden nach Anfangs- und Endpunkten von Tabellen, nach speziellen Zeilen oder Zellen gestaltet sich schnell wie die Suche nach der berühmten Nadel im Heuhaufen. Und wenn am Ende nur noch die erfahrensten HTML-Experten weiterhelfen können, sieht das nach keiner guten Lösung aus.

1.3.4 Wann Tabellen in Ordnung sind

Es gibt lediglich eine Ausnahme von der Regel, dass Tabellen an sich eine schlechte Sache sind. Nur wenn Daten wirklich tabellarisch aufbereitet werden und dafür eine Darstellung nach deutlich sichtbaren Spalten und Zeilen erfolgen soll, ist eine Tabelle angebracht. Meiner Meinung nach sollten (mit wenigen Ausnahmen) außerdem ausschließlich Zahlen- oder Textdaten in Tabellen eingesetzt werden und nicht etwa Grafiken, Multimedia, Formulare oder sonstige interaktive Schnittstellen.

1.4 Was ist CSS nun wirklich?

Nachdem wir ausführlich darauf hingewiesen haben, dass CSS der Weg ist, uns von der Schinderei beim Einsatz von Tabellen für das Webseiten-Layout zu befreien, werfen wir nun einen gründlichen Blick darauf.

Stile und Regeln

Der wichtigste Teil in der Bezeichnung Cascading Stylesheets steckt am Anfang des zweiten Wortes: *Style*, zu deutsch *Stil*. *Cascading (Kaskadierung)* tritt erst beim komplexeren Einsatz von CSS auf den Plan, und auch *Sheets* (*Folien*) kommen erst später bei fortgeschrittener Anwendung richtig zum Tragen. Wenn wir von Cascading Stylesheets sprechen, wollen wir uns zunächst nicht auf ihre kaskadierende oder folienartige Natur konzentrieren, sondern auf die Rolle, die sie bei der Bauweise von Webseiten und Websites spielen. Anweisungen für die Darstellung von HTML-Elementen, bei CSS *Stile* genannt, werden in Form von *Regeln* definiert. Diese sagen dem Webbrowser, wie er bestimmte Inhalte darstellen soll.

Um zu verstehen, wie Stilregeln die Darstellung der Seiten beeinflussen, vergegenwärtigen wir uns zunächst, was ohne sie mit einer Webseite passiert.

Abb. 1–1
Normale Browserdarstellung

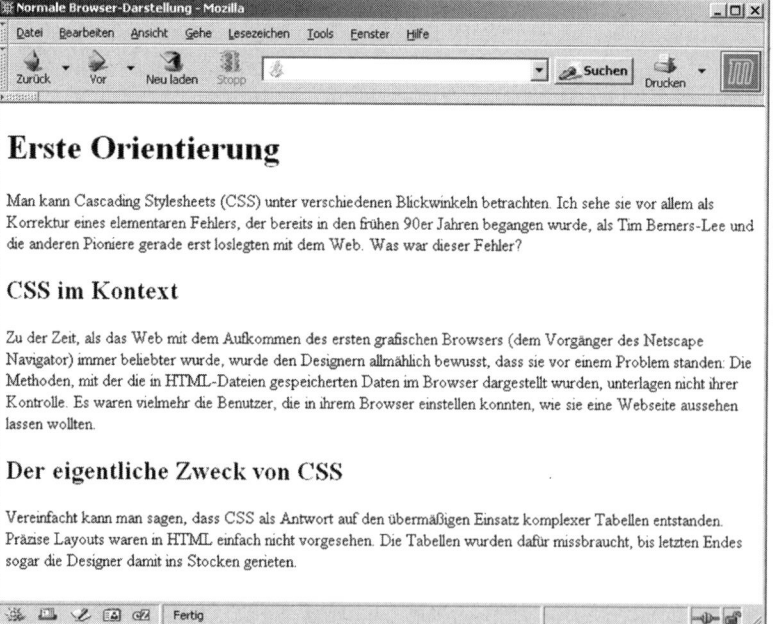

Abbildung 1–1 zeigt die übliche Interaktion zwischen einem Client (Webbrowser) und einem Server, auf dem sich eine Webseite befindet.

Solange ein Browser keine gegenteiligen Anweisungen erhält, entscheidet er selbst, wie die vom Server übermittelten Informationen beim Benutzer dargestellt werden. Jeder Webbrowser besitzt dafür seine eigenen Voreinstellungen. So wird eine Überschrift erster Ordnung, die zwischen die Elemente <h1> und </h1> geschrieben wird, immer mit einer relativ großen Schrift in schwarzer Farbe dargestellt. Die voreingestellte Schrift kann von Browser zu Browser variieren und zusätzlich durch die Benutzereinstellungen beeinflusst werden.

Abbildung 1–2 veranschaulicht, was passiert, wenn eine Stilregel für einen bestimmten Teil der HTML-Struktur vorhanden ist. Diese Regel überschreibt die Browservorgaben für das Element, und die durch die Regel definierte Stilanweisung übernimmt die Darstellung. Selbst wenn der Benutzer für dieses Element seine eigenen Voreinstellungen im Browser festgelegt hat, kommen diese nicht zum Tragen (obwohl es hier einige Ausnahmen gibt, die wir später noch ansprechen werden).

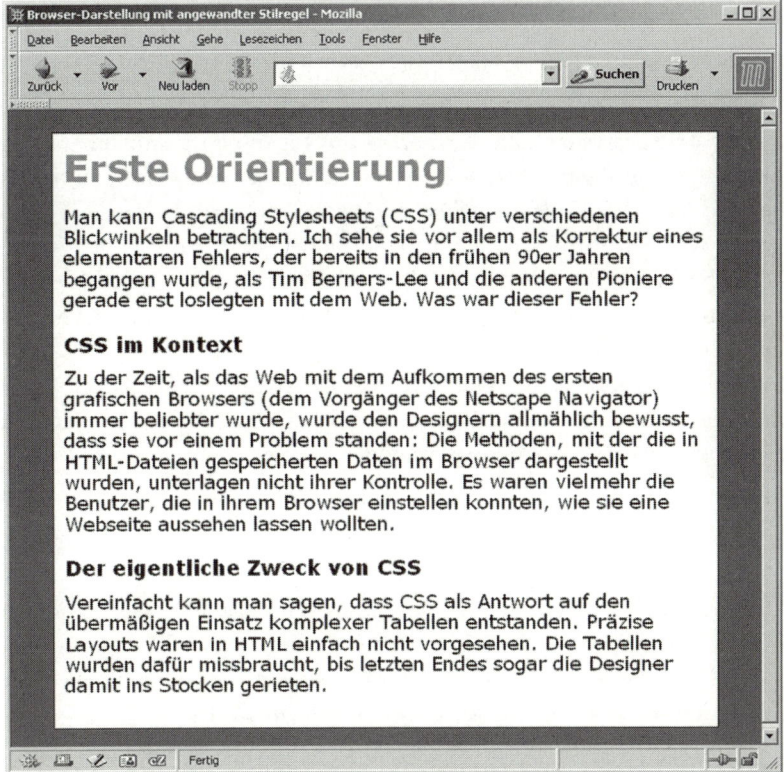

Abb. 1–2
Browser-Darstellung mit angewandter Stilregel

1.5 Teile einer CSS-Regel

Jeder Stil, egal ob in einem Stylesheet eingebettet oder nicht, besteht aus einer oder mehreren *Regeln*. Abbildung 1–3 zeigt eine beispielhafte CSS-Regel mit ihren Einzelteilen.

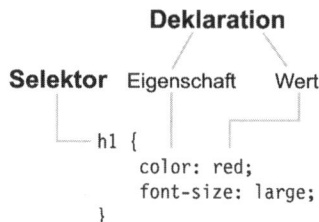

Abb. 1–3
Teile einer CSS-Regel

Jede Regel besteht aus genau zwei Teilen:

1. einem *Selektor,* der die HTML-Elemente bestimmt, auf die sich die Regel bezieht, und aus
2. einer oder mehreren *Deklarationen*, die die Darstellung aller Elemente beschreiben, auf die der Selektor zutrifft.

Jede Deklaration besteht aus zwei Teilen. Der erste Teil benennt die *Eigenschaft*[3], die verändert werden soll (Farbe, Schriftgröße etc.). Der zweite Teil bestimmt den *Wert*, den die Eigenschaft annehmen soll. Hinter jedem Eigenschaft-Wert-Paar steht ein Semikolon. Nur das Semikolon nach der letzten Eigenschaft ist optional und kann weggelassen werden. In diesem Buch fügen wir es jedoch der einheitlichen Schreibweise halber immer hinzu. Außerdem wird es dadurch einfacher, später Eigenschaften zu einer bereits vorhandenen Stilregel hinzuzufügen.

Es folgen nun einige Beispiele von CSS-Regeln. Die Schreibweise der folgenden trifft auch auf alle anderen in CSS zu. Es ist also wichtig, sie zu verstehen und sich einzuprägen!

```
h1 {
color: red;
}
```

Der Selektor h1 gibt vor, dass diese Stilregel auf alle h1-Überschriften des Dokuments angewendet werden soll. Der Name der Eigenschaft, die definiert wird, ist color und bezieht sich auf die Schriftfarbe. Der Wert, den wir der Eigenschaft color zuweisen wollen, ist red.

---

3. In vielen CSS-Büchern und -Artikeln auch »Attribute« genannt. In diesem Buch wird die vom W3C unterstützte Bezeichnung »Eigenschaften« (Properties) benutzt und der Name »Attribute« für die Attribute von HTML-Tags angewendet.

Nun ein Beispiel, das sich auf zwei Merkmale bezieht:

```
p {
  font-size: 14px;
  color: green;
}
```

Der Selektor p gibt eine Stilregel für alle Absätze auf der Webseite vor. Hierfür definieren wir zwei Eigenschaften. Die erste, `font-size`, legt den Schriftgrad in allen Absätzen auf 14 Pixel fest. Ein Pixel ist ein Punkt in der Auflösung auf Ihrem Bildschirm und die meistgenutzte Maßeinheit in CSS (detaillierte Informationen zu Maßeinheiten und Maßarten finden Sie in Kapitel 3). Die zweite Eigenschaft ist `color` und wird mit `green` definiert. Die komplette Stilregel bewirkt, dass alle Absätze auf der Seite in grüner, 14 Pixel großer Schrift dargestellt werden.

Sie können aber auch die Schriftart bestimmen:

```
p {
  font-family: 'New York', Times, serif;
}
```

Wie der Selektor p anzeigt, geht es auch in dieser Regel um die Stilgebung für Absätze. In diesem Fall bezieht sich der Selektor auf die Schriftfamilie, in der der Text dargestellt werden soll. Neu an diesem Beispiel ist, dass es gleich eine ganze Liste an Werten für die Eigenschaft `font-family` enthält und dass einer dieser Werte in Anführungszeichen geschrieben ist.

Wertlisten

`font-family` ist eine der wenigen CSS-Eigenschaften, denen Sie anstelle eines einzelnen Wertes auch eine Liste mehrerer Werte zuweisen können. In einer solchen Liste müssen Sie die Werte durch ein Komma voneinander trennen. Im obigen Beispiel sagt die `font-family`-Liste dem Webbrowser, dass er `New York` als Schrifttyp benutzen soll, falls dieser auf dem System des Benutzers installiert ist. Ist er das nicht, weist die Regel den Webbrowser an, `Times` zu benutzen. Wenn keine der beiden Schriften vorhanden ist, soll der Webbrowser einfach auf seine Voreinstellung für eine Serifenschrift zurückgreifen.

Anführungszeichen

Wenn in einer CSS-Regel der Name eines Werts Leerzeichen enthält (wie es etwa bei dem Schrifttyp »New York« der Fall ist), schreiben Sie diesen einfach in normale Anführungszeichen. Viele Webdesigner benutzen auch einfache Anführungszeichen, weil sie einfacher zu tippen sind. In der CSS-Syntax ist beides gültig.

1.6 Typen von CSS-Regeln

Bei der Kategorisierung von CSS-Regeln spielen verschiedene Aspekte eine Rolle.

Erstens ist zu klären, welche Eigenschaften mit CSS-Regeln definiert werden können. Zweitens ist es erforderlich, die HTML-Elemente zu beschreiben, denen CSS-Regeln zugewiesen werden können. Drittens ist zu beachten, an welchen Stellen Stilregeln eingesetzt werden dürfen.

Werfen wir zunächst einen kurzen Blick auf diese verschiedenen Kategorien und verschaffen uns einen Überblick über die CSS-Regeln, bevor wir ins Detail gehen.

1.6.1 Welche Eigenschaften kann man mit CSS-Regeln beeinflussen?

CSS-Regeln können grundsätzlich alle Eigenschaften beinhalten, die die Präsentation von Informationen auf einer Webseite betreffen. Eine komplette Liste aller Eigenschaften finden Sie in Anhang C.

1.6.2 Welche Elemente kann man mit CSS beeinflussen?

Oder anders gefragt: »Wie genau kann ich mit einer CSS-Regel die Darstellung einer ganz bestimmten Stelle auf einer Webseite definieren?« Mit CSS hat ein Designer zwar die Möglichkeit, ein Design für alle Absätze vorzugeben, doch wie lässt sich diese Wirkung auf einen bestimmten ausgewählten Absatz auf der Seite begrenzen? Ist das überhaupt möglich?

Es dürfte Sie kaum überraschen, dass die Antwort ja ist. Durch den Einsatz verschiedener Kombinationen von Selektoren kann ein Webdesigner tatsächlich sehr spezifisch die Bedingungen festlegen, unter denen eine Stilregel zum Einsatz kommt. Beispielsweise kann man Regeln zuweisen an:

- alle Elemente eines bestimmten Typs,
- alle Elemente eines bestimmten Typs, die einer bestimmten Gruppe oder Klasse angehören,
- alle Elemente eines bestimmten Typs, die Bestandteile anderer Elemente eines bestimmten Typs sind,
- alle Elemente eines bestimmten Typs, die Bestandteile anderer Elemente eines bestimmten Typs sind und gleichzeitig einer bestimmten Gruppe oder Klasse angehören,
- alle Elemente eines bestimmten Typs, wenn sie unmittelbar einem Element eines anderen Typs nachfolgen,
- ein Element eines bestimmten Typs, dem eine eindeutige ID zugewiesen ist.

In Kapitel 3 finden Sie eine detaillierte Beschreibung aller Selektoren, mit denen sich spezifische Zuweisungen durchführen lassen.

1.6.3 Wo können CSS-Stile definiert werden?

CSS können in Verbindung mit einer Webseite an drei verschiedenen Stellen definiert werden.

Stylesheets innerhalb von HTML-Tags (inline)

Eine Stilanweisung lässt sich vollständig innerhalb eines entsprechenden HTML-Tags definieren. Beinahe jedem HTML-Element lässt sich so direkt ein `style`-Attribut zuordnen. Um etwa eine Überschrift der zweiten Ordnung in einem Dokument in roten Großbuchstaben erscheinen zu lassen, können Sie den folgenden Code einsetzen:

```
<h2 style="color: red; text-transform: uppercase;">Eine
ungew&ouml;hnliche &Uuml;berschrift</h2>
```

Folgt man den weiteren Ausführungen in diesem Buch, bleibt das eher die Ausnahme. Wie schon angedeutet, ist die Trennung von Inhalt und Darstellung einer der wesentlichen Vorteile von CSS. Wenn man aber Stile in den HTML-Tags selbst definiert, ist die Trennung aufgehoben. Nur für Testzwecke empfiehlt es sich daher so vorzugehen. Bevor man ein Stylesheet ordentlich im HTML-Header oder in einer externen Datei unterbringt, kann man so ihre Wirkung erst einmal testen.

Nur für Testzwecke

Stylesheets zentral in einer HTML-Datei (embedded)

Die Definition der Stileigenschaften im Header einer HTML-Datei ist die heute wohl gängigste CSS-Methode. Ihr unbestrittener Vorteil ist ihre einfache Anwendung. Wir werden sie auch in diesem Buch hin und wieder einsetzen.

Die gängigste Methode

Um das Stylesheet zentral in einer HTML-Datei zu definieren, wird ein `style`-Block innerhalb des `head`-Bereichs angelegt. Im folgenden Beispiel ist er fett gedruckt hervorgehoben:

```
<!DOCTYPE html PUBLIC "-//W3C//DTD XHTML 1.0 Transitional//EN"
  "http://www.w3.org/TR/xhtml11/DTD/xhtml1-transitional.dtd">
<html xmlns="http://www.w3.org/1999/xhtml">
<head>
<title>CSS Style Sheet-Beispiel</title>
<meta http-equiv="Content-Type"
  content="text/html; charset=iso-8859-1" />
<style type="text/css">
<!--
h1, h2 {
  color: green;
}
h3 {
  color: blue;
}
```

```
   -->
   </style>
   </head>
   ...
```

Die CSS-Regeln innerhalb des `style`-Blocks werden auf alle darin definierten Teile des jeweiligen Dokuments angewandt. Im Beispiel weist etwa die erste Regel den Browser an, alle Überschriften erster und zweiter Ordnung (h1, h2) in grün darzustellen. Die zweite Regel stellt alle Überschriften dritter Ordnung (h3) in blau dar.

Werfen Sie auch einen Blick auf die Begrenzungsmarken der auskommentierten Stellen (`<!-- -->`) innerhalb des `<style>`-Tags. Sie halten ältere Browserversionen, die keine CSS unterstützen, davon ab, die Stilregeln als Dokumentinhalt zu interpretieren und auf der Seite anzuzeigen. CSS-fähige Webbrowser hingegen ignorieren die auskommentierten Stellen. Auch wenn die alten Browserversionen aussterben, empfiehlt es sich, die Stilregeln im HTML-Code auf diese Weise hervorzuheben.

Jede Eigenschaft in einer eigenen Zeile

Geben Sie bitte auch Acht, dass jede Regel in einer neuen Zeile anfängt und jede Eigenschaft, die in einer Regel bestimmt wird, in einer eigenen Zeile eingerückt zwischen geschweiften Klammern steht. Technisch hat das zwar keine Auswirkung, die Lesbarkeit Ihres Codes wird aber damit deutlich verbessert, vor allem für Programmierer, die an JavaScript-Code gewöhnt sind.

Stylesheets in separaten CSS-Dateien (extern)

Zu guter Letzt lassen sich CSS-Regeln auch in Dateien definieren, die komplett unabhängig von den HTML-Dokumenten einer Webseite angelegt und abgespeichert werden. Im HTML-Code verweist man einfach auf eine solche externe Datei, indem man ein `<link>`-Tag in den head-Abschnitt einfügt.

```
<!DOCTYPE html PUBLIC "-//W3C//DTD XHTML 1.0 Transitional//EN"
    "http://www.w3.org/TR/xhtml11/DTD/xhtml1-transitional.dtd">
<html xmlns="http://www.w3.org/1999/xhtml">
<head>
<title>CSS-Stylesheet-Beispiel</title>
<meta http-equiv="Content-Type"
    content="text/html; charset=iso-8859-1" />
<link rel="stylesheet" type="text/css" href="corpstyle.css" />
</head>
...
```

Im Beispiel enthält die Datei `corpstyle.css` eine Reihe extern definierter Stile, auf die von dieser Seite aus verwiesen wird. Der Inhalt dieser Datei könnte etwa so aussehen:

```
h1, h2 {
  color: green;
}
h3 {
  color: blue;
}
```

Meiner Meinung nach sollten von den drei Methoden möglichst immer die externen CSS zum Einsatz kommen. Dafür gibt es mehrere Gründe:

Warum Sie externes CSS einsetzen sollten

- Erstens ist es die unabhängigste der drei Methoden. Wenn Sie eine externe Stylesheet-Datei anlegen, können Sie die zentral festgelegten Stileigenschaften für beliebig viele Webseiten einsetzen. Sie müssen nur von jeder Webseite jeweils einen Link auf die zentrale CSS-Datei anlegen. Wären auf Ihrer Site die Stylesheets in den HTML-Dateien selbst oder sogar in den Tags eingebettet, müssten die Stilregeln stets mühsam in den Code jeder neuen Seite eingefügt werden.

  Ein Stylesheet für viele Websites

- Der zweite Vorteil hängt eng mit dem ersten zusammen, denn externe Stylesheets sind auch eine große Erleichterung für die Pflege einer Website und der Stylesheets selbst. Wenn man alle Stilregeln einer ganzen Website in externe Dateien auslagert, können weitreichende Änderungen einfach durch Eingriffe in der zentralen CSS-Dateien vorgenommen werden. Alle Seiten, die das modifizierte Stylesheet benutzen, setzen den neuen Stil als Folge der zentralen Veränderung unmittelbar um. Mit den anderen beiden Techniken müssen Sie sich entweder daran erinnern, welche Stilregeln in welchen HTML-Dokumenten untergebracht sind, oder gar Suchmechanismen zu Hilfe nehmen, um eine Übersicht aller Stilregeln zu erhalten, die Sie auf Ihrer Website eingesetzt haben.

  Einfach zu ändern

- Drittens werden separate CSS-Dateien auch vom Webbrowser als vom Rest getrennte Dateien behandelt. Wenn dieser zu einer neuen Seite wechselt und dort dasselbe Stylesheet verwendet wird, muss es nicht erneut heruntergeladen werden, weil es sich noch im Cache des Browsers befindet. Seiten mit externen Stylesheets sind daher schneller im Lade- und Aufbauprozess.

  Schneller im Aufbau

- Und last but not least: Der Einsatz externer Stylesheets ist einfach professioneller und zeigt, dass Sie die Vorzüge der Trennung von Inhalt und Design verstanden haben und für Ihre tägliche Arbeit nutzen.

1.7 Warum die ganze Aufregung?

Nach einem Überblick darüber, was CSS sind, warum es sie gibt und warum sie eine wichtige Arbeitstechnik für Webdesigner sind, fehlt nur noch der Beweis. Abbildung 1–4 zeigt ein Beispiel einer kleinen Webseite, für deren Programmierung wir uns ein bisschen mehr Mühe gegeben haben als einfach nur HTML einzusetzen.

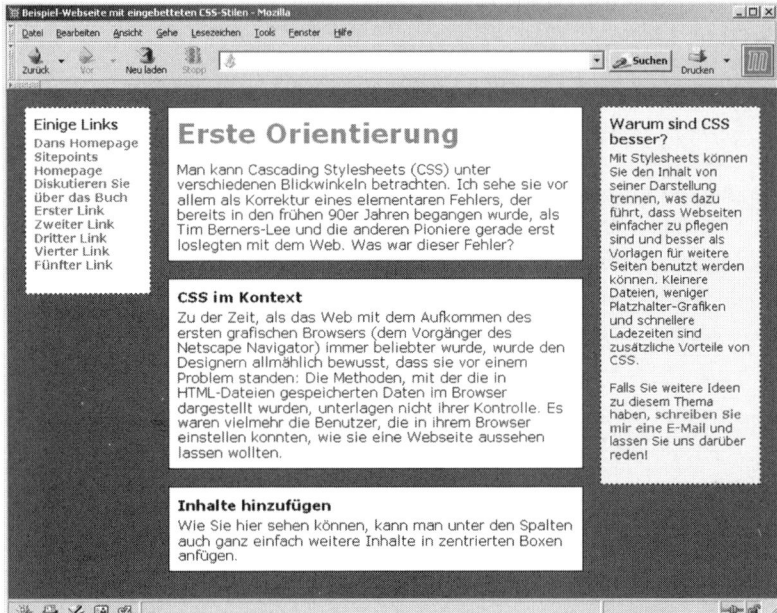

Abb. 1–4
Beispiel-Webseite mit eingebetteten CSS-Stilen

Im Folgenden finden Sie den HTML-Code, der mit den eingebetteten Stylesheets diese Seite erzeugt. Wundern Sie sich nicht, Sie finden darin keine einzige Tabelle! Lassen Sie sich auch nicht von der Komplexität des Codes einschüchtern – am Ende des 3. Kapitels werden Sie sich einen Großteil davon selbstständig erschließen können. Vorab lohnt es sich, schon mal das Code-Archiv[4] von der Webseite zum Buch herunterzuladen und über die Ergebnisse im Webbrowser zu staunen. Die folgende Datei heißt `stylesheet_beispiel.html`.

```
<!DOCTYPE html PUBLIC "-//W3C//DTD XHTML 1.0 Transitional//EN"
    "http://www.w3.org/TR/xhtml11/DTD/xhtml11-transitional.dtd">
<html xmlns="http://www.w3.org/1999/xhtml">
<head>
<title>Beispiel-Webseite mit eingebetteten CSS-Stilen</title>
<meta http-equiv="Content-Type"
    content="text/html; charset=iso-8859-1" />
<style type="text/css">
```

---

4. http://www.dpunkt.de/buch/css.html

```
<!--
body {
  background-color: teal;
  margin: 20px;
  padding: 0;
  font-size: 1.1em;
  font-family: Verdana, Arial, Helvetica, sans-serif;
}
h1 {
  font-family: Verdana, Arial, Helvetica, sans-serif;
  margin: 0 0 15px 0;
  padding: 0;
  color: #888;
}
h2 {
  font-family: Verdana, Arial, Helvetica, sans-serif;
  margin: 0 0 5px 0;
  padding: 0;
  font-size: 1.1em;
}
p {
  font-family: Verdana, Arial, Helvetica, sans-serif;
  line-height: 1.1em;
  margin: 0 0 16px 0;
  padding: 0;
}
.content>p {
  margin: 0;
}
.content>p+p {
  text-indent: 30px;
}
a {
  color: teal;
  font-family: Verdana, Arial, Helvetica, sans-serif;
  font-weight: 600;
  text-decoration: none;
}
a:link {
  color: teal;
}
a:visited {
  color: teal;
}
a:hover {
  background-color: #bbb;
}

/*Alle Inhaltsboxen gehoeren zur content-Klasse*/
.content {
  position: relative;
```

```css
    width: auto;
    min-width: 120px;
    margin: 0 210px 20px 170px;
    border: 1px solid black;
    background-color: white;
    padding: 10px;
    z-index: 3;
}
#navlinks {
    position: absolute;
    width: 128px;
    top: 20px;
    left: 20px;
    font-size: 0.9em;
    border: 1px dashed black;
    background-color: white;
    padding: 10px;
    z-index: 2;
}
#navrechts {
    position: absolute;
    width: 168px;
    top: 20px;
    right: 20px;
    font-size: 0.9em;
    border: 1px dashed black;
    background-color: #eee;
    padding: 10px;
    z-index: 1;
}
-->
</style>
</head>
<body>

<div class="content">
  <h1>Erste Orientierung</h1>
  <p>Man kann Cascading Stylesheets (CSS) unter verschiedenen
     Blickwinkeln betrachten. Ich pers&ouml;nlich sehe sie vor
     allem als Korrektur eines elementaren Fehlers, der bereits in
     den fr&uuml;hen 90er Jahren begangen wurde, als Tim Berners-
     Lee und die anderen Pioniere gerade erst mit dem Web
loslegten.</p>
</div>

<div class="content">
  <h2>CSS im Kontext</h2>
  <p>Zu der Zeit, als das Web mit dem Aufkommen des ersten
     grafischen Browsers immer beliebter wurde, d&auml;mmerte es
     den Designern, dass sie vor einem Problem standen: Die
```

```
            Methoden, mit der die in HTML-Dateien gespeicherten Daten im
            Browser dargestellt wurden, unterlagen nicht ihrer Kontrolle.
            Es waren vielmehr die Benutzer, die in ihrem Browser einstellen
            konnten, wie eine Webseite auf Ihrem Rechner auszusehen
            hatte.</p>
</div>

<div class="content">
<h2>Inhalte hinzuf&uuml;gen</h2>
<p>Wie Sie hier sehen k&ouml;nnen, kann man unter den Spalten auch
    ganz einfach weitere Inhalte in zentrierten Boxen
    hinzuf&uuml;gen. </p></div>

<div id="navlinks">
  <h2>Einige Links</h2>
  <p>
    <a href="http://www.danshafer.com/"
       title="Dan Shafers pers&ouml;nliche Site ">Dans
          Homepage</a><br/>
    <a href="http://www.sitepoint.com/"
       title="Sitepoint Homepage">Sitepoints Homepage</a><br/>
    <a href="http://www.sitepointforums.com/"
       title="Diskussionsforum für dieses Buch">Diskutieren Sie
          &uuml;ber das Buch</a><br/>
    <a href="" title="">Erster Link</a><br/>
    <a href="" title="">Zweiter Link</a><br/>
    <a href="" title="">Dritter Link</a><br/>
    <a href="" title="">Vierter Link</a><br/>
    <a href="" title="">F&uuml;nfter Link</a><br/>
  </p>
</div>

<div id="navrechts">
  <h2>Warum sind CSS besser?</h2>
  <p>Mit Stylesheets k&ouml;nnen Sie den Inhalt von seiner
      Darstellung trennen, was dazu f&uuml;hrt, dass Webseiten
      einfacher zu pflegen sind und besser als Vorlagen für weitere
      Seiten benutzt werden k&ouml;nnen. Kleinere Dateien, weniger
      Platzhalter-Grafiken und schnellere Ladezeiten sind
      zus&auml;tzliche Vorteile von CSS.</p>
  <p> Falls Sie weitere Ideen zu diesem Thema haben,
      <a href="mailto:dan@danshafer.com">schreiben Sie mir eine
         E-Mail</a> und lassen Sie uns dar&uuml;ber reden!</p>
</div>

</body>
</html>
```

1.8 Zusammenfassung

Im ersten Kapitel ging es mir hauptsächlich darum, Ihnen nahe zu bringen, auf welchem historischen und technischen Hintergrund Cascading Stylesheets entstanden sind und für welche Probleme sie eine Lösung bieten. Außerdem hoffe ich Ihnen ausreichend erklärt zu haben, warum der Einsatz von Tabellen für das Webseiten-Layout eine schlechte Idee ist und für welche Zwecke Tabellen durchaus sinnvoll einzusetzen sind.

Darüber hinaus können Sie schon die wesentlichen Teile einer CSS-Regel auseinander halten und haben alle drei Vorgehensweisen kennen gelernt, wie Sie Stylesheets einsetzen können.

Kapitel 2 wird nun tiefer in CSS eintauchen. Es räumt mit einigen falschen Auffassungen von CSS auf und beschreibt wichtige Punkte, die Sie beachten sollten, damit möglichst viele Browser mit Ihren Stylesheets arbeiten können.

2 CSS ins rechte Licht gerückt

In Kapitel 1 haben wir uns einen Überblick über CSS verschafft. Am Anfang stellten wir fest, dass der Einsatz von Tabellen für das Layout von Webseiten meist eine ziemlich schlechte Idee ist. Dann warfen wir einen Blick auf die verschiedenen Arten von CSS-Regeln und auf die Bereiche einer Webseite, welche wir mit Stylesheets beeinflussen können.

Das folgende Kapitel wird uns zeigen, welchen Platz CSS im Web-Universum einnimmt. Zuerst wird es darum gehen, wofür Stylesheets überhaupt zu gebrauchen sind und wofür *nicht*. Danach erweitern wir Webseiten mit Hilfe von CSS so, dass sie auch den Anforderungen von Benutzern mit besonderen Bedürfnissen, z.B. Sehbehinderten, genügen. Anschließend finden wir heraus, wie Sie Ihre Seiten auch für ältere Browser entwickeln können, die den CSS-Standard nicht vollständig unterstützen.

2.1 Wofür eigentlich CSS?

Wie im ersten Kapitel ausführlich dargestellt, ist einer der Hauptvorteile von CSS die Trennung des *Inhalts* von der *Darstellung* einer Website. Diese Entkopplung ist von großer Bedeutung, denn nur so können sich die Autoren allein auf das Verfassen ihrer Texte, Fotos und Grafiken konzentrieren. Das Anordnen der Inhalte, das Aussehen und das Verhalten der Site bleibt den Designern und Programmierern überlassen.

Inhalt und Präsentation

Weiterhin ist zu beachten, dass CSS zwar das *Aussehen* einer Website bestimmen kann, nicht aber zwangsläufig auch ihr *Verhalten*. Doch auch hier gibt es einige Ausnahmen. In Kapitel 12 werden wir CSS dazu verwenden, um kontextsensitive Menüs und andere Benutzerschnittstellen zu erzeugen. Womöglich sind Sie mit Menüs vertraut, deren Interaktivität auf JavaScript oder einer anderen Skriptsprache

Verhalten

beruht. Mit CSS werde ich Ihnen Techniken zeigen, wie Sie Ihre Navigation kreativer gestalten können, ohne auch nur eine Zeile dafür zu programmieren.

Teil III des Buchs enthält alle detaillierten Informationen und Beispiele zur Veränderung von Farben, Schriften, Texten und Grafiken mit CSS. An dieser Stelle möchte ich Ihnen zunächst nur einen ersten Eindruck davon vermitteln, was Sie alles mit Stylesheets anstellen können. Es soll noch nicht alles genau erklärt werden. Zunächst möchte ich nur Ihren Appetit anregen und die Möglichkeiten aufzeigen, die CSS Ihnen bietet.

2.1.1 Farben und CSS

Mit Hilfe von Stylesheets können Sie die Farbe eines jeden HTML-Elements kontrollieren, das in Farbe darstellbar ist. Die wichtigsten Elemente sind:

- Text
- Überschriften (als eine spezielle Form von Text)
- Hintergründe
- Hintergrundfarben von Text und Überschriften

Wenn Sie sich nun vor Augen führen, wann, wie und vor allem in welchen Kombinationen Sie die Farben dieser Elemente mit CSS definieren können, tut sich eine ganze Reihe neuer Möglichkeiten auf. Verändern Sie zum Beispiel die Textfarbe und fügen dann noch einen farbigen Hintergrund hinzu, vermittelt eine zuvor recht gewöhnlich aussehende Seite (Abbildung 2–1) einen ganz neuen Eindruck.

Abbildung 2–2 zeigt, wie die gleiche Seite aussieht, wenn Sie gelben Text auf schwarzem Hintergrund einsetzen. Man kann zwar darüber streiten, ob die farbige Version genauso gut lesbar ist wie das schwarz-weiße Original in Abbildung 2–1. Zumindest fällt sie deutlich besser auf (auch im Schwarzweißdruck dieses Buchs).

Hier die Stilregel für den Effekt in Abbildung 2–2. Sie besteht zwar nur aus zwei Eigenschaften; ihr Ergebnis ist aber umso deutlicher zu erkennen.

```
body {
  color: yellow;
  background-color: black;
}
```

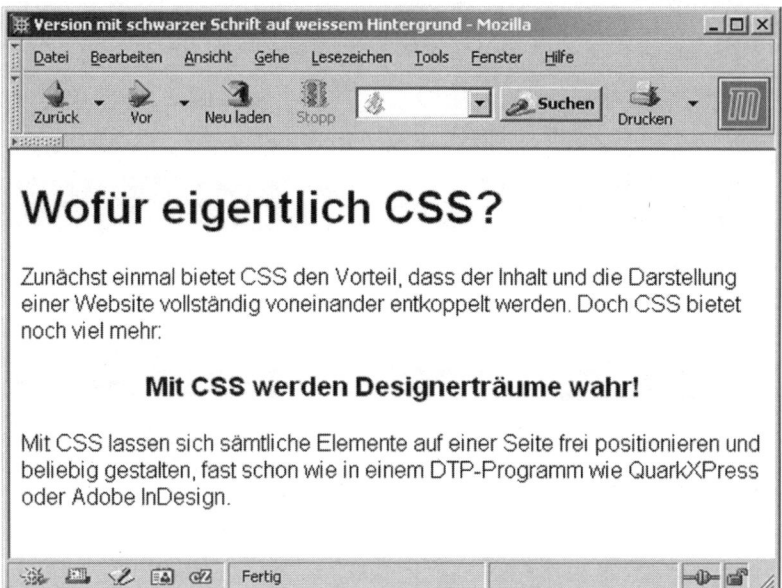

Abb. 2–1
Version mit schwarzer Schrift auf weißem Hintergrund

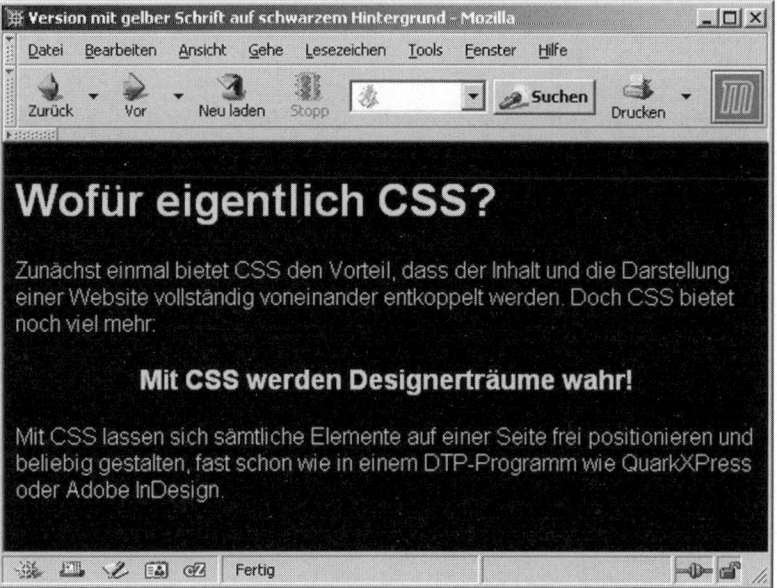

Abb. 2–2
Version mit gelber Schrift auf schwarzem Hintergrund

Die Definition des Wertes mithilfe des Farbnamens ist nur eine von mehreren Möglichkeiten, Farben in CSS festzulegen. Mir ist bewusst, dass zum Beispiel Orange in dem Beispiel besser aussehen würde als Gelb. Der Wert orange gehört aber nicht zu den 16 standardisierten Farbnamen, die zurzeit in CSS verfügbar sind. (Ausführliche Informationen dazu finden Sie in Kapitel 7.)

Abb. 2–3
Version mit gelben Überschriften auf schwarzem Hintergrund

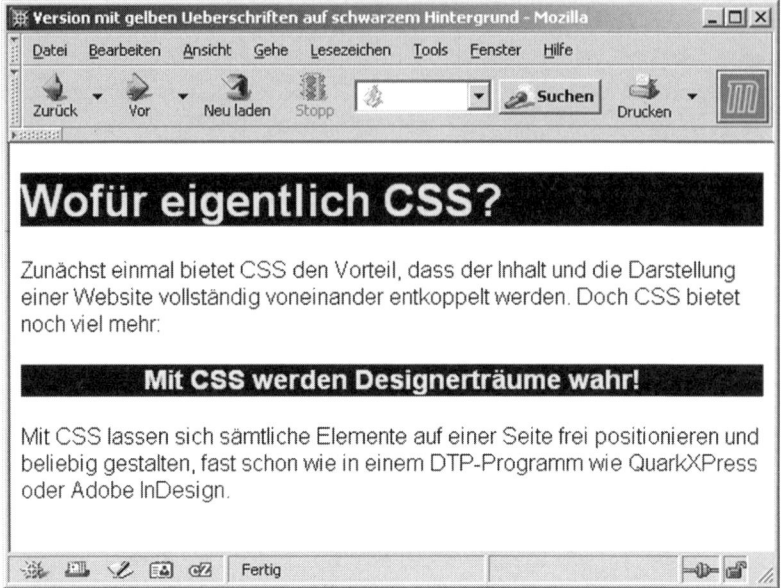

Folgende Stilregel erzeugt die Überschrift in Abbildung 2–3:

```
h1, h2, h3, h4, h5, h6 {
   color: yellow;
   background-color: black;
}
```

Wie Sie im Code sehen, verwenden wir hier keine außergewöhnlichen Stylesheet-Tricks (wie z. B. die Überschriften in ein `<div>`-Tag zu stellen oder eine Box um sie herum zu erzeugen). In der Browseransicht ist die Überschrift nämlich ein *Element auf Blockebene*, das ohne zusätzliche Anweisung in der gesamten Breite des Browsers dargestellt wird. Weisen Sie also einer Überschrift einen Wert für die Eigenschaft `background-color` zu, wird sie auch auf den gesamten horizontalen Bereich um die Überschrift herum angewandt.

CSS bietet farbbewussten Designern noch eine ganze Reihe weiterer Vorteile. Diese finden Sie in Kapitel 7.

2.1.2 Schriften und CSS

In Kapitel 1 haben wir uns einige Beispiele von Stilregeln für Schriften angesehen. Sie sind also bereits damit vertraut, wie Schriften in ganzen Textabsätzen und Überschriften verschiedener Ordnung definiert werden.

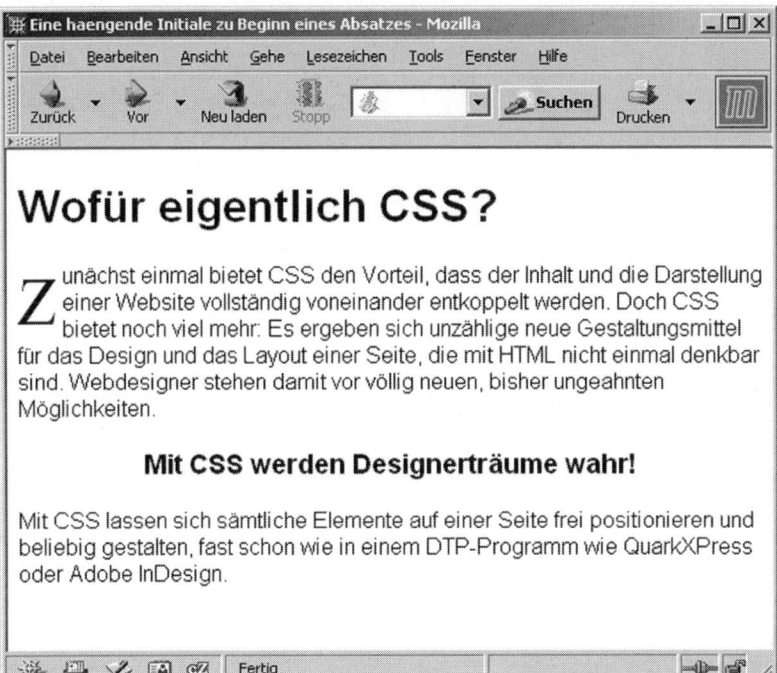

Abb. 2–4
Eine hängende Initiale zu Beginn eines Absatzes

Sie können die Darstellung von Schriften auch für kleinere Textmengen festlegen. Zeichnen Sie dafür eine ausgewählte Textpassage in <span>-Tags aus (Näheres dazu in Kapitel 9), und definieren Sie dann die Eigenschaften font, color und background-color in einem Stylesheet. Mit dieser Methode können Sie zum Beispiel eine auffällige hängende Initiale erzeugen, die von Designern gerne als typografisches Mittel eingesetzt wird (siehe Abbildung 2–4).

Auch Listen sind HTML-Elemente, bei denen sich der Einsatz von Schriftregeln oftmals lohnt. Normalerweise verwendet man Listen, um auf bestimmte, in einer Verbindung stehende Inhalte besonders hinzuweisen. Abbildung 2–5 zeigt ein Beispiel, in dem die HTML-Liste mit einem auffälligen Schrift-Stil zusätzlich hervorgehoben wird.

Die Liste setzt sich durch ihre Darstellung in einem alternativen Schrifttyp und breiterem Schriftschnitt vom restlichen Text der Seite ab. Sie tritt deutlich hervor und sorgt für Aufmerksamkeit.

Abb. 2–5
Eine Liste in hervorgehobener Darstellung

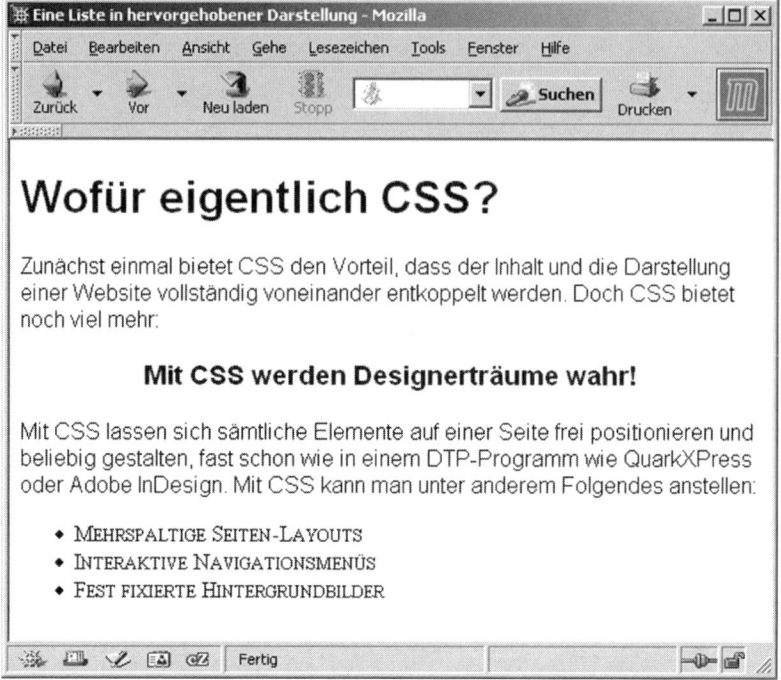

2.1.3 Animation von Pseudo-Klassen und CSS

Aufmerksamkeit erzielt auch der »Schwebe«-Effekt. Dafür benötigen Sie eine Stilregel, die die Darstellung des Texts verändert, wenn der Benutzer die Maus darüber hält. Es entsteht der Eindruck, als sei der Text eine kleine Animation.

In CSS funktioniert dieser Effekt bisher nur bei verlinktem Text (diese Einschränkung soll ab der nächsten Browsergeneration entfallen). Sie benutzen dafür den Selektor a:hover und legen für ihn fest, welche Veränderung beim verlinkten Text eintreten soll, wenn die Maus darüber gehalten wird.

```
a:hover {
  color: green;
  font-size: 22px;
}
```

Abbildung 2-6 zeigt, was passiert, wenn der Benutzer den Mauszeiger über einen Link bewegt, dem diese Stilregel zugewiesen ist. Man kann auf dem Screenshot zwar nicht sehen, dass sich die Schriftfarbe verändert. Es ist jedoch klar erkennbar, dass der verlinkte Text deutlich größer ist als der restliche Text.

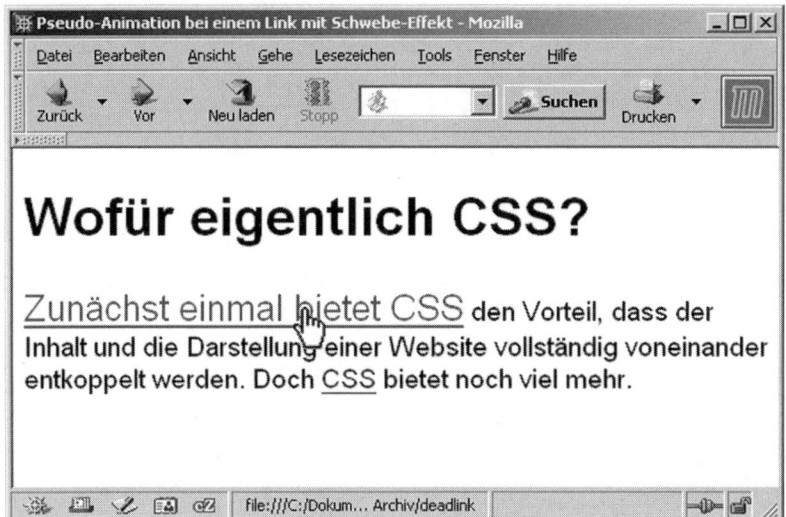

Abb. 2–6
Pseudo-Animation bei einem Link mit »Schwebe«-Effekt

Dieser Effekt erinnert an einen grafisch animierten Menü-Button, der auf eine Mausberührung reagiert. Alle Details zu dieser Technik finden Sie in Kapitel 12 dieses Buchs.

2.1.4 Bilder und CSS

Bilder werden in HTML mithilfe des <img>-Tags eingesetzt. Mit CSS können Sie bei der Darstellung eines Bildes nur wenig beeinflussen. Jedoch bieten Stylesheets auch hier einige interessante Möglichkeiten.

Wie jedes andere Objekt auf einer Webseite auch, kann ein Bild mit dem <div>-Tag an eine beliebige Stelle platziert werden (dieses Thema wird ausführlich in Teil II dieses Buchs behandelt). Ebenso können Sie den Rand und die Ausrichtung eines Bilds durch das <div>-Tag beeinflussen und mit einer Stilregel das Aussehen des Randes verändern.

Theoretisch können Sie auch Stilregeln entwerfen, die für alle Bilder auf einer Seite gleich gültig sind. Die Betonung liegt deshalb auf »theoretisch«, weil sich hier eine der größten Fallen für die Browser-Kompatibilität auftut. Im Verlauf des Kapitels komme ich auf das Problem zurück.

Wer mit einer nicht ganz makellosen Darstellung seiner Seite in alten oder defekten Browsern leben kann, der kann den Rand ebenso wie die Ausrichtung von Bildern auf der Seite mit einer Stilregel im img-Element definieren. Das sieht folgendermaßen aus:

```
img {
  display: block;
  margin-left: auto;
  margin-right: auto;
  border: 10px green groove;
}
```

CSS erweisen sich auch als besonders hilfreich dafür, Text um Bilder fließen zu lassen. Mit der float-Eigenschaft (Genaueres dazu finden Sie in Kapitel 6) können Sie ein Bild auf einer Seite sauber in den nebenstehenden Text einfassen.

Abbildung 2–7 zeigt, was mit dem Textfluss neben einem Bild ohne CSS-Anweisungen geschieht. Das Bild taucht am linken Rand der Seite auf und ist an der Grundlinie der ersten Textzeile ausgerichtet. Der wesentliche Teil des Textabsatzes wird erst unter dem Bild dargestellt.

Abb. 2–7
Bild und nebenstehender Text ohne Einsatz von CSS

Abbildung 2–8 zeigt, was passiert, wenn wir das Bild mit der Eigenschaft float in die richtige Position bringen. Der Text fließt zunächst um den Bildrand und erst dann darunter.

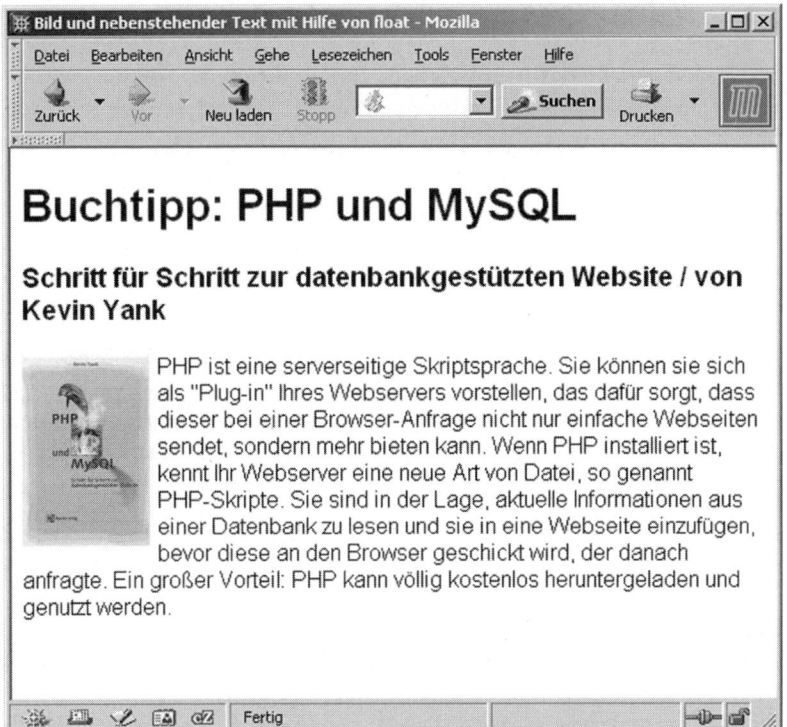

Abb. 2–8
Bild und nebenstehender Text mit Hilfe von float

Natürlich kann dieser Effekt auch mit einem einfachen HTML-Attribut erreicht werden (was übrigens auf vieles zutrifft, was wir bisher angesprochen haben). Doch damit wäre die Trennung von Inhalt und Präsentation aufgehoben, und somit auch der zentrale Vorteil von CSS. Der Einsatz von CSS ist eine Grundsatzentscheidung. Nur weil man etwas auf die alte Art und Weise in reinem HTML umsetzen *kann*, heißt das nicht, dass man es auch tun *sollte*.

2.1.5 Alternative Stylesheets, Benutzer und CSS

Sie können für eine Webseite oder Site auch alternative Stylesheets definieren. In diesem Fall (Näheres dazu im Abschnitt 2.3 »CSS für behindertenfreundliche Websites«), überlassen Sie dem Benutzer die Auswahl, welches Stylesheet für ihn zum Einsatz kommen soll.

Mit ein wenig Skript-Programmierung, auf die wir in diesem Buch nicht näher eingehen wollen, können Sie den Auswahlprozess auch automatisieren und speziellen Benutzergruppen direkt die Seite anzeigen lassen, die für sie bestimmt ist.

2.2 Wofür CSS allein nicht ausreicht

CSS wurde nicht dafür entwickelt, um funktionale Benutzerschnittstellen zu programmieren oder dynamische Veränderungen auf einer Webseite zu erzeugen. So kann zum Beispiel ein Dialogmenü, das angezeigt wird, wenn der Benutzer mit dem Mauszeiger über ein Seitenelement (etwa eine Menüleiste) fährt, nicht allein mit CSS bewerkstelligt werden. Dafür wird entweder JavaScript oder eine andere Skriptsprache benötigt.

Der Grund dafür ist einfach: Auch reines HTML benötigt Skripte, um eine Seite interaktiv und dynamisch zu verändern. Wenn die Seite bereits vom Server zum Client übertragen worden ist und im Browser angezeigt wird, kann sie ohne ein eingreifendes Programm nicht nachträglich verändert werden. Sie bleibt statisch und stellt nur ihren HTML-Code dar.

CSS macht HTML-Seiten nicht dynamisch

Auch CSS macht keine HTML-Seite dynamisch. Sie können mit CSS zwar Elemente auf einer Seite positionieren und ihre Darstellung kontrollieren. Diese Eingriffe sind jedoch unveränderlich, sobald der Browser die Seite geladen hat.

Wie schon im vorhergehenden Abschnitt aufgezeigt, können Sie zwar für eine vorhandene Seite mehrere Stylesheets definieren, etwa für PDAs oder Benutzer mit einer Sehschwäche. Allein mit CSS können Sie jedoch so nicht sicherstellen, dass auch das richtige Stylesheet bei dem entsprechenden Benutzer zum Einsatz kommt.

Mehrere Versionen einer HTML-Seite

Es ist allerdings *möglich*, mehrere HTML-Versionen von einer Seite zu erstellen – jede mit einer eigenen URL und eigenem Stylesheet. Es folgt ein Beispiel mit einem kleinen Stylesheet, das wir zentral in die Startseite `index.html` einbetten.

```
<style type="text/css">
body {
  font-family: Verdana, Arial, Helvetica, sans-serif;
  background-color: #ffffcc;
  color: teal;
}
</style>
```

Dieses Stylesheet gehört in den head-Bereich der HTML-Seite. Es definiert die Grundschrift und die Farben für Text und Hintergrund.

Wir wollen diese Site für Benutzer mit leichten Sehbehinderungen optimieren. Ausschließlich für diese Benutzergruppe sollen die Zeichen auf der ganzen Seite größer dargestellt werden. Ein *Lösungsansatz* wäre die Veränderung des Stylesheets wie folgt:

```
<style type="text/css">
body {
  font-family: Verdana, Arial, Helvetica, sans-serif;
  font-size: 130%;
  background-color: #ffffcc;
  color: teal;
}
</style>
```

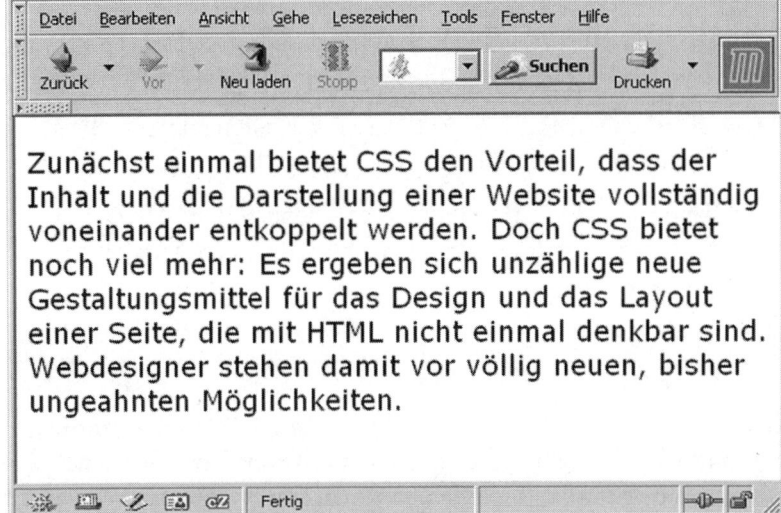

Abb. 2–9
Beispielseite mit normaler Schriftgröße

Die Definition der Eigenschaft `font-size` vergrößert alle Textzeichen um 30 Prozent. Dieser Weg birgt jedoch einige Gefahren, die wir später näher betrachten werden. Abbildung 2–9 zeigt die Seite mit dem ersten Stylesheet, Abbildung 2–10 mit dem zweiten Stylesheet.

Nun erstellen wir eine Kopie der Seite und setzen darin das Stylesheet für die größere Schrift ein. Wir speichern die Seite auf dem Server unter einem neuen Dateinamen wie etwa `bigtype.html` ab. Auf der Website können wir nun darauf hinweisen, dass Benutzer mit leichten Sehschwierigkeiten unter http://www.mysite.com/bigtype.html eine Seite finden, die sie besser lesen können.

Es fällt nicht schwer, sich noch andere nützliche Anwendungsbereiche für diese Methode vorzustellen: Derselbe Seiteninhalt könnte etwa mit unterschiedlichen grafischen Hintergründen für verschiedene Schulen, Seminare oder Kunden verwendet werden.

Abb. 2–10
Beispielseite aus Abbildung 2-9 mit 30% größerer Schrift

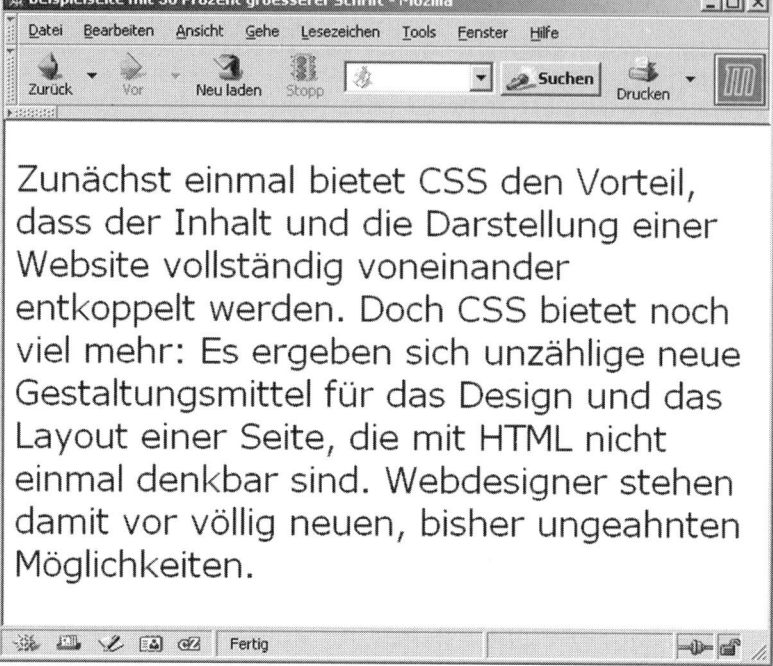

Wie wir gesehen haben, kann man mit CSS Websites geordneter, auffälliger und attraktiver gestalten. Man kann damit aber auch den Zugang für benachteiligte Benutzergruppen verbessern (Stichwort »Barrierefreiheit«). Der folgende Abschnitt zeigt interessierten Lesern einige CSS-Techniken, mit denen man eine Website speziell für sehbehinderte Benutzer optimieren kann. Es werden darin keine neuen Grundkenntnisse vermittelt. Sie können diesen Teil daher auch einfach überlesen und gleich mit dem nächsten Unterkapitel beginnen.

2.3 CSS für behindertenfreundliche Websites

Websites gleichsam auch für behinderte Benutzer zugänglich zu machen, hat schon seit den Anfängen des Webs hohe Priorität. Benutzer, die durch physische Beeinträchtigungen auf die Unterstützung spezieller Browser angewiesen sind, finden bereits viel Unterstützung. Es gibt verschiedene Soft- und Hardwareprodukte, die speziell auf ihre Bedürfnisse zugeschnitten sind, und es existieren mehrere Initiativen zur Barrierefreiheit, die ihnen die Nutzung des Webs erleichtern. In der Rubrik »Nützliche Webseiten« in Anhang D finden Sie eine Liste wichtiger Adressen zu diesem Thema.

Auch CSS kann keine Lösung für alle speziellen Bedürfnisse bieten. Für die Lösung *einiger* Zugangsprobleme kann es aber durchaus hilfreich sein.

Im vorhergehenden Abschnitt habe ich in einem kurzen Beispiel dargestellt, wie man die Schriftzeichen auf einer Webseite vergrößert. Damit war es relativ einfach, sehbehinderten Menschen eine entsprechende Seite anzubieten. Ich habe aber auch auf Gefahren der geschilderten Lösung hingewiesen. Diese werden wir nun ein wenig genauer unter die Lupe nehmen.

Viele sehbehinderte Menschen verwenden besondere Benutzereinstellungen in ihrem Browser, die ihrer Beeinträchtigung entgegenkommen. Moderne Browser geben dem Benutzer damit ein nützliches Werkzeug an die Hand, mit dem sie u.a. Schriftgröße, Hintergrund- und Linkfarbe von HTML-Elementen einstellen können. Trifft ein Stylesheet nun auf Benutzereinstellungen, die stark von den Grundeinstellungen der Browser abweichen, kann es allerdings zu merkwürdigen Effekten kommen.

Unsere zunächst so elegant wirkende Lösung kann zudem falsche Erwartungen wecken. Weisen wir extra darauf hin, dass eine Seite für sehbehinderte Benutzer optimiert ist, fühlen sich davon alle Betroffenen gleichermaßen angesprochen. Es gibt jedoch Grenzen, wie weit man Schriftzeichen vergrößern kann, ohne Probleme mit der Formatierung einer Seite zu bekommen. Benutzern mit besonders gravierenden Sehbehinderungen können wir also auch an dieser Stelle nicht weiterhelfen.

> **Unterstützung alternativer Stylesheets**
>
> Die Unterstützung alternativer Stylesheets durch aktuelle Browser ist immer noch sehr lückenhaft. Der Microsoft Internet Explorer (Version 6 für Windows und Version 5 für Mac OS) bietet dafür beispielsweise keine Unterstützung. Zu den Browsern, die dem Benutzer eine Auswahl anbieten, zählen Mozilla, Netscape 7 und Opera 7.
>
> Kein Problem ist der Einsatz alternativer Stylesheets natürlich in Umgebungen wie einem Intranet, in dem man sichergehen kann, dass ausschließlich einer dieser Browserversionen benutzt wird.
>
> Wenn Sie alternative Stylesheets allerdings im Internet einsetzen möchten und von allen möglichen Browsertypen ausgehen müssen, dann sollten Sie den Benutzern einfachere und zuverlässigere Möglichkeiten dafür anbieten, das Stylesheet zu wechseln. Bieten Sie ihm einfach verschiedene Versionen Ihrer Seiten an, wovon jede auf ein anderes Stylesheet verweist. Oder setzen Sie eine serverseitige Skriptsprache ein, um dem Benutzer zu ermöglichen, seine Browservoreinstellungen anzugeben und im Hintergrund ein daraus resultierendes `<link>`-Tag auf jeder Seite erzeugen zu lassen.

Folgende Lösung bietet sich eher an: Verwenden Sie mehrere, alternative Stylesheets und weisen Sie den Benutzer mit folgendem Hinweis darauf hin:

»*Falls Sie aufgrund von Sehbehinderungen Schwierigkeiten haben, die Schrift auf dieser Seite zu lesen, steht Ihnen auch eine andere Seitenansicht zur Verfügung. Rufen Sie einfach den › Style verwenden ‹ - Befehl aus dem Menü › Ansicht ‹ in Ihrer Browserleiste auf und wählen Sie eine Vergrößerung aus.*«

Um diese Arbeitsweise aufzuzeigen, habe ich die beiden Stylesheets aus dem vorhergehenden Abschnitt genommen und sie in externe Stylesheets umgewandelt (das zweite davon legt fest, dass die Schrift 30% größer als in der Standardversion sein soll). Im HTML-Code der Seite wird auf beide verlinkt, damit der Browser beide Stylesheets erkennt und dem Benutzer zur Auswahl stellt.

Zusätzlich habe ich noch etwas Kniffliges eingebaut. Der erste Absatz informiert den Benutzer darüber, dass alternative Stylesheets für diese Seite verfügbar sind. Die Darstellung des Textes unterscheidet sich je nachdem, ob der Benutzer bereits die Version mit den großen Schriftzeichen oder die Version mit der Standardschrift betrachtet. Ich habe zwei Versionen des Absatzes als `div`-Element angelegt und abhängig davon, welches Stylesheet geladen wird, ändert sich die `display`-Eigenschaft. Die Stylesheets haben die Bezeichnungen »Standard« und »Grosse Schrift«. Damit ein Browser sie versteht und als Alternativen anbieten kann, müssen sie folgendermaßen auf der Seite eingebunden werden:

```
<link rel="stylesheet" title="Standard" href="standard.css"
  type="text/css"/>
<link rel="alternate stylesheet" title="Grosse Schrift"
  href="grosse_schrift.css" type="text/css"/>
```

Nachfolgend die Stilregeln für den »Standard«-Stil in der Datei `standard.css`. Darin ausschlaggebend ist die `display`-Eigenschaft:

```
body {
  font-family: Verdana, Arial, Helvetica, sans-serif;
  background-color: #ffffcc;
  color: teal;
}
.gross {
  display: none;
}
.normal {
  display: block;
}
```

Im Vergleich dazu die Stilregeln für das Stylesheet »Grosse Schrift« in der Datei grosse_schrift.css:

```css
body {
  font-family: Verdana, Arial, Helvetica, sans-serif;
  font-size: 130%;
  background-color: #ffffcc;
  color: teal;
}
.normal {
  display: none;
}
.gross {
  display: block;
}
```

Hier sehen Sie den HTML-Code der Seite. Ich habe den Inhalt darin stark gekürzt, damit die Auflistung nicht zu umfangreich wird:

```html
<!DOCTYPE html PUBLIC "-//W3C//DTD XHTML 1.0 Transitional//EN"
  "http://www.w3.org/TR/xhtml1/DTD/xhtml1-transitional.dtd">
<html xmlns="http://www.w3.org/1999/xhtml">
<head>
<title>Seite mit verschiedenen Stylesheets</title>
<meta http-equiv="Content-Type"
  content="text/html; charset=iso-8859-1" />
<link rel="stylesheet" title="Standard" href="standard.css"
  type="text/css"/>
<link rel="alternate stylesheet" title="Grosse Schrift"
  href="grosse_schrift.css" type="text/css"/>
</head>
<body>

<div class="normal">
<p>Falls Sie aufgrund von Sehbehinderungen Schwierigkeiten haben,
  die Schrift auf dieser Seite zu lesen, steht Ihnen auch eine
  andere Seitenansicht zur Verf&uuml;gung. Rufen Sie einfach den
  "Style anwenden"- Befehl aus dem Men&uuml; "Ansicht" in Ihrer
  Browserleiste auf und w&auml;hlen Sie eine
  Vergr&ouml;&szlig;erung.</p>
</div>

<div class="gross">
<p>Da Sie diese Seite gerade in einer Version mit gro&szlig;er
  Schrift betrachten, sieht vielleicht alles etwas riesig aus. Sie
  k&ouml;nnen zur Normalansicht wechseln, indem Sie im Men&uuml;
  "Ansicht" ihres Browsers den Eintrag "Style anwenden" anklicken
  und dort die "Standard"-Version dieser Seite ausw&auml;hlen.</p>
</div>

</body>
</html>
```

Abb. 2–11

Beispielseite mit Stylesheet »Standard«

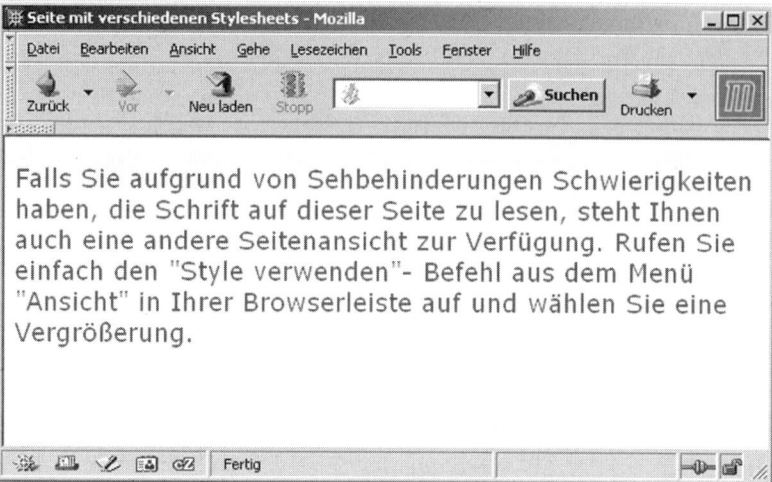

Abbildung 2–11 zeigt die Seite mit dem Stylesheet »Standard«. Beachten Sie die Schriftgröße des Textabsatzes und vergleichen Sie ihn mit der Schrift in Abbildung 2–12.

Abbildung 2–12 zeigt die Seite mit dem Stylesheet »Grosse Schrift«. Wie Sie sehen, hat sich der erste Absatz entsprechend geändert.

Abb. 2–12

Beispielseite mit Stylesheet »Grosse Schrift«

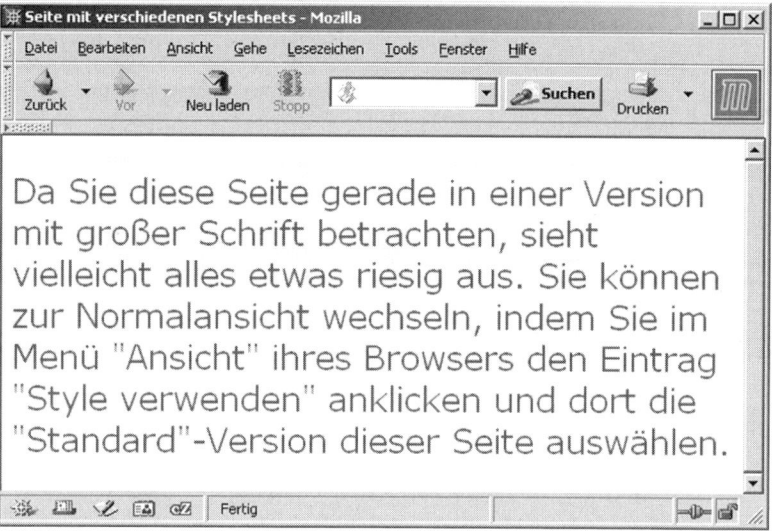

Natürlich stellt sich die Frage, wie ein Benutzer mit Sehbehinderung den Text überhaupt lesen soll, der ihn auf die Version mit der größeren Schrift verweist. Benutzern mit gravierenden Sehproblemen steht für solche Fälle entweder ein Brailledrucker oder eine Vorlesefunktion im Browser zur Verfügung.

Ein weiterer Vorteil von CSS ist, dass Webdesigner damit nicht mehr auf Layouttechniken zurückgreifen müssen, die sehbehinderte Benutzer in zusätzliche Schwierigkeiten bringen. Ohne CSS werden häufig <blockquote>- und <table>-Tags verwendet, um Einrückungen zu bewirken oder Elemente auf einer Seite exakt zu positionieren. Die eigentlichen Funktionen dieser Befehle, nämlich ein Zitat zu kennzeichnen beziehungsweise Daten sichtbar in einer Tabelle darzustellen, werden dabei außer Acht gelassen. Wenn nun etwa ein Browser mit Vorlesefunktion auf diese missbräuchlich eingesetzten Tags stößt und standardkonform ihre Inhalte darstellt statt ihre visuellen Effekte, ist das Ergebnis für den Benutzer häufig nicht mehr verständlich.

Keine <blockquote>- und <table>-Tags

Noch eine Möglichkeit, Webseiten mit CSS behindertenfreundlicher zu gestalten, liegt darin, Schriften in Stylesheets exakt zu definieren. Ohne CSS verwenden viele Webdesigner Bitmap-Grafiken, um Textzüge in Schrifttypen darzustellen, die nicht auf allen Clientsystemen installiert sind. In CSS kann man einem Text alternative Schriftfamilien zuweisen und damit auf das Einsetzen von Textgrafiken weitgehend verzichten. Auch Webbrowser mit Vorlesefunktion, die Bilder auf Webseiten gar nicht anzeigen, können so problemlos den Inhalt einer Seite darstellen.

Alternative Schriftfamilien

Mit dem Einsatz von CSS-Eigenschaften wie text-indent, text-align, word-spacing und font-stretch können weitere Gestaltungselemente eingesetzt werden, die Browser sehbehinderter Benutzer sonst nicht interpretieren könnten. Nehmen wir zum Beispiel das Wort »W I L L K O M M E N«, das wir visuell betonen wollen, indem wir es auseinander ziehen. Fügen wir einfach zwischen jedem Buchstaben ein Leerzeichen ein, liest ein entsprechender Browser jeden Buchstaben einzeln vor. Mit der font-stretch-Eigenschaft bleibt für ihn das Wort als Ganzes erhalten und in visuellen Browsern zugleich der Dehneffekt.

Text dehnen

2.4 CSS und die sich ständig verändernde Welt der Browser

Der CSS-Standard ist noch relativ neu. Die letzte Version, CSS2, wurde erst 1998 veröffentlicht. Somit ist es nicht verwunderlich, dass ältere Webbrowser Stylesheets nur eingeschränkt unterstützen. Mit jeder neuen Browserversion wird die CSS-Implementierung jedoch besser.

Als Webdesigner muss man sich, normalerweise in Übereinstimmung mit dem Kunden oder Projektleiter, entscheiden, wie weit eine Website auch ältere Browserversionen unterstützen soll. Für CSS-Seiten sollte dabei immer gelten: Entwickeln Sie Ihre Webseiten so, dass sie sich auch ein Benutzer mit einem Browser ohne volle CSS-Unterstützung ansehen kann.

Die Tabelle 2–1 enthält eine Aufstellung der Browser, die heute von den meisten Webdesignern berücksichtigt werden.

Tab. 2–1
Browser, geordnet nach Unterstützung von CSS

Altersstufe	Browser
Sehr alte Browser unterstützen CSS nicht. Jedes `<style>`-Tag in einer Webseite und in externen Stylesheets wird ignoriert.	Netscape Navigator 3 und älter, Internet Explorer 2 und älter, Opera 3.5 und älter
Alte Browser bieten geringfügige Unterstützung für CSS und stellen Stylesheets nicht immer richtig dar.	Internet Explorer 3 und 4, Internet Explorer 5 für Windows, Netscape Navigator 4, Opera 4
Neuere Browser unterstützen CSS1 nahezu komplett und stellen auch einige CSS2-Funktionen richtig dar.	Internet Explorer 5 für Macintosh, Internet Explorer 5.5 f. Windows, Opera 5
Neue Browser unterstützen CSS1 komplett und CSS2 nahezu komplett.	Internet Explorer 6 für Windows, Netscape 6 und 7, Mozilla 1, Opera 6 und 7

Es gibt noch viele weitere ältere Browser, die nicht in Tabelle 2–1 aufgelistet sind. Bei Fragen zu bestimmten Browsern lohnt sich ein Besuch der W3C-Seite über CSS[1].

Intranet oder Internet?

In einem Intranet haben Sie meist einen Überblick über die benutzten Browser, und es werden in der Regel auch neuere Versionen eingesetzt. Sie können für Ihre Webseiten daher nach Belieben CSS1 und einen Großteil von CSS2 anwenden. Entwickeln Sie jedoch Seiten für eine öffentliche Website, sollten Sie zwangsläufig auch an ältere Browserversionen denken. Der Rest dieses Kapitels widmet sich daher den grundlegenden Fragen, wie man mit CSS Seiten entwickelt, die auch mit älteren Browsern darstellbar sind. In Anhang C finden Sie eine umfangreiche Referenz der Eigenheiten vieler Browser. Zunächst konzentrieren wir uns aber auf die gängigsten Fragen.

2.4.1   Alten Browsern entgegenkommen

Wenn Sie eine Seite auf herkömmlichem Wege mit CSS anbieten, wird sie von *sehr alten* Browsern mit hoher Wahrscheinlichkeit ohne jeglichen Inhalt angezeigt. Höchstens der nach den Voreinstellungen des Browsers formatierte Text wird auf der Seite dargestellt. Bessere Ergebnisse erreichen Sie, wenn Sie *sehr alten* Browsern mit dem richtigen Einsatz von CSS entgegenkommen.

Browserversionen erkennen

Eine große Hilfe ist zunächst ein browsererkennendes JavaScript, das alle Browserversionen, die versuchen, auf Ihre Seiten zuzugreifen,

---

1. http://www.w3.org/Style/CSS/

identifiziert. Unter den »Empfohlenen Quellen« in Anhang D finden Sie einige Webadressen, auf denen Sie sich verschiedene Schnüffler-Skripte kostenlos herunterladen können.

Erkennt dieses Skript etwa, dass eine *sehr alte* Version auf Ihre Site zugreifen möchte, können Sie seinen Benutzer auf eine Seite umleiten, die ihn auf den Download eines neueren Browsers verweist, oder ihn einfach davon in Kenntnis setzen, dass Ihre Seite mit seinem Browser nicht richtig dargestellt werden kann.

Sehr alte Browser: aktualisieren

Eleganter ist es, eine zweite, reine HTML-Version Ihrer Seite zu entwickeln und die über ein Skript erkannten Benutzer mit *sehr alten* oder *alten* Browsern auf diese umzuleiten. Der Nachteil ist, dass Sie zwei Versionen Ihrer ganzen Website entwickeln müssen, was in der Regel mit großem Aufwand verbunden ist.

Alternativseite mit reinem HTML

Chuck Upswells gut gepflegte *BrowserNews*-Website[2] vermittelt einen Eindruck davon, welche Browser im Web verwendet werden. Upswell warnt davor, sich allzu sehr auf allgemeine Statistiken zu verlassen, da diese nicht unbedingt auch genau für Ihre Site zutreffen. Die beste Lösung, um wirklich herauszufinden, wie häufig ältere Browser versuchen, Ihre Website zu laden, ist eine detaillierte Zugriffsanalyse. Wenn Sie diese nicht selbst durchführen können, fragen Sie dafür am besten Ihren Service Provider.

Durch ein paar Tricks mit HTML und CSS können Sie auch eine Seite erstellen, die sowohl in *sehr alten* als auch in *neuen* Browsern gleichermaßen gut aussieht. Zum Einsatz kommen dabei HTML-Attribute im <body>-Tag:

Mit CSS eine Seite für alle Browser

```
<body text="#ffff00" link="green" vlink="green" bgcolor="#cc00cc"
      background="nachthimmel.jpg">
```

Gibt es für die Seite mit diesem <body>-Tag auch ein Stylesheet, das die Werte für dieselben Eigenschaften definiert, wird ein neuer, CSS-fähiger Browser die HTML-Attribute damit überschreiben. Versteht ein Browser kein CSS, wird er das Stylesheet ignorieren und die Werte im <body>-Tag beachten.

Diese Technik können Sie auch dazu verwenden, um bestimmte Schriften für Textelemente und Überschriften einzusetzen. Dabei ist es wichtig, das jeweilige Textelement mit einem <font>-Tag auszuzeichnen, in dem die Schrifteigenschaften über HTML-Attribute definiert werden. Der Text selbst darf jedoch nicht unmittelbar im <font>-Tag stehen, sondern sollte darin noch einmal extra mit inhaltsbeschreibenden Tags wie <p></p> oder <h1></h1> ausgezeichnet werden. Hier nun

---

2. http://www.upsdell.com/BrowserNews/stat.htm

ein Beispiel für die richtige Anwendung dieser Technik. *Sehr alte* und *alte* Browser verwenden die klassische HTML-Auszeichnung, *neuere* und *neue* Browser zeigen die Seite mit CSS an:

```
<font face="Verdana, Arial, sans-serif" size="3">
<h1>Neuigkeiten und Ausblicke aus dem Unternehmen</h1></font>
```

Wird Ihr Text direkt von einem `<font>`-Tag umschlossen, überschreibt dieses auch in CSS-fähigen Browsern das dem `<h1>`-Tag zugewiesene Stylesheet:

```
<h1><font face="Verdana, Arial, sans-serif" size="3">
Neuigkeiten und Ausblicke aus dem Unternehmen</font></h1>
```

Grundsätzlich ist es vorteilhaft, die Stilregeln in `<style>`-Tags auszukommentieren. Damit gehen Sie sicher, dass alte Browser die `<style>`-Informationen komplett ignorieren und nicht die Stilregeln als Text auf der Seite anzeigen.

```
<style type="text/css">
<!--
...hierher kommen die Stilregeln...
-->
</style>
```

2.4.2 Der Umgang mit kaputten Browsern

Netscape Navigator 4

Eigentlich wollte ich den folgenden Abschnitt anders nennen, und zwar »Wie man auf Zehenspitzen an Netscape Navigator 4 vorbeikommt«. Vor langer Zeit, in einer weit entfernten Galaxis, während der Browserkriege kam der Netscape Navigator 4 auf – mit einer dermaßen mangelhaften CSS-Unterstützung, dass die meisten Webdesigner Alpträume von ihm bekommen sollten.

Der Netscape Navigator 4.x war bei seinen Benutzern der beliebteste Browser seiner Zeit. Noch heute begegnet man ihm immer wieder. Die Ansichten in der Web-Community, ob man ihn noch unterstützen soll oder nicht, gehen weit auseinander. Ich bin der Meinung, dass man ein derart fehlerhaftes Produkt getrost übergehen darf.

Andererseits liegt diese Entscheidung nicht immer in der Hand des Webdesigners. Die Kollegen aus den Vertriebs-, Marketing-, Werbe- und Technikabteilungen sehen das unter Umständen anders. Wer seine Site tatsächlich für Benutzer mit Netscape 4 zugänglich machen möchte, kann sich auf einiges gefasst machen. Hier ein Rezept, das zumindest ansatzweise Erfolg verspricht:

1. In Anhang C finden Sie eine komplette Referenz darüber, welche CSS-Eigenschaften in welchen Browsern funktionieren.
2. Machen Sie sich mit dieser Referenz im HTML-Code Ihrer Seite auf die Suche nach Tags, die in Netscape 4 Probleme bereiten.
3. Falls sich Probleme ergeben, können sie mit der Absicherung durch klassische HTML-Tags behoben werden.
4. Jetzt kommt der schwierigste Teil: Erstellen Sie ein externes Stylesheet, das Stilregeln nur für die HTML-Elemente enthält, mit denen Netscape 4 Probleme hat. Setzen Sie dieses Stylesheet im head-Abschnitt mit einer Syntax ein, die *import at-rule* genannt wird:

```
<style type="text/css">
   @import url(nichtgutnav4.css);
</style>
```

Netscape 4 unterstützt diese Syntax für den Stylesheet-Import nicht und geht einfach darüber hinweg. Alle anderen *neuen* oder *neueren* Browser importieren Ihre Stylesheets und stellen sie weiterhin korrekt dar.

Mehr zum Umgang mit Browsereigenheiten finden Sie in Kapitel 13.

2.5 Zusammenfassung

In diesem Kapitel haben wir gelernt, wofür CSS grundlegend eingesetzt werden und wofür nicht. Außerdem haben wir CSS-Techniken beleuchtet, mit denen Webseiten für Benutzer mit besonderen Bedürfnissen zugänglicher gemacht werden.

Des Weiteren haben wir einen Blick darauf geworfen, inwieweit *sehr alte*, *alte*, *neuere* und *neue* Browser CSS unterstützen und wie wir besonders alten und defekten Browsern mit Stylesheets entgegenkommen können.

Kapitel 3 wird nun die Funktionsweise von CSS ausführlicher erklären. Es wird darum gehen, wie interne, eingebettete und externe Stylesheets funktionieren und in welcher Abfolge sie vom Browser beachtet werden. Ebenso werden die verschiedenen Selektoren und Strukturen von CSS erklärt und die Einheiten und Werte genannt, die in Stilregeln für Maßangaben verwendet werden. Damit wird der detaillierte Überblick über CSS abgeschlossen und gleichzeitig der Grundstein für die Umsetzung des Beispielprojekts gelegt, das dann in Kapitel 4 zum Einsatz kommt.

3 Blick hinter die Kulissen

In diesem Kapitel werden wir unsere Einführung in die »Mechanik« von CSS abschließen: Wenn sie es gelesen haben, werden Sie genug über Stylesheets wissen, um auch auf Ihrer eigenen Website damit arbeiten zu können. Folgende Themen werden behandelt:

- ein Rückblick auf die drei Methoden, HTML-Elemente mit CSS zu definieren,
- mehrere CSS-Eigenschaften in zusammenfassenden Eigenschaften definieren,
- die Funktionsweise der Vererbung in CSS,
- die Wirkungsbereiche von CSS-Regeln durch den Einsatz verschiedener Typen von Selektoren festlegen,
- Maße und Werte, um Größen, Längen und Seitenpositionen zu definieren,
- Kommentare im CSS-Code anlegen.

3.1 CSS in Verbindung mit HTML-Dokumenten

Im ersten Kapitel habe ich Ihnen bereits alle drei Methoden vorgestellt, mit denen Sie einem HTML-Dokument Stylesheets zuweisen können. Ich fasse sie noch einmal kurz zusammen:

- *CSS innerhalb von HTML-Tags (Inline-Stylesheets):* Man kann fast allen HTML-Elementen direkt einen Stil zuweisen, indem man ihn mit einem `style`-Attribut in das HTML-Tag schreibt.

    ```
    <h1 style="font-family: 'Comic Sans'; color: blue;">
    Willkommen</h1>
    ```

Diese Methode wenden Sie am besten an, wenn Sie die Auswirkung einer Stilregel auf ein bestimmtes HTML-Element testen möchten, bevor Sie sie in ein *eingebettetes* oder *externes Stylesheet* einbauen.

- Ich rate davon ab, diese Technik als endgültige CSS-Lösung für Ihre komplette Website anzuwenden, da sie fast alle Vorteile von CSS zunichte macht.

- *CSS zentral in einem HTML-Dokument (eingebettete Stylesheets):* Man kann einem ganzen HTML-Dokument ein Stylesheet zuweisen, indem man sämtliche Stilregeln für eine Seite in ein `<style>`-Tag im head-Bereich des HTML-Dokuments einbettet.

  ```
  <style type="text/css">
  <!--
  h1, h2 {
    color: green;
  }
  h3 {
    color: blue;
  }
  -->
  </style>
  ```

  Eingebettete Stylesheets bieten viele Vorteile gegenüber den *Inline-Stylesheets*. Sie sind jedoch bei weitem nicht so vielseitig einsetzbar wie *externe Stylesheets*. Ich empfehle, *eingebettete Stylesheets* nur dann zu verwenden, wenn Sie Stilregeln definieren möchten, die sich nur auf eine einzelne Seite beziehen.

- *Externe Stylesheets:* Man kann einem HTML-Dokument ein Stylesheet zuweisen, das sich in einer separaten CSS-Datei befindet. Dafür müssen Sie nur ein `<link>`-Tag im head-Bereich mit dem Pfad der CSS-Datei anlegen.

  ```
  <link rel="stylesheet" type="text/css" href="meine_stile.css" />
  ```

  Externe Stylesheets sind die eleganteste, vielseitigste und daher empfehlenswerteste Art, CSS einzusetzen. Durch die Speicherung von HTML und CSS in verschiedenen Dateien werden Inhalt und Design am konsequentesten voneinander getrennt.

3.2 Zusammenfassende Eigenschaften einsetzen

Den meisten CSS-Eigenschaften werden jeweils einzelne Werte zugewiesen. Definiert man für eine Eigenschaft mehrere Werte, wie zum Beispiel alternative Schrifttypen für `font-family`, werden die Werte durch ein Komma getrennt. Wenn eine Wertbezeichnung Leerzeichen oder Zeichen aus der CSS-Syntax (etwa ein Semikolon oder Doppelpunkt) enthält, ist sie in Anführungszeichen zu setzen.

Mit einer *zusammenfassenden Eigenschaft* (engl. shorthand property) kann man mehrere CSS-Eigenschaften in nur einer Eigenschaftsdefinition festlegen. Bisher haben wir z.B. immer eine Schrifteigenschaft nach der anderen definiert:

```
h1 {
  font-weight: bold;
  font-size: 12pt;
  line-height: 14pt;
  font-family: Helvetica;
}
```

Mit der zusammenfassenden CSS-Eigenschaft `font` kann man alle Schrifteigenschaften auf einmal definieren. Die Stilregel wird dadurch wesentlich kürzer und die Entwicklungsarbeit deutlich vereinfacht:

```
h1 {
  font: bold 12pt/14pt Helvetica;
}
```

Alle zusammenfassenden Eigenschaften in CSS finden Sie in Anhang C.

3.3 Wie Vererbung in CSS funktioniert

Bevor wir uns den Eigenschaften und dem Verhalten von Stylesheets widmen, sollten wir zuerst eines der wichtigsten Prinzipien in der Funktionsweise von CSS genauer verstehen: die Vererbung, mit der geregelt wird, wie übergeordnete Elemente Eigenschaften und Werte an untergeordnete Elemente weitergeben.

Für das Verhalten von CSS-Regeln auf einer Webseite spielt das Prinzip der Vererbung in einem HTML-Dokument eine wichtige Rolle. Jedes Element auf einer Seite hat einen festen Platz in der Vererbungshierarchie des HTML-Dokuments. Diese ist aufgebaut wie ein Baum: Der Stamm sind die Basiselemente `head` und `body`, die Äste und Blätter sind die vielen weiteren, ineinander verschachtelten Tags. Die Wurzel des Vererbungsbaums ist *immer* das Element `html` – auch bei Dokumenten, in denen es nicht extra im Code aufgeführt ist.

Auf das `html`-Element folgen immer zwei untergeordnete Elemente im Vererbungsbaum: `head` und `body`.

Abbildung 3–1 zeigt, wie der Vererbungsbaum in einem einfachen HTML-Dokument aussehen kann.

Abb. 3–1
Beispiel eines HTML-Vererbungsbaums

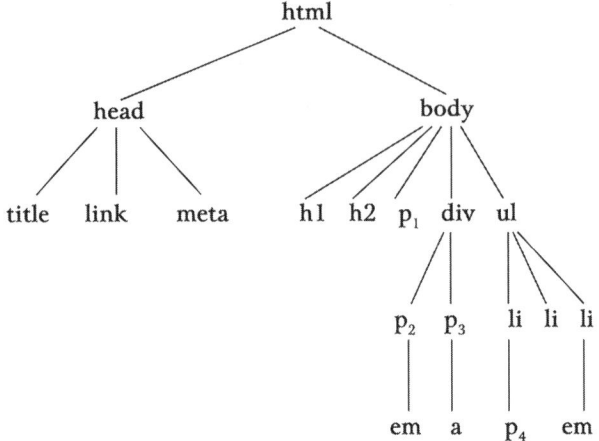

Wie Sie in Abbildung 3–1 sehen, befinden sich im head-Bereich des Dokuments die Elemente title, das der Seite eine Bezeichnung für die Statusleiste und Lesezeichenliste eines Browsers zuweist, und link, das gegebenenfalls auf ein externes Stylesheet verweist. Als drittes folgt das Element meta, in dem man Informationen über die HTML-Seite für Webserver, Browser oder Suchmaschinen bereitstellen kann.

Dem body-Element sind auf der nächsten Ebene fünf Elemente untergeordnet: h1 und h2 für Überschriften verschiedener Ordnung, p1 als Kennzeichnung für einen normalen HTML-Absatz, ul für eine eingerückte Liste und das Blockelement div. Das div-Element enthält wiederum die beiden Absatzelemente p2 und p3, von denen eines das Betonungselement em und das andere das Ankerelement a enthält. ul ist drei Listenpunktelementen li übergeordnet, von denen wiederum eines ein em beinhaltet und das andere ein weiteres Absatzelement p4 enthält. Diese untergeordneten Elemente nennen wir auch Nachfahren des übergeordneten Elements; ein direkt untergeordnetes Element heißt auch Kindelement. Bitte beachten Sie: Im Unterschied zu allen anderen p-Tags ist nur p1 ein direkter Nachfahre des body-Elements.

Bis auf die Wurzel html besitzt jedes Element in einem HTML-Dokument ein direkt übergeordnetes Element oder ist diesem, mit anderen Worten, direkt untergeordnet. In Abbildung 3–1 ist das direkt übergeordnete Element von p2 das div-Element. p2 wiederum ist ein direkt untergeordnetes Element von div.

In komplexen HTML-Dokumenten kommt es häufig vor, dass ein Element nicht nur Nachfahre von einem, sondern von einer ganzen Reihe von Elementen auf verschiedenen Hierarchieebenen ist. In Abbildung 3–1 ist p1 ein Nachfahre von body und html. p2 und p3 wiederum sind Nachfahren des `div`-Elements, des `body`-Elements und des `html`-Elements. `p4` hat mit `li`, `ul`, `body` und `html` die meisten Vorfahren.

Ein genaues Verständnis der Elementhierarchie ist aus zwei Gründen wichtig: Erstens hängt der Einsatz eines CSS-Selektors davon ab, welche Stellung er in der Hierarchie eines Dokuments einnimmt. Es gibt zum Beispiel einen Unterschied zwischen einem Nachfahren-Selektor und einem Selektor, der sich nur auf das direkt übergeordnete Vaterelement bezieht. Mehr darüber finden Sie im gleich folgenden Abschnitt 3.4 »Selektoren und Struktur von CSS-Regeln«.

Zweitens nehmen Elemente, für die nicht extra alle Eigenschaften neu definiert werden, die Eigenschaftsdefinitionen ihres direkt übergeordneten Elements an. Wenn etwa nicht ausdrücklich eine `font-family`-Eigenschaft für das `h1`-Element in Abbildung 3–1 festgelegt wird, greift es einfach auf den Schrifttyp zurück, der im `<body>`-Tag festgelegt wird. Nur wenn auch dort keine Angaben zur `font-family` gemacht werden, verwenden sowohl der Text im body als auch die h1-Überschrift die im Browser des Benutzers voreingestellte Schrift.

Vererbte Eigenschaften

Nicht alle Eigenschaften werden automatisch vererbt. `width` zum Beispiel gibt die Werte zur Bestimmung der Breite eines Seitenelements nicht einfach an untergeordnete Elemente weiter. Die Vererbung kann jedoch mit dem Spezialwert `inherit` extra angewiesen werden.

Nicht alle Eigenschaften werden vererbt

Alle automatisch vererbten Eigenschaften von CSS finden Sie in Anhang C.

Besonders in komplexen HTML-Dokumenten ist die Dynamik der Vererbung oft nicht einfach nachzuvollziehen. Die Mühe sollten Sie sich aber vor allem bei Seiten mit unübersichtlichen Tabellenlayouts und Inline-Stylesheets machen. Wenn das Stylesheet hier nicht richtig funktioniert, liegt die Ursache häufig daran, dass einige HTML-Elemente ihre CSS-Eigenschaften unreguliert weitervererben. Mit wenigen Nachbesserungen sind solche Seiten leicht zu retten.

Vererbung als Fehlerquelle

3.4 Selektoren und Struktur von CSS-Regeln

Wie bereits im ersten Kapitel ausführlich erklärt, besteht jede Stilregel aus zwei Teilen: einem Selektor, der das HTML-Element für die Stilregel festlegt, und mindestens einer Eigenschaftsdefinition, die den CSS-Stil vorgibt.

Bisher haben wir nur Selektoren betrachtet, die jeweils ein HTML-Element beinhalten:

```
h1 {
  font-size: 18px;
  text-transform: capitalize;
}
```

Als Selektoren können jedoch auch mehrere HTML-Elemente eingesetzt werden:

```
h1, h2, h3 {
  font-size: 18px;
  text-transform: capitalize;
}
```

Bisher haben wir nur mit Selektoren der einfachsten Sorte gearbeitet. Es gibt aber noch viele andere. Tabelle 3–1 fasst alle in CSS verfügbaren Selektortypen zusammen. Im Anschluss daran werde ich sie noch einmal einzeln und im Detail beschreiben. Selektortypen, die in der CSS2-Spezifikation neu- oder umdefiniert wurden, sind mit »(CSS2)« im Feld »Selektortyp« gekennzeichnet.

3.4.1 Universeller Selektor

Der universelle Selektor besitzt auf den ersten Blick keinen eigenen praktischen Nutzen. Denn eine CSS-Stilregel ohne Angabe eines bestimmten Selektors wird automatisch auf alle HTML-Elemente einer Seite angewandt. Das Sternchen ist somit nur der korrekten Schreibweise halber beizubehalten.

Der universelle Selektor kann aber in bestimmten Fällen nützlich sein, etwa beim Einsatz von Attribut-Selektoren, worauf ich weiter unten noch eingehen werde.

Folgende Stilregel enthält einen universellen Selektor, mit dem alle in Farbe darstellbaren HTML-Elemente rot angezeigt werden:

```
* {
  color: red;
}
```

3.4.2 Elementtyp-Selektor

Am häufigsten kommen als Selektoren einzelne Elemente ohne besondere Spezifizierung oder Erweiterung zum Einsatz. Eine Stilregel mit einem solchen Elementtyp-Selektor gilt dann für jedes HTML-Element dieses Typs, sofern sie nicht von einer anderen Stilregel überschrieben wird.

Tab. 3-1
CSS-Selektortypen

Selektortyp	Auswirkung	Beispiele in CSS-Syntax
Universeller Selektor (CSS2)	Stilregel ist gültig für alle Elemente im HTML-Dokument.	* (oder einfach keine Selektorangabe)
Elementtyp	Stilregel ist gültig für alle im Selektor genannten HTML-Elemente.	h1 p
Klassen-Selektor	Stilregel ist nur für HTML-Elemente gültig, deren class-Attribut der Klassenangabe im Selektor entspricht.	.articletitle h1.important
ID-Selektor	Stilregel ist nur für das HTML-Element gültig, dessen id-Attribut der ID-Angabe im Selektor entspricht.	#special3 p#special52
Pseudo-Element-Selektor (CSS2)	Stilregel ist nur für Pseudo-Elemente gültig.	p:first-letter p:first-line h1:first-child
Pseudo-Klassen-Selektor (CSS2)	Stilregel ist nur für Pseudo-Klassen gültig, wenn sie ihren Zustand durch Interaktion mit dem Benutzer verändern.	a:hover a:active a:focus a:link a:visited body:lang(d)
Selektor für Nachfahren	Stilregel ist nur für das im Selektor rechts stehende HTML-Element gültig, wenn es in der Vererbung ein Nachfahre des links stehenden HTML-Elements ist.	p em p.wide em
Selektor für direkt über- und untergeordnete Elemente (CSS2)	Stilregel ist nur für das im Selektor rechts stehende HTML-Element gültig, wenn es dem links stehenden HTML-Element direkt untergeordnet ist.	body > p
Selektor für benachbarte Elemente (CSS2)	Stilregel ist nur für das im Selektor rechts stehende HTML-Element gültig, wenn es im HTML-Dokument ein unmittelbarer Nachbar des links stehenden HTML-Elements ist.	h1 + h2 p + h3
Attribut-Selektor (CSS2)	Stilregel ist nur für HTML-Elemente gültig, die die im Selektor angegebenen Attribute bzw. Attributwerte enthalten.	p[align] input[type="text"] img[alt~="none"] body[lang|="en"]

Im folgenden Beispiel definieren wir die Text- und Hintergrundfarbe eines Dokuments, indem wir body als Elementtyp-Selektor einsetzen:

```
body {
  color: black;
  background-color: white;
}
```

3.4.3 Klassen-Selektor

Um einen Stil für mehrere HTML-Elemente auf einmal zu definieren, benutzt man einen Klassen-Selektor. Jedes HTML-Element, auf den der Stil zutreffen soll, bekommt einen entsprechenden Attributeintrag, der auf die Stilregel verweist.

Um in einem Stylesheet eine Klasse anzulegen, gibt man ihr einen beliebigen Namen und schreibt einen Punkt davor. Zwischen Punkt und Klassennamen darf kein Leerzeichen stehen. Die folgende Stilregel gilt für die Klasse mit dem Namen spezial. Ihr kann jedes Element im HTML-Code zugewiesen werden.

```
.spezial {
  font-family: Verdana, Arial, Helvetica, sans-serif;
}
```

Wenn eine Klasse nur für einen bestimmten Elementtyp gelten soll, wird dieser ebenfalls ohne Leerzeichen in den Selektor vor den Punkt geschrieben:

```
p.spezial {
  font-family: Verdana, Arial, Helvetica, sans-serif;
}
```

Diese Stilregel gilt ausschließlich für die Absatzelemente p, die der Klasse spezial im Attribut class zugewiesen werden:

```
<p class="spezial">Ein Absatz mit Inhalt.</p>
```

Ein Element kann auch mehreren Klassen zugewiesen werden. Dafür werden die Klassennamen im class-Attribut aufgelistet und durch ein Leerzeichen voneinander getrennt:

```
<p class="spezial aufregend">Absatz! Mit! Inhalt!</p>
```

Legt man eine Klasse nur für einen speziellen Elementtyp an (wie p.spezial) und weist ihr dann ein vom Selektor abweichendes anderes Element – etwa ein div – zu, kommt die Stilregel für div nicht zum Einsatz, da sie ausschließlich für p-Elemente gültig ist.

3.4.4 ID-Selektor

Mit einem ID-Selektor kann man Stilregeln festlegen, die für ein einzelnes HTML-Element auf der Seite gültig sind. Eine Stilregel mit ID-Selektor überschreibt sämtliche andere CSS-Eigenschaftsdefinitionen, die für ein HTML-Element gelten. In der Stilregel legt man für die ID einen Namen fest und schreibt ihn hinter ein »#«-Symbol[1]. Nur ein einziges Element in einem HTML-Dokument kann der ID-Stilregel zugewiesen werden. Dieselbe ID an mehrere HTML-Tags zu vergeben ist nach der CSS2-Spezifikation ungültig.

Folgende Stilregel definiert ein Element mit der ID einzigartig:

```
#einzigartig {
   font-size: 10px;
}
```

Auch ein ID-Selektor ist nur für Elemente gültig, die mit dem Namen des Selektors in einem HTML-Attribut gekennzeichnet sind. Das folgende Beispiel zeigt, wie man einer ID-Stilregel ein HTML-Element zuweist:

```
<h4 id="einzigartig">Das wird eine winzige &Uuml;berschrift</h4>
```

Nehmen wir ein HTML-Dokument, das fünf Mal das Klassenelement <div class="seitenleiste"> enthält. Nun soll der einzige div-Absatz mit einer Suchbox einige Eigenschaften aus der Stilregel für die Klasse seitenleiste übernehmen. Seine Hintergrundfarbe soll allerdings anders definiert werden. Um das zu erreichen, können wir für diesen div-Absatz zusätzlich zu der Klassen-Stilregel noch eine ID-Stilregel aufstellen, die den Wert für die Hintergrundfarbe überschreibt:

```
div.seitenleiste
{
   ...
}

#suchbox
{
   ...
}
```

---

1. Man kann eine ID auch mit einem bestimmten Elementtyp verbinden. Diesen schreibt man vor das #-Zeichen, zum Beispiel div#searchbox. Da in einem HTML-Dokument aber sowieso immer nur ein Element einer bestimmte ID zugewiesen werden kann, ist es überflüssig, die Stilregel auch noch auf ein spezielles Element zu beschränken.

Das `div`-Element, das die Suchbox umschließt, sieht in HTML dann so aus:

```
<div id="suchbox" class="seitenleiste">
```

Nehmen wir an, für die Klasse `seitenleiste` werden die Eigenschaften `font-family` und `background-color` definiert. In der ID-Stilregel `suchbox` wird `background-color` auch deklariert, allerdings mit einem anderen Wert. Unser `div`-Bereich, der beiden Stilregeln zugewiesen wird, erhält nun den Wert für die Eigenschaft `font-family` aus der Stilregel `.seitenleiste`; seinen Wert für `background-color` bezieht er jedoch aus der Regel `#suchbox`. Nach dem Prinzip der Kaskadierung (mit dem in CSS geregelt wird, welche Deklaration zum Zuge kommt, wenn es in unterschiedlichen Stilregeln gleich mehrere für dieselbe Eigenschaft eines Elements gibt) erhält eine ID-Regel grundsätzlich den Vorrang gegenüber einer Klassenregel. Weitere Informationen zur Kaskadierung von CSS-Regeln finden Sie in Kapitel 9.

Zum gleichen Ergebnis wie im letzten Beispiel kommen wir auch, wenn wir anstatt der ID-Stilregel einfach eine neue Klasse für den `div`-Bereich mit der Suchbox erstellen. Der Programmieraufwand wäre somit zwar etwas größer, wir wären aber zugleich flexibler für die weitere Arbeit an unserer Seite. Denn würden wir, etwa bei einem Redesign, die Darstellung der Elemente innerhalb unserer Suchbox mit weiteren Ausnahmen versehen wollen, würde sich der Weg über den ID-Selektor als Sackgasse erweisen: Eine ID-Selektor lässt sich von keiner anderen Stilregel überschreiben.

Die übliche Praxis

In einigen Tests habe ich herausgefunden, dass nicht alle neueren Browser eine ID-Stilregel nur auf ein HTML-Element pro Dokument anwenden. Stattdessen kommt die Stilregel auch zum Tragen, wenn mehrere Elemente der ID zugeordnet werden. Der ID-Selektor bekommt somit nahezu die gleiche Bedeutung wie der Klassen-Selektor. Das widerspricht zwar der CSS-Spezifikation, ist aber bei vielen Browsern die übliche Praxis.

3.4.5 Pseudo-Element-Selektor

Die Pseudo-Element- und Pseudo-Klassen-Selektoren sind Sonderfälle unter den CSS-Selektoren, weil sie weder ein HTML-Element noch ein HTML-Attribut enthalten.

In der CSS-Spezifikation sind bisher nur drei Pseudo-Elemente aufgeführt: `first-letter`, `first-line` und `first-child`. Bei der Interpretation der ersten beiden kommt es bei verschiedenen Browsern zu unterschiedlichen Ergebnissen. `first-line` kann sich zum Beispiel entweder auf den ersten Satz in einem Text oder auf die erste physikalische Bildschirmzeile beziehen. Von Browser zu Browser unterschiedlich ist auch das Verhalten der Elemente, wenn die Größe des Browserfensters verändert wird. Mehr Informationen zu `first-letter` und `first-line` finden Sie in Anhang C.

Das Pseudo-Element `first-child` funktioniert unabhängig von der Interpretation verschiedener Browser. Es bezieht sich immer auf die direkten Nachfahren des HTML-Elements, dem es zugewiesen ist.

Um ein Pseudo-Element in einer Stilregel als Selektor einzusetzen, muss ein Doppelpunkt davor geschrieben werden:

```
p:first-letter {
  font-face: Gothic, serif;
  font-size: 250%;
  float: left;
}
```

Mit dieser Stilregel wird der erste Buchstabe eines jeden Abschnitts auf der Seite als hängende Initiale im Schrifttyp `Gothic` dargestellt. Durch die Eigenschaft `float` umfließt der Folgetext die hier um den Faktor 2,5 größer dargestellte Initiale.

3.4.6 Pseudo-Klassen-Selektor

Der Pseudo-Klassen-Selektor entspricht dem Pseudo-Element-Selektor – mit einer Ausnahme: Er kann sich unter bestimmten Umständen nicht nur auf eine Eigenschaft, sondern auf ein ganzes Element beziehen.

Die aktuelle Version von CSS2 enthält die folgenden Pseudo-Klassen:

- `:hover`
- `:active`
- `:focus`
- `:link`
- `:visited`
- `:lang()`

Die Stilregeln für diese Pseudo-Klassen können in einem Stylesheet wie folgt definiert werden:

```
a:hover {
   color:#ffcc00;
}
```

Mit dieser Stilregel ändern alle von einem <a>-Tag umschlossenen Textstellen und Bilder ihre Farbe, wenn der Benutzer sie mit dem Mauszeiger berührt. Der Pseudo-Klassen-Selektor tritt nur in Kraft, wenn ein Element einen bestimmten Zustand annimmt.

Die Pseudo-Klasse `:lang()`[2] bestimmt die Einstellung des Sprachattributs `lang` für ein HTML-Element. Mit folgendem HTML-Tag kann man einen Absatz als deutschsprachig auszeichnen:

```
<p lang="de">Deutsche Grammophon</p>
```

Mit anschließender Stilregel kann man den Schrifttyp für alle deutschsprachigen Elemente auf der Seite definieren:

```
:lang(de) {
  font-family: spezialitaet;
}
```

Doch Vorsicht! Verwechseln Sie nicht das `lang`-Attribut mit dem `language`-Attribut, das sich auf die Angabe einer Skriptsprache bezieht, die bei einem Tag oder auf einer Seite zum Einsatz kommt.

3.4.7 Selektor für Nachfahren

Führen wir uns noch einmal Folgendes vor Augen: In der Vererbungshierarchie eines HTML-Dokuments sind bis auf die Ausnahme von `html` alle HTML-Elemente Nachfahren von mindestens einem anderen HTML-Element. Mit einem Selektor für Nachfahren (engl. descendant selector) können Sie Stilregeln zuweisen, die sich ausschließlich auf untergeordnete Elemente in der Vererbungskette eines bestimmten Elements beziehen.

Ein Selektor für Nachfahren besteht aus zwei Teilen. Rechts steht das HTML-Element, auf das die Stilregel angewandt werden soll (im folgenden Beispiel: em), links steht das Element, dessen Nachfahre das rechts genannte sein soll (hier: li).

```
li em {
  font-size: 16px;
  color: green;
}
```

Diese Stilregel definiert eine 16 Pixel große, grüne Schrift für alle Wörter innerhalb von `<em></em>`-Tags. Sie kommt jedoch nur zum Einsatz, wenn em der Nachfahre eines Listenpunkts ist.

Im folgenden Beispiel wird der Text innerhalb der ersten `<em></em>`-Tags in grünen, 16 Pixel großen Zeichen dargestellt, der Text zwischen den zweiten `<em></em>`-Tags jedoch nicht, da das em-Element hier kein Nachfahre eines li-Elements ist.

---

2. Die Browser-Unterstützung der Pseudo-Klasse `:lang()` ist immer noch sehr lückenhaft. Sie wird hier nur der Vollständigkeit halber erwähnt.

```
<ul>
<li>Erster Gegenstand</li>
<li><em>Zweiter</em>Gegenstand</li>
</ul>
<p>
Ein Wort in <em>Kursivschrift</em>.
</p>
```

Bei Selektoren für Nachfahren muss die Vererbung nicht zwischen direkt über- und untergeordneten Elementen erfolgen, sondern kann auch über mehrere Ebenen hinweg geschehen. Die folgende Stilregel betrifft in unserem Beispiel aus Abbildung 3-1 daher auch das a-Element, das zwar direkt dem p3-Element untergeordnet, aber in zweiter Generation ein Nachfahre des `div`-Elements ist:

```
div a {
  font-style: italic;
}
```

3.4.8 Selektor für direkt über- und untergeordnete Elemente

Mit einem Selektor für direkt über- und untergeordnete Elemente (engl. parent-child selector) können Sie Stilregeln für HTML-Elemente definieren, die einem anderen Dokument in der Vererbungskette direkt (!) nachfolgen. Dieser Selektor ist damit ein spezieller Fall des Selektors für Nachfahren.

Ein Selektor für direkt über- und untergeordnete Beziehung setzt sich in der Stilregel aus dem übergeordneten Element, einem »>«-Zeichen und dem untergeordnetem Element zusammen. Betrachten wir die folgende CSS-Stilregel:

```
div > p {
  font-weight: bold;
}
```

Sie hat z.B. in Abbildung 3–1 *keine* Auswirkung auf die Elemente p1 oder p4, weil diese dem div-Element nicht direkt untergeordnet sind. Nur p2 und p3 sind von der Stilregel als direkt untergeordnete Elemente von `div` betroffen.

Mit dem Internet Explorer für Windows (bis inklusive Version 6) ist es ausgerechnet der zurzeit wichtigste Browser, der Selektoren für direkt über- und untergeordnete Elemente nicht unterstützt. Den Selektor sollte man von daher nur dann verwenden, wenn eine Seite absichtlich nicht mit dem Internet Explorer für Windows dargestellt werden soll. Ansonsten empfiehlt sich als Ersatz der Selektor für Nachfahren.

Internet Explorer für Windows

3.4.9 Selektoren für benachbarte Elemente

Als benachbart gelten auf einer Seite Elemente, die im HTML-Dokument direkt aufeinander folgen. Sie dürfen jedoch nicht ineinander verschachtelt sein, sondern müssen sich im Vererbungsbaum auf derselben Ebene befinden. Zum besseren Verständnis schauen wir uns den folgenden HTML-Ausschnitt an:

```
<h1>Das hier ist wichtig!</h1>
<h2>Die erste wichtige Sache</h2>
<h2>Die zweite wichtige Sache</h2>
```

Die erste der h2-Überschriften ist ein *Nachbar* der h1-Überschrift. Die zweite h2-Überschrift ist kein Nachbar der h1-Überschrift, da sie nicht unmittelbar vor oder nach ihr steht.

In der Schreibweise einer Stilregel werden die Nachbarelemente mit einem Pluszeichen (+) verbunden:

```
h1 + h2 {
   margin-top: 11px;
}
```

Diese Stilregel sorgt für einen Abstand von elf Pixeln zwischen einer h1-Überschrift und der direkt folgenden h2-Überschrift. Gibt es im HTML-Dokument noch einen Textabsatz zwischen den beiden Überschriften, zählen sie nicht als benachbart und die Stilregel kommt nicht zum Einsatz.

Internet Explorer für Windows — Auch hier ist der Internet Explorer für Windows (bis inklusive Version 6) der einzige, aber leider wichtigste Browser, der diesen Selektortyp nicht unterstützt.

3.4.10 Attribut-Selektoren

Die nächste Gruppe von Selektoren, die ich hier einfach als »Attribut-Selektoren« zusammenfasse, gehören aus meiner Sicht zu den interessantesten CSS-Selektoren, da man mit ihnen fast so umgeht wie mit einer Programmiertechnik.

Jeder Attribut-Selektor bestimmt auf seine spezifische Art, dass eine Stilregel nur auf Elemente angewandt wird, die entweder ein bestimmtes Attribut oder eine bestimmte Attribut-Wert-Kombination enthalten.

Es gibt vier Varianten von Attribut-Selektoren:

- [attribut] – Stilregel ist gültig für alle Elemente, die das angegebene HTML-Attribut enthalten, unabhängig von dessen Wert.

- `[attribut="wert"]` – Stilregel ist gültig für alle Elemente mit exakt dieser Attribut-Wert-Kombination. Dem Attribut dürfen keine anderen Werte zugewiesen sein.
- `[attribut~="wert"]` – Stilregel ist gültig für alle Elemente mit dieser Attribut-Wert-Kombination. Dem Attribut dürfen jedoch noch andere Werte zugewiesen sein.
- `[attribut|="wert"]` – Stilregel ist gültig für alle Elemente mit dieser Attribut-Wert-Kombination. Der Wert muss an erster Stelle stehen, und folgende Werte müssen durch einen Bindestrich miteinander verbunden sein.

Die folgende Stilregel enthält einen Attribut-Selektor der zweiten Variante. Mit ihr weisen wir allen einzeiligen Texteingabe-Feldern `<input type="text" />` als Textfarbe weiß und als Hintergrundfarbe schwarz zu:

Variante 2

```
input[type="text"] {
  color: white;
  background-color: black;
}
```

Mit der dritten der oben aufgeführten Variante von Attribut-Selektoren werden Attribute angesprochen, denen ein bestimmter Wert zugewiesen ist, der einzeln oder in einer Liste mit anderen Werten aufgeführt wird. Dieser Attribut-Selektor ist zum Beispiel dann hilfreich, wenn mehrere Designer an einer Website arbeiten und dabei alt-Attribute in img-Elementen als vorübergehende Platzhalter für Bilder in den Code einfügen. Mit folgender Stilregel kann man die Plätze, an denen die Bilder später erscheinen sollen, auffällig markieren:

Variante 3

```
img[alt~="Platzhalter"] {
  border: 8px solid red;
}
```

Diese Stilregel stellt alle img-Elemente, deren alt-Attribute das Wort Platzhalter enthalten, mit einem auffälligen acht Pixel breiten Rand dar. Damit ist die Stelle deutlich auf der Seite erkennbar, ohne dass extra ein Bild als Platzhalter eingebaut werden muss.

Die vierte Variante der Attribut-Selektoren ist nur im Einsatz mit dem lang-Attribut hilfreich. Der Selektor isoliert zum Beispiel den ersten Teil en aus dem Wert en-cockney. Weitere Werte hinter dem Bindestrich werden ignoriert. Dieser Selektor kommt nur selten zur Anwendung, da nur in wenigen HTML-Attributen verschiedene Werte durch Bindestriche getrennt werden.

Variante 4

Internet Explorer für Windows

Auch Attribut-Selektoren werden nicht vom Internet Explorer für Windows unterstützt und sind damit nur sehr eingeschränkt einsetzbar.

3.4.11 Selektor-Gruppierung

Um nur eine Stilregel gleich für mehrere Elemente in einem HTML-Dokument zu erstellen, kann man Selektoren auch gruppieren. Die Elemente werden dafür einfach durch Kommas voneinander getrennt.

```
h1, h2, h3 {
    font-family: Verdana, Arial, Helvetica, sans-serif;
    color: green;
}
```

Die Elemente im Selektor müssen weder dem gleichen Selektortyp angehören, noch müssen sie die gleiche Detailstufe besitzen. Folgende Stilregel weist allen Überschriften zweiter Ordnung (h2) sowie Absätzen, die der Klasse `spezial` zugeordnet sind, eine Schriftgröße von 22 Pixel zu:

```
h2, p.spezial {
    font-size: 22px;
}
```

Das Leerzeichen im Selektor hinter dem Komma ist optional und kann ebenso weggelassen werden.

3.5 Maßangaben

Viele Eigenschaften in CSS werden mit Maßangaben definiert. Diese bestimmen in einer Stilregel, wie groß oder breit etwas dargestellt werden soll. Maßangaben werden hauptsächlich für Schriften, Abstände und Seitenpositionen eingesetzt.

Absolut und relativ

Es gibt zwei Arten von Maßangaben: absolute und relative. Eine absolute Maßangabe, wie zum Beispiel die Festlegung einer Schrift auf 18px, weist den Browser an, als durchschnittliche Höhe für ein Schriftzeichen 18 Pixel zu verwenden.[3]

---

[3] Genau genommen kann man sogar das Pixel als relative Maßeinheit gelten lassen, weil die Größe eines Pixels von der Auflösung und Monitorgröße des Zielrechners abhängt. In unserem Kontext bezeichnen wir mit »relativ« ein Verhältnis zu einem Wert in einer Stilregel oder einem HTML-Attribut. In diesem Zusammenhang ist das Pixel eine absolute Maßeinheit.

Mit einer relativen Maßangabe weist eine Stilregel den Browser an, die Größe der Schrift oder eines anderen HTML-Elements relativ zur Größe eines Ausgangswerts zu bestimmen.

Das folgende Beispiel zeigt eine Stilregel, durch die die Schriftgröße für alle in Absätzen ausgezeichneten Textstellen 150% des Standardwertes betragen soll:

```
p {
   font-size: 150%;
}
```

Wenn man davon ausgeht, dass die meisten Browser Schriftzeichen standardmäßig in einer Größe von 12 Pixeln darstellen, kann man das gleiche Ergebnis auch wie folgt erzielen – 150% von 12 Pixeln ergeben 18 Pixel:

```
p {
   font-size: 18px;
}
```

Soweit möglich, sollte man immer relative Maßangaben verwenden. Diese arbeiten variabel mit den Benutzereinstellungen des Browsers zusammen und bieten einige Vorteile für den Einsatz von alternativen Stylesheets.

Möglichst relative Maßangaben verwenden

In CSS2 werden sowohl alle horizontalen als auch vertikalen Maßangaben als *Längenwerte* angegeben. Sie werden aus einem optionalen Plus- oder Minuszeichen, einer Zahl und der Maßeinheit zusammengesetzt; zwischen der Zahl und der Maßeinheit dürfen keine Leerzeichen stehen.

3.5.1 Absolute Werte

Tabelle 3–2 zeigt alle Maßeinheiten, die in der CSS-Syntax für absolute Werte zur Verfügung stehen.

CSS-Syntax	Längenmaß	Umrechnung
in	Inch	2,54 cm
cm	Zentimeter	
mm	Millimeter	
pt	Punkt	3,53 mm (1/72 inch)
pc	Pica	12 Punkte (42,33 mm) (1/6 inch)
px	Pixel	Ein Punkt auf dem Bildschirm

Tab. 3–2

Maßeinheiten für absolute Werte in CSS

Wenn eine Länge gleich null definiert werden soll, muss die Maßeinheit nicht angegeben werden. 0px ist in der CSS-Syntax genauso gültig wie einfach 0.

Wenn in einer Stilregel eine absolute Maßangabe für die Größe oder Position eines Elements erfolgen soll, kann dafür jedes Längenmaß aus der Tabelle 3–2 verwendet werden. Folgende Eigenschaftsdefinitionen führen zum Beispiel zum selben Ergebnis:

```
font-size: 1in;
font-size: 2.54cm;
font-size: 25.4mm;
font-size: 72pt;
font-size: 6pc;
```

Angaben in Pixel

Pixelangaben verhalten sich dagegen komplett anders. Verwendet man Pixel als Maßeinheit für die Schriftgröße, wird ein stabiles Größenverhältnis zwischen Text und Bildern erzeugt, das auch bei verschiedenen Grafikauflösungen oder Monitorgrößen erhalten bleibt.

Es ist zwar davon abzuraten, in jedem Fall Pixelangaben einzusetzen, dennoch findet man sie in den Quellcodes vieler Seiten. Designer greifen gerne darauf zurück, weil stabile Größenverhältnisse unter den Seitenelementen eine größere Kontrolle über das Layout ermöglichen und Druckvorlagen damit leichter auf dem Bildschirm reproduziert werden können.

Ein Pixel ist ein Punkt auf dem Monitor, der ein- oder ausgeschaltet und in blau, grün oder einer anderen Farbe dargestellt werden kann. Stellt man zum Beispiel die Auflösung eines Monitors auf 800 x 600 Pixel ein, beträgt ein Pixel 1/600 der Bildschirmhöhe. Auf einem typischen 15-Zoll-Monitor beträgt die gesamte Displayhöhe etwa 10,5 Zoll (26,67 cm) und die gesamte Breite etwas mehr als 13 Zoll (30 cm).[4] Eine 12 Pixel große Schrift wird somit mit einer Höhe von 1/5 Zoll (5,08 mm) dargestellt und nimmt immerhin 1/50 des gesamten sichtbaren Bereichs ein.

Probleme mit Pixeln

Stellt der gleiche Benutzer nun seine Bildschirmauflösung auf 1024 x 768 Pixel, beträgt dieselbe Schrift nur noch 78% ihrer vorigen Höhe und schrumpft auf 0,16 Zoll (4,06 mm) zusammen. Angenommen, der Benutzer besitzt nun ein Notebook mit 13-Zoll-Display anstelle eines 15-Zoll-Monitors. Die Schrift wird unleserlich klein, und

---

4. Wenn man das Höhen-Seiten-Verhältnis der Auflösung von 9 zu 12 Zoll nimmt, sollte man annehmen, dass dieses auch für die Maße der Displaygröße gelten sollte. Für eine bessere Lesbarkeit der Schriftzeichen stellen Computermonitore ihre Inhalte aber immer leicht in die Breite gezogen dar – so kommt das Verhältnis von 10,5 zu 13 Zoll zustande.

die absolute Pixelangabe überschreibt jede Browsereinstellung, mit der der Benutzer die Darstellung an seine Auflösung, Hardware und Lesegewohnheiten angepasst hat.

Wenn Pixel in Maßangaben zu solchen Problemen führen können, warum kommen sie dann in diesem Buch so häufig zum Einsatz? Dafür gibt es drei Gründe:

Warum Pixel einsetzen?

Erstens sind sie nach wie vor die meistangewandte absolute Maßeinheit in der Entwicklung von Webseiten. Auch wenn mancher Entwickler sich prinzipiell gegen ihre Verwendung ausspricht, liegt es einfach auf der Hand, dass keine absolute Maßeinheit unter allen Umständen gleich gut funktionieren kann.

Zweitens sind Pixel die Maßeinheit in fast jeder Anwendersoftware. Benutzer erwarten einfach aus Gewohnheit, dass die Schrift auf ihrem Bildschirm kleiner wird, wenn sie die Auflösung vergrößern, und sich entsprechend vergrößert, wenn sie die Auflösung verringern. Text, der »intelligenter« funktioniert und sich bei unterschiedlichen Auflösungen in gleicher, gut lesbarer Größe präsentiert, bedeutet eher eine Irritation als eine Hilfe für den typischen Benutzer.

Drittens sind Pixelangaben eindeutig die beste Art, Größen und Abstände in HTML und CSS zu definieren, wenn es um Bilder, Strichstärken oder die Zuweisung von Seitenpositionen geht. Nur für Schriftgrößen sollte man möglichst auf andere Längenmaße ausweichen.

3.5.2 Relative Werte

Durch die geschilderten Probleme mit absoluten Maßangaben sind relative Werte eindeutig die flexiblere Methode, Maßangaben in Stilregeln vorzunehmen. Als Einheiten dienen hier em, ex und %. em steht immer für das Verhältnis zur Höhe der Versalie »M« in der Ausgangsschrift (M-Höhe), ex für das Verhältnis zur Höhe des Kleinbuchstabens »x« (die so genannte x-Höhe). % steht für einen Prozentwert von der Ausgangshöhe der Schrift.

Alle drei Einheiten ergeben Resultate, die ein Verhältnis zu geerbten oder voreingestellten Größen ausdrücken. Doch wann bezieht sich ein Wert auf einen geerbten Ausgangswert und wann auf eine Voreinstellung im Browser? Die Antwort: Es kommt darauf an.

Relativ zu was?

Früher zeigten alle Browser sämtliche Schriften ausschließlich mit den Werten ihrer Standardeinstellungen an. Webdesigner überschrieben daraufhin die Standardgrößen nach Belieben mit eigenen Angaben. Der Benutzer musste hinnehmen, was ihm vorgesetzt wurde.

Benutzereinstellungen

Erst mit CSS kam die Möglichkeit auf, auch auf der Clientseite individuelle Voreinstellungen für die Darstellung von Webseiten vorzunehmen. Opera 5 stellte dem Benutzer als erster Browser ein lokales Stylesheet zur Verfügung, an dem er über Benutzermenüs eigene Einstellungen vornehmen und abspeichern konnte.

Ein Problem für die Designer

Für die Benutzer war das eine große Hilfe. Die Webdesigner befanden sich jedoch fortan in einer Zwickmühle. Konnten sie bis dato voraussetzen, dass ein Browser sämtlichen Text in einer voreingestellten Schriftgröße[5] von 12 Punkt darstellte, so konnte eine Webseite nun auf eine Stilregel im Browser treffen, die ihre Textteile zum Beispiel einfach um 1,25 em vergrößerte und infolgedessen mit einer Schriftgröße von 15 Punkt darstellte.

Verfasst man heute eine Stilregel mit einer Schriftgröße von 1,25 em, weist diese den Browser an, die Schrift um das 1,25-fache seiner in der Regel bei 12 Punkt liegenden Voreinstellung zu vergrößern. Hat der Benutzer jedoch seinen Browser auf eine Schriftgröße von 16 Punkt voreingestellt, werden die von der Stilregel betroffenen Textstellen mit 20 Punkt noch größer dargestellt.

Schriftgröße nur in Ausnahmefällen festlegen

Von allen Eigenschaften ist es die Schriftgröße, die die Benutzer am liebsten mit individuellen Voreinstellungen beeinflussen. Daher sollte man sich als Entwickler in jedem Einzelfall genau überlegen, ob man die Schriftgröße wirklich vorschreiben soll. In vielen Fällen kann man darauf eigentlich verzichten und dadurch Konflikte mit den Einstellungen und Systemvorgaben auf der Benutzerseite vermeiden.

Fehlerquellen bei relativer Schriftgröße

Der Vollständigkeit halber möchte ich noch darauf hinweisen, dass es auch bei der Verwendung von relativen Schriftgrößen ein paar Fallen gibt, die man beachten sollte. Unter bestimmten Umständen können relative Schriftwerte Kombinationen oder Multiplikationen miteinander eingehen und dabei ungewollte Ergebnisse im Browser hervorrufen.

Definiert man zum Beispiel in einer Stilregel, dass sowohl fett geschriebene als auch kursiv geschriebene Textstellen mit jeweils 1,5 em angezeigt werden sollen, werden die Textstellen, die als fett *und* kursiv ausgezeichnet sind, in 2,25-facher Größe angezeigt. Die Werte der Schriftgrößen werden in diesem Fall multipliziert. Dasselbe Problem entsteht auch bei untergeordneten Elementen, die Eigenschaften aus den Stilregeln ihrer übergeordneten Elemente automatisch vererbt bekommen. Solche Fehler lassen sich zwar leicht von vornherein vermeiden, werden im Code aber auch schnell übersehen.

---

5. Für den Fall, dass Sie sich hier wundern: Pixelgröße und Punktgröße sind nicht gleich und das Größenverhältnis zwischen beiden wechselt mit Browsern und Betriebssystemen. So wird zum Beispiel bei den meisten Browsern unter Windows eine 12-Punkt-Schrift mit 16 Pixeln dargestellt. 12pt ist somit gleich 16px.

3.6 CSS-Kommentare

HTML-Kommentare wie der folgende sind allgemein bekannt:

```
<!-- das ist ein HTML-Kommentar -->
```

In Kommentaren werden Erklärungen im Quellcode eines Dokuments untergebracht. Sie werden von den Browsern vollständig ignoriert. Wenn Sie jemals den Code eines anderen Autors anfassen und verändern mussten, werden Sie den Wert einer guten Dokumentation zu schätzen wissen.

Auch CSS besitzt eine Syntax für Kommentare. Eine auskommentierte Stelle beginnt mit /* und endet mit */:

```
<style type="text/css">
/* Diese Regel stellt s&auml;mtlichen Text auf der Seite rot dar.
Wir weisen die Regel auch extra den HTML-Elementen f&uuml;r
Abschnitte und Tabellen-Zellen zu. Somit werden auch &auml;ltere
Browser unterst&uuml;tzt, bei denen Vererbung nicht richtig
funktioniert. */
body, p, td, th {
  color: red;
}
</style>
```

Wer mehrzeilige Kommentare in JavaScript kennt, wird diese Syntax wieder erkennen. Anders als JavaScript unterstützt CSS jedoch nicht den einzeiligen Kommentar mit doppelten Schrägstrichen (//).

3.7 Zusammenfassung

In diesem Kapitel haben wir ausführlich die Vererbung in HTML-Dokumenten und die Syntax- und Strukturregeln von CSS-Stilen behandelt. Somit endet Teil I des Buches und auch unser erster Überblick über die CSS-Technologie.

In Teil II werden wir damit beginnen, ein CSS-Projekt komplett von Anfang bis Ende durchzuarbeiten. Zuerst werden wir ein traditionelles, tabellenbasiertes Layout für eine Website erstellen. Dann werden wir uns auf die vollständige Realisierung desselben Layouts mit CSS konzentrieren ... ganz ohne Tabellen.

II Seitenlayout mit CSS

4 Webdesign mit CSS

Am Anfang einer Website steht immer das Design. Als Grundlage dafür führt der Auftraggeber in der Regel ein Briefing durch, in dem er seine Vorstellungen erläutert, oder der Webdesigner selbst hat bereits eigene Ideen dazu, wie die Site einmal aussehen wird und was sie enthalten soll. Ein Webdesigner, wie er im Buche steht, geht gleich streng nach Plan vor und erstellt schon vom ersten Schritt an eine detaillierte Spezifikation. Darin führt er alle Funktionen und Eigenschaften auf, die die Website besitzen soll, alle Technologien, die ihm zur Verfügung stehen, sowie alle Standards, Browser und Plattformen, die unterstützt werden sollen.

Designer arbeiten in diesem frühen Stadium erst einmal an Entwürfen verschiedener Art: zunächst Papierskizzen, dann Grafiklayouts bis hin zu ersten Probeseiten in HTML. Wer bereits Erfahrung mit dem Design von Websites hat, denkt bereits so früh wie möglich daran, wie seine Entwürfe schließlich mit HTML-Code umgesetzt werden können.

Wenn Sie aus dem herkömmlichen Webdesign kommen und in Zukunft Cascading Stylesheets für Ihre Layouts einsetzen möchten, sollten Sie Ihren Entwicklungsprozess schon von Anfang an darauf einstellen. In diesem und in den nächsten Kapiteln werden Sie ein Gefühl dafür bekommen, welche neuen Möglichkeiten und Grenzen sich mit CSS für Ihre Konzeption auftun.

Es liegt in der Natur des Menschen, sich Veränderungen erst einmal zu widersetzen. Wenn Sie also mal etwas mit CSS *nicht* wie gewohnt erledigen können, werden Sie vielleicht wieder das gute, alte, tabellenbasierte Design einsetzen wollen. Doch Sie sollten konsequent sein und sich ganz auf die schöne, neue Welt von CSS einlassen – schließlich ist es nur hier möglich, das Layout Hunderter von Seiten mit einer einzigen Stilregel in den Griff zu bekommen.

In diesem Kapitel werde ich also einiges dafür tun, dass Sie alte Gewohnheiten abschütteln, und Ihnen veranschaulichen, welche grundlegenden Vorteile CSS-basiertes Design mit sich bringt. Um Ihnen dann den Mund noch wässriger zu machen, werde ich ein paar der besten Websites mit CSS vorstellen, von denen Sie auch hervorragend Ideen und Techniken abgucken können.

4.1 Die Vorteile von CSS-Design

In den vorhergehenden Kapiteln habe ich bereits einige der weitreichenden Eigenschaften von CSS für das Seitenlayout angesprochen. In diesem Abschnitt möchte ich Ihnen die vielen Einsatzmöglichkeiten ausführlicher vorstellen. Ich hoffe, damit nicht nur *Sie* von den Vorteilen von CSS zu überzeugen, sondern Ihnen auch genug Material an die Hand zu geben, damit Sie auch *andere* dafür begeistern können.

Auf dem gnadenlosen Markt der Webdesigner wird man Sie häufig fragen, was ausgerechnet an Ihrer Arbeit besser sein soll als an der so vieler anderer Designer. CSS liefern Ihnen passende Antworten, denn vom Layout Ihrer Seiten mit Stylesheets werden Ihre Designfähigkeiten sichtbar profitieren. Viele der Vorteile von CSS können einen direkten Mehrwert für Ihre Kunden darstellen und Ihnen somit schlagende Argumente an die Hand geben, wenn es um die Vergabe von Projekten geht.

4.1.1 Mehr Gestaltungsmöglichkeiten

Ein wesentlicher Vorteil von CSS sind die vielen Gestaltungsmittel, die es im Vergleich zu HTML bietet. Als schönes Beispiel für die Begeisterung dafür zählt, dass viele Designer mit der Einführung von CSS plötzlich die Unterstriche der Hyperlinks ausschalteten, um sie mit anderen Gestaltungsmitteln hervorzuheben. Fettschrift, farbiger Text oder das Erscheinen eines Unterstrichs, wenn der Benutzer mit der Maus über den Hyperlink fährt, waren auf einmal schwer angesagte CSS-Features. Dies sprach nicht unbedingt für besseres Design, aber umso deutlicher für den Enthusiasmus vieler Leute, die sich an den neuen Gestaltungsmöglichkeiten von CSS erfreuten.

Einheitliche Verwendung

CSS verfügt nicht nur über mehr Gestaltungsmittel, im Gegensatz zu HTML ermöglicht es auch, diese Gestaltungsmittel einheitlich auf die Seitenelemente anzuwenden. Möchte man beispielsweise allein mit HTML einen sichtbaren Rahmen um einen beliebigen Bereich oder ein Element erstellen, muss man dafür eine Tabelle anlegen. Mit CSS ist das nicht nötig, man kann um *jedes* Element auf der Seite einen Rahmen erzeugen und seine Eigenschaften frei definieren. Eines der zentralen Ziele der Entwickler von CSS war es, dem Designer so viel Handlungsfreiheit wie möglich zu verschaffen. Jede Stileigenschaft kann daher für alle HTML-Elemente angewandt werden, für die es logisch sinnvoll ist.

Obwohl CSS deutlich mehr Möglichkeiten bietet, arbeiten viele Webdesigner immer noch vorrangig mit HTML und greifen nur dann auf Stylesheets zurück, wenn sie mit den altbekannten Mitteln und Techniken nicht weiterkommen. Eine in solch einer Mischform entwickelte Site mag zwar durchaus zu guten visuellen Ergebnissen führen. Viele der Vorteile von CSS kommen jedoch nur dann voll zur Geltung, wenn man es konsequent auf seiner Website einsetzt und nicht nur als HTML-Erweiterung für Spezialeffekte.

4.1.2 Zentrale Designinformationen

Wie bereits in den vorhergehenden Kapiteln erklärt, verwendet man CSS am besten, indem man Stilregeln in separaten .css-Dateien bereitstellt. Solche externen Stylesheets werden dann auf den entsprechenden HTML-Seiten über ein <link>-Tag angebunden. Alle Anweisungen, die das *Aussehen* einer Website bestimmen, befinden sich somit an einer anderen Stelle als der *Inhalt*.

Im traditionellen Webdesign werden die Code-Anweisungen dieser beiden Grundbestandteile durch die Funktionsweise und Syntax von HTML-Tags und -Attributen vermischt. Will man nur eines der beiden verändern, muss man zugleich das andere beachten und gegebenenfalls entsprechend mitverändern, um eine einwandfreie Darstellung der Seite zu gewährleisten. Aussehen und Inhalt sind in reinem HTML untrennbar aneinander *gekoppelt*.

Trennt und speichert man Code für verschiedene Zwecke an verschiedenen Orten, nennt man das in der Welt der Programmierer *entkoppeln*. Werden Darstellung und Inhalt entkoppelt, kann ein Webdesigner das Aussehen einer Website in der .css-Datei verändern, ohne die .html-Datei auch nur anfassen zu müssen. Genauso muss ein Autor erst gar nicht wissen, wo sich die .css-Datei befindet, geschweige denn, wie man mit ihr umgeht. Er speist seine Inhalte ausschließlich in die .html-Datei ein.

Inhalt und Design »entkoppeln«

Noch hilfreicher als die Vorteile für die einfachere und besser im Teamwork organisierbare Arbeit an Websites ist die deutliche Reduzierung an Code, wenn man CSS einsetzt. Soll etwa in HTML-Design die Überschrift eines jeden Absatzes mit großer, roter Schrift dargestellt werden, muss jedes <h1>-Tag auch ein <font>-Tag enthalten. Mit CSS-

Weniger Code

Design definiert man die Schrifteigenschaften für alle <h1>-Tags nur an einer Stelle und spart damit deutlich an Arbeitsaufwand. Auch ein Redesign wird mit CSS deutlich einfacher: Wenn man die Darstellung der Überschriften verändern möchte, muss nur eine Stilregel in der CSS-Datei bearbeitet werden und nicht jedes einzelne HTML-Tag in jedem HTML-Dokument.

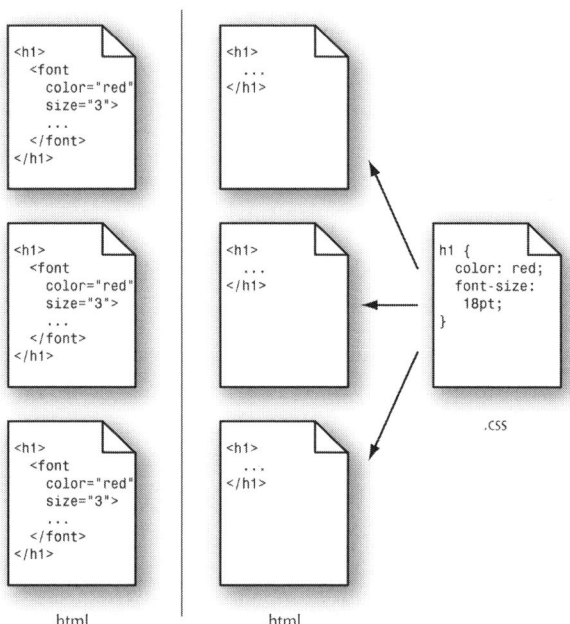

Abb. 4–1
CSS stellt den Designcode für eine ganze Website an einer zentralen Stelle bereit

In Abbildung 4–1 kann man deutlich erkennen, dass mit der CSS-Version der Website weniger Code geladen werden muss als mit der reinen HTML-Version. Besonders bei professionellen Websites mit vielen Designelementen und einer großen Anzahl an Unterseiten wirkt sich das vorteilhaft auf die Wartezeiten und Onlinekosten für den Benutzer aus.

4.1.3 Inhalte semantisch auszeichnen

Entkoppelt man das Aussehen von dem Inhalt einer Website mit .css-Dateien und entnimmt dem HTML alle Tags und Attribute, die das Design betreffen, nimmt der übrig bleibende Code eine spezielle Form an: Er beschreibt nur noch die reine *Struktur* und *semantische Bedeutung* der Inhalte auf der Seite.

Ein solch klarer, aufs Wesentliche reduzierte HTML-Code hat viele Vorteile: Man findet sich darin wesentlich besser zurecht, wenn man eine Veränderung vornehmen muss oder Code für eine andere Seite duplizieren möchte. Versuchen Sie es selbst: Nehmen Sie eine vernünftig aufgebaute CSS-Seite und lassen Sie sich ihren Quelltext im Browser anzeigen. Sie werden den semantischen HTML-Code innerhalb von 10 Sekunden nachvollziehen können. Bei derselben Seite mit sämtlichen Designelementen in HTML werden Sie deutlich länger brauchen.

Seiten mit einem hohen Anteil an semantischem HTML erzeugen daher auch wesentlich bessere Ergebnisse bei Internet-Suchmaschinen. Je weniger Designelemente eine Seite enthält, desto höher ist ihre Dichte an Inhalt. Bei der Suche nach einem gewünschten *Schlüsselwort* ist die damit in Zusammenhang stehende *Schlüsselwortdichte* auf einer Seite ausschlaggebend dafür, wie hoch eine Seite in der Liste der Suchergebnisse angezeigt wird.

Schlüsselwortdichte

Egal, welche Seite Sie entwickeln, mit CSS können Sie die Schlüsselwortdichte an den entscheidenden Stellen deutlich erhöhen. Wir werden noch sehen, wie man einem HTML-Element seinen Platz auf der Seite mit Stylesheets frei zuweisen kann – unabhängig davon, wo es im HTML-Dokument aufgeführt wird. So kann ein komplexes Texteingabeformular, das im Code eine recht umfangreiche Ansammlung von HTML-Tags ergibt, einfach an das Ende eines HTML-Dokumentes gestellt werden. Die Schlüsselwortdichte im oberen Teil wird damit erhöht und das Texteingabeformular nachträglich mit CSS ganz nach oben auf die Seite gestellt.

Immer mehr moderne Browser unterstützen ein spezielles Attribut im `<link>`-Tag[1], das ein externes Stylesheet nur dann aktiviert, wenn die Seite mit einem speziellen Browser oder Display-Typ aufgerufen wird. Mit dieser Funktion kann man zum Beispiel drei `.css`-Dateien mit einer HTML-Seite verlinken: eine für die Darstellung der Seite in normalen Desktop-Browsern, eine für die Darstellung einer Druckversion und eine für die Darstellung auf mobilen Endgeräten wie etwa einem PDA (Personal Digital Assistant) oder Handy. Der gleiche Inhalt wird so in drei verschiedenen, auf die speziellen Medientypen zugeschnittenen Darstellungsformen verwertet – eine weitere Möglichkeit, die sich nur durch die strikte Trennung von CSS und semantischem HTML ergibt.

Alternative Stylesheets für unterschiedliche Medientypen

Nicht zuletzt profitieren auch Browser für sehbehinderte Benutzer von der reinen semantischen Auszeichnung einer Website. Näheres dazu im nächsten Abschnitt.

---

1. Insbesondere das `media`-Attribut.

4.1.4 Verbesserter Zugang

Mit Sprachausgabe und Braille-Zeile im Web

Ein Tipp: Sollte sich Ihnen einmal die Gelegenheit bieten, mit einem sehbehinderten Internetnutzer durch das Web zu surfen, nutzen Sie sie! Es ist faszinierend, wie sich gewandte Benutzer mit Vorlesesoftware oder Braille-Zeile durch das Web bewegen. Für den Entwickler aber ist es noch lehrreicher, selbst zu erfahren, warum einige Sites mit solchen speziellen Browsern nicht zugänglich sind. Bei einer Webseite mit vielen HTML-Designelementen wie Tabellen, Bildern und Schriftattributen steigt eine Vorlese- oder lineare Druckfunktion schnell aus. Auch mit rein textbasierten Browsern wird der Inhalt durch Layoutelemente schnell verschandelt und ist kaum noch lesbar.

Kürzere Ladezeiten

Für Standard-Browser zählt es zum traurigen Alltag, wenn moderne Webseiten bis zu 30 Sekunden mit dem Aufbau von Tabellen und dem Laden von Platzhalter-Bildern benötigen, bevor der Benutzer ihren Inhalt auch nur erahnen kann. Führen Sie einfach mal Buch über die Wartezeiten, die bei einigen Stunden Internetrecherche zusammenkommen. Sie werden sehen, dass die Verzögerungen beim Seitenaufbau einen beträchtlichen Teil Ihrer Arbeitszeit ausmachen.

Design-Ballast abwerfen

Die Beschränkung auf semantisches HTML reduziert den Design-Ballast in Ihrem Dokument gegen null. Jedes semantische HTML-Tag hat eine strukturelle Bedeutung und besitzt eine inhaltliche Aussage für den Betrachter oder Zuhörer. Ein Browser mit Sprachausgabe oder Brailleschrift kann solch ein wohlaufgebautes, schlankes HTML-Dokument ohne Probleme wiedergeben. Eventuell angebundene Stylesheets mit Designanweisungen für visuelle Browser werden einfach nicht beachtet und stören auch nicht die Darstellung der Inhalte.

Wenn ein sehbehinderter Benutzer auf eine Seite mit rein semantischem HTML gelangt, muss er sich nicht mehr fragen, ob etwa ein Wort aufgrund seiner Bedeutung in Fettschrift steht oder weil der Designer es nur besser aussehen lassen wollte. Textelemente, die allein aus Designgründen ausgezeichnet werden, sollten ihre Eigenschaften nur durch CSS bekommen. Seitenelemente, die in ihrem semantischen Kontext hervorgehoben werden sollen, werden in HTML mit semantischen Elementen wie <strong> oder <em> ausgezeichnet. Visuelle Browser geben diese Tags zwar auch als Fett- beziehungsweise Kursivschreibung wieder. Ihre eigentliche Bestimmung ist aber, im Gegensatz zu den visuell gleichwertigen Designelementen <b> und <i>, ihre inhaltliche Aussage und nicht ihre Darstellung.

Es gibt viele umfassende Richtlinien für Entwickler, die ihre Sites für benachteiligte Benutzer zugänglich machen möchten. Die wichtigsten sind die offiziellen Web Content Accessibility Guidelines 1.0 (WCAG)[2] vom W3C.

4.1.5 Standards einhalten

Die WCAG ist nicht die einzige Spezifikation, die konsequent für die Verwendung von Cascading Stylesheets eintritt. Sogar die aktuellen HTML-Standards[3] sind dahingehend verfasst, dass der Einsatz von CSS vorausgesetzt wird!

Das World Wide Web Consortium (W3C) ist verantwortlich für die Verabschiedung von technischen Empfehlungen für das Web. Diese haben die Bedeutung als De-facto-Standards und sind maßgebend für Browserentwickler, Softwarehersteller und Webdesigner. Folgende W3C-Empfehlungen gibt es zur semantischen HTML-Auszeichnung und CSS:

HTML 4 (http://www.w3.org/TR/html4)

Die letzte und endgültige Version der HTML-Empfehlung erklärt einige Designelemente und -attribute als veraltet.[4] Zu den überholten Elementen mit Designfunktion zählt beispielsweise auch das <font>-Tag[5]. Veraltete Elemente[6] werden vom W3C mit dem Hinweis versehen, dass fortan nur noch Stylesheets benutzt werden sollen, um stil- und formatgebende Effekte herbeizuführen, und nicht HTML-Attribute.

XHTML 1.0 (http://www.w3.org/TR/xhtml1/)

XHTML ist die Neuformulierung von HTML als spezieller XML-Dokumenttyp. Es kombiniert alle HTML-Elemente und -Attribute aus HTML 4 mit anderen XML-Sprachen, die bereits existieren oder vom Entwickler selbst angelegt werden können. Gültig sind die gleichen Elemente und Attribute wie in der Empfehlung zu HTML 4.

Web Content Accessibility Guidelines 1.0 (http://www.w3.org/TR/WCAG10/)

Die WCAG-Empfehlung sieht ausdrücklich den Einsatz von CSS und semantischer Auszeichnung vor, um ein allgemein behindertengerechtes Webdesign durchzusetzen. Eine entsprechende Stelle in der Empfehlung lautet:

---

2. http://www.w3.org/TR/WCAG10/
3. http://www.w3.org/MarkUp/#recommendations
4. Veraltet bedeutet in diesem Zusammenhang, dass das Element einen Vermerk erhalten hat, aus der Spezifikation herausgenommen zu werden, und nicht länger eingesetzt werden sollte. Ein Dokument mit dem Prädikat »standardgerecht« darf keine veralteten HTML-Tags enthalten.
5. http://www.w3.org/TR/html4/present/graphics.html#h-15.2.2
6. http://www.w3.org/TR/html4/conform.html#deprecated

Der Missbrauch von HTML für Darstellungseffekte, wie der Einsatz einer Tabelle für Layoutzwecke oder einer Überschrift für die Veränderung der Schriftgröße, benachteiligt Benutzer mit spezieller Software, da somit Navigation und Aufbau einer Website nur eingeschränkt nachvollzogen werden können. Die Verwendung von Darstellungselementen für strukturelle Zwecke, etwa die Nachahmung einer Tabelle mit dem <pre>-Element, erschwert die Datenausgabe auf anderen Geräten als dem herkömmlichen Monitor erheblich.

Viele Webdesigner behaupten, die strenge Einhaltung von Standards ist ein Vorsatz, der theoretisch zwar durchaus wünschenswert, aber in der Realität oft nicht umsetzbar ist. Wir werden in diesem Buch das Gegenteil beweisen. Die heutigen Browser unterstützen CSS bereits weitgehend und liefern gute Ergebnisse mit standardgerechtem Code. Es gibt zwar noch immer Bugs und Kompatibilitätsprobleme. Diese sind jedoch für Entwickler nicht schwerer in den Griff zu bekommen als die Fehler mit Code, der nicht den Standards entspricht.

4.2   Erfolgsgeschichten mit CSS

Folgende Websites sind hervorragende Beispiele dafür, was man mit CSS erreichen kann. In vielen Punkten haben sie einen Vorbildcharakter für jedes Stylesheets-Projekt:

Sitepoint (http://www.sitepoint.com/)

Ich weiß, gleich die Website seines eigenen Verlags als Beispiel anzuführen, macht einen komischen Eindruck. Aber es lohnt sich wirklich, einen Blick darauf zu werfen. Hier wurde nicht nur ein veraltetes, tabellenüberladenes Layout durch ein frisches, allen Standards entsprechendes Design ersetzt, auch die Navigation auf der Site wurde mit CSS wesentlich vereinfacht.

Obwohl die diskreten Farben auf den ersten Blick etwas unspektakulär erscheinen, sorgt dieser »abgespeckte« Designansatz im Gegensatz zu Seiten mit langen Inhaltsspalten und üppigen Navigationselementen für relativ kurze Ladezeiten.

A List Apart (http://www.alistapart.com/)

Seit ihrem Auftauchen 1998 hat sich diese Website mit einer hervorragenden Mailingliste zur Schaltstelle für CSS-Experten entwickelt. Sie selbst ist ein tolles Beispiel dafür, dass einfaches Layout und niveauvolles Design eine hervorragende Kombination eingehen können.

Netscape DevEdge (http://devedge.netscape.com/)

DevEdge ist die Anlaufstelle für Webentwickler in dem Onlineportal von Netscape. Der hauseigene Browser in den Versionen 6 und 7 bedient sich einer Layout-Engine, die die HTML- und CSS-Standards voll unterstützt. Die eigene Website wurde für die neuen Netscape-Browser optimiert und zeigt, wie man von der neuen Technologie profitieren kann. Die Erschaffer von *DevEdge* haben dazu einen eigenen Artikel veröffentlicht, in dem sie erklären, wie ihre Website technisch aufgebaut ist und welche Standards sie unterstützt.[7]

ESPN (http://www.espn.com/)

ESPN war die erste große Website für ein Massenpublikum, die konsequent mit CSS entwickelt wurde. Sie zählt in der Webdesign-Community als der Vorreiter schlechthin unter den großen Portalen. Wenn man einem Kunden eine neue Technologie für seine Website vorschlägt, kann es äußerst hilfreich sein, ein Beispiel solcher Größenordnung anzuführen. Mit ESPN wurde CSS daher erst so richtig »hoffähig«.

Bei Netscape DevEdge finden Sie auch ein Interview mit einem der Designer von ESPN.com.[8]

Fast Company Magazine (http://www.fastcompany.com/)

Die Onlineversion des erfolgreichen Wirtschaftsmagazins *Fast Company* wurde einem Redesign unterzogen, um komplett auf CSS und semantisches Markup umgestellt zu werden. Design und der Aufbau der Website sind in etwa gleich geblieben, die Technologie dahinter ist jedoch vollständig verändert worden. Den Einsatz von CSS bemerkt man hier unter anderem an den kurzen Ladezeiten, und ein Blick in den Quelltext der Seite ist ein wahrer Hochgenuss.

4.3 Unsere Beispielseite: Footbag Freaks

Ab hier werde ich, soweit möglich, jede neue Technik anhand unserer Beispiel-Site erklären, die ausschließlich für dieses Buch entwickelt wurde. Der Name unserer Website ist *Footbag Freaks,* und sie ist eine Plattform für Happy-Sack-Spieler, virtuose Ballkünstler, die allein mit ihren Füßen und einem kleinen Sandsack wahre Kunststücke vollbringen können. Auch im Web können Sie die Site erreichen unter der

---

7. http://devedge.netscape.com/viewsource/2003/devedge-redesign/
8. http://devedge.netscape.com/viewsource/2003/espn-interview/01/

Adresse http://www.footbagfreaks.com/. Sie können dort den Quelltext direkt von der Website entnehmen oder ihn von der Webseite zum Buch[9] herunterladen. In Abbildung 4–2 sehen Sie die Startseite von *Footbag Freaks*.

Abb. 4–2
Die Footbag-Freaks-Homepage

Unsere Beispiel-Website schöpft das Potenzial von CSS beim Seitenlayout und dem Design aller Seitenelemente voll aus. Der Quelltext besteht vollständig aus semantischem HTML. Die Site wurde für folgende Browser entwickelt und getestet:

- Internet Explorer für Macintosh und Windows ab Version 5 und spätere Versionen
- Opera ab Version 6
- Mozilla 1.0 und ähnliche Browser, einschließlich Netscape ab Version 6 und Camino

---

9. http://www.dpunkt.de/buch/css.html

Die Site stimmt mit den folgenden W3C-Empfehlungen überein:

- XHTML 1.0
- WCAG 1.0
- CSS 2.0

4.4 Zusammenfassung

Im zurückliegenden Kapitel haben wir die Vorteile von CSS im Detail aufgeführt und damit die Voraussetzung dafür geschaffen, um in den folgenden Kapiteln zielgerichtet an die praktische Arbeit zu gehen. Die wichtigsten Gründe für den Einsatz von CSS sind:

- Trennung von Design und Inhalt einer Website
- mehr Gestaltungsmittel als mit HTML
- zentrale Speicherung aller Designinformationen
- Bewahrung der rein semantischen Auszeichnung mit HTML
- besserer Zugang für benachteiligte Benutzer
- Erfüllung aller offiziellen Standards und Empfehlungen

Nachdem wir uns bereits einige herausragende CSS-basierte Websites angeschaut haben, kommt nun unser eigenes Projekt *Footbag Freaks* an die Reihe. Für den Rest des Buchs werden wir die Möglichkeiten und Techniken von CSS erkunden, indem wir sie an unserer Beispiel-Site selbst ausprobieren.

Das folgende Kapitel beginnt gleich mit den ersten praktischen Schritten: Wir werden das Gerüst für das Seitenlayout aufbauen und sämtliche Hauptbestandteile für das Design anlegen – alles selbstverständlich mit CSS.

5 Das Gerüst aufbauen

Die meisten CSS-Bücher beschreiben zuerst, wie man die einzelnen Designelemente wie Schriften, Farben, Listen und so weiter mit Stylesheets definiert. Erst zum Ende hin und oft leider viel zu kurz erklären sie den Einsatz von CSS für das Layout und für die Organisation einer Website.

In diesem Buch gehen wir den umgekehrten Weg. Zuerst wenden wir uns dem Einsatz von CSS auf Website- und Seitenebene zu und gehen dabei einen neuen Weg im Webdesign, indem wir auf HTML-Tabellen verzichten und das Layout nur noch mit Stylesheets vornehmen. Erst in Teil III werden wir uns den Designelementen widmen.

Dieses Kapitel schildert den Aufbau eines CSS-Layouts. Zuerst werden wir uns dabei die allgemeinen und spezifischen Kriterien eines mehrspaltigen Layouts mit CSS ansehen. Dann geht es an das Design einzelner Seitenbereiche mit dem so genannten Box-Modell. Zuletzt erstellen wir mithilfe unserer Beispiel-Website »Footbag Freaks« Schritt für Schritt ein Layoutmuster, das Sie ohne Probleme auch auf andere Seiten übertragen können.

5.1 Seitentypen und Seitenbereiche auflisten

Eine der ersten wichtigen Entscheidungen, die man für den Aufbau einer Website mit CSS treffen muss, ist die Festlegung der unterschiedlichen Seitentypen und -bereiche.

5.1.1 Wie viele Seitentypen?

Auf den meisten Websites kommen mehrere grundlegende Seitentypen zum Einsatz. Eine Start- beziehungsweise Indexseite bietet in der Regel ein anderes Layout, andere Designelemente und andere Inhalte als eine Unterseite. Auch wenn wir uns die Footbag-Freaks-Site anschauen, erkennen wir einige Unterschiede im Navigationsbereich, in der mittleren und in der rechten Spalte.

Footbag Freaks besteht also aus zwei Seitentypen – einer Start- und einer Unterseite. Auf vielen Websites findet man weitaus mehr grundverschiedene Seiten – jede mit eigenen Anforderungen an Layout und Design. So besitzt ein Onlineshop zum Beispiel leicht ein halbes Dutzend Seitentypen:

- Startseite (Index)
- Verteilerseiten
- Katalogseiten
- Seiten für den Bestellvorgang
- Hilfeseiten
- Sitemap

Einige dieser Seitentypen enthalten dynamisch erzeugte Inhalte, die auf die Anfrage eines Benutzers aus einer Datenbank gezogen und nur für ihn auf der Seite angezeigt werden. Die anderen sind statisch und bestehen aus einfachem HTML ohne Benutzerinteraktion.

Obwohl wir für die Foobag-Freaks-Site zwei verschiedene Seitentypen vorliegen haben, benötigen wir insgesamt nur ein Grundlayout. Wir benutzen für die Unterseiten einfach das gleiche Muster wie für der Startseite und verringern nur die Anzahl der Designelemente.

5.1.2 Wie viele Seitenbereiche?

1. Der Kopfbereich mit Logo, Impressum und Suchformular
2. Die linke Spalte mit der Navigationsleiste
3. Das Textfeld mit Eingabeformular für die Newsletter-Anmeldung
4. Der große, zentrale Bildbereich
5. Die große, mittlere Inhaltsspalte
6. Der News-Bereich in der rechten oberen Spalte
7. Der Sponsoren-Bereich in der rechten unteren Spalte
8. Die Fußzeile mit den Copyright-Informationen

Auf den Unterseiten verzichten wir auf den großen Bildbereich und fügen dafür unter der Hauptnavigation einen neuen Bereich für die Unternavigation ein. Beide Seitentypen enthalten somit acht Seitenbereiche, die unabhängig voneinander verändert werden können.

Abb. 5–1
Die Footbag-Freaks-Startseite

5.2 Layout mit Abständen und Rahmen

Nachdem wir nun festgelegt haben, wie viele Seitenbereiche definiert und positioniert werden müssen, richten wir unseren Blick wieder auf die CSS-Grundlagen, die wir bei der Erstellung unseres Layouts beachten sollten.

5.2.1 Das CSS-Box-Modell

Aufbauend auf das so genannte Box-Modell legt CSS für jede HTML-Seite ein Raster an, in dem alle Inhalte in rechteckigen Kästen, so genannten Boxen, organisiert sind (siehe Abbildung 5–2). Für jedes HTML-Element gibt es eine eigene Box.

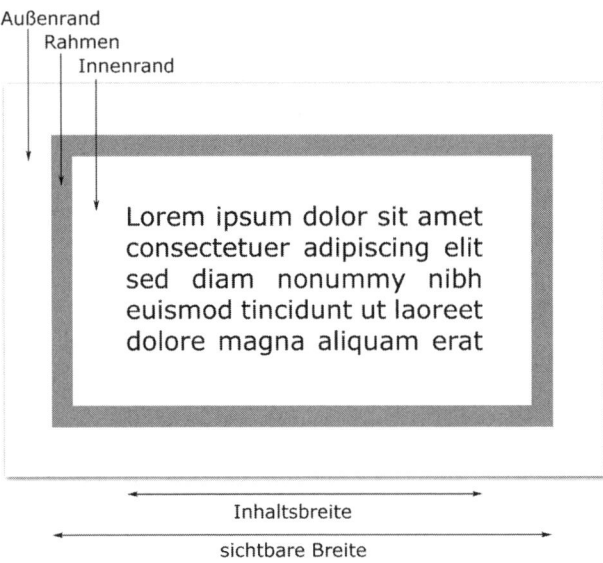

Abb. 5–2
Das grundlegende Box-Modell in CSS

Im Zentrum einer CSS-Box befindet sich der Inhalt, der mit einem HTML-Element dargestellt wird.

Abbildung 5–2 macht deutlich, dass die *sichtbare Breite* einer Box aus der *Inhaltsbreite*, dem *Innenrand* und dem *Rahmen* besteht. Der *Außenrand* legt den Abstand der sichtbaren Box zu benachbarten Elementen fest und bleibt selbst unsichtbar. Die *sichtbare Höhe* einer Box setzt sich aus der *Inhaltshöhe*, dem *Innenrand* und dem *Rahmen* zusammen. Der *Außenrand* bestimmt auch hier, wo die Box für das nächste Element anschließen darf.

Die Werte der drei Box-Bestandteile können jeweils für links, rechts, oben und unten einzeln oder in einer *zusammenfassenden Eigenschaft* definiert werden. Der Rahmen besitzt als einziges sichtbares Boxelement auch die Eigenschaften Linienart und Farbe.

Zuerst werden wir uns anschauen, wie man Innenränder sinnvoll für ein Layout einsetzt. Dann besprechen wir den Außenrand, der sich ähnlich verhält wie der Innenrand. Als Letztes werden wir uns den Eigenschaften und Spielarten des Rahmens zuwenden.

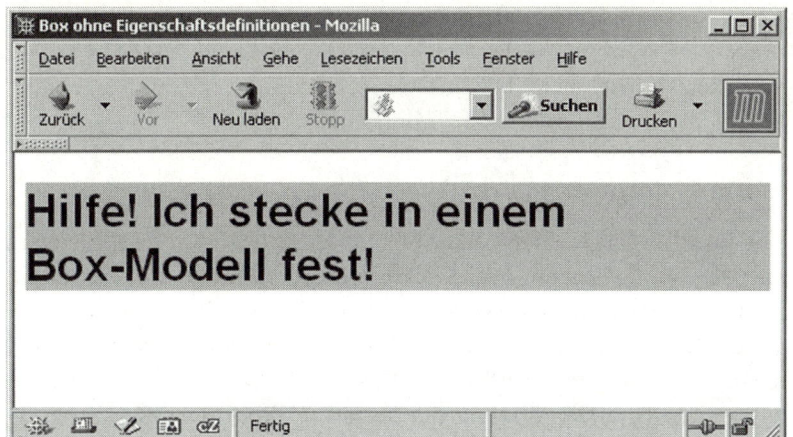

Abb. 5–3
Box ohne Eigenschaftsdefinitionen

Für die nächsten Abschnitte werden wir ein Layout mit nur einer Box verwenden. Wir starten mit Abbildung 5–3, einer Box ohne jegliche Eigenschaftsdefinition. Die Box besitzt die gleiche Breite und Höhe wie der Inhalt in ihr.

Das h1-Element wird in unserem Beispiel mit der Eigenschaft background-color grau hinterlegt, damit wir das Innere vom Äußeren der Box auf unserer Abbildung unterscheiden können. Zudem definieren wir eine serifenlose Schrift für die Überschrift.

Der folgende HTML-Quelltext liegt der Seite aus Abbildung 5–3 zugrunde:

```
<!DOCTYPE html PUBLIC "-//W3C//DTD XHTML 1.0 Transitional//EN"
  "http://www.w3.org/TR/xhtml1/DTD/xhtml1-transitional.dtd">
<html xmlns="http://www.w3.org/1999/xhtml">
<head>
<title>Box ohne Eigenschaftsdefinitionen</title>
<meta http-equiv="Content-Type"
  content="text/html; charset=iso-8859-1" />
<style type="text/css">
<!--
h1 {
  background-color: #c0c0c0;
  font-family: Helvetica, Arial, sans-serif;
}
-->
</style>
</head>
<body>
<h1>Hilfe! Ich stecke in einem Box-Modell fest!</h1>
</body>
</html>
```

Gemäß unserer Devise »CSS statt HTML« werden wir alle Veränderungen im weiteren Verlauf nicht im HTML-Code, sondern nur im Stylesheet vornehmen. Die jeweils veränderten oder hinzugefügten Fragmente werden in Fettschrift dargestellt.

Pixel und Prozentwerte

Das Box-Modell ist in ein reines Layoutwerkzeug, mit dem Elemente auf den Punkt genau positioniert werden können. Für konstante Abstände und Ränder verwendet man bevorzugt Pixel (abgekürzt px) als Einheit. Soll das Layout der Seite jedoch dehnbar sein und sich dynamisch an die jeweilige Größe des Browserfensters anpassen, nimmt man die Definitionen am besten in Prozentangaben (mithilfe von %-Werten) vor. Mehr über das Verhalten von Elementen bei verschiedenen Maßangaben erfahren Sie in Kapitel 6.

Die Eigenschaften des Innenrandes

In einer CSS-Regel gibt es vier spezifische Eigenschaften, die zur Bestimmung des Innenrands definiert werden können: padding-left, padding-right, padding-top und padding-bottom.

Wir definieren in unserer bisher unbearbeiteten Box eine der Innenrand-Eigenschaften, um zu sehen, was passiert:

```
h1 {
   background-color: #c0c0c0;
   padding-left: 25px;
   font-family: Helvetica, Arial, sans-serif;
}
```

Abb. 5–4
Box-Modell mit
padding-left

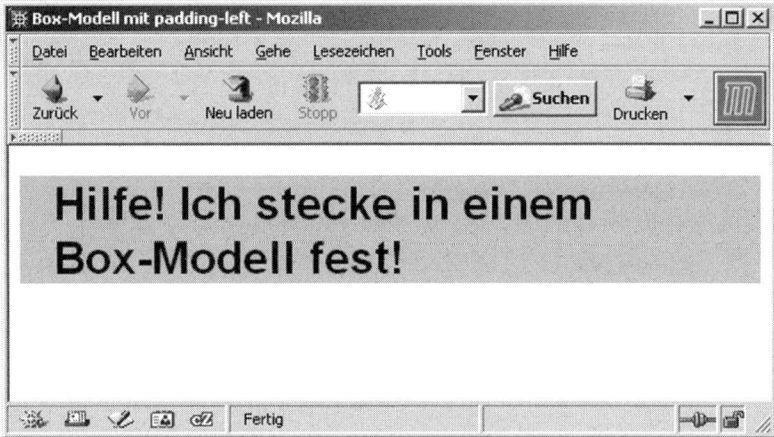

Abbildung 5–4 zeigt das Ergebnis. Der Abstand zwischen dem Text und der sichtbaren Grenze der Box ist auf 25 Pixel angewachsen.

Die anderen Eigenschaften des Innenrands können genauso definiert werden, im folgenden Beispiel mit einem unterschiedlichen Wert für jede Seite der Box:

```
h1 {
    background-color: #c0c0c0;
    font-family: Helvetica, Arial, sans-serif;
    padding-left: 25px;
    padding-top: 15px;
    padding-bottom: 30px;
    padding-right: 20px;
}
```

Abbildung 5–5 zeigt, was die unterschiedlich definierten Eigenschaften des Innenrands im Browserfenster bewirken.

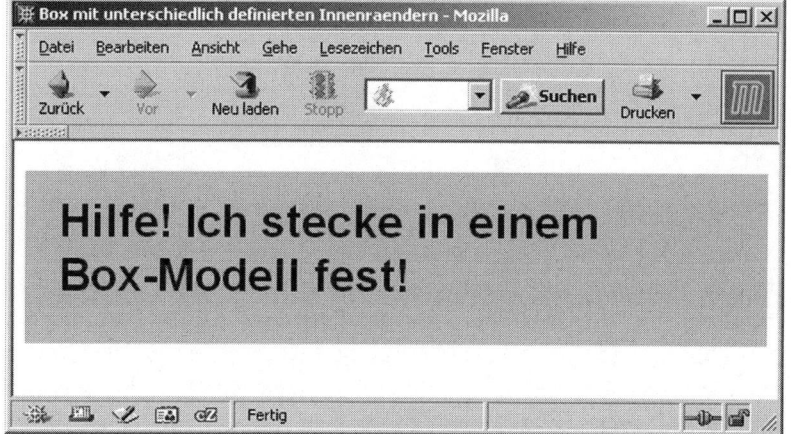

Abb. 5–5
Box mit unterschiedlich definierten Innenrändern

Wie Sie sehen, hat der Innenrand auf der rechten Seite seinen Wert anscheinend nicht angenommen. Obwohl wir padding-right mit 20 Pixel angegeben haben, zieht sich die Box weiter bis an den rechten Rand des Browserfensters.

Dieser vermeintliche Fehler liegt nicht an unserer Stilregel, sondern daran, dass h1 ein Blockelement ist und sich damit automatisch über die ganze Seitenbreite erstreckt. Unser definierter Innenrand tritt nur in Kraft, wenn die Breite des Browserfensters kleiner ist als die Breite der Box des h1-Elements.

h1 *ist ein Blockelement*

Abbildung 5–6 zeigt es genauer: Auf dem ersten Screenshot wurde das Browserfenster so weit verkleinert, dass das Wort »fest« eigentlich noch in die zweite Zeile passen würde. Durch unser padding-right mit 20 Pixel wird es jedoch in die dritte Zeile geschoben. In dem zweiten Screenshot wird der Innenrand noch deutlicher erkennbar. Die Fenstergröße ist so eingestellt, dass in jede Zeile nur jeweils ein Wort passt. Der Rand zum Browserfenster ist zwar groß genug, dass noch das eine oder andere Wort darin Platz hätte. Der von uns definierte Innenrand aber schränkt den Platz für den Inhalt ein. Nimmt man den Innenrand aus dem Stylesheet wieder heraus, kommt bei gleicher Fenstergröße das Ergebnis im dritten Screenshot zustande.

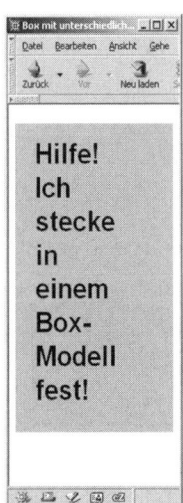
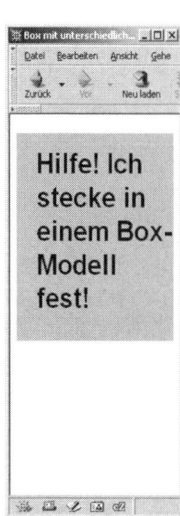

Abb. 5–6
Beispiel für die Wirkung von padding-right

Um die Definition des Innenrands auf allen vier Seiten einfacher zu gestalten, gibt es dafür eine *zusammenfassende Eigenschaft* mit der Bezeichnung padding. Für sie kann eine Liste von bis zu vier Werten festgelegt werden, die je durch ein Leerzeichen getrennt werden. Tabelle 5–1 zeigt, zu welchen Ergebnissen die vier möglichen Wertkombinationen in padding führen.

Tab. 5–1
Wertangaben für die padding-*Eigenschaft und ihre Auswirkung*

Anzahl der Werte	Auswirkung auf den Innenrand
1	Der Wert ist gültig für alle vier Seiten des Innenrands.
2	Der erste Wert ist gültig für oben und unten, der zweite Wert für links und rechts.
3	Der erste Wert ist gültig für oben, der zweite für rechts und links und der dritte für unten.
4	Der erste Wert ist gültig für oben, der zweite für rechts, der dritte für unten und der vierte für links.[*]

[*]. Hier hilft als Gedächtnisstütze, dass die Zuweisung oben beginnt und dann im Uhrzeigersinn stattfindet. Ebenso kann man sich die Buchstabenkombination TRBL (top, right, bottom, left) merken – sie klingt wie das englische Wort »trouble«.

Mit der zusammenfassenden padding-Eigenschaft kann die Stilregel aus Abbildung 5–5 wesentlich kürzer formuliert werden:

```
<style type="text/css">
<!--
h1 {
  background-color: #c0c0c0;
  font-family: Helvetica, Arial, sans-serif;
  padding: 15px 20px 30px 25px;
}
-->
</style>
```

Um oben und unten sowie links und rechts jeweils einen gleich großen Innenrand zu erhalten, definiert man padding mit nur zwei Werten:

```
<style type="text/css">
<!--
h1 {
  background-color: #c0c0c0;
  font-family: Helvetica, Arial, sans-serif;
  padding: 15px 25px;
}
-->
</style>
```

Das Ergebnis dieser Stilregel zeigt Abbildung 5–7.

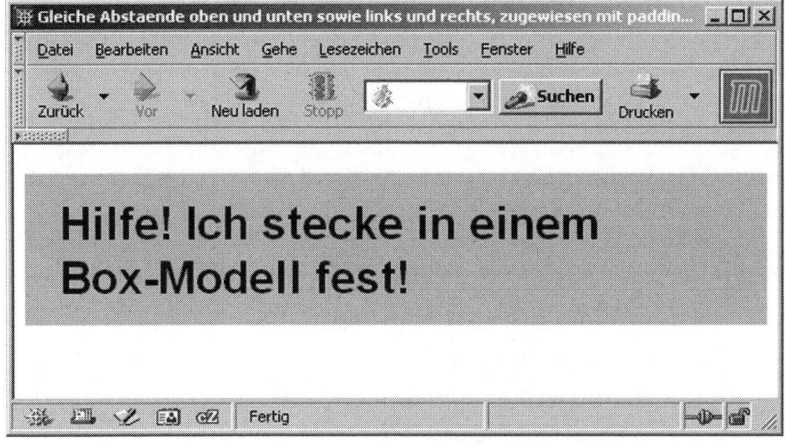

Abb. 5–7
Gleiche Abstände oben und unten sowie links und rechts, zugewiesen mit padding

Um einen gleichen Innenrand für alle Seiten zu erhalten, weist man der zusammenfassenden Eigenschaft padding nur einen Wert zu:

```
h1 {
  background-color: #c0c0c0;
  font-family: Helvetica, Arial, sans-serif;
  padding: 25px;
}
```

Abbildung 5–8 zeigt die gleichen Abstände auf allen vier Seiten – bis auf rechts, wo der definierte Wert nur den Mindestabstand angibt. Dieser wird eingehalten, wenn ein anderes HTML-Element neben unsere Box positioniert wird oder das Browserfenster kleiner gezogen wird.

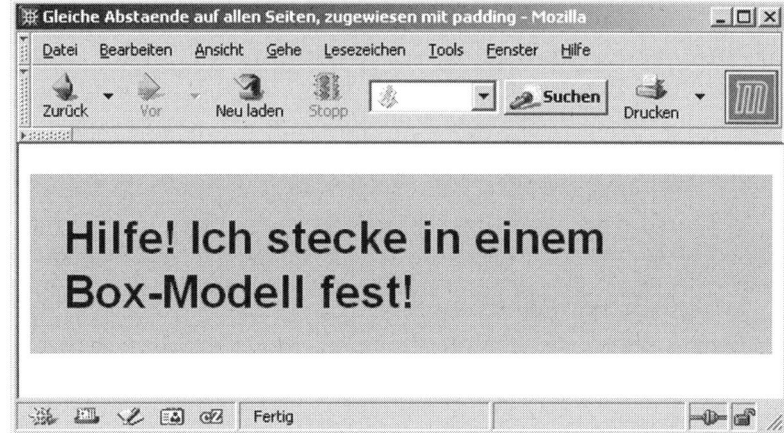

Abb. 5–8
Gleiche Abstände auf allen Seiten, zugewiesen mit padding

Was passiert, wenn wir für die Definition des Innenrands relative Werte wie die M-Höhe oder eine Prozentangabe verwenden? Beide führen an dieser Stelle zu unterschiedlichen Ergebnissen. Die M-Höhe skaliert den Innenrand im Verhältnis zur Schriftgröße des Inhalts in der Box. Eine Prozentangabe wiederum stellt den Abstand im Verhältnis zur gesamten Breite des Inhalts in der Box dar. Um uns das zu veranschaulichen, erstellen wir eine neue HTML-Seite mit zwei hellgrau hinterlegten Überschriften auf einem dunkleren Seitenhintergrund:

```
<!DOCTYPE html PUBLIC "-//W3C//DTD XHTML 1.0 Transitional//EN"
   "http://www.w3.org/TR/xhtml1/DTD/xhtml1-transitional.dtd">
<html xmlns="http://www.w3.org/1999/xhtml">
<head>
<title>Ausgangsbeispiel ohne proportionalen Innenrand</title>
<meta http-equiv="Content-Type"
   content="text/html; charset=iso-8859-1" />
<style type="text/css">
<!--
body {
  background-color: #808080;
  font-family: Helvetica, Arial, sans-serif;
}
h1, h4 {
  background-color: #c0c0c0;
}
-->
</style>
</head>
```

```
<body>
<h1>Hilfe! Ich stecke in einem Box-Modell fest!</h1>
<h4>Aber f&uuml;r eine gute, alte h4-&Uuml;berschrift wie mich ist
    es hier nicht zu eng! Im Gegenteil, es ist sogar ganz
ger&auml;umig. </h4>
</body>
</html>
```

Wir haben in dem Code eine dunkelgraue Hintergrundfarbe für die Seite definiert und ein h4-Element hinzugefügt, für das dieselbe Stilregel gültig ist wie für das h1-Element. Abbildung 5–9 zeigt die HTML-Seite, wie sie im Browser angezeigt wird.

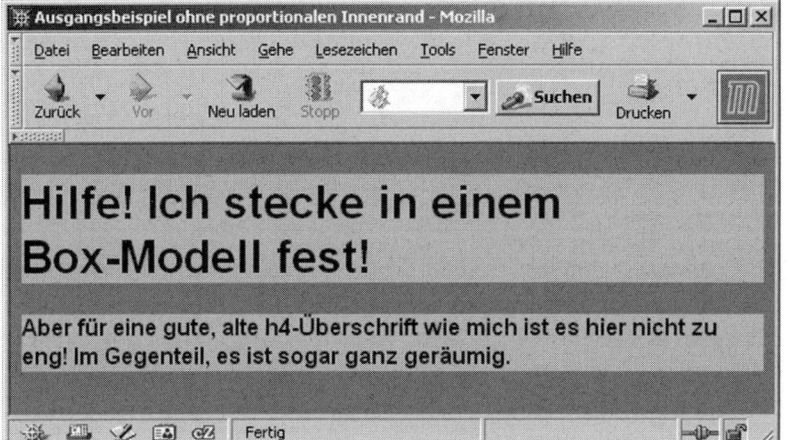

Abb. 5–9
Ausgangsbeispiel ohne proportionalen Innenrand

Jetzt definieren wir im Stylesheet für beide Überschriften einen Innenrand mit einem relativen Wert von 1em:

```
body {
  background-color: #808080;
  font-family: Helvetica, Arial, sans-serif;
}
h1, h4 {
  background-color: #c0c0c0;
  padding: 1em;
}
```

Wie Abbildung 5–10 zeigt, wird die Größe des Innenrands proportional zur jeweiligen Größe der Überschriften berechnet. 1em bezeichnet die einfache Höhe der Versalie M in der Schrift, die in den Überschriften verwendet wird. Da eine h1-Überschrift standardgemäß auf einen größeren Schrifttyp zurückgreift als eine h4-Überschrift, wird auch ihr Innenrand größer dargestellt, obwohl für beide Überschriften dieselbe Stilregel gültig ist.

Abb. 5–10
Proportionaler Innenrand unter Einsatz der M-Höhe

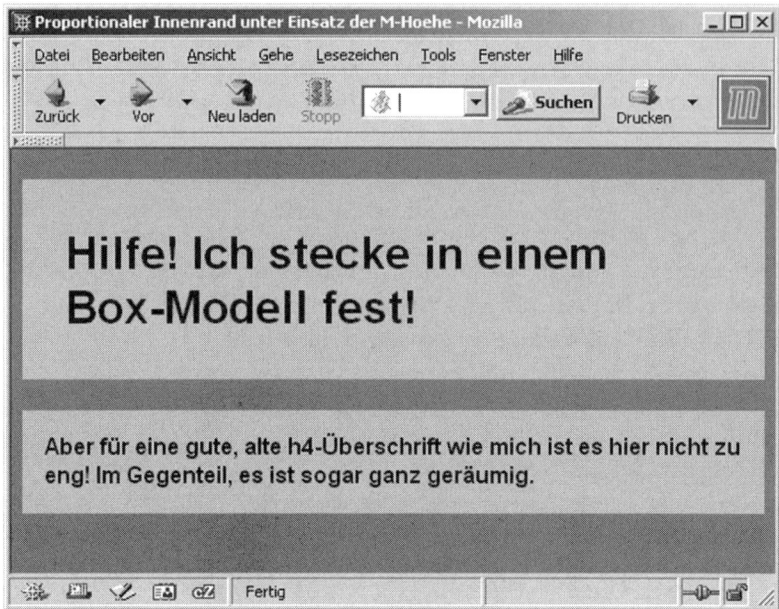

Was passiert, wenn wir für den proportionalen Wert des Innenrandes anstelle der M-Höhe eine Prozentangabe verwenden, veranschaulicht folgendes Beispiel:

```
body {
  background-color: #808080;
  font-family: Helvetica, Arial, sans-serif;
}
h1, h4 {
  background-color: #c0c0c0;
  padding: 10%;
}
```

Wie Abbildung 5–11 zeigt, erzeugt die Prozentangabe deutlich größere Innenränder. Unsere Stilregel weist den Browser an, die Innenränder beider Überschriften mit einem Wert von 10% darzustellen. Eigentlich bezieht sich dieser Prozentwert nur auf die Inhaltsbreite des Elements. Da Überschriften jedoch Blockelemente sind, ist deren Inhaltsbreite genau gleich der Fensterbreite.

Wir haben in der Stilregel die Überschriften mit einer Farbe hinterlegt, um die eigentlich unsichtbaren Innenränder der Boxen sichtbar zu machen. Dieser Trick ist beim Design sehr hilfreich, da somit das Raster des Box-Modells sichtbar wird. Abbildung 5–12 stellt dieselbe Seite wie Abbildung 5–11 dar, nur ohne die Hintergrundfarben für die Überschriften. Sie behalten ihre relativen Abstände bei und harmonieren in der Gestaltung gut miteinander.

5.2 Layout mit Abständen und Rahmen

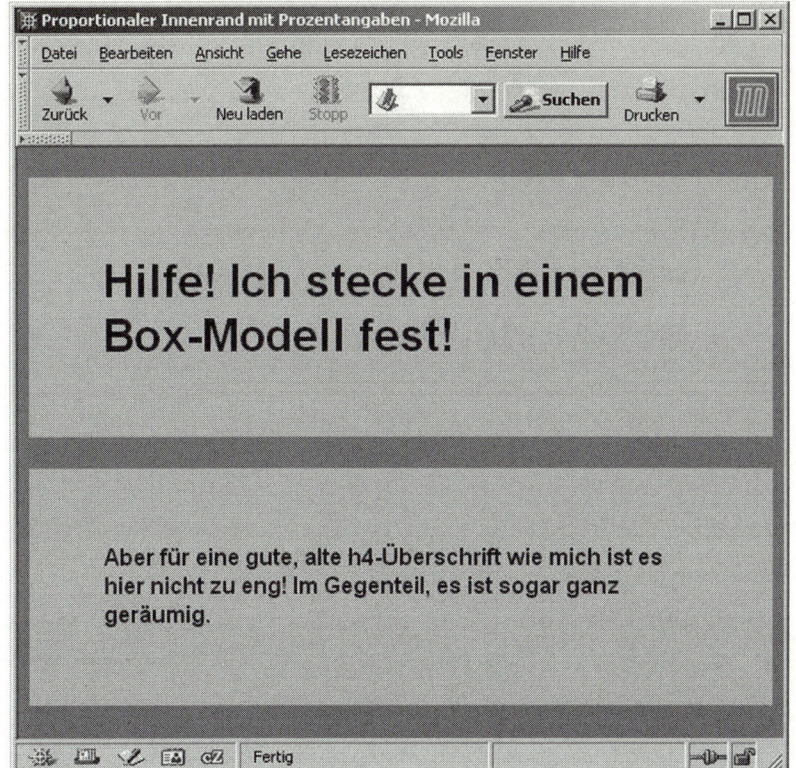

Abb. 5-11
Proportionaler Innenrand unter Einsatz von Prozentangaben

Die Eigenschaften des Außenrands

Die Eigenschaften des Außenrands werden genauso festgelegt wie die für den Innenrand. In der Bezeichnung der Einzeleigenschaften und in der zusammenfassenden Eigenschaft wird einfach padding durch margin ersetzt.

Der Unterschied der beiden Ränder eines Elements besteht lediglich darin, dass mit dem Außenrand immer eine Fläche *außerhalb* der Box definiert wird, während der Innenrand eine Fläche *innerhalb* der Box darstellt. Die folgenden Stilregeln und die Abbildung 5–13 machen den Unterschied etwas deutlicher.

```
body {
  background-color: #808080;
  font-family: Helvetica, Arial, sans-serif;
}
h1 {
  background-color: #c0c0c0;
}
h2 {
  background-color: #c0c0c0;
  margin-left: 5%;
}
```

Abb. 5–12
Beispiel für padding *ohne Hintergrundfarben*

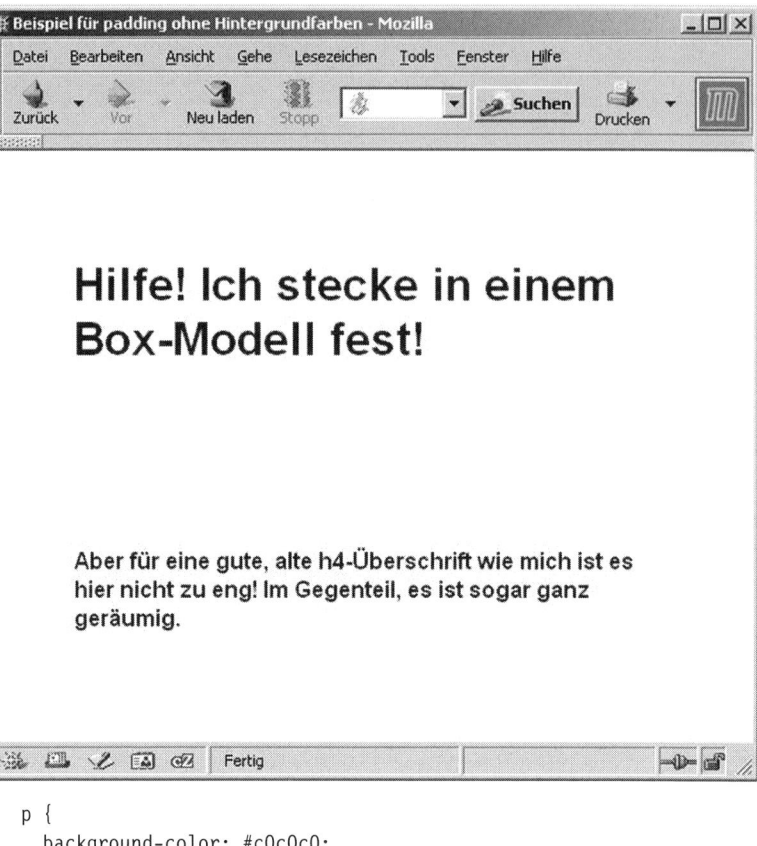

```
p {
    background-color: #c0c0c0;
    margin-left: 20%;
}
```

In unserer Stilregel haben wir für die Überschrift zweiter Ordnung und für den Textabsatz die Eigenschaft margin-left definiert. Beide Elemente werden im Browserfenster nach rechts gerückt. Wie wir an den ebenfalls eingerückten, farbigen Hintergrundflächen erkennen, wird im Gegensatz zu unseren Beispielen mit padding-left nicht nur der Inhalt, sondern der gesamte Innenraum der Boxen verschoben. Der Innenrand bleibt also gleich, nur der Außenrand vergrößert sich.

Um die Auswirkungen der beiden Ränder noch deutlicher gegenüberzustellen, weisen wir einem der HTML-Elemente einen Innenrand und dem anderen einen Außenrand zu:

```
body {
    background-color: #808080;
    font-family: Helvetica, Arial, sans-serif;
}
```

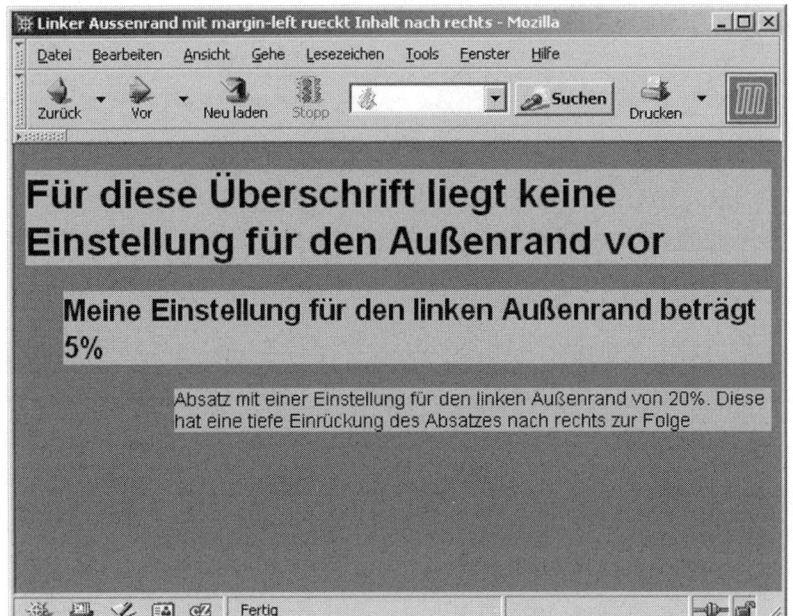

Abb. 5-13
Der linke Außenrand mit
margin-left rückt den
Inhalt nach rechts

```
h1 {
  background-color: #c0c0c0;
}
h2 {
  background-color: #c0c0c0;
  margin-left: 5%;
  padding-left: 1em;
}
p {
  background: #c0c0c0;
  margin-left: 20%;
  padding-left: 10%;
}
```

Wie Abbildung 5–14 zeigt, schiebt der Außenrand den Text und den Innenrand der Box nach rechts, während der Innenrand nur den Text nach rechts rückt.

Mit dem folgenden Beispiel wollen wir untersuchen, wie sich die Ränder benachbarter oder ineinander verschachtelter Elemente zueinander verhalten. In Abbildung 5–15 sehen wir das Ergebnis.

Ränder von benachbarten Elementen

Abb. 5-14
margin-left *in Kombination mit* padding-left

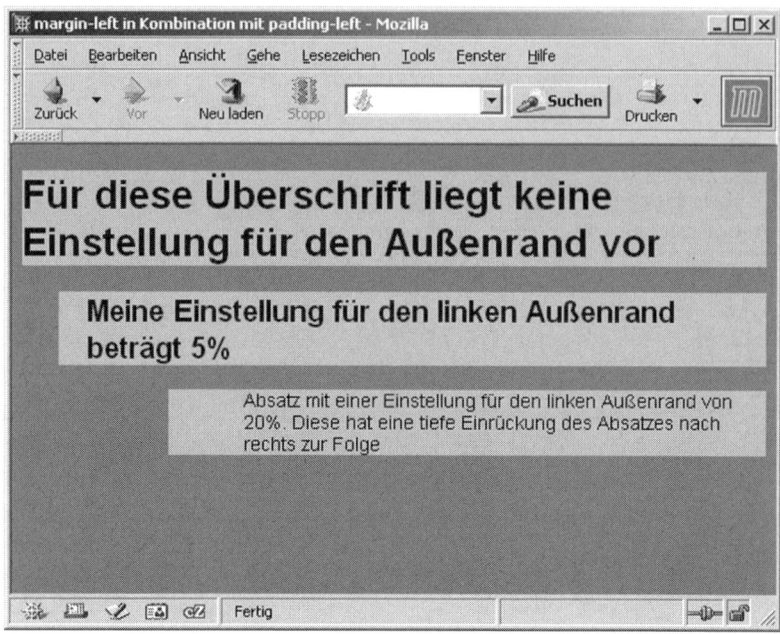

```
<!DOCTYPE html PUBLIC "-//W3C//DTD XHTML 1.0 Transitional//EN"
  "http://www.w3.org/TR/xhtml1/DTD/xhtml1-transitional.dtd">
<html xmlns="http://www.w3.org/1999/xhtml">
<head>
<title>Horizontale Raender summieren sich gegenseitig auf</title>
<meta http-equiv="Content-Type"
  content="text/html; charset=iso-8859-1" />
<style type="text/css">
<!--
body {
  background-color: #808080;
  font-family: Helvetica, Arial, sans-serif;
}
h1 {
  background-color: #c0c0c0;
}
h2 {
  background-color: #c0c0c0;
  margin-left: 5%;
  padding-left: 1em;
}
p {
  background-color: #c0c0c0;
  margin-left: 20%;
  padding-left: 10%;
}
li {
  background-color: #ffffff;
}
```

5.2 Layout mit Abständen und Rahmen

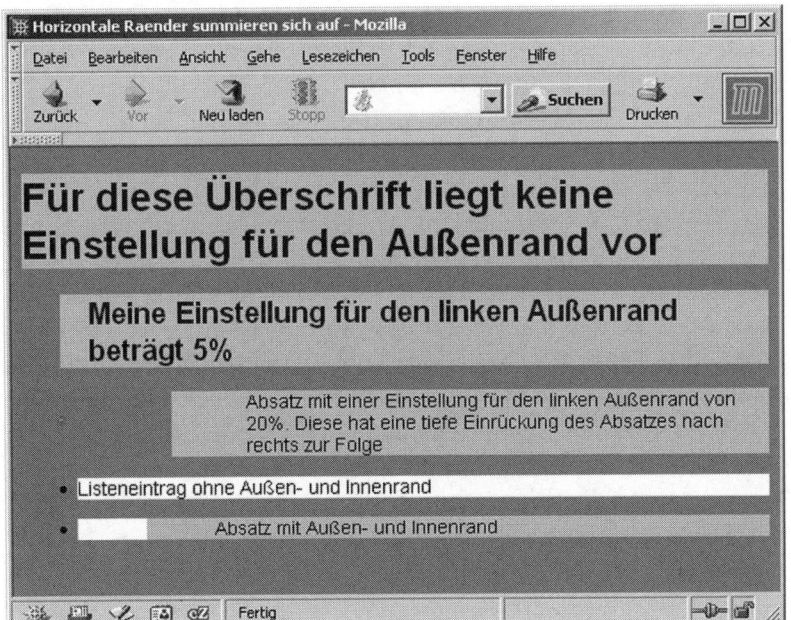

Abb. 5-15
Horizontale Ränder summieren sich gegenseitig auf

```
li p {
  margin-left: 10%;
}
-->
</style>
</head>
<body>
<h1>F&uuml;r diese &Uuml;berschrift liegt keine Einstellung für den
    Au&szlig;enrand vor</h1>
<h2>Meine Einstellung für den linken Au&szlig;enrand betr&auml;gt
    5%</h2>
<p>Absatz mit einer Einstellung für den linken Au&szlig;enrand von
    20%. Diese hat eine tiefe Einr&uuml;ckung des Absatzes nach
    rechts zur Folge.</p>
<ul>
<li>Listeneintrag ohne Au&szlig;en- und Innenrand</li>
<li><p>Absatz mit Au&szlig;en- und Innenrand</p></li>
</ul>
</body>
</html>
```

Bitte werfen Sie in diesem Beispiel einen Blick auf die Gliederungsliste. Der erste Eintrag in der Liste wird ohne jegliche CSS-Beeinflussung mit der normalen Listeneinrückung dargestellt. Der zweite Listeneintrag enthält den Absatz p. Die letzte Stilregel im Quelltext weist einem p, das einem li-Element direkt untergeordnet ist, ein `margin-left` von 10% zu. Unser Absatz in dem Listeneintrag wird dadurch zusätzlich zur Listeneinrückung weiter nach rechts geschoben. In der vierten

Stilregel wird für alle Absätze auf der Seite die `padding-left`-Eigenschaft mit 10% festgelegt. Der Inhalt des p-Elements innerhalb des li-Elements wandert somit noch einmal ein gutes Stück nach rechts.

Wenn Sie das HTML-Dokument aus dem Code-Archiv in einen Browser laden und die Größe des Fensters verändern, fällt Ihnen auf, dass sich die Einrückung des Absatzes in der Liste dynamisch verändert. Dieser Effekt entsteht, weil wir relative Werte verwendet haben. Beide Ränder werden somit im Verhältnis zur Inhaltsbreite der Box des Elements berechnet. Ein Listenpunkt ist ein Blockelement und erstreckt sich daher immer über das ganze Browserfenster. Daher gilt in unserem Beispiel: Je größer das Browserfenster, desto größer die Summe aus Außen- und Innenrand.

Vertikale Außenränder

Vertikale Außenränder werden mit den Eigenschaften `margin-top` und `margin-bottom` erzeugt. Hier der Quelltext einer Seite, die vertikale Außenränder enthält:

```
<!DOCTYPE html PUBLIC "-//W3C//DTD XHTML 1.0 Transitional//EN"
   "http://www.w3.org/TR/xhtml1/DTD/xhtml1-transitional.dtd">
<html xmlns="http://www.w3.org/1999/xhtml">
<head>
<title>Vertikale Randeinstellungen summieren sich nicht gegenseitig auf</title>
<meta http-equiv="Content-Type"
   content="text/html; charset=iso-8859-1" />
<style type="text/css">
<!--
body {
  background-color: #808080;
  font-family: Helvetica, Arial, sans-serif;
}
h1 {
  background-color: #c0c0c0;
  margin-bottom: 5%;
}
h2 {
  background-color: #c0c0c0;
  margin-left: 5%;
  margin-top: 5%;
  margin-bottom: 5%;
  padding-left: 1em;
}
p {
  background: #c0c0c0;
  margin-left: 20%;
  padding-left: 10%;
  margin-top: 5%;
  margin-bottom: 5%;
}
```

```
-->
</style>
</head>
<body>
<h1>Kein oberer Au&szlig;enrand, aber ein unterer Au&szlig;enrand
von 5%</h1>
<h2>Ich besitze oben und unten einen Au&szlig;enrand von jeweils
5%</h2>
<p>Ein Absatz mit einem Au&szlig;enrand oben und unten von jeweils
5%</p>
</body>
</html>
```

Abbildung 5–16 zeigt die Darstellung der Seite im Browser. Wenn Sie diese HTML-Seite im Browser anzeigen lassen und die Größe des Fensters verändern, verändern sich die vertikalen Abstände proportional zur Inhaltsbreite der Elemente.

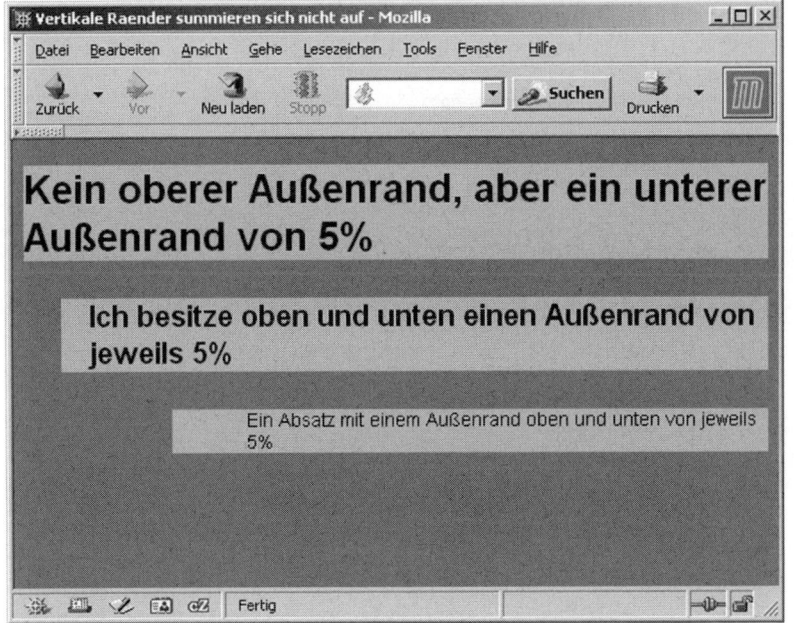

Abb. 5–16
Vertikale Randeinstellungen summieren sich nicht gegenseitig auf

Im Gegensatz zu horizontalen Rändern summieren sich vertikale Ränder nicht gegenseitig auf. Stehen zwei Elemente direkt übereinander wie h1 und h2 in Abbildung 5–16, richtet sich der Abstand zwischen ihnen nach dem größeren Wert der margin-bottom-Eigenschaft des oberen Elements oder der margin-top-Eigenschaft des unteren Elements. In unserem Beispiel sind beide mit 5% definiert. Damit beträgt auch der vertikale Abstand zwischen den Elementen 5% von der Seitenbreite. Definiert man aber die `margin-bottom`-Einstellung von h1 mit 10%, würde der vertikale Abstand zwischen den beiden Elementen 10% der Seitenbreite betragen.

Für die Definition eines Außenrands können auch negative Werte eingesetzt werden. Das kann nützlich sein, wenn man zum Beispiel für den body-Bereich einer HTML-Seite einen Wert für `margin-left` festgelegt hat und ein Element auf der Seite diesen Rand nach links überschreiten soll.

Der folgende Quelltext führt zur Darstellung in Abbildung 5-17.

```
<!DOCTYPE html PUBLIC "-//W3C//DTD XHTML 1.0 Transitional//EN"
  "http://www.w3.org/TR/xhtml1/DTD/xhtml1-transitional.dtd">
<html xmlns="http://www.w3.org/1999/xhtml">
<head>
<title>Negative Werte fuer den Aussenrand</title>
<meta http-equiv="Content-Type"
   content="text/html; charset=iso-8859-1" />
<style type="text/css">
<!--
body {
  background-color: #808080;
  font-family: Helvetica, Arial, sans-serif;
  margin-left: 5%;
}
h1 {
  background-color: #c0c0c0;
  margin-left: -3%;
  margin-bottom: 5%;
}
h2 {
  background-color: #c0c0c0;
  margin-top: 5%;
  margin-bottom: 5%;
}
-->
</style>
</head>
<body>
<h1>Der linke Au&szlig;enrand des Body-Bereichs betr&auml;gt zwar 5%, aber ich besitze den Wert -3%.</h1>
<h2>Da ich keine eigene margin-left-Einstellung besitze, nehme ich die 5% des Body-Bereichs an.</h2>
</body>
</html>
```

Ebenso wie mit `padding` für den Innenrand gibt es mit `margin` auch eine zusammenfassende Eigenschaft für die Außenränder. Für die Angabe mehrerer Werte für `margin` gelten die Regeln aus Tabelle 5-1 auf Seite 86.

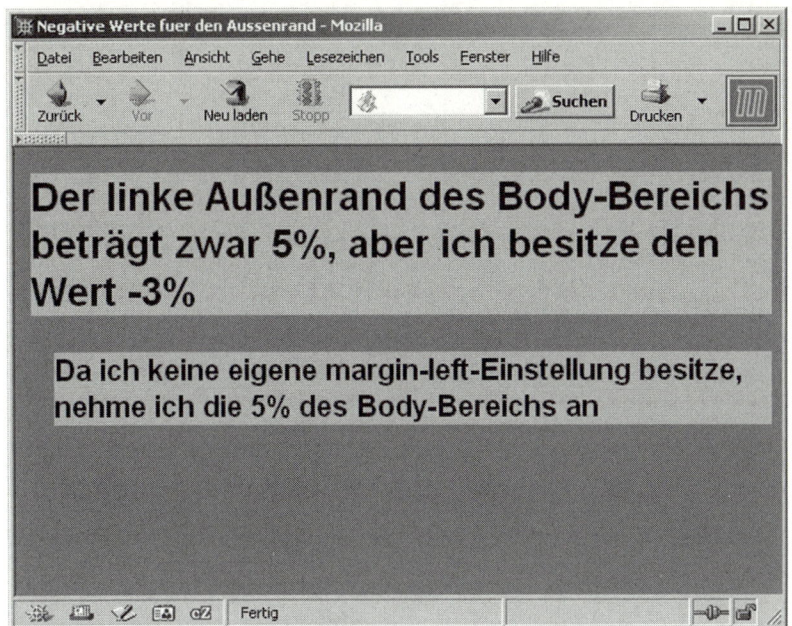

Abb. 5–17
Negative Werte für den Außenrand

Die Eigenschaften des Rahmens

Der Rahmen, der Innen- vom Außenrand voneinander trennt, besitzt die Eigenschaften Stil, Breite und Farbe. In der Grundeinstellung ist der Stil mit dem Wert none, die Breite mit medium[1] und die Farbe mit dem vorgegebenen Farbwert des umrahmten Elements definiert.

Für die Eigenschaft border-style, die für die Darstellungsform des Rahmens steht, gibt es eine ganze Reihe an möglichen Einstellungen. Tabelle 5–2 zeigt die entsprechenden Werte und ihre Unterstützung durch die wichtigsten Browser.

Stil

Definition	CSS-Spezifikation	Browserunterstützung	Beispiel
double	CSS1	alle CSS-fähigen Browser	double
groove	CSS1	alle CSS-fähigen Browser	groove
inset	CSS1	alle CSS-fähigen Browser	inset
none	CSS1	alle CSS-fähigen Browser	none

Tab. 5–2
Darstellungsarten für Rahmen in CSS

1. Netscape 4 weicht hier von anderen Browsern ab und legt die Grundeinstellung für Rahmen auf 0 fest. Es wird somit kein Rahmen dargestellt, wenn er nicht ausdrücklich definiert wird.

Definition	CSS-Spezifikation	Browserunterstützung	Beispiel
outset	CSS1	alle CSS-fähigen Browser	outset
ridge	CSS1	alle CSS-fähigen Browser	ridge
solid	CSS1	alle CSS-fähigen Browser	solid
dashed	CSS1	Netscape 7, Mozilla, IE 6/Win, IE 5/Mac	dashed
dotted	CSS1	Netscape 7, Mozilla, IE 6/Win, IE 5/Mac	dotted
hidden	CSS2	Netscape 7, Mozilla, IE 6/Win, IE 5/Mac	hidden

Der Wert hidden ist gleichbedeutend mit dem Wert none, es sei denn, er wird in HTML-Tabellen eingesetzt. Der Rahmen bleibt damit unsichtbar. Alle Informationen zu den Rahmenwerten finden Sie in Anhang C.

Die W3C-Spezifikation legt nicht genau fest, wie die verschiedenen Darstellungsformen im Borwser auszusehen haben. Man sollte daher beachten, dass sich das Ergebnis mit verschiedenen Browserversionen und Betriebssystemen unterscheidet.

Breite Die Rahmenbreite kann entweder mit den vier einzelnen Eigenschaften border-top-width, border-right-width, border-bottom-width und border-left-width oder mit der zusammenfassenden Eigenschaft border-width festgelegt werden. Definieren kann man die Rahmenbreite mit Werten in Pixel oder M-Höhe oder mit den in CSS vorgegebenen Werten thin, medium und thick. Diese werden zwar nicht von allen Browsern auf die gleiche Weise interpretiert, ihre Darstellung unterscheidet sich aber nur gering mit einer Abweichung von bis zu einem Pixel.

Für eine besonders exakte Angabe der Rahmenbreite verwendet man am besten Pixelangaben, diese werden in allen Browsern gleich dargestellt und sind als absoluter Wert unabhängig von einer Ausgangsgröße.

Farbe Die Farbe eines Rahmens kann mithilfe der zusammenfassenden Eigenschaft border-color oder mit den einzelnen Eigenschaften border-top-color, border-right-color, border-bottom-color und border-left-color zugewiesen werden.

Als Wert kann ein hexadezimaler RGB-Code (#ff9900), ein abgekürzter RGB-Code (#f90), der numerische RGB-Code (rgb (102, 153, 0)) oder ein Standardfarbname (red) eingesetzt werden. Detaillierte Informationen zur Angabe von Farbwerten finden Sie in Kapitel 7.

Für die Angabe von Werten für die zusammenfassenden Eigenschaften `border-style`, `border-width` und `border-color` gelten die gleichen Regeln wie für `padding` und `margin` (Tabelle 5–1 auf Seite 86). Als einzige wichtige Ausnahme unter den Browsern erkennt der Netscape Navigator 4.x diese drei zusammenfassenden Eigenschaften nicht an. Auch unterstützt er weder Rahmenstile noch Rahmenfarben.

Netscape Navigator 4.x

Am einfachsten definiert man einen Rahmen mit der Eigenschaft `border`. Sie fasst mit Stil, Breite und Farbe alle verfügbaren Eigenschaften zusammen. Wenn man alle Rahmen auf einer Seite gleich definieren möchte, gibt es keinen einfacheren Weg. Die folgende Definition von `border` erzeugt zum Beispiel einen einheitlichen, massiven, drei Pixel breiten, grünen Rahmen um jeden ihrer Selektoren.

Stil, Breite, Größe

```
border: 3px solid green;
```

5.3 Die `display`-Eigenschaft

Bevor wir uns der Positionierung von Elementen mit CSS zuwenden, werfen wir noch einen Blick auf die Eigenschaft `display`, die erhebliche Auswirkungen auf das Seitenlayout haben kann.

Die `display`-Eigenschaft entscheidet darüber, wie der Browser ein Element darstellen soll – ob als Block, Listenelement, Textzeile oder in einer anderen Form. Die CSS2-Spezifikation sieht für `display` 17 verschiedene Werte vor. Von den Browsern werden derzeit aber nur sechs davon unterstützt. Folgende sechs Werte können derzeit für die `display`-Eigenschaft eingesetzt werden (eine vollständige Referenz zur `display`-Eigenschaft finden Sie im Anhang C):

6 von 17 Werten werden nur unterstützt

- `block`
- `inline`
- `list-item`
- `none`
- `table-footer-group`
- `table-header-group`

Die Voreinstellung für die `display`-Eigenschaft richtet sich nach dem Elementtyp[2], dem sie zugewiesen wird. Blockelemente wie `h1` und `div`

---

2. Es gibt im body-Bereich eines semantischen HTML-Dokuments zwei Arten von Elementen: *Inline-Elemente* erstrecken sich immer nur auf die Länge ihres Inhalts und sind im Textfluss anwendbar. Im Gegensatz dazu stehen *Blockelemente*, die sich nicht auf die Länge ihres eigentlichen Inhalts, sondern immer auf die gesamte Breite der Seite erstrecken und daher automatisch einen doppelten Zeilenumbruch bewirken.

nehmen automatisch den Wert `block` an, während Inline-Elemente wie `strong`, `code` und `span` den Wert `inline` annehmen, wenn ihnen nicht ausdrücklich ein anderer Wert zugewiesen wird. Für Listenpunkte steht extra der Wert `list-item` zur Verfügung, ebenso wie für Tabellenkopf- und Tabellenfußzeilen die Werte `table-footer-group` und `table-header-group`. Die `display`-Werte für ein Element zu verändern (etwa für das Blockelement `div` die Deklaration `display: inline` vorzunehmen), führt manchmal zu interessanten, aber meist unbrauchbaren Ergebnissen.

Schon hilfreicher kann der Einsatz des Werts `none` sein. Er führt dazu, dass ein Element vom Browser nicht beachtet wird. Es wird weder angezeigt noch wird ihm – wie mit der Eigenschaftsdefinition `visibility: hidden` – ein Platzhalter im Layout eingeräumt.

5.4 CSS-Positionierung und mehrspaltiges Layout

div-Bereiche festlegen ...

Mit dem Box-Modell kann das Layout für ganze Seitenbereiche gesteuert werden. Dafür werden die einzelnen HTML-Elemente zu einem `div`-Bereich zusammengefasst und mit der Definition des Außenrands, Rahmens und Innenrands in das Seitenlayout eingegliedert.

... und mit CSS-P auf der Seite anordnen

Sind erst einmal die einzelnen Bereiche selbst vernünftig angelegt, müssen sie noch sinnvoll im Gesamtlayout der Seite angeordnet werden. Mit der *CSS-Positionierung* (CSS-P) legt man fest, wo einzelne Bereiche oder Elemente auf einer Seite platziert werden und wie sie sich zueinander verhalten. Dafür benutzen wir die Eigenschaft `position`.

Die `position`-*Eigenschaft*

Der `position`-Eigenschaft kann nur ein einziger, konstanter Wert zugewiesen werden. Dieser bestimmt, welchen Platz ein Bereich auf der Seite einnimmt. Üblicherweise werden für die `position`-Eigenschaft nur die Werte `absolute` und `relative` eingesetzt. In der Grundeinstellung ist der Wert `static` definiert, der in der Praxis jedoch nur selten sinnvoll eingesetzt wird. Ein vierter möglicher Wert ist `fixed`. Dieser wird jedoch vom Internet Explorer unter Windows nicht unterstützt und ist deshalb so gut wie unbrauchbar. Alle Details über die Eigenschaft `position` finden Sie im Anhang C.

5.4.1 Absolute und relative Positionierung

Einem Element mit CSS einen genauen Platz auf der Seite zuzuweisen, ist nicht ganz unkompliziert. Es gibt dafür nicht etwa ein für alle Elemente gültiges, unveränderliches Koordinatensystem, sondern jedes Element wird immer relativ zu seinem übergeordneten Element positioniert. Letztlich entspricht das auch der Logik von HTML, denn ein

Element, das im Dokument Bestandteil eines anderen Elements ist, soll ja nicht an einer völlig anderen Stelle auf der Seite angezeigt werden können. Für jede Positionierung sind daher die vier Seiten des übergeordneten Elements die Ausgangspunkte für die Beschreibung der Position des untergeordneten Elements nach rechts, links, oben und unten.

Ein paar einfache Beispiele sollen uns das Verständnis der CSS-Positionierung erleichtern. Als Ausgangspunkt wählen wir eine leere Seite. In der linken oberen Ecke der Darstellungsfläche – des direkt übergeordneten body-Elements – befindet sich die erste Ausgangskoordinate. Von dort aus positionieren wir einen div-Bereich auf der Seite, der einen einfachen Text enthält und für den die Stilregel der Klasse schriftzug zum Einsatz kommt. Abbildung 5–18 zeigt das Ergebnis.

Beispiel mit einem div-Bereich

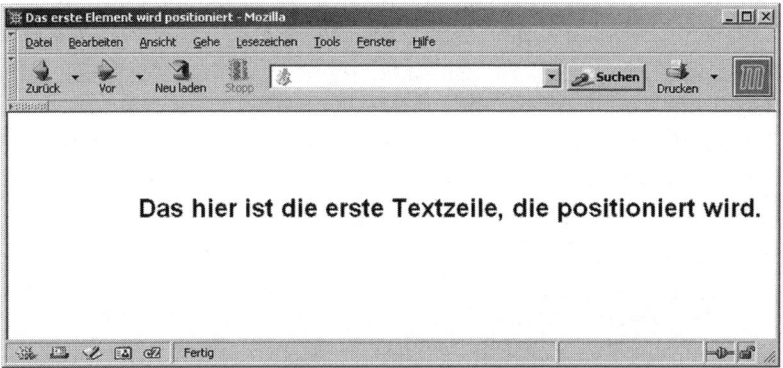

Abb. 5–18
Das erste Element auf einer leeren Seite positionieren

Es folgt der HTML-Abschnitt, der zu dem Ergebnis in Abbildung 5-18 führt. Mit den CSS-Eigenschaften top and left wird dem div-Bereich eine Position auf der Seite zugewiesen.

```
<div class="schriftzug"
   style="position:absolute; left:125px; top:75px;">
   Das hier ist die erste Textzeile, die positioniert wird.
</div>
```

Nun positionieren wir einen weiteren div-Bereich, der dem ersten div-Bereich untergeordnet wird.

Zwei div-Bereiche

```
<div class="schriftzug"
   style="position:absolute; left:125px; top:75px;">
   Das hier ist die erste Textzeile, die positioniert wird.
   <div class="schriftzug"
     style="position:absolute; left:25px; top:30px;">
     Das ist die zweite Zeile.
   </div>
</div>
```

Abb. 5–19
Positionierung eines untergeordneten Elements

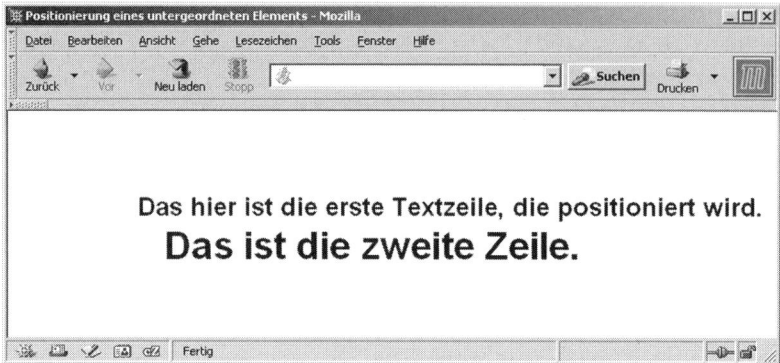

Wie wir in Abbildung 5–19 sehen, ist die zweite Textzeile, ausgehend von der ersten Textzeile, um 25 Pixel nach rechts gerückt. Für den zweiten div-Bereich zählt also nicht mehr der linke Rand der Seite als Ausgangspunkt, sondern der linke Rand des übergeordneten div-Bereichs.

Die Vererbung zeigt sich auch in der großen Schrift des Textes. Für beide div-Bereiche wird die Stilregel für die Klasse schriftzug angewendet:

```
.schriftzug {
  font-size: 1.5em;
  font-weight: bold;
}
```

In der Stilregel wird mit der anderthalbfachen M-Höhe ein relativer Wert verwendet. Ihre Wirkung auf den zweiten div-Bereich multipliziert sich, da dieser die Regel einmal als untergeordnetes Element des ersten div-Bereichs vererbt bekommt und ihm die gleiche Regel noch einmal im HTML-Code zugewiesen wird.

Ein span-Element

Unsere Seite besteht bisher aus zwei ineinander verschachtelten div-Elementen. Beide sind mit absoluten Werten auf der Seite positioniert. Nun fügen wir noch ein drittes Element hinzu, in diesem Fall ein span, das innerhalb des zweiten div-Bereichs untergebracht und darin mit einem relativen Wert positioniert wird. Der HTML-Code sieht folgendermaßen aus:

```
<div class="schriftzug"
    style="position:absolute; left:125px; top:75px;">
  Das ist die erste Linie, die positioniert wird.
  <div class="schriftzug"
      style="position:absolute; left:25px; top:30px;">
    Dieses ist <span style="position:relative; left:10px;
    top:30px;">ein Beispiel f&uuml;r</span> eine zweite Linie.
  </div>
</div>
```

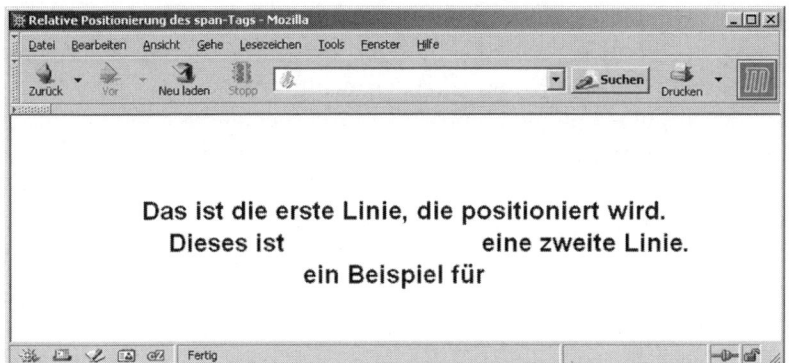

Abb. 5–20
Beispiel mit relativer Positionierung des `<span>`-Tags

Abbildung 5–20 zeigt das Ergebnis. Die zuletzt im `<span>`-Tag eingefügten Wörter »ein Beispiel für« werden unterhalb der zweiten Zeile dargestellt und um 10 Pixel nach rechts eingerückt. Eine Positionierung mit dem Wert `relative` nimmt als Ausgangspunkt immer die Koordinate, an der das Element ohne Positionierung (siehe Abbildung 5–21) stehen würde.

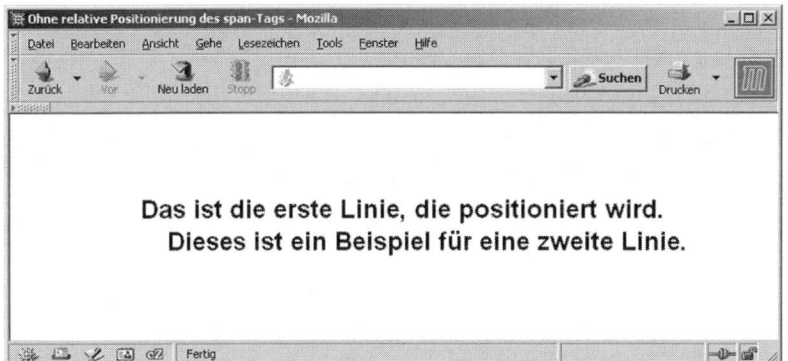

Abb. 5–21
Beispiel ohne Positionierung des `<span>`-Tags

Die wichtigsten Regeln für die Positionierung von Elementen mit der `position`-Eigenschaft lassen sich so zusammenfassen:

1. Die *absolute* Positionierung eines Elements wird immer am übergeordneten Element ausgerichtet.
2. Die *relative* Positionierung eines Elements wird immer an der Stelle ausgerichtet, an der es sich ohne Positionierung befinden würde.

5.4.2 Ein normales Drei-Spalten-Layout

Die Footbag-Freak-Seiten, die wir schon kurz als Beispiel-Website dieses Buchs kennen gelernt haben, enthalten eine Kombination aus einem Kopfbereich, einem Fußbereich und einem Drei-Spalten-Layout.

Alle Seitenbereiche sind mit konsistenten, in ihrem Layout unveränderbaren Inhalten bestückt, nur in der mittleren Spalte ist die Anordnung der Inhalte und Designelemente variabel.

Wir beginnen mit den zentralen drei Spalten unserer Seite. Für jede müssen wir eine eigene Stilregel anlegen und darin das Layout und die Position festlegen. Wir verwenden dafür ID-Selektoren mit den Namen links, mitte und rechts und weisen den Spalten im HTML-Code ihre jeweilige ID zu. Den Kopf- und den Fußbereich werden wir erst später einbauen.

Wir definieren die folgende Stilregel für die linke Spalte:

```
#links {
  position: absolute;
  left: 10px;
  top: 10px;
  width: 200px;
}
```

Die obere, linke Ecke unserer linken Spalte wird zehn Pixel unter dem oberen Rand der Seite und zehn Pixel rechts neben dem linken Rand der Seite positioniert. Die Breite der Spalte legen wir mit einem absoluten Wert von 200 Pixel fest.

Als Nächstes legen wir die Stilregel für die rechte Spalte fest:

```
#rechts {
  position: absolute;
  right: 10px;
  top: 10px;
  width: 200px;
}
```

Diese Stilregel sieht ähnlich aus wie die für die linke Spalte. Auch hier definieren wir eine absolute Breite von 200 Pixel. Zudem positionieren wir sie zehn Pixel entfernt vom oberen Rand und zehn Pixel vom rechten Rand der Seite.

Als letzte legen wir die Stilregel für die mittlere Spalte fest:

```
#mitte {
  margin-left: 220px;
  margin-right: 220px;
}
```

Für die mittlere Spalte nehmen wir keine CSS-Positionierung vor, da sie sich bereits zwischen zwei positionierten Bereichen befindet. Wir weisen ihr ihren Platz zu, indem wir für sie einen linken und rechten Außenrand von 220 Pixel festlegen, der sich jeweils bis zum Seitenrand erstreckt.

Wieso aber reicht ihr Abstand bis zum Seitenrand und nicht nur bis zu den nebenan liegenden Spalten? Der div-Bereich, mit dem wir die mittlere Spalte auf der Seite anlegen, ist ein Blockelement. Er erstreckt sich dadurch über die ganze Seitenbreite, unabhängig von den Spalten rechts und links neben ihm. Durch unseren Außenrand wird er erst auf den Raum zwischen der linken und rechten Spalte eingegrenzt und überschneidet sich nicht mit den anderen Spalten.

Mit 220 Pixel auf beiden Seiten haben wir die Außenränder der mittleren Spalte sogar noch etwas größer gewählt, als es die je 200 Pixel breiten seitlichen Spalten plus je 10 Pixel eigenem Außenrand eigentlich erfordern würden. Durch die somit »übrig bleibenden« 10 Pixel auf jeder Seite entsteht ein zusätzlicher Abstand zu den Spalten links und rechts, der ihre Inhalte deutlich voneinander trennt.[3]

Abbildung 5–22 zeigt das Grundgerüst unserer Seite mit dem zentralen Drei-Spalten-Layout.

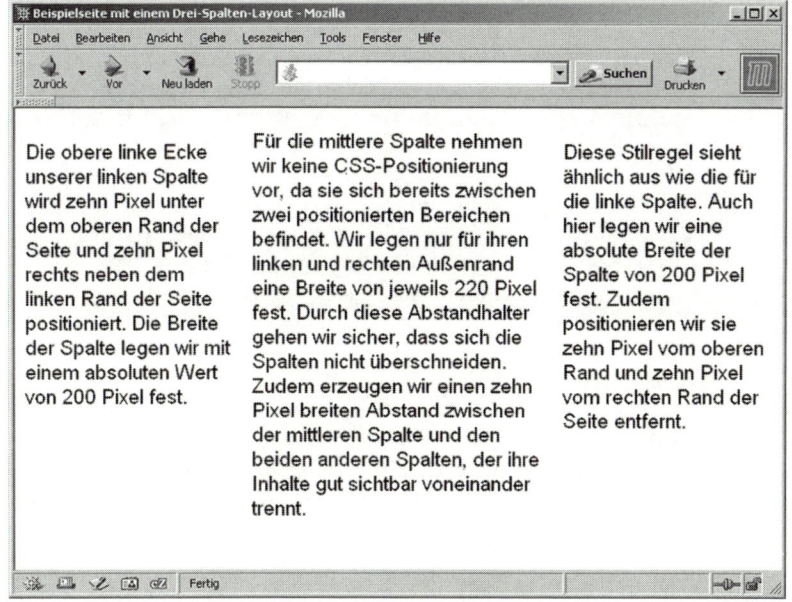

Abb. 5–22

Beispielseite mit einem Drei-Spalten-Layout

Nachfolgend finden Sie den gesamten HTML-Quelltext für die Seite in Abbildung 5–22. Das <link>-Tag im head-Bereich verweist auf die Datei dreispaltenbeispiel.css, die das Stylesheet mit den Stilregeln für die drei Spalten enthält.

---

3. Für die Berechnung des sichtbaren Abstands gilt: 220 Pixel Außenrand mittlere Spalte − 200 Pixel Breite der rechten bzw. linken Spalte = je 10 Pixel Abstand zwischen mittlerer und rechter bzw. mittlerer und linker Spalte.

```
<!DOCTYPE html PUBLIC "-//W3C//DTD XHTML 1.0 Transitional//EN"
  "http://www.w3.org/TR/xhtml1/DTD/xhtml1-transitional.dtd">
<html xmlns="http://www.w3.org/1999/xhtml">
<head>
<title>Beispielseite mit einem Drei-Spalten-Layout</title>
<meta http-equiv="Content-Type"
  content="text/html; charset=iso-8859-1" />
<link rel="stylesheet" href="dreispaltenbeispiel1.css"
type="text/css" />
</head>
<body>
  <div id="links">
    <p>
      Die obere linke Ecke unserer linken Spalte wird zehn Pixel
      unter dem oberen Rand der Seite und zehn Pixel rechts neben
      dem linken Rand der Seite positioniert. Die Breite der Spalte
      legen wir mit einem absoluten Wert von 200 Pixel fest.</p>
  </div>
  <div id="mitte">
    <p>
      F&uuml;r die mittlere Spalte nehmen wir keine CSS-
      Positionierung vor, da sie sich bereits zwischen zwei
      positionierten Bereichen befindet. Wir legen nur f&uuml;r
      ihren linken und rechten Au&szlig;enrand eine Breite von
      jeweils 220 Pixel fest. Durch diese Abstandhalter gehen wir
      sicher, dass sich die Spalten nicht &uuml;berschneiden. Zudem
      erzeugen wir einen zehn Pixel breiten Abstand zwischen der
      mittleren Spalte und den beiden anderen Spalten, der ihre
      Inhalte gut  sichtbar voneinander trennt.
    </p>
  </div>
  <div id="rechts">
    <p>
      Diese Stilregel sieht &auml;hnlich aus wie die für die linke
      Spalte. Auch hier legen wir eine absolute Breite der Spalte
      von 200 Pixel fest. Zudem positionieren wir sie zehn Pixel vom
      oberen Rand und zehn Pixel vom rechten Rand der Seite
      entfernt.
    </p>
  </div>
</body>
</html>
```

5.4.3 Den Kopfbereich hinzufügen

Nun fügen wir den Kopfbereich hinzu. Auch für diesen legen wir in unserem Stylesheet eine Stilregel mit einer ID an. In den anderen Stilregeln wird genügend Platz über den drei Spalten geschaffen, damit der

Kopfbereich mit einem Abstand von 20 Pixel über den drei Spalten angezeigt werden kann:

```
#oben {
  position: absolute;
  top: 10px;
  margin: 20px;
  padding: 10px;
  background: #ccc;
  height: 100px;
}
#links {
  position: absolute;
  left: 10px;
  top: 160px;
  width: 200px;
}
#mitte {
  background: #ccc;
  margin-top: 160px;
  margin-left: 220px;
  margin-right: 220px;
}
#rechts {
  position: absolute;
  right: 10px;
  top: 160px;
  width: 200px;
}
```

Abbildung 5–23 zeigt, wie die Seite jetzt im Browser aussieht. Der mittlere und obere Bereich sind grau hinterlegt, um leichter zu erkennen, wo die Bereiche anfangen und aufhören. Das Ergebnis ist fast mit Abbildung 5–22 identisch. Der einzige Unterschied ist der Kopfbereich, der mit folgendem Quelltext in das HTML-Dokument eingefügt wurde:

```
<div id="oben">
    <h1>
       Das ist der Kopfbereich in unserem Layout mit Kopfbereich.
    </h1>
</div>
```

Im Web finden Sie viele Sites mit diesem Layout und zahllose Variationen davon. Einige davon beschreibt Owen Briggs sehr eindrücklich auf seiner hervorragenden CSS-Website *The Noodle Incident*.[4]

---

4. http://www.thenoodleincident.com/tutorials/box_lesson/boxes.html

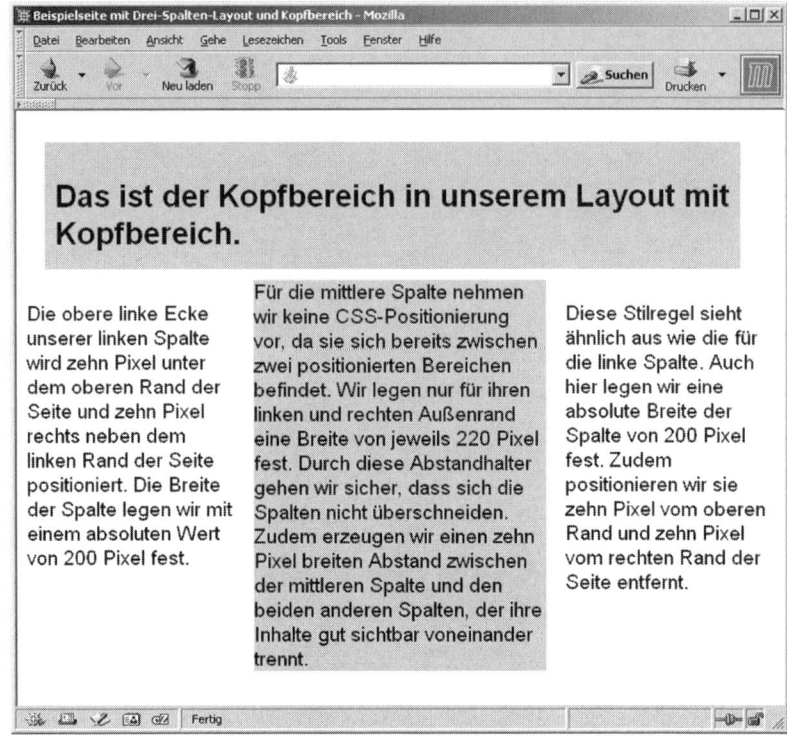

Abb. 5–23
Beispielseite mit einem Drei-Spalten-Layout und Kopfbereich

5.5 Zusammenfassung

Im zurückliegenden Kapitel haben wir die Grundlagen des Layouts und der Positionierung mit CSS kennen gelernt. Wir haben uns ausführlich das Box-Modell und die position-Eigenschaft angeschaut und damit ein klassisches Drei-Spalten-Layout aufgebaut.

Mit CSS kann man sein Ziel auf unterschiedlichen Wegen erreichen. Wenn Sie zum Beispiel einen Bereich rechts auf der Seite anlegen, der 20% der Fensterbreite einnehmen soll, können Sie seine Breite auf 20% festlegen und ihn entweder 80% vom linken oder 0% vom rechten Seitenrand entfernt positionieren.

Im nächsten Kapitel werden wir jedoch feststellen, dass ähnliche Wege nicht immer zum gleichen Ergebnis führen. Wir werden erneut einen Blick auf das unterschiedliche Verhalten der Browser werfen und sehen, wie man sie am besten unterstützt. Darüber hinaus werden wir weitere, fortgeschrittene CSS-Eigenschaften kennen lernen und unsere Seiten damit verändern.

6 Alles an seinem Platz

Auch in diesem Kapitel geht es um das Positionieren von Elementen mit CSS. Im Vordergrund steht jedoch nicht mehr die Zuweisung einzelner Seitenplätze, sondern die Erstellung eines Layouts mit mehreren Blöcken.

Wir werden untersuchen, wie sich positionierte Elemente gegenseitig beeinflussen. Als besonders schöne und wichtige CSS-Eigenschaft werden wir Seitenelemente elegant einander umfließen lassen. Bestimmend für die Positionierung ist auch die Auswahl der passenden Maßeinheit für ein Layout. Wir werden untersuchen, wann man am besten relative und absolute Werte einsetzt und was man beachten muss, wenn man beide auf einer Seite kombiniert. Als letzte neue Layouteigenschaft schauen wir uns dann noch den z-index an und wie man mit ihm Elemente auf einer Seite übereinander stapelt.

Nach den Grundlagen werden wir uns die Footbag-Freaks-Website noch einmal genauer vornehmen. Wie werden die neu erlernten Techniken an ihr ausprobieren und unser noch dreispaltiges Rohlayout zu einer kreativen, bis ins Detail ausgearbeiteten Seite ausbauen.

6.1 Seitenbereiche positionieren – zweiter Teil

6.1.1 Maßeinheiten beeinflussen das Design

In Kapitel 5 haben wir ausführlich die Positionierung einzelner Seitenblöcke behandelt. Nun werden wir uns der Anordnung mehrerer Blöcke auf einer Seite zuwenden.

Elemente vertikal anzuordnen, stellt kein Problem dar, da es der generischen HTML-Anordnung entspricht und einer Seite nach unten hin normalerweise keine Grenzen gesetzt sind. Weitaus schwieriger ist es jedoch, Elemente auf einer Seite nebeneinander zu stellen. In HTML allein gibt es dafür keine andere Möglichkeit, als Tabellen zu verwenden. Wir werden aber darauf verzichten und mit CSS einfachere und bessere Ergebnisse erarbeiten.

Elemente nebeneinander anordnen

Summe der Breitenwerte

Wenn man mehrere Elemente nebeneinander anordnet, muss die Summe ihrer Breitenwerte der Gesamtbreite des Blocks entsprechen, in dem sie sich befinden. Das klingt zunächst banal, führt aber in der Praxis oft zu Komplikationen, wenn es um die Umsetzung von Rohskizzen und Layoutentwürfen zu HTML-Seiten geht.

Maßeinheiten nicht mischen

Am besten definiert man ein horizontales Layout, indem man die Breite aller Blöcke und ihrer Inhalte mit der gleichen Maßeinheit angibt. Die Werte der Elemente müssen dann in ihrer Summe einfach den Wert des Blocks ergeben, genauso wie sich die Werte für die Blöcke zur Gesamtbreite der Seite aufaddieren lassen müssen.

Beträgt zum Beispiel die definierte Breite eines body-Bereichs 400 Pixel und sollen drei nebeneinander stehende Boxen darin angeordnet werden, kann man die Breite der ersten Box auf 80px, die Breite der mittleren auf 200px und die Breite der rechten auf 120px festlegen. Das Layout ist somit konsistent und dem Browser wird keine Möglichkeit gegeben, irgendetwas falsch zu interpretieren.

Im selben Beispiel führen die Werte für links 20%, in der Mitte 50% und rechts 30% zum gleichen Ergebnis. Die Summe ergibt 100%, die komplette Horizontale der Seite ist ausdefiniert. Die Angabe der Werte in Prozent hat zudem den Vorteil, dass das Layout dehnbar ist und sich der Fenstergröße des Browsers anpasst.

Box-Modell-Bug bei MS Internet Explorer 5 und 6

Wenn wir von der Breite eines Elements sprechen, meinen wir damit die `width`-Eigenschaft im Box-Modell. Nach CSS2-Spezifikation definiert sie die reine *Inhaltsbreite*. Der Rahmen sowie die Außen- und Innenränder zählen nicht dazu. Bei dem Internet Explorer für Windows in den Versionen 5 und 6 gibt es hier ein Fehlverhalten. Er schließt Rahmen, Außen- und Innenränder fälschlicherweise bei `width` und `height` mit ein. Dieser Fehler ist bekannt als der *Box-Modell-Bug*.

Später in diesem Kapitel werden wir noch auf die Unterschiede, Vor- und Nachteile absoluter und relativer Werte zu sprechen kommen. Aber solange ein Bereich mit einer fixen absoluten Breite definiert ist, macht es unsere Arbeit leichter, für die Elemente in ihm ausschließlich entweder absolute oder relative Breitenwerte einzusetzen. Dadurch, dass nur die Summe der Einzelbreiten die gesamte Breite des Bereichs ergeben muss, können wir das Layout leicht fixieren und kontrollieren.

Leider hilft uns das nicht weiter, wenn wir Elemente auf der gesamten Darstellungsfläche einer Seite definieren, da diese sich in ihrer Breite immer an die Größe des Browserfensters anpasst. Äußerst nützlich ist die Befolgung dieser Regel allerdings im Layout von Unterbereichen, für die bereits eine absolute Breite definiert wurde.

6.1.2 Die float-Eigenschaft

Eine praktische und häufig eingesetzte CSS-Eigenschaft ist float. Sie kann die Werte left, right und none annehmen. Mit dem Standardwert none bleibt die Eigenschaft inaktiv. Mit left und right verschiebt sich das Element an die linke beziehungsweise rechte Seite der übergeordneten Box und wird von den Inhalten der nachfolgenden Boxen umflossen.

Die float-Eigenschaft wird für hängende Initialen und für das Layout von Blöcken mit Bildern und Text verwendet. Um eine hängende Initiale mit float zu erzeugen, nimmt man ein span-Element und definiert seine float-Eigenschaft mit left.[1] Die font-size bestimmt man am besten relativ mit der M-Höhe. Mit einer Schriftgröße von 2.5 em wird eine hängende Initiale beispielsweise in zweieinhalbfacher Größe angezeigt. Mit einem float: left erscheint sie an ihrer Oberseite bündig mit dem Text und lässt sich von ihm auf der rechten Seite umfließen. Ein Beispiel für eine hängende Initiale finden Sie im folgenden HTML-Abschnitt und in Abbildung 6–1.

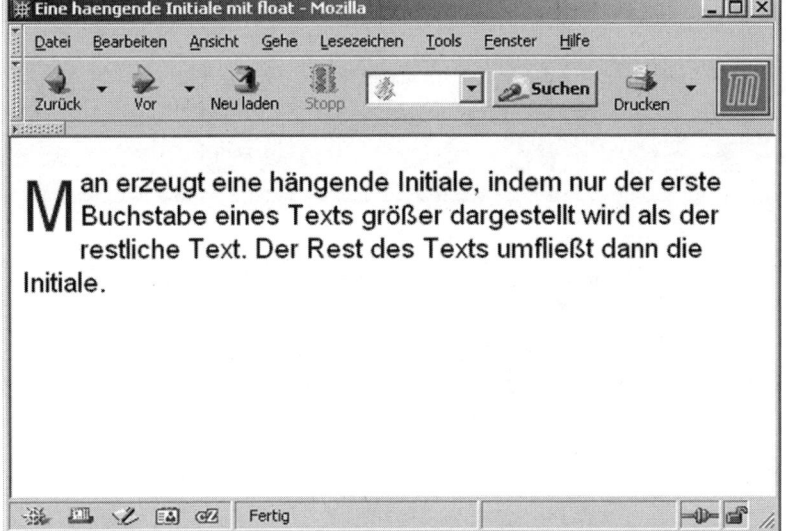

Abb. 6–1
Eine hängende Initiale mit float

```
<p><span style="color: blue; font-size: 2.5em; float: left;
padding-right: 2px;">M</span>an erzeugt eine h&auml;ngende
Initiale, indem nur der erste Buchstabe eines Texts
gr&ouml;&szlig;er dargestellt wird als der restliche Text. Der Rest
des Texts umflie&szlig;t dann die Initiale.</p>
```

---

1. Wir könnten die hängende Initiale ebenso mit :first-letter erstellen. Da dieses Pseudo-Element jedoch von älteren Browsern nicht unterstützt wird, verwenden wir die float-Methode.

Das gleiche Ergebnis erreichen wir auch mit der folgenden externen Stilregel:

```
.initiale {
  color: blue;
  font-size: 2.5em;
  float: left;
  padding-right: 2px;
}
```

Damit das externe Stylesheet zur Anwendung kommt, muss das <span>-Tag, in dem die hängende Initiale steht, der Klasse initiale zugewiesen werden:

```
<p><span class="initiale">M</span>an erzeugt eine h&auml;ngende
Initiale, indem nur der erste Buchstabe eines Texts
gr&ouml;&szlig;er dargestellt wird als der restliche Text. Der Rest
des Texts umflie&szlig;t dann die Initiale.</p>
```

Die float-Eigenschaft wurde entwickelt, um das veraltete align-Attribut im img-Element zu ersetzen, und hat genau denselben Effekt. Auch im folgenden HTML-Fragment wird die float-Eigenschaft eingesetzt. Das Ergebnis sehen Sie in Abbildung 6–2.

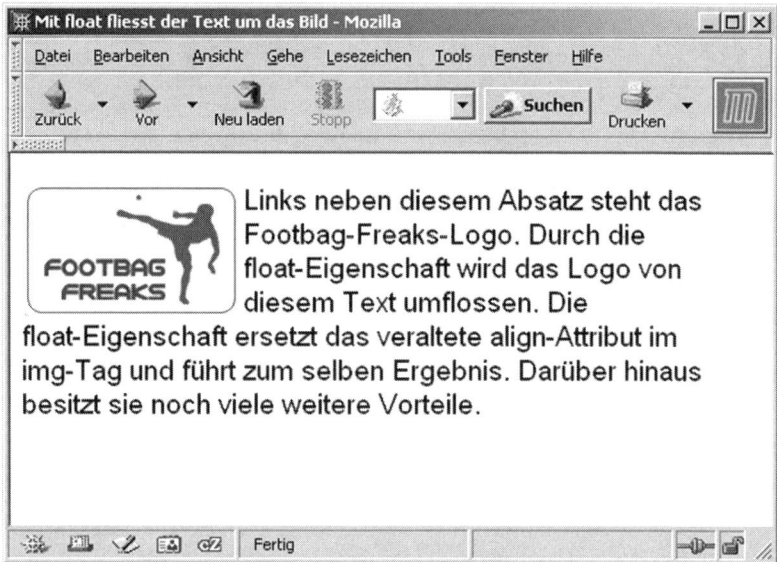

Abb. 6–2
Mit float *fließt der Text um das Bild*

```
<p><img src="bilder/logo.gif" alt="Footbag Freaks Logo" width="153"
height="92" style="float: left;" />Links neben diesem Absatz steht
das Footbag-Freaks-Logo. Durch die float-Eigenschaft wird das Logo
von diesem Text umflossen. Die float-Eigenschaft ersetzt das
veraltete align-Attribut im img-Tag und f&uuml;hrt zum selben
Ergebnis. Dar&uuml;ber hinaus besitzt sie noch viele weitere
Vorteile.</p>
```

Neben der Tatsache, dass `align` als HTML-Attribut in der W3C-Spezifikation als veraltet aufgeführt wird, besitzt die `float`-Eigenschaft noch zwei praktische Vorteile: Erstens kann man sie auch für andere Elemente als nur Bilder einsetzen, und zweitens können in einer `float`-Box noch weitere CSS-Eigenschaften definiert werden. Die `float`-Eigenschaft ist also wesentlich vielseitiger als das `align`-Attribut.

6.1.3 Die `clear`-Eigenschaft

Man kann `float` nicht nur einsetzen und steuern, mit der Eigenschaft `clear` kann man es auch an jeder beliebigen Stelle wieder ausschalten. Das ist zum Beispiel hilfreich, wenn ein Bild nicht nur von dem dazugehörigen Text umflossen wird, sondern auch von nachfolgenden Textabsätzen, die aber inhaltlich nichts mehr mit ihm zu tun haben.

Webdesignern dürfte `clear` auch als veraltetes HTML-Attribut bekannt sein. Dieses wurde zusammen mit dem Designelement `<br>` eingesetzt. In CSS ist `clear` vielseitiger und steht als Eigenschaft für fast alle Inline- und Blockelemente zur Verfügung.

Die `clear`-Eigenschaft kann vier Werte annehmen: `left`, `right`, `both` und `none`. Definiert man sie mit keinem dieser Werte, erhält sie als Standardwert `none` und tritt nicht in Kraft. Um uns ihre Wirkung vor Augen zu führen, unterteilen wir den umfließenden Text zunächst in zwei Absätze.

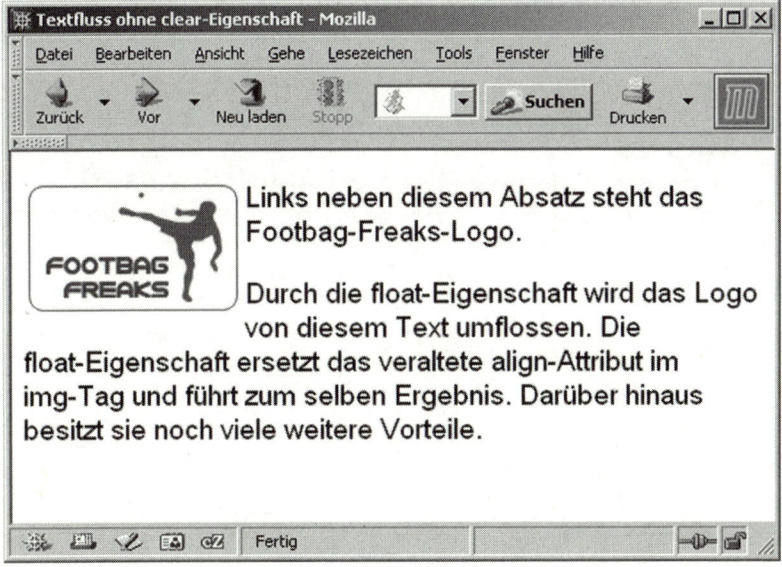

Abb. 6–3
Textfluss ohne `clear`-*Eigenschaft*

```
<p><img src="../bilder/logo.gif" alt="Footbag Freaks Logo"
width="153" height="92" style="float: left;" />Links neben diesem
Absatz steht das Footbag-Freaks-Logo.</p>
<p>Durch die float-Eigenschaft wird das Logo von diesem Text
umflossen. Die float-Eigenschaft ersetzt das veraltete align-
Attribut im img-Tag und f&uuml;hrt zum selben Ergebnis.
Dar&uuml;ber hinaus besitzt sie noch viele weitere Vorteile.</p>
```

Abbildung 6–3 zeigt die Darstellung dieses HTML-Fragments im Browser.

Nun fügen wir dem zweiten <p>-Tag die clear-Eigenschaft hinzu. Abbildung 6–4 zeigt das Ergebnis.

Abb. 6–4
Textfluss mit clear-Eigenschaft

```
<p><img src="../bilder/logo.gif" alt="Footbag Freaks Logo"
width="153" height="92" style="float: left;" />Links neben diesem
Absatz steht das Footbag-Freaks-Logo.</p>
<p style="clear: left;">Durch die float-Eigenschaft wird das Logo
von diesem Text umflossen. Die float-Eigenschaft ersetzt das
veraltete align-Attribut im img-Tag und f&uuml;hrt zum selben
Ergebnis. Dar&uuml;ber hinaus besitzt sie noch viele weitere
Vorteile.</p>
```

Die clear-Eigenschaft vermeidet, dass auch der zweite Textabsatz das Bild umfließt. Mit dem Wert left weisen wir an, dass der Text erst an der nächsten Stelle angezeigt wird, an der sich links von ihm kein anderes Element befindet. Ebenso sorgt right dafür, dass er erst in der nächsten Zeile fortgesetzt wird, in der ihn keine andere Box daran hindert, bis an den rechten Seitenrand zu fließen. both setzt den Text erst wieder an einer Stelle fort, an der sich weder links noch rechts irgendwelche anderen Elemente befinden.

Mit `float` und `clear` lassen sich zum Beispiel hervorragend einfache Eingabeformulare erstellen – wie in folgendem Beispiel:

Eingabeformulare erstellen

```
<form action="test.php" method="post">
<p>Das hier ist ein Formular.</p>
<p><label for="name">Name:</label>
   <input type="text" id="name" name="name" size="30" /></p>
<p><label for="adresse">Adresse:</label>
   <textarea id="adresse" name="adresse" wrap="soft" cols="30"
     rows="5"></textarea></p>
<p><label for="land">Land:</label>
   <select id="land" name="land">
     <option>Deutschland</option>
     <option>Schweiz</option>
     <option>Polen</option>
     <!-- Weitere Länder ... -->
   </select></p>
<p><input type="submit" /></p>
</form>
```

Wie wir in Abbildung 6–5 im linken Screenshot sehen, wird unser mehrzeiliges Formular mit diesem HTML-Fragment nicht sauber angeordnet. In HTML verwendet man normalerweise komplexe Tabellen, um die Größe der Eingabefelder zu steuern und die Erklärungstexte bündig daneben zu stellen. Mit folgenden Stilregeln kommen wir zum gleichen Ergebnis – mit erheblich weniger Aufwand:

```
form p {
  width: 400px;
  clear: both;
}

form p label {
  float: left;
}
form p input, form p textarea, form p select {
  float: right;
}
```

Was machen wir hier? Wir weisen allen Absätzen p, die innerhalb des Formularbereichs `form` liegen, eine Breite von 400px zu und stellen mit `float` die Erklärungstexte (`label`) links und die Eingabefelder (`input`, `textarea`, `select`) rechts nebeneinander. Den Absätzen p weisen wir grundsätzlich die Eigenschaftsdefinition `clear: both` zu, damit jede Kombination aus zusammengehörigem Erklärungstext und Eingabefeld am linken Seitenrand beginnt und sich bis zum rechten Seitenrand erstreckt (siehe Abbildung 6–5, rechts).

Abb. 6–5
Formular-Layout ohne Tabellen mit float *(links) und* clear *(rechts)*

Höhen und Breiten – absolut und relativ

In Kapitel 3 haben wir bereits die wichtigsten Merkmale absoluter und relativer Maßeinheiten vorgestellt. Behält man im CSS-Layout nicht durchgängig eine der beiden bei, kann es zu unvorhergesehenen Auswirkungen für die ganze Seite kommen.

Achtung beim Mischen von Maßeinheiten!

Besonders umsichtig sollte man mit relativen Maßangaben umgehen, wenn es darum geht, die Breitenwerte in einem horizontalen Layout festzulegen. Es kommt zwar auch vor, dass die Höhe eines Blocks mit einem relativen Wert festgelegt wird. Das ist jedoch weitaus seltener der Fall, weil es für die meisten Seiten keine Höhenbeschränkung gibt und vertikales Scrollen in der Regel erlaubt ist – im Gegensatz zu einem horizontalen Scrollbalken, unter dem die Usability einer Seite erheblich leidet.

Generell gilt: Solange man die gleiche Maßart für alle Breitenmaße auf einer Seite verwendet, ist ein horizontales Layout ohne Probleme steuerbar und führt nicht zu unerwünschten Begleiteffekten.

Absolute Werte sind unflexibel

Mit absoluten Werten können Elemente und Blöcke auf das Pixel genau definiert werden. Verändert man jedoch die Größe des Browserfensters, passen sich weder die Seite selbst noch die Layoutelemente an die neue Darstellungsfläche an. Im Web findet man solche Layouts zwar auf der einen oder anderen professionellen Website, entweder gibt es dann jedoch einen Anlass dafür, etwa ein eingebetteter Quick-Time- oder Flashfilm, oder die Betreiber können davon ausgehen, dass der Benutzer seine Browsergröße nach der Site ausrichtet.

Im Idealfall sollte das Layout dehnbar sein und sich auf jede vom Benutzer eingestellte Größe des Browserfensters anpassen. Ohne wirklich gute Gründe sollte man nie versuchen, dem Benutzer seine Freiheit zu nehmen.

Layout sollte dehnbar sein

Ein flexibles Layout erhalten wir, indem wir die Breitenangaben für alle Elemente mit Prozentwerten vornehmen. Somit erhält jeder Block automatisch eine proportionale Breite, die in einem konsistenten Verhältnis zu den Blöcken neben ihm steht. In besonders kleinen oder großen Browserfenstern kann es zwar mit dehnbaren Layouts zu in die Länge wachsenden Spalten oder großen Freiräumen auf der Seite kommen. Eine Lösung, die in allen Situationen gleich perfekt ist, gibt es jedoch nicht – vor allem nicht im Webdesign.

Breite in Prozenten angeben

Abbildung 6–6 and Abbildung 6–7 zeigen ein flexibles Layout, in dem der linke und rechte Block mit einer Breite von jeweils 20% und der mittlere Block mit 60% dargestellt werden. Verändert man die Größe des Browserfensters, behalten die drei Blöcke ihre proportionale Größe bei.

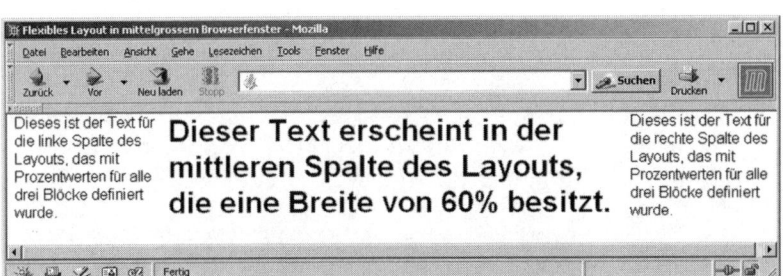

Abb. 6–6
Flexibles Layout in mittelgroßem Browserfenster

Abb. 6–7
Flexibles Layout in schmalem Browserfenster

Den Seiten aus Abbildung 6–6 und Abbildung 6–7 liegt der folgende HTML-Code zugrunde:

```
<div style="position: absolute; width: 20%;">
<p>Dieses ist der Text f&uuml;r die linke Spalte des Layouts, das
   mit Prozentwerten für alle drei Bl&ouml;cke definiert wurde.</p>
</div>
<div style="position: absolute; width: 60%; margin-left: 20%;">
<h1>Dieser Text erscheint in der mittleren Spalte des Layouts, die
   eine Breite von 60% besitzt.</h1>
</div>
<div style="position: absolute; width: 20%; margin-left: 80%;">
<p>Dieses ist der Text f&uuml;r die rechte Spalte des Layouts, das
   mit Prozentwerten für alle drei Bl&ouml;cke definiert wurde.</p>
</div>
```

Weil wir in diesem Beispiel durchgängig Prozentangaben einsetzen, nehmen wir auch die Einstellungen der linken Außenränder damit vor. So stellen wir sicher, dass alle drei Spalten sauber nebeneinander dargestellt werden.

> **Die Außenränder von body**
>
> Wenn Sie ein Element mit einem Abstand zum Rand der Seite positionieren möchten, sollten Sie immer zuerst den Außenrand der ganzen Seite auf null setzen. Ohne diesen Schritt kann es zu unterschiedlichen Ergebnissen in verschiedenen Browsern kommen. Besonders CSS-fähige Browser wie Mozilla verwenden gerne anstelle von null eigene Standardwerte für den Außenrand des body-Elements.
>
> Mit folgender Stilregel setzen Sie die Außenränder einer ganzen Seite auf null und verschaffen sich damit eine »geeichte« Ausgangsposition für die Positionierung von Elementen und Blöcken auf der Seite:
>
> ```
> body {
>    margin: 0;
> }
> ```

Feste Spalten in einem flexiblen Layout

Aber wie kann man es bewerkstelligen, dass das Gesamtlayout einer Seite dehnbar bleibt, aber trotzdem für eine oder zwei Spalten eine feste Breite definiert wird? Ein Navigationsmenü zum Beispiel ist darauf angewiesen, immer seine Größe und sein Design unabhängig von der Browsergröße beizubehalten.

Beispiel Navigationsmenü: Breitenangaben mischen

In einem solchen Fall bleibt uns nichts anderes übrig, als ein Layout mit relativen und absoluten Werte vorzunehmen. Das macht es etwas komplizierter: In unserem Beispiel ist es nicht damit getan, einfach die Breite der linken Spalte auf 100 Pixel zu setzen und `width` und `margin-left` als Prozentangaben zu belassen. Da die linke Spalte mit ihrer neuen absoluten Breite nicht mehr dehnbar ist, kommt es bei kleinen Fenstergrößen zu Überschneidungen wie in Abbildung 6–8.

Diesen Fehler können wir vermeiden, indem wir die linke und rechte Spalte mit absoluten Werten definieren und für die mittlere Spalte nur entsprechende Außenränder einstellen, anstatt ihr eine eigene Breite zuzuweisen. Der mittlere Block bleibt somit flexibel und federt eventuelle Veränderungen der Fenstergröße ab. Unser HTML-Code sieht folgendermaßen aus:

```
<div style="position: absolute; width: 100px;">
<p>Dieser Text steht in der linken Spalte mit einer Breite von 100 Pixel.</p>
</div>
<div style="position: absolute; margin-left: 100px; margin-right: 20%;">
<h1>Dieser Text erscheint in der mittleren Spalte mit einer Breite von 60%.</h1>
</div>
<div style="position: absolute; width: 20%; margin-left: 80%;">
<p>Dieser Text steht in der rechten Spalte mit einer Breite von 20%.</p>
</div>
```

Abb. 6–8
Falsche Kombination von absoluten und relativen Breitenmaßen führt zu Textüberschneidungen in schmalen Browserfenstern

Nach der CSS-Empfehlung des W3C sollte diese Lösung problemlos funktionieren. Wieder einmal haben wir jedoch ein Browserproblem. Der Internet Explorer für Windows ignoriert einfach unsere margin-right-Eigenschaft, wodurch sich der mittlere Block bis über den rechten Fensterrand hinaus ausdehnt (siehe Abbildung 6–9). In standardkonformen Browsern wie Mozilla funktioniert unser Beispiel tadellos.

Browserprobleme mit MS Internet Explorer

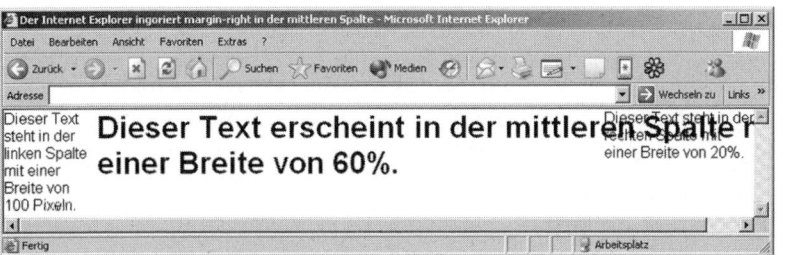

Abb. 6–9
Der Internet Explorer ignoriert margin-right *in der mittleren Spalte.*

Wir sind unermüdlich und wagen uns an den nächsten Versuch: Wie wäre es, wenn wir die Spalten nicht mithilfe ihrer Außenränder, sondern ausgehend vom linken und rechten Rand des übergeordneten body-Elements positionieren? Im HTML-Code sieht das folgendermaßen aus:

```
<div style="position: absolute; width: 100px;">
<p>Dieser Text steht in der linken Spalte mit einer Breite von 100
Pixel.</p>
</div>
<div style="position: absolute; left: 100px; right: 20%;">
<h1>Dieser Text erscheint in der mittleren Spalte mit einer Breite
von 60%.</h1>
</div>
<div style="position: absolute; width: 20%; right: 0;">
<p>Dieser Text steht in der rechten Spalte mit einer Breite von
20%.</p>
</div>
```

Heureka! Diese Lösung funktioniert sogar mit dem Internet Explorer. Wir sind auf dem richtigen Weg.

In unserem Beispiel besitzen die positionierten Spalten keine sichtbaren Ränder. Zwar bricht der Text in ihnen wunschgemäß um, ihre wirkliche »Anatomie« ist aber so nicht erkennbar. Um sicherzugehen, dass wir mit unseren Stilregeln auch wirklich die Spalten selbst und nicht nur den Text in ihnen entsprechend positioniert haben, färben wir die Innenräume der Spalten mit verschiedenen Hintergrundfarben ein. Unser HTML-Code sieht nun aus wie folgt:

```
<div style="position: absolute; width: 100px;
  background: #ff0000;">
<p>Dieser Text steht in der linken Spalte mit einer Breite von 100
  Pixel.</p>
</div>
<div style="position: absolute; left: 100px; right: 20%;
  background: #00ff00;">
<h1>Dieser Text erscheint in der mittleren Spalte mit einer Breite
von 60%.</h1>
</div>
<div style="position: absolute; width: 20%; right: 0;
  background: #00ccff;">
<p>Dieser Text steht in der rechten Spalte mit einer Breite von
20%.</p>
</div>
```

In Abbildung 6–10 sehen wir, was mit unserer Seite im Internet Explorer für Windows passiert. Die mittlere, helle Spalte (im Code haben wir als Farbe #00ff00, also grün, festgelegt) ist dehnbar und verändert sich mit der Größe des Browserfensters. In der Vertikalen nimmt sie gerade so viel Platz ein, wie der Text in ihr beansprucht. In der Horizontalen erstreckt sie sich aber nicht so weit, wie wir es in unserem Stylesheet festgelegt haben. Eigentlich müsste die mittlere Spalte vom linken Seitenrand aus gesehen 80% der Seitenbreite einnehmen, bis auf die ersten 100 Pixel, die auf die linke Spalte entfallen. Wenn wir die Fenstergröße verändern, sehen wir aber, dass sie sich vielmehr an dem Umbruch des Textes ausrichtet und nicht an den ihr zugewiesenen Maßen. In standardkonformen Browsern tritt der Effekt nicht auf. Auch hier kann also nur der Internet Explorer nicht mit unserem CSS-Code umgehen.

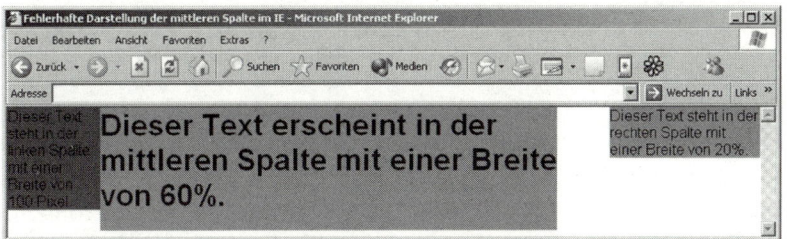

Abb. 6–10
Fehlerhafte Darstellung der mittleren Spalte im Internet Explorer

Und nun? Solange die Spalten auf unserer Webseite nicht mit Hintergrundfarben und sichtbaren Rahmen versehen werden sollen, ist alles in Ordnung. Unsichtbare Fehler bleiben vom Benutzer unbemerkt und können vom Designer toleriert werden.

Wenn die mittlere Spalte jedoch sichtbar direkt an die rechte anschließen soll, müssen wir noch einmal unseren Code verändern und die Positionierung der mittleren Spalte von `absolute` auf `static` umstellen. Wir können die `position`-Eigenschaft aber auch einfach weglassen, auch dann kommt `static` als Standardmodus für die Positionierung zur Geltung. Unser Code sieht dann folgendermaßen aus:

Nächste Veränderung

```
<div style="position: absolute; top: 0; left: 0; width: 100px;
   background: #ff0000;">
<p>Dieser Text steht in der linken Spalte mit einer Breite von 100
   Pixel.</p>
</div>
<div style="margin-left: 100px; margin-right: 20%;
   background: #00ff00;">
<h1>Dieser Text erscheint in der mittleren Spalte mit einer Breite
von 60%.</h1>
</div>
<div style="position: absolute; top: 0; right: 0; width: 20%;
   background: #00ccff;">
<p>Dieser Text steht in der rechten Spalte mit einer Breite von 20%.
</p>
</div>
```

> **Der Mozilla-Bug am oberen Seitenrand**
>
> Im Mozilla-Browser (bis inklusive Version 1.3b) tritt ein Fehler auf, in dem sich statisch positionierte Blockelemente an dem oberen Außenrand ihres ersten untergeordneten Elements ausrichten anstatt an ihrem eigenen. Auch in unserem Beispiel übernimmt der mittlere div-Bereich den oberen Außenrand der h1-Überschrift und erzeugt damit einen störenden Zwischenraum über der zweiten Spalte. Diese fehlerhafte Darstellung können wir unterdrücken, indem wir in unserem Stylesheet den oberen Außenrand für das h1-Element ausdrücklich mit null definieren und damit dem oberen Seitenrand gleichsetzen:
>
> ```
> div > h1 {
>   margin-top: 0;
> }
> ```

Endlich!

Wie Abbildung 6–11 zeigt, wird unsere Seite endlich so dargestellt, wie wir es uns vorgenommen haben, und das in allen CSS2-Browsern inklusive dem Internet Explorer für Windows. Die vielen Probleme, die wir hatten, dürften jedoch deutlich gemacht haben, dass das Kombinieren von relativen und absoluten Werten für horizontale Layouts eine durchaus anspruchsvolle Aufgabe sein kann.

*Abb. 6–11
Alle drei Spalten verwenden die ihnen zugewiesenen Breiten*

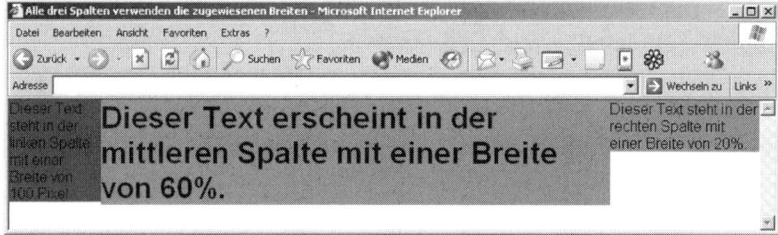

Fußbereich definieren

Die statische Positionierung der mittleren Spalte ist in unserem Beispiel der Schlüssel zum Erfolg. Auch in anderen Situationen kann sie sehr nützlich sein: Soll etwa unter einem Spaltenmodell noch ein Fußbereich positioniert werden, kann es in Kombination mit einer absolut positionierten mittleren Spalte zu einer fehlerhaften, inkonsistenten Darstellung kommen: Der Fußbereich wird wechselweise oberhalb und unterhalb der Spalten angezeigt. Von daher empfiehlt es sich auch hier, sowohl die Fußzeile als auch die mittlere Spalte statisch zu positionieren, um den Fußbereich auch wirklich unter der Spalte zu verankern.

6.2 Die Eigenschaft z-index und gestapelte Inhalte

Standardmäßig zeigt ein Browser die Elemente auf einer Webseite immer nebeneinander oder übereinander an. Wie aber schon im letzten Abschnitt kurz deutlich wurde, kann es bei der CSS-Positionierung passieren, dass Elemente und deren Inhalte sich mit anderen überlappen. Möchte man diesen Effekt bewusst einsetzen und zwei Elemente übereinander »stapeln«, muss man noch zusätzlich zu ihrer Seitenposition angeben, welches von den beiden durch das andere verdeckt wird und welches auf dem anderen liegen darf. Die Position in einer solchen Stapelfolge wird *z-index* genannt. Das Element mit dem höheren z-index-Wert liegt immer über dem Element mit dem niedrigeren z-index-Wert. In Kombination mit CSS-Positionierung kann man mit dem z-index Layoutergebnisse hervorrufen, die mit HTML bisher nicht möglich waren.

Abb. 6–12
Stapelung von Elementen auf einer Seite

Ohne z-index gilt die Reihenfolge im HTML-Code

Weist man sich überlappenden Elementen keinen z-index zu, ordnen sie sich in der Reihenfolge an, in der sie im HTML-Code vorkommen. Dabei liegt das letzte Element immer oben auf dem Stapel.

Hier ein Beispiel: Angenommen, wir wollen zwei Bilder und eine Überschrift so anordnen, wie es Abbildung 6-12 zeigt.

Stapeln in reinem HTML

Diesen Effekt erreichen wir auf zwei verschiedene Weisen. Im ersten Fall definieren wir keinen z-index und ordnen die drei Blöcke einfach in der entsprechenden Reihenfolge im HTML-Code an. Auf der Seite in Abbildung 6–12 wird somit zuerst das Bild mit dem Footbag-Spieler auf der Seite abgelegt, dann das graue Fensterrahmenbild und als Letztes die Überschrift. Diese reine HTML-Lösung funktioniert zwar tadellos, besteht aber nicht aus rein semantischem HTML und bringt keinen der Vorteile von CSS zur Geltung.

Eines der Ziele mit CSS ist es ja, gerade den Zusammenhang zwischen der Stellung eines Elements im HTML-Dokument und seiner Positionierung auf der Seite aufzubrechen. HTML übernimmt damit eine nicht semantische Designfunktion, für die es nicht vorgesehen ist. Das Layout kann dann zum Beispiel ganz einfach gestört werden, wenn die Reihenfolge der Elemente im Code verändert wird.

Stapeln mit z-index

Der bessere Weg, unser Beispiel zu realisieren, ist der Einsatz der z-index-Eigenschaft in CSS. Je größer der z-index eines Elements ist, desto weiter oben erscheint es in der Stapelfolge. Der HTML-Code, der mit CSS-Positionierung und z-index zu Abbildung 6–12 führt, sieht aus wie folgt:

```
<div style="position: relative">
  <div style="position: absolute; z-index: 2;">
    <img src= "bilder/fenster.gif" />
  </div>
  <div style="position: absolute; top: 40px; margin-left: 70px;
    z-index: 1;">
    <img src="bilder/kod.jpg" />
  </div>
  <div style="position: absolute; margin-left: 15px;
    z-index: 3;">
    <h1>Das ist eine &Uuml;berschrift</h1>
  </div>
</div>
```

Für die Überschrift, die ganz oben auf dem Stapel liegen soll, wird ein z-index von 3 definiert. Das graue Rasterbild mit den transparenten Fenstern erhält einen Wert von 2 und das Foto mit dem Footbag-Spieler einen Wert von 1. Den Effekt der z-index-Werte können Sie sich leicht verdeutlichen, indem Sie die Werte für die Elemente probeweise austauschen und die Ergebnisse vergleichen.

6.2 Die Eigenschaft z-index und gestapelte Inhalte

Ein weiteres wichtiges Merkmal der z-index-Eigenschaft ist, dass es die Stapelfolge immer nur für Elemente auf derselben Dokumentebene bestimmt. Das folgende Beispiel soll das verdeutlichen:

```
<div id="aussen1">
  <div id="innen1"> ... </div>
  <div id="innen2"> ... </div>
  <div id="innen3"> ... </div>
</div>
<div id="aussen2">
  <div id="innen4"> ... </div>
</div>
```

Ordnet man die div-Bereiche mit absoluter Positionierung übereinander an, ergibt sich die Stapelreihenfolge aus Abbildung 6–13.

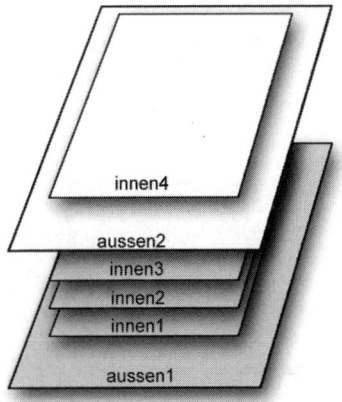

Abb. 6–13
Normale Stapelfolge

Das Ergebnis ist nicht überraschend. Wie bereits erklärt, stapeln sich überschneidende Elemente in der Reihenfolge, in der sie im HTML-Dokument aufgeführt werden. Welches Ergebnis aber erhalten wir, wenn wir die folgenden z-index-Werte zuweisen?

```
#aussen1 { z-index: 4; }
#aussen2 { z-index: 3; }
#innen1  { z-index: 6; }
#innen2  { z-index: 1; }
#innen3  { z-index: 5; }
#innen4  { z-index: 2; }
```

Eigentlich müsste die Stapelfolge aus Abbildung 6–14 eintreten.

Abb. 6–14
Vermutete Stapelfolge ohne Beachtung der Dokumentstruktur

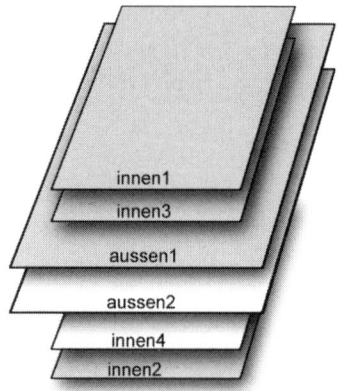

In unserer Vermutung haben wir nur leider nicht beachtet, dass die Dokumentstruktur eine wichtige Rolle bei der Stapelung spielt. Die Bereiche `aussen1` und `aussen2` befinden sich auf einer Ebene, ebenso wie `innen1`, `innen2` und `innen3` als direkte Nachfahren von `aussen1` sowie `innen4` als direkter Nachfahre von `aussen2`. Nach dieser Ordnung sieht unsere Stapelfolge aus wie in Abbildung 6–15.

Abb. 6–15
Tatsächliche Stapelfolge, ausgerichtet an Dokumentstruktur

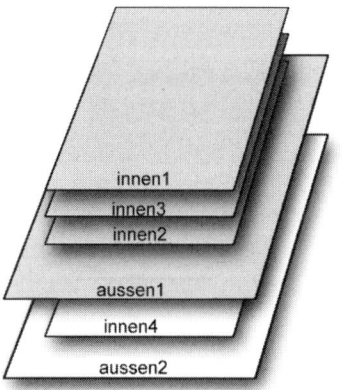

Wie man deutlich erkennen kann, werden zuerst die untergeordneten Elemente eines Blocks immer direkt über ihrem übergeordneten Block gestapelt. Ihr Platz in diesem Stapel wird von ihrem `z-index` oder ihrer Reihenfolge im HTML-Dokument bestimmt. Erst wenn ein übergeordneter Block inklusive seiner untergeordneten Blöcke fertig gestapelt ist, wird er in den Stapel der anderen Blöcke auf seiner Ebene aufgenommen.

Auch die Stapelung gehorcht einfachen Gesetzen, ist aber trotzdem nicht immer einfach nachzuvollziehen. Um ein Gefühl dafür zu bekommen, empfehle ich Ihnen, unser Beispiel einfach selbst auszuprobieren. Verändern Sie dabei die `z-index`-Werte und die Dokumentstruktur und beobachten Sie, was geschieht.

6.3 CSS-Layout in der Praxis: Footbag Freaks

Je nachdem, wie viel CSS-Erfahrung Sie bereits besitzen, hoffe ich, dass Sie bisher Ihr Wissen gut auffrischen konnten oder zumindest dem Hagel an neuen Begriffen und Techniken erfolgreich standgehalten haben. Nun werden wir uns wieder den praktischen Dingen zuwenden und unsere Arbeit an der Footbag-Freaks-Site fortsetzen. Auf den restlichen Seiten dieses Kapitels werden wir unser Layout aus Kapitel 5 noch einmal auseinander nehmen und alle Seitenbereiche einzeln anschauen.

Abb. 6–16
Die Footbag-Freaks-Startseite

Wenn wir einen Blick auf die Startseite werfen, können wir zwar erahnen, dass die Seite nach unserem dreispaltigen Layout aufgebaut ist. Wir sehen jedoch noch viele weitere Bereiche. Unter der Kopfzeile in der Mitte zum Beispiel erscheint der Bereich mit dem großen, zentralen Bild an der Stelle, wo eigentlich die oberen Teile der mittleren und rechten Spalte liegen müssten. In dem Bild gibt es rechts noch eine Art Unterspalte mit den »Footbag News«. Weitere neue Bereiche sind der Kopfbereich und der Fußbereich, die mit Rahmen deutlich sichtbar abgegrenzt sind. Auch die Eigenschaften der Bereiche sind unterschiedlich: So besitzt der News-Bereich eine klare vertikale Grenze, während die mittlere Spalte nach unten fließen kann.

Ein Blick in den Quelltext der Seite `index.html` verrät, dass mit einem externen Stylesheet (`styles.css`) gearbeitet wird und dass die folgenden größeren `div`-Bereiche für das Layout der Seite angelegt sind:

- `top`
- `featureimg`
- `center`
- `left`
- `news`
- `sponsor`
- `footer`

Zusätzlich finden wir noch zwei weitere `div`-Bereiche in dem Dokument: Einmal `otherleftstuff` als untergeordneten Bereich des Bereichs `left` und einmal `topcontent`, der die vier Links aus der oberen rechten Ecke der Seite enthält. Diese werden wir aber erst später untersuchen. Zunächst konzentrieren wir uns auf das Layout der sieben Hauptbereiche.

Abb. 6–17

Der Kopfbereich (top)

Für den `Kopfzeilen`-Block, der in Abbildung 6–17 dargestellt wird, gilt folgende Stilregel:

```
#top {
  padding: 4px;
  background: #BDC5CE url(images/bgtop.jpg) repeat-x;
  border-bottom: 1px solid #A5B5C6;
}
```

Die Eigenschaft `background` hat nichts mit der CSS-Positionierung zu tun. Wir ignorieren sie vorerst und besprechen sie in Kapitel 7, wenn es um die Designelemente geht.

Für den `top`-Block wurde keine `position`-Eigenschaft definiert, sondern nur ein Innenrand von vier Pixel und ein dünner Rand an der Unterseite. Der Block nimmt seine normale Position innerhalb des Dokuments ein. Da wir keine horizontale Begrenzung mit `width` vornehmen, kann er sich über die ganze Seitenbreite erstrecken.

Abb. 6–18
Der zentrale Bildbereich
(featureimg)

Folgende Stilregel definiert die Positionierung und Darstellung des zentralen Bildbereichs:

```
#featureimg {
  margin: 0 25% 0 170px;
  height: 250px;
  background: #153976 url(images/sky.jpg) no-repeat right top;
  text-align: center;
  border-top: 1px solid #A5B5C6;
}
```

Auch dieser Block wird nicht positioniert, er besitzt jedoch einen Außenrand für links und rechts, einen auf null justierten oberen und unteren Außenrand sowie eine fest definierte Höhe von 250 Pixel. An der verlinkten Bilddatei in der Eigenschaft background erkennt man gleich, dass damit das große Foto in der Mitte der Seite eingeblendet wird.

Der obere Rahmen des Bereichs erhält eine Breite von einem Pixel in derselben Farbe wie der untere Rahmen des Kopfbereichs. Damit entsteht die zwei Pixel breite, hellblaue Linie zwischen ihnen. Es wäre zwar einfacher gewesen, einen zwei Pixel breiten unteren Rahmen für den Kopfbereich festzulegen. Hier wären wir aber in Konflikt mit dem schon beschriebenen Mozilla-Bug bei Außenrändern geraten, bei dem der Browser für ein div automatisch die Außenrandeinstellung des nächsten untergeordneten Elements verwendet. Um das zu vermeiden, wenden wir hier diesen kleinen Trick an.

Ein Trick für die Außenränder

Da wir den zentralen Bildbereich nicht extra positioniert haben, wird er an einem Ort dargestellt, der ihm aufgrund seiner Stellung im HTML-Code zugewiesen wird. Durch das Auslassen der width-Einstellung bleibt dieser Bereich außerdem dehnbar und kann Veränderungen der Fenstergröße abfedern.

Abb. 6–19
Die mittlere Inhaltsspalte (center)

Latest Articles on Footbag Freaks

November 8 2002
Lorem ipsum dolor sit amet, consectetuer adipiscing
By Jason 'Hack Master' Donald

November 9 2002
Ut wisi enim ad minim veniam, quis nostrud exerci tation ullamcorper suscipit
By Alex 'Hackermanis' Walker

November 10 2002
Duis autem vel eum iriure dolor in hendrerit in veuqait nulla facilisi.
By Julian 'Dancin' Julio' Carroll

November 11 2002
Lorem ipsum dolor sit amet, consectetuer adipiscing elit,e magna aliquam erat volutpat.
By Jason 'Hack Master' Donald

November 12 2002
Ut wisi enim ad minim veniam, quis nostrud exerci trata commodo consequat.
By Alex 'Hackermanis' Walker

November 8 2002
Duis autem vel eum iriure doloisis at blandit praislisi.
By Julian 'Dancin' Julio' Carroll

Folgende Stilregel wurde für die mittlere Spalte angelegt (siehe Abbildung 6–19), die eine wichtige Stellung auf der Website einnimmt, da sie die aktuellen Inhalte enthält.

```
#center {
  margin: 0 25%;
  padding: 1% 3%;
  background: #fff url(images/bgcenter.gif) no-repeat center;
  color: #000;
}
```

Diese Stilregel setzt den rechten und linken Außenrand des Bildbereichs auf 25%. Der obere und der untere Außenrand werden auf null gesetzt, um vertikale Abstände zu benachbarten Elementen zu unterbinden. Der Innenrand hingegen wird oben und unten auf 1% festgelegt und auf 3% für rechts und links. Dadurch wird das Layout auf der Innenseite der Spalte angenehm »luftig«.

Die linke Spalte mit der Navigationsleiste in Abbildung 6–20 wird mit einem Abstand von 101 Pixel zum oberen Seitenrand positioniert. Damit bleibt für den Kopfbereich genau so viel Platz, wie er mit seiner Höhe von 100 Pixeln und dem unteren Rand von einem Pixel benötigt.

Abb. 6–20
Die Navigationsleiste
(left)

```
#left {
  position: absolute;
  padding: 0;
  top: 101px;
  width: 25%;
  background: #A5B5C6 url(images/bgbotleft.gif) left bottom repeat-x;
  color: #000;
}
```

Mit ihrem width-Wert von 25% ist die linke Spalte dehnbar und wird proportional zur Größe des Browserfensters dargestellt. Ein weiterer Grund für den relativen Wert an dieser Stelle ist das Zusammenspiel der linken Spalte mit ihren horizontal benachbarten Bereichen. Wir werden darauf in Kapitel 7 noch genauer eingehen.

Abb. 6–21
Der News-Bereich (news)

Der News-Bereich aus Abbildung 6–21 steht auf der Footbag-Freaks-Startseite rechts neben dem zentralen Bildbereich (featureimg). Mit folgender Stilregel bestimmen wir seine Darstellung und Seitenposition:

```
#news {
    position: absolute;
    width: 21.9%;
    height: 250px;
    overflow: hidden;
    margin-left: 75%;
    padding: 0 1.5%;
    top: 101px;
    background-color: #153976;
    border-top: 1px solid #A5B5C6;
}
```

Wie schon die Navigationsleiste, wird auch der News-Bereich 101 Pixel unter dem oberen Seitenrand positioniert, um Platz für den Kopfbereich bereitzuhalten. Mit dem linken Außenrand von 75% und einer Inhaltsbreite von 21,9% wird er im rechten Viertel der Seite positioniert, durch den relativen Wert proportional zur Fenstergröße des Browsers.

Scrollbalken verhindern

Warum aber verwenden wir 21,9% und nicht glatte 22% für width? Mit 75% Außen- und zweimal 1,5% Innenrand ergeben sich insgesamt 78%, die für die Spalte übrig bleiben. Nun muss man im Webdesign beim Einsatz von dezimalen Prozentwerten immer damit rechnen, dass es in der Seitenberechnung zu Rundungen kommen kann. Somit könnte ein Wert über 100% angezeigt werden und es würde ein horizontaler Scrollbalken entstehen. Um es erst gar nicht dazu kommen zu lassen, verringern wir die Breite um 0,1%, womit die 100% auf keinen Fall überschritten werden. Auch das ist wieder ein Griff in die Trickkiste, der garantiert nicht von den CSS2-Architekten stammt. Aber er funktioniert.

Abb. 6–22
Der Sponsorenblock
(sponsor)

Der Sponsorenblock (Abbildung 6–22) wird in CSS ähnlich positioniert und gestaltet wie der News-Bereich:

```
#sponsor {
  position: absolute;
  width: 21.9%;
  height: 251px;
  margin-left: 75%;
  padding: 10px 1.5%;
  top: 375px;
  text-align: center;
}
```

Der einzige bedeutende Unterschied liegt in der Positionierung, die dem Bereich einen Platz 375 Pixel unter dem oberen Seitenrand und damit weit unter dem News-Bereich zuweist, und in dem unteren Innenrand von 10 Pixel, der einen gut sichtbaren Abstand zum Fußbereich erzeugt.

Abb. 6–23
Der Fußbereich (footer)

Als Letztes kommt der Fußbereich (Abbildung 6–23) mit folgender Stilregel an die Reihe:

```
#footer {
  clear: both;
  border-top: 1px solid #5C6F90;
  border-bottom: 1px solid #5C6F90;
  background-color: #D6D6D6;
  color: #000;
}
```

Wie sie sehen, wird der Fußbereich nicht an einer bestimmten Stelle positioniert, sondern mit der `clear`-Eigenschaft an dem einzigen Ort auf der Seite dargestellt, an dem sich rechts und links neben ihm keine weiteren Elemente befinden. Wir werden darauf noch einmal genauer in Kapitel 7 eingehen.

6.4 Zusammenfassung

In diesem Kapitel haben wir uns die fortgeschrittenen Möglichkeiten von CSS-Layout angesehen und uns darauf konzentriert, wie die Positionierung eines Blocks die Darstellung der anderen Blöcke auf der Seite beeinflussen kann.

Mit diesem Kapitel schließen wir unseren Überblick von CSS als Layouttechnik ab. In Teil III, der mit dem nächsten Kapitel beginnt, werden wir uns der Darstellung der einzelnen Designelemente auf einer Seite mit CSS widmen, angefangen beim Einsatz von Farben.

III Design mit CSS

7 Etwas Farbe ins Spiel bringen

Im dritten Hauptteil des Buchs lenken wir unser Augenmerk weg vom Layout der Seitenbereiche und hin auf das Design einzelner Elemente und Details.

In diesem Kapitel werden wir Text, Hintergründe und andere Elemente mit Farbe ausstatten. Wir werden uns genau anschauen, wie man Farben definiert, an welchen Stellen man sie einsetzt und wie man sie für bestimmte Effekte miteinander kombiniert.

Doch bevor wir unserer Kreativität freien Lauf lassen, werfen wir zunächst einen Blick auf jene Grenzen, an die jeder Webdesigner stößt und die er auch mit dem größten Willen und den besten Fähigkeiten nicht überwinden kann. Denn gerade wenn es um das Design einzelner Seitenelemente geht, kommt man schnell mit den Voreinstellungen des Benutzers in Konflikt.

7.1 Wer hat hier eigentlich das Sagen?

Nach dem CSS2-Standard überschreiben die lokalen Voreinstellungen des Benutzers im Browser grundsätzlich die Stilregeln und HTML-Attribute, die eine Website mit sich bringt. Eigene Designeinstellungen im Browser vorzunehmen, ist nicht schwer. Alle neueren Versionen verfügen dafür über einfach zu bedienende, selbsterklärende Menüs – wie z. B. der Internet Explorer 5 für Macintosh in Abbildung 7–1.

Im oberen Teil des Browsermenüs kann der Benutzer festlegen, in welchen Farben Seitentext, Seitenhintergrund, besuchte und noch nicht besuchte Links dargestellt werden sollen. Im Abschnitt »Seiteninhalt« kann er zudem auswählen, ob in einem Konfliktfall seine eigenen Einstellungen oder die Designelemente in CSS oder HTML zum Zuge kommen sollen. Entscheidet er sich für seine eigenen Angaben, haben die lokalen Benutzereinstellungen immer Vorrang vor den Attributen und Regeln, mit denen Webdesigner ihre Seiten sorgsam gestalten und layouten. Sämtliches Design ist damit hinfällig.

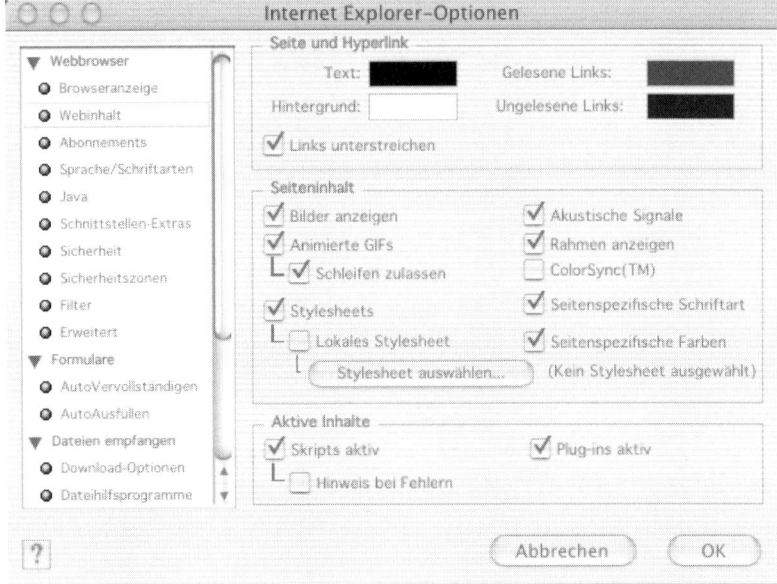

Abb. 7–1
Typisches Browsermenü zum Ändern der Farbeinstellungen

Der Benutzer kann über Browsermenüs viele Voreinstellungen treffen. Sogar ein eigenes lokales Stylesheet kann im Browser erstellt werden, das automatisch für jede Seite zum Einsatz kommt. Definieren wir darin zum Beispiel für das Element h1 die Farbe Blau, wird jede Überschrift erster Ordnung so dargestellt, ganz gleich, unter welchen Vorgaben ihr Webdesigner sie angelegt hat. Nur die Eigenschaften, die nicht im Browser-Stylesheet definiert werden, werden schließlich aus den HTML/CSS-Seiten übernommen.

»Gilt nur, wenn nicht anders in den Benutzereinstellungen festgelegt!«

Eigentlich müssten wir hinter jede Stilregel, jede Eigenschaft und jeden Wert in diesem Buch schreiben: »gilt nur, wenn nicht anders in den Benutzereinstellungen festgelegt«. Das soll aber hiermit einmal gesagt und somit für alle Stellen gültig sein. Ich werde Sie im weiteren Verlauf nicht damit langweilen, diese Regel ständig zu wiederholen.

7.2 Farben in CSS

Folgenden Elementen auf einer Webseite können Sie über Stilregeln Farben zuweisen:

- Hintergründe
- Rahmen

- Text
- Links
- Umrisse

Das letzte Element soll hier nur der Vollständigkeit halber aufgezählt werden. Umrisse werden von den meisten modernen Browsern nicht mehr unterstützt. Eine detaillierte Beschreibung aller Eigenschaften finden Sie in Anhang C.

7.3   Wie man Farben bestimmt

In CSS gibt es fünf verschiedene Methoden, um Farben zu definieren:

- Farbnamen
- Systemspezifische Farbwerte
- RGB-Dezimalwerte
- RGB-Hexadezimalwerte
- RGB-Prozentwerte

Der einfachste Weg, eine Farbe anzugeben, ist über ihren Namen. Obwohl HTML und CSS laut W3C-Standard dafür nur 16 »offizielle« Bezeichnungen unterstützen, kann nahezu jeder moderne Browser eine Palette von insgesamt 140 Farbnamen interpretieren. Eine vollständige Auflistung finden Sie in Anhang B. Ganz im Sinne der Standards wollen wir aber an dieser Stelle nur die 16 offiziellen Farbnamen nennen:

Farbnamen

- `black` (schwarz)
- `white` (weiß)
- `aqua` (hellblau)
- `blue` (blau)
- `fuchsia` (pink)
- `gray` (grau)
- `green` (grün)
- `lime` (limonengrün)
- `maroon` (kastanienbraun)
- `navy` (marineblau)
- `olive` (olivgrün)
- `purple` (purpurrot)
- `red` (rot)
- `silver` (silber)
- `teal` (türkis)
- `yellow` (gelb)

Ich möchte Sie weder dazu ermutigen noch Ihnen davon abraten, die 124 übrigen Farbnamen in CSS einzusetzen. Auf der einen Seite werden sie in keiner offiziellen W3C-Empfehlung erwähnt. Damit besteht die Gefahr, dass zukünftige Browserversionen sie nicht mehr unterstützen. Ehrlich gesagt, sehe ich aber kein wirkliches Risiko, die Farben bei ihren Namen zu benennen. Auch ich benutze sie, wo es geht, denn sie sind einfach der anschaulichste Weg, Farben im Quelltext zu beschreiben. Schon im Code kann man an ihnen ablesen, welche Farbe zum Einsatz kommt, und muss dafür nicht erst komplizierte Hexadezimalwerte umrechnen.

Systemspezifische Farbwerte

Neben den herkömmlichen Farbnamen kann man mit CSS auch auf 28 systemspezifische Farbwerte zurückgreifen. Diese Bezeichnungen, allesamt aufgeführt in Anhang B, entsprechen den grafischen Bestandteilen im Betriebssystem des Benutzers. Ordnen Sie als Farbwert zum Beispiel background an, kommt die entsprechende Farbe zum Einsatz, die der Benutzer in seinem Betriebssystem für den Desktop-Hintergrund verwendet. Systemspezifische Farbwerte sind nicht so relevant für einfache Websites. Sie können aber sehr effektiv sein für Webanwendungen auf HTML-Basis, die damit so dargestellt werden können, als seien Sie Teile des Betriebssystems des Benutzers.

RGB-Werte

Alle Farben auf einem Monitor werden durch die Mischung der drei Grundfarben Rot, Grün und Blau erzeugt. Jede Farbe besitzt ein eigenes Mischungsverhältnis und damit auch einen eigenen RGB-Wert, in dem die einzelnen Farbanteile zum Ausdruck kommen. Für den RGB-Wert gibt es in CSS drei Schreibweisen: dezimal, hexadezimal oder in Prozentwerten.

Die folgenden Eigenschaftsdefinitionen führen alle zu dem gleichen Ergebnis, einer Zuweisung der Farbe Blau:

```
color: blue;
color: rgb(0, 0, 255);
color: rgb(0%, 0%, 100%);
color: #0000ff;
color: #00f;
```

In der ersten Eigenschaft wird die Farbe einfach mit ihrem Namen definiert, blue gehört zu den 16 vom W3C unterstützten Farbnamen und kann bedenkenlos eingesetzt werden. Die zweite Eigenschaft wird mit einem dezimalen RGB-Wert festgelegt, der Anteil von Rot und Grün wird mit null definiert, Blau erhält den maximalen Anteil von 255. Die dritte color-Eigenschaft ist identisch mit der zweiten, das Mischungsverhältnis wird hier allerdings mit Prozenten angegeben. Etwas anders als die anderen Eigenschaften sieht die vierte Variation aus. Hier wird das Mischungsverhältnis hexadezimal formuliert – die ersten zwei Ziffern stehen für den Rotanteil, die zweiten für den Grünanteil und die dritten für den Blauanteil. Sind die jeweiligen Ziffern pro Farbanteil gleich, kann man die Farbe wie in der fünften `color`-Eigenschaft auch mit einem dreistelligen Hexadezimalwert angeben.

Die Vorteile von Farbnamen haben wir schon weiter oben besprochen. Doch RGB-Werte haben ebenfalls ihre Vorzüge: Es stehen zum Beispiel einfach mehr davon zur Verfügung. Insgesamt gibt es für jede Grundfarbe 256 Abstufungen, was insgesamt über 16,7 Millionen Kombinationen von Rot, Grün und Blau möglich macht. Ebenso kann man mit RGB-Werten präziser arbeiten. Stimmt etwa der Farbton einer Schrift noch nicht hundertprozentig, kann man ihn graduell verändern, indem man einfach den Anteil von Rot, Grün oder Blau in kleinen Stufen erhöht oder verringert.

Gerade wegen der großen Flexibilität und Kontrolle über die Farbgestaltung kommen im professionellen Webdesign durchweg RGB-Werte zum Einsatz. Doch für Entwickler wie mich, für die es nicht auf die kleinste Farbnuance ankommt, reichen die 140 Farben der Namenspalette vollkommen aus. Warum also mit Kanonen auf Spatzen schießen?

7.4 Farben auswählen und kombinieren

Wichtig für das Design einer Website ist die Auswahl von passenden Farbkombinationen. Wenn Sie auch schon einmal über eine Seite gesurft sind, auf der eine giftgrüne Schrift vor einem hellblauen Hintergrund flimmerte, wissen Sie, was ich damit meine.

Besonders gut zueinander passen sollten Farben für direkt nebeneinander liegende Flächen und für Kombinationen von Text mit Hintergründen. Hilfe für die richtige Auswahl bieten einige künstlerische Grundregeln, die für das Design von Websites genauso zählen wie für Landschaftsmalerei.

Am Anfang steht immer der Farbkreis. Im Web finden Sie dazu Hunderte von Seiten mit ebenso vielen Variationen davon. Eine der besten, die ich gefunden habe, ist Rich Franzens Kreis der Farbsättigung und -töne[1]. Um eine Farbauswahl für Ihr Design vorzunehmen, sollten Sie erst einmal einen Farbkreis mit den Farbtönen auswählen, die Sie einsetzen möchten. Alle Farben, die in dem Kreis direkt nebeneinander liegen und sich nur graduell voneinander unterscheiden, gelten als harmonisch und eigenen sich gut für angrenzende Flächen. Für Kombinationen mit größeren Kontrasten – etwa für Text und Hintergrund – sollten Sie wiederum Farben auswählen, die einander

Der Farbkreis

---

1. http://home.att.net/~rocq/SIHwheel.html

im Farbkreis möglichst genau *gegenüber* liegen. Um passende Kombinationen mit drei Farben zu finden, legen Sie am besten ein gleichseitiges Dreieck auf die Mitte des Farbkreises und benutzen die Farbwerte, auf die die Ecken des Dreiecks deuten.

»Websichere« Farben

Viele Grafikprogramme und Webeditoren verfügen über Farbpaletten, mit denen sich Farben viel einfacher auswählen und ausprobieren lassen als mit RGB-Werten im CSS-Code. Die meisten Programme bieten auch die Palette der 216 »websicheren« Farben (engl. »Web-safe colors«) – dies sind Farben, die von allen Systemen und Browsern unterstützt werden.

Texte auf farbigem Hintergrund

Farbige Texte auf farbigen Hintergründen zu positionieren, ist besonders problematisch, da schnell Flimmer- oder Wischeffekte auftreten, die die Lesbarkeit erschweren. Gute Kombinationen findet man auch hier am besten mit Hilfswerkzeugen wie der Website Color-Combo[2] (Abbildung 7–2). Führen Sie hier einfach den Mauszeiger auf das farbige Kästchen mit der Hintergrundfarbe, die Sie einsetzen möchten. Sie wird sofort automatisch für die ColorCombo angezeigt. Nun können Sie auf der linken Seite sehen, welche Textfarben mit der ausgewählten Hintergrundfarbe besonders gut harmonieren.

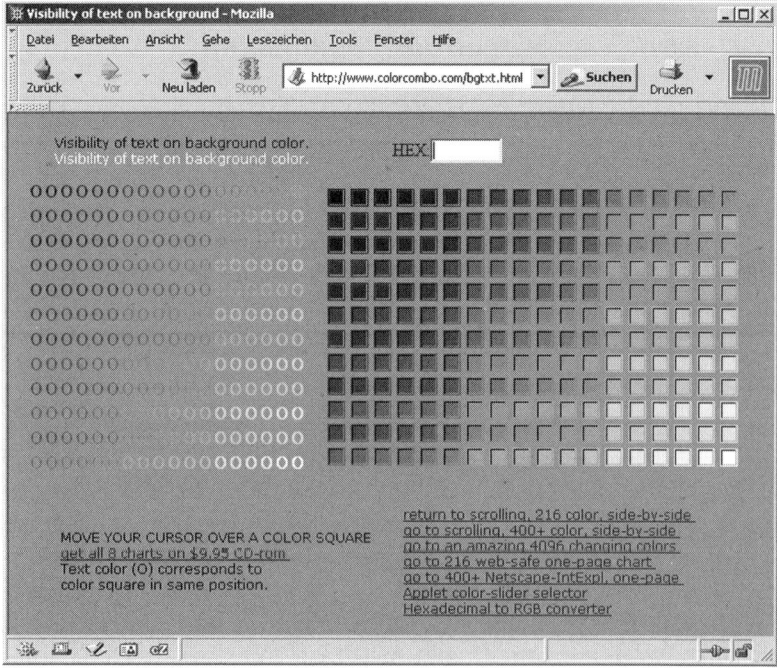

*Abb. 7–2
Farbkombinationswähler
bei ColorCombo.com*

---

2. http://www.colorcombo.com/bgtxt.html

Immer wenn wir Farben für unsere Websites auswählen, sollten wir auch an die speziellen Bedürfnisse von Benutzern mit Rot-Grün-Blindheit denken. Kombinationen von roten, grünen und grauen Farbtönen sollten daher möglichst vermieden werden.

Rot-Grün-Blindheit

Durchaus kann auch die eine oder andere nicht regelgerechte Farbkombination der Schulweisheit trotzen und hervorragend funktionieren. Scheuen Sie sich nicht davor, auch mal unorthodoxe Farben einzusetzen. Sie sollten nur immer auch ausgiebig testen, was hinterher auf Ihrer Website erscheinen wird.

7.5 Die body-Farbe festlegen

In der Regel legt man keine `color`-Eigenschaft für das body-Element fest. Die Standardeinstellung in jedem modernen Browser erzeugt schwarzen Text auf weißem Hintergrund. Für die meisten Grundlayouts ist das so auch völlig in Ordnung.

Wenn Sie aber davon abweichen möchten und eine Textfarbe für Ihre gesamte Seite definieren wollen, können Sie dafür einfach folgende Stilregel anlegen:

Textfarbe für die gesamte Seite

```
body {
color: red;
}
```

Ich rate Ihnen jedoch gleich davon ab, so vorzugehen, denn für die Definition von Farben mit CSS gilt grundsätzlich:

Immer wenn Sie eine Vordergrundfarbe festlegen, müssen Sie auch eine Hintergrundfarbe festlegen. Ein Stylesheet mit nur einem von beiden ist unvollständig.

Wenn Farben auf einer Seite eingesetzt werden sollen, dann nicht nur für einzelne Elemente, sondern möglichst auch für alle kombinierten und angrenzenden Elemente. Sie können ja nicht wissen, ob ein Benutzer in seinen Voreinstellungen zum Beispiel eine bestimmte Hintergrundfarbe festgelegt hat, vor dem sich Ihre sorgfältig ausgesuchte Textfarbe schlecht präsentiert. Wenn sie gar auf eine Browsereinstellung stößt, die dieselbe Farbe für den Hintergrund verwendet, erscheint Ihre Seite ohne Inhalt.

Wollen Sie also mit `color` eine Vordergrundfarbe festlegen, kombinieren Sie sie immer mit einem Wert für `background-color`.

```
body {
color: white;
background-color: maroon;
}
```

Wenn Sie für body oder ein anderes Element eine Farbe definieren, sollten Sie immer daran denken, dass diese Eigenschaft durch Vererbung auch für die untergeordneten Elemente gilt – inklusive Überschriften, Absätzen und Listen. Es sei denn, Sie überschreiben dafür die Eigenschaft mit anderen Stilregeln.

7.6 Transparenz, Farbe und Benutzereinstellungen

Hintergrundfarbe

Mit einem Trick können wir für jedes Element einzeln sicherstellen, dass seine Hintergrundfarbe identisch mit der des body-Elements ist. Dafür benötigen wir nur eine Stilregel, in der `background-color` mit `transparent` definiert wird. In unserem Beispiel legen wir sie für eine Klasse an, die wir `transbox` nennen, denn mit ihr kann man die Hintergrundfarbe einer jeden Box auf der Seite einfach auf transparent umschalten:

```
.transbox {
color: white;
background-color: transparent;
}
```

Hintergrundbilder

Die Eigenschaft `background-color` ist auch standardmäßig immer auf `transparent` gesetzt und wird nicht vom Vaterelement vererbt. Ein Hintergrundbild zum Beispiel muss dadurch nicht extra noch einmal jedem einzelnen Element zugeordnet werden, um auf der Seite durchgehend angezeigt zu werden.

Hintergrundfarben werden vererbt

Wenn jedoch ein Element einen farbigen Hintergrund zugewiesen bekommt, vererbt es diese Eigenschaft an alle untergeordneten Elemente weiter. Möchten wir das für ein bestimmtes Element verhindern, weisen wir es einfach der Klasse unserer Stilregel `transbox` zu. Der vererbte Wert wird überschrieben und der Hintergrund ist wieder durchsichtig bis zur body-Einstellung.

Besonders knifflig ist der Einsatz von Hintergrundfarben, wenn Benutzer ihre eigenen Einstellungen im Browser vornehmen. Sämtliche Hintergrundfarben und -bilder werden damit einfach außer Kraft gesetzt.[3] Zum Glück machen aber nur wenige Benutzer von Voreinstellungen Gebrauch, so dass den CSS-Anweisungen unserer Seiten normalerweise nichts entgegensteht.

7.7 Kreativer Einsatz von Farben

Das Einfärben von Text, Hintergründen und Rahmenlinien sieht gut aus und ist nicht mal sonderlich kompliziert. Wenn man es richtig ein-

7.7.1 Auffällige farbige Textkästen

In Schriftstücken ist es häufig sinnvoll, die Aufmerksamkeit des Lesers auf die wichtigsten Informationen zu lenken. Schwarz-weiß gedruckte Texte werden dafür mit besonderen typografischen Mitteln wie Kästen, verschiedenen Schriftschnitten, Marginalien und Ähnlichem aufbereitet.

Auf einer Webseite können wir diese typografischen Techniken ebenso einsetzen und darüber hinaus auch noch mit Farben kombinieren. Wir brauchen dafür nicht mal ein tabellenbasiertes Design. Hinter der Seite in Abbildung 7–3 verbirgt sich ausschließlich semantisches HTML mit CSS.

Nachfolgend finden Sie den HTML-Code für die Seite in Abbildung 7–3. Die fett gedruckten Stellen zeigen, wo das Stylesheet in dem Dokument zur Wirkung kommt:

```
<!DOCTYPE html PUBLIC "-//W3C//DTD XHTML 1.0 Transitional//EN"
 "http://www.w3.org/TR/xhtml1/DTD/xhtml1-transitional.dtd">
<html xmlns="http://www.w3.org/1999/xhtml">
<head>
  <title>Einsatz von Farben fuer auffaellige Textkaesten</title>
  <meta http-equiv="Content-Type"
    content="text/html; charset=iso-8859-1" />
  <link rel="stylesheet" href="froaster.css" type="text/css"
    media="All" />
</head>
<body>
  <h1>Wie man einen Froaster repariert</h1>
  <p>Sie sind also der stolze Besitzer eines neuen Froasters. Und Sie
    konnten gar nicht erwarten endlich einen eigenen zu besitzen. Was
    aber, wenn Ihr Froaster nun einfach aufh&ouml;rt zu
    funktionieren? Er froastet nicht mehr und liegt nun einfach so
    auf dem Tisch, mit einem vorwurfsvollen Blick direkt auf Sie
    gerichtet, der sagt: Du bist Schuld, dass ich mich nicht mehr
    r&uuml;hren kann!</p>
```

---

setzt, kann es sogar die Usability einer Webseite stark verbessern. Wir werden uns zwei Beispiele anschauen, in denen Farben eine größere Bedeutung zukommt als nur die Ausschmückung einer Seite.

---

3. Im IE5 für Macintosh werden automatisch sämtliche Stilregeln und HTML-Attribute durch das lokale Stylesheet des Benutzers überschrieben. Im IE6 für Windows hingegen passiert dies nur, wenn der Benutzer ein lokales Stylesheet anlegt und ausdrücklich anweist, dass sein Stylesheet immer Vorrang haben soll. Der Netscape Navigator für Windows bietet dem Benutzer zwar erst gar nicht an, ein lokales Stylesheet anzulegen, berücksichtigt aber Vorgaben in einer editierbaren CSS-Datei namens ua.css. Der Netscape Navigator für Macintosh akzeptiert auch diesen Umweg nicht und erkennt prinzipiell keine lokalen Stylesheets an.

```
<p>Was sollen Sie tun?</p>
  <p>Reparieren Sie ihn doch einfach!</p>
<div class="vorsicht">Sie m&uuml;ssen sehr vorsichtig sein, wenn
    Sie sich einem scheinbar toten Froaster n&auml;hern. Diese
    kleinen Dinger spielen gerne "toter Mann" und k&ouml;nnen sich
    ganz pl&ouml;tzlich "wiederbeleben". Pieken Sie den Froaster
    zun&auml;chst mit einem Stock von mindestens zwei Meter
    L&auml;nge in die Seite und stellen Sie sicher, dass er sich
    wirklich nicht mehr r&uuml;hrt.</div>
</div>
<p>Bevor Sie nun beginnen, Ihren Froaster zu reparieren, empfehlen
    wir ausdr&uuml;cklich, zuerst seinen Stecker aus der Steckdose
    zu ziehen.</p>
<div class="gefahr">Es kann wirklich passieren, dass Sie b&ouml;s
    einen gewischt kriegen, wenn Sie sich nicht genau an unsere
    Anweisungen halten. Eigentlich ist es ja Ihre Sache, wenn Sie das
    Zeitliche segnen wollen. Ihr Froaster kann aber nichts
    daf&uuml;r und m&ouml;chte nicht auf einmal ganz allein
    dastehen. Seien Sie also bitte vorsichtig!</div>
<p>Okay, nun sind wir bereit und k&ouml;nnen mit der Reparatur
    beginnen.</p>
</body>
</html>
```

Wie Sie sehen, werden in unserem Dokument nur zwei Stilklassen eingesetzt, vorsicht und gefahr. Beide beruhen auf Klassen-Selektoren anstatt auf ID-Selektoren, da sie so beliebig vielen Elementen zugewiesen werden können.

Das Stylesheet für die beiden Klassen sieht so aus:

```
.vorsicht {
    text-align: center;
    font-weight: bold;
    background-color: gray;
    color: black;
    margin-left: 25%;
    margin-right: 25%;
    border: 1px solid red;
}

.gefahr {
    text-align: center;
    font-size: 1.2em;
    font-weight: bold;
    background-color: red;
    color: white;
    margin-left: 25%;
    margin-right: 25%;
    border: 3px solid red;
}
```

Abb. 7–3
Einsatz von Farben für
auffällige Textkästen

In beiden Stilregeln wird eine Kombination aus Hintergrund- und Textfarbe angelegt, die Aufmerksamkeit erregen soll. Jede der beiden führt obendrein auch noch zu einer besonders auffälligen Positionierung. An diesem Beispiel kann man übrigens gut sehen, dass der HTML-Code durch den Einsatz von CSS lesbarer und pflegeleichter wird als mit verschachtelten Tabellen.

7.7.2 Tabellen mit farbigen Feldern

Auch wenn wir in diesem Buch den Einsatz von HTML-Tabellen möglichst vermeiden wollen, sollten wir nicht vergessen, dass sie auch als rein semantisches HTML-Werkzeug eingesetzt werden können. Aber auch für die Darstellung strukturierter Daten sind Tabellen nur bedingt übersichtlich, wie etwa unser Beispiel in Abbildung 7–4.

7 Etwas Farbe ins Spiel bringen

Abb. 7–4
Ein (sehr) einfaches Tabellendesign

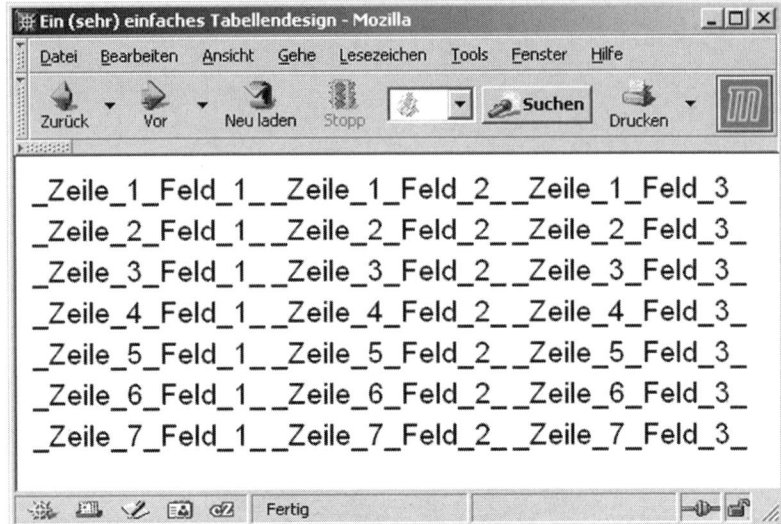

Diese Tabelle ist für den Benutzer sehr schlecht lesbar. Zum einen fehlen Ränder, die ihm helfen würden die Daten auseinander zu halten, zum anderen kann er durch die kleinen Tabellenfelder nur schlecht erkennen, in welcher Spalte und Zeile ein Eintrag steht. Mit CSS werden wir beide Probleme lösen.

Im Folgenden finden Sie den HTML-Code der Tabelle nach dem Einbau einiger einfacher Stilregeln.

```
<!DOCTYPE html PUBLIC "-//W3C//DTD XHTML 1.0 Transitional//EN"
  "http://www.w3.org/TR/xhtml1/DTD/xhtml1-transitional.dtd">
<html xmlns="http://www.w3.org/1999/xhtml">
<head>
  <title>Wechselnde Tabellenzeilen mit CSS-Regeln einfaerben</title>
  <meta http-equiv="Content-Type"
    content="text/html; charset=iso-8859-1" />
  <style type="text/css">
  <!--
  .grau {
    background-color: lightgrey;
  }

  .gelb {
    background-color: yellow;
  }

  table {
    border: 1px solid black;
    border-spacing: 0;
  }

  td {
```

```
      border: 1px solid black;
      padding: 4px 6px;
    }
    -->
   </style>
 </head>
 <body>
   <table>
     <tr class="grau">
       <td>_Zeile_1_Feld_1_</td>
       <td>_Zeile_1_Feld_2_</td>
       <td>_Zeile_1_Feld_3_</td>
     </tr>
     <tr class="gelb">
       <td>_Zeile_2_Feld_1_</td>
       <td>_Zeile_2_Feld_2_</td>
       <td>_Zeile_2_Feld_3_</td>
     </tr>
     <tr class="grau">
       <td>_Zeile_3_Feld_1_</td>
       <td>_Zeile_3_Feld_2_</td>
       <td>_Zeile_3_Feld_3_</td>
     </tr>
     <tr class="gelb">
       <td>_Zeile_4_Feld_1_</td>
       <td>_Zeile_4_Feld_2_</td>
       <td>_Zeile_4_Feld_3_</td>
     </tr>
     <tr class="grau">
       <td>_Zeile_5_Feld_1_</td>
       <td>_Zeile_5_Feld_2_</td>
       <td>_Zeile_5_Feld_3_</td>
     </tr>
     <tr class="gelb">
       <td>_Zeile_6_Feld_1_</td>
       <td>_Zeile_6_Feld_2_</td>
       <td>_Zeile_6_Feld_3_</td>
     </tr>
     <tr class="grau">
       <td>_Zeile_7_Feld_1_</td>
       <td>_Zeile_7_Feld_2_</td>
       <td>_Zeile_7_Feld_3_</td>
     </tr>
   </table>
 </body>
</html>
```

In dem eingebetteten Stylesheet finden wir die Klassen grau und gelb. Die tr-Zeilen in der Tabelle werden abwechselnd diesen beiden Klassen zugeordnet. Zwei weitere Stilregeln legen für `table` und `td` einen schwarzen Rahmen mit der Stärke von je einem Pixel fest und sorgen damit für einen übersichtlichen Außenrand um die Tabelle und für Trennlinien zwischen den einzelnen Tabellenfeldern. Das Ergebnis sehen Sie in Abbildung 7–5.

Die Lesbarkeit unserer Tabelle wurde deutlich verbessert. Mit weiteren Definitionen von Tabellenüberschriften (`th`) und Spaltengruppierungen (`colgroup`) und entsprechenden Stilregeln könnten wir aus unserem Beispiel ohne großen Aufwand eine vollständige, professionell gestaltete Tabelle erzeugen.

Abb. 7–5
Wechselnde Tabellenzeilen mit CSS-Regeln einfärben

7.8 Zusammenfassung

Im zurückliegenden Kapitel haben wir den Einsatz von Farben mit CSS kennen gelernt. Wir wissen nun, was es zu beachten gilt, um eine Website damit wirklich professionell aussehen zu lassen. Weiter haben wir uns angeschaut, wie man CSS-Layouts mit farbigen Flächen optimiert und wie der richtige Einsatz von Farben die Usability einer Seite verbessert.

In Kapitel 8 werden wir uns das Design mit Schriften vornehmen und untersuchen, wie man damit ähnlich weitreichende Ergebnisse für das Design einer Webseite erzielen kann.

8 Schriften einsetzen mit CSS

Dieses Kapitel handelt davon, wie man mit Stylesheets Schriften einsetzt und gestaltet. Nach einer knappen Vorstellung der dafür zuständigen CSS-Eigenschaften werden wir verschiedene Typen, Größen und Schnitte in Stilregeln definieren. Einen gründlichen Blick werfen wir auch auf den Unterschied zwischen standardisierten und nicht standardisierten Schrifttypen und setzen beide so ein, dass sie systemübergreifend gute Ergebnisse liefern. Zum Abschluss folgt ein kleiner Exkurs zu »CSS und herunterladbare Schriften«; dies funktioniert im Moment zwar nur mit dem Internet Explorer, bietet aber einen interessanten Ansatz für die Lösung vieler Schriftprobleme im Webdesign.

8.1 Wie CSS mit Schriften umgeht

Für HTML-Designer tun sich mit CSS ungeahnte Möglichkeiten für die Gestaltung mit Schriften auf. Während in HTML beispielsweise nur sieben Schriftgrößen zur Verfügung stehen, bietet CSS eine nahezu unbegrenzte Bandbreite für die Skalierung an. Ein großer Fortschritt ist auch die Definition alternativer Schrifttypen und die dadurch größere Kompatibilität bei unterschiedlichen Systemvoraussetzungen.[1] Auch für die Strichstärke einer Schrift, für Kursivschreibung und sogar für Kapitälchen gibt es eigene Werte in CSS.

Seit der Einführung von CSS gilt das HTML-Tag <font> offiziell als veraltet und wird vollständig ersetzt durch die große Palette der font-Eigenschaften. Mit den folgenden werden wir in diesem Kapitel arbeiten:

<font> *ist veraltet*

---

1. Alternative Schrifttypen konnten zwar auch schon mit dem HTML-Tag <font> definiert werden, die Funktion war jedoch nie Bestandteil des offiziellen Standards.

- font-family
- font-size
- font-style
- font-variant
- font-weight
- font (zusammenfassend)

Mit allen Kombinationen dieser Eigenschaften steht uns ein großes Repertoire zur Verfügung, um die Darstellung von Text zu gestalten und zu kontrollieren. Doch schauen wir uns die Eigenschaften zunächst einzeln an.

8.2 Die font-family-Eigenschaft

Mit font-family lassen sich einzelne HTML-Elemente sowie ganze Seitenbereiche in ausgewählten Schrifttypen darstellen. Der Eigenschaft kann entweder ein einzelner Wert oder gleich eine ganze Liste an alternativen Schriften zugewiesen werden. Am Ende einer Liste sollte immer die allgemeine Schriftgattung stehen, der die zuvor genannten Schrifttypen angehören. Ein Beispiel:

    font-family: Arial, Helvetica, sans-serif;

Stilregeln von links nach rechts

Schrifttypen werden immer in der Reihenfolge beachtet, in der sie in der Stilregel aufgelistet sind. Im oben stehenden Beispiel versucht der Browser zuerst auf die Schrift Arial zuzugreifen. Steht sie im System des Benutzers nicht zur Verfügung, versucht der Browser automatisch die nächste Schrift anzuwenden, in diesem Fall Helvetica. Wird er auch hier nicht fündig, greift er auf die Schrift zurück, die in seiner Standardeinstellung für die Gattung serifenloser Schriften (sans-serif) definiert ist.

Wenn ein Wert in einer Liste für font-family ein Leerzeichen enthält, muss er in doppelte oder einfache Anführungszeichen geschrieben werden. Sonst wird er nicht akzeptiert:

    font-family: "New Century Schoolbook", Baskerville, serif;

Generell ist es nur sinnvoll, Schriften der gleichen Gattung in eine Liste aufzunehmen. Mit einem Mix an völlig unterschiedlichen Schrifttypen geht die Kontrolle über das Textdesign verloren und kann auch nicht als Ausgangspunkt für die weitere Gestaltung der Seite verwendet werden.

> **Schriftgattungen**
>
> CSS unterstützt fünf verschiedene Schriftgattungen. Ein Browser besitzt für jede einen anderen vorkonfigurierten Schrifttyp, der im System des Benutzers enthalten ist.
>
> - `serif`
> - `sans-serif`
> - `monospace`
> - `cursive`
> - `fantasy`
>
> Die Konfiguration der Schriftgattungen geschieht im Browser normalerweise automatisch. Während des Installationsprozesses etwa eines Internet Explorers oder Mozilla werden zunächst alle im System verfügbaren Schrifttypen registriert. Dann werden die am besten passenden den Schriftgattungen zugewiesen.
>
> Der Benutzer kann diese Konfiguration über ein Benutzermenü frei verändern. Daher gibt es keine Garantie, dass wirklich jeder Browser zum Beispiel die Schriftgattung `sans-serif` auch mit einer passenden serifenlosen Schrift anzeigt. Solche Fehlkonfigurationen sind aber immer vom Benutzer selbst verschuldet und müssen somit vom Designer nicht beachtet werden.

8.3 Die `font-size`-Eigenschaft

Für die Definition der Eigenschaft `font-size` zur Bestimmung der Schriftgröße stehen in CSS sieben Konstanten zur Verfügung:

- `xx-small`
- `x-small`
- `small`
- `medium`
- `large`
- `x-large`
- `xx-large`

Diese Werte geben zwar vor, absolute Schriftgrößen zu bezeichnen. In der Praxis bestimmt jedoch letztendlich der Browser, welche numerischen Werte er dafür einsetzt. Wirklich *absolute* Schriftgrößen lassen sich mit der altbekannten Methode der Höhenwerte in Pixel- oder Punktangaben festlegen.

Absolute...

Die `font-size` kann auch in *relativen* Schriftgrößen angegeben werden: Zur Verfügung stehen dafür die Werte `larger` und `smaller` sowie Prozentwerte und die M-Höhe.

... und relative Schriftgröße

8.3.1 HTML-Maße und CSS-Maße

Auch schon vor CSS konnte man für Webseiten Schriftgrößen definieren. In HTML gibt es dafür das size-Attribut im <font>-Tag mit einer absoluten Werteskala von 1 bis 7 und relativen Werten wie +1 oder -1 im Verhältnis zum voreingestellten Standardwert des Browsers.

Beide Methoden wurden nicht in CSS übernommen. Auch die oben genannten feststehenden sieben Werte in CSS führen nicht zu den gleichen Ergebnissen wie die sieben absoluten HTML-Werte.

8.3.2 Unterschiede zwischen Browsern und Plattformen

Die Inkompatibilität von verschiedenen Browsern und Systemen ist für die Definition von Schriftgrößen besonders gravierend. Abbildung 8-1 veranschaulicht, zu welchen unterschiedlichen Ergebnissen dieselbe Stilregel auf verschiedenen Plattformen führt.

Abb. 8-1
Unterschiede bei Browsern in der Darstellung von absoluten Schriftgrößen

Wie wir sehen, gleicht keine Seite der anderen. Wenn wir uns jetzt noch vor Augen führen, was passieren kann, wenn ein Benutzer seine eigenen Browsereinstellungen vornimmt, drängt sich schnell die Frage auf, ob es denn überhaupt möglich ist, ein einheitliches Schriftdesign zu erzeugen.

Adobe PDF

Die kurze Antwort lautet: Nein, es sei denn wir verabschieden uns von HTML und greifen für die Darstellung von Text allgemein auf Grafiken oder Adobe-PDF-Dateien[2] zurück. Es bleibt uns nichts anderes übrig, als uns darauf einzustellen, dass unsere Seiten bei vielen Benutzern immer anders aussehen als in unserem eigenen Browser.

---

2. Immer noch besser als der Einsatz dieser Ausweichtechniken ist es, die Schriftgröße mit exakten Pixelangaben zu definieren. Dadurch kann man die Darstellungsunterschiede der Browser umgehen. Man sollte die Schrift mit Pixeln aber immer groß genug definieren, dass es nicht zu Problemen bei hohen Bildschirmauflösungen beziehungsweise auf kleinen Displays wie bei Subnotebooks kommt.

Doch wir können einiges tun, um den Schaden zumindest einzugrenzen. Als Erstes sollten wir für Schriften immer Stylesheets und nicht das veraltete `<font>`-Tag in HTML verwenden, denn mit CSS ist eine Lösung zumindest in Sicht: Unter der Federführung des W3C wird schon lange daran gearbeitet, die Darstellungsweise von CSS-Eigenschaften plattformübergreifend zu vereinheitlichen. Und wenn man sich die Ergebnisse neuer Browser anschaut, kann man tatsächlich eine Annäherung feststellen. Was also heute noch nicht gilt, kann schon morgen möglich sein. Unsere Seiten sollten darauf vorbereitet sein – mit CSS.

`<font>` nicht verwenden

Zweitens sollten wir soweit möglich immer mit alternativen und relativen Schriftwerten arbeiten und immer etwas Spielraum für unterschiedliche Darstellungsweisen einbauen. Das Ziel eines Webdesigners darf nie das maximale Designergebnis selbst sein, sondern besteht immer im besten Kompromiss, den man zwischen Flexibilität und gutem Aussehen schließen kann.

Alternative und relative Werte verwenden

8.3.3 Relativ zu was?

Wie bei allen relativen Werten in CSS sollten Sie auch bei Schriftgrößen immer darauf achten, auf welche Ausgangswerte sich Ihre Werte beziehen. Wenn der Text direkt im `body` eines Dokuments enthalten ist, ist es einfach: Die Schriftgröße wird relativ zur Standardschriftgröße des Browsers bestimmt.

Befindet sich das Textelement innerhalb von anderen HTML-Elemente, denen bereits eigene Schriftgrößen zugewiesen wurden, zählt immer der `font-size`-Wert des übergeordneten Elements als Ausgangswert. Die Vererbung spielt bei relativen Schriftgrößen eine große Rolle und sollte unbedingt beachtet werden, um böse Überraschungen zu vermeiden.

Achtung, böse Überraschung!

Wenn Sie zum Beispiel ein bestimmtes `<h1>`-Tag mit einer `font-size` von `1.5em` definieren, wird die Überschrift nicht unbedingt eineinhalbmal größer als die anderen h1-Überschriften auf Ihrer Seite dargestellt. Als Ausgangswert zählt auch hier der Wert des übergeordneten Elements, egal ob es sich dabei etwa um `body`, `p`, `td` oder ein anderes Element handelt.

Abb. 8–2
Relative Schriftgröße benutzt den Wert von body als übergeordneten Ausgangswert

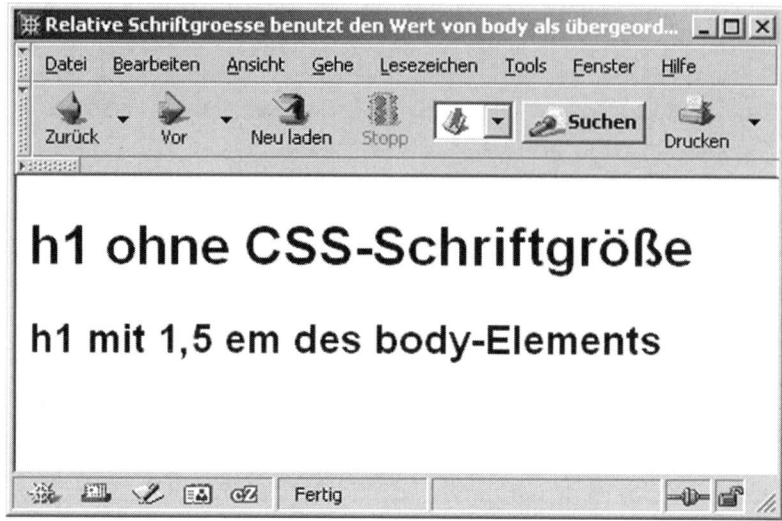

Relative Angaben beziehen sich immer auf ihre direkt übergeordneten Ausgangswerte

Abbildung 8–2 zeigt ein Beispiel mit zwei Überschriften, deren direkt übergeordnetes Element body ist. Das obere h1 wird nicht extra definiert und erhält die Standardschriftgröße für Überschriften erster Ordnung. Das untere h1 wiederum erhält eine font-size von 1.5em. Es wird dadurch nicht etwa 1,5-mal größer als h1 dargestellt, sondern 1,5-mal größer als body.[3] Relative Angaben beziehen sich immer auf ihre direkt übergeordneten Ausgangswerte.

Abb. 8–3
Relative Schriftgröße benutzt h1 als übergeordneten Ausgangswert

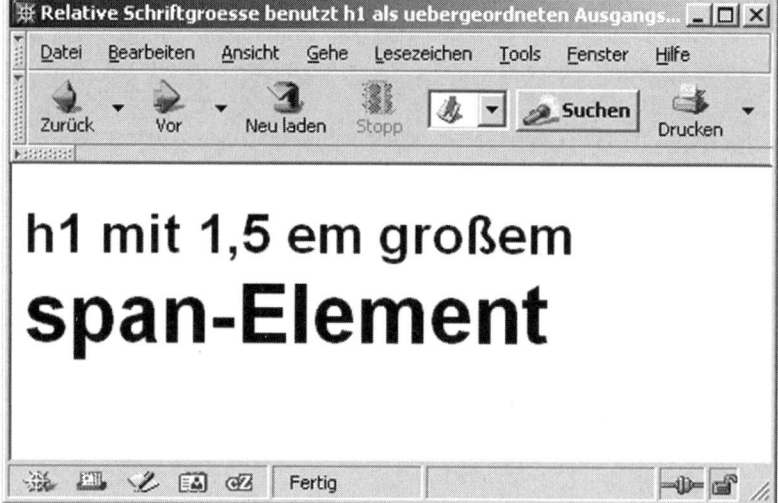

---

3. Sind keine speziellen Werte für body definiert, erhält es als oberstes Element in der Dokumenthierarchie immer die Standardeinstellungen des Browsers.

In Abbildung 8–3 verwenden wir ein <span>-Tag innerhalb der h1-Überschrift. Eine Stilregel für span definiert die font-size mit 1.5em. In diesem Fall zählt das <h1>-Tag als übergeordnetes Element und somit seine Standardgröße als Ausgangswert für die Schriftgröße. Das Wort »span-Element« wird 1,5-mal größer als der Rest der Überschrift dargestellt.

8.4 Weitere Schrifteigenschaften

8.4.1 Die font-style-Eigenschaft

Die Eigenschaft font-style bestimmt, in welchem Schriftstil ein Element dargestellt wird. Zur Verfügung stehen die Werte normal, italic und oblique. Mit normal erzeugt man die normale Standardschrift; italic (kursiv) und oblique (schräggestellt) werden in allen Browsern gleich dargestellt.

Kursiv und schräggestellt

8.4.2 Die font-variant-Eigenschaft

Für die Eigenschaft font-variant gibt es zwei Werte: normal und small-caps. Mit normal wird der Text normal in kombinierter Groß- und Kleinschreibung angezeigt, small-caps zeigt ihn in Kapitälchen an. Alle derzeit verfügbaren Browser können keine echten Kapitälchen anzeigen und simulieren sie nur mit Versalien kleinerer Schriftgrößen. Diese Pseudo-Kapitälchen sehen fast so aus wie echte, nur ihre Strichstärke und Buchstabenhöhe ist etwas geringer. Abbildung 8–4 zeigt den Einsatz von small-caps im Browserfenster.

Kapitälchen

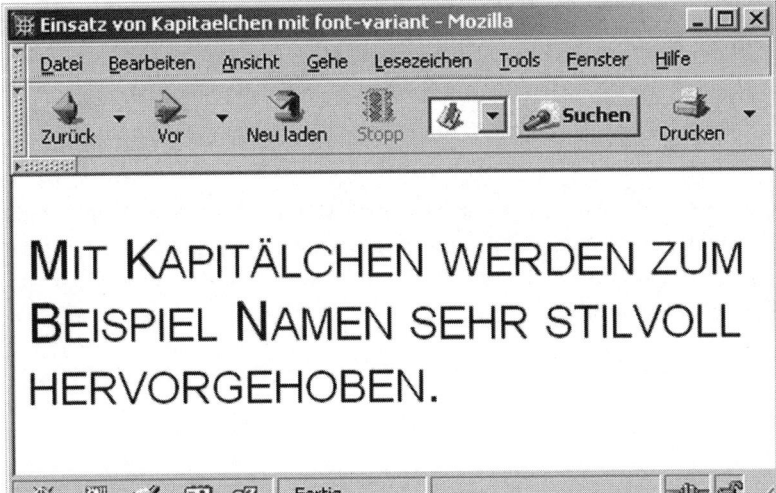

Abb. 8–4
Einsatz von Kapitälchen mit font-variant

Der Internet Explorer bis Version 5 stellt Kapitälchen durchgängig als normale Versalien dar, ohne Verkleinerung der Schriftgröße.

8.4.3 Die font-weight-Eigenschaft

Strichstärke Die Eigenschaft font-weight beschreibt die Strichstärke einer Schrift. Ihre relativen Werte heißen bolder und lighter und werden durch die Ausgangswerte des übergeordneten Elements bestimmt. Absolute numerische Werte für font-weight werden auf einer Skala von 100 bis 900 in Hunderterschritten angegeben. Zur Verfügung stehen laut CSS2-Spezifikation auch die zwei Konstanten normal und bold. Die erste entspricht dem herkömmlichen Wert normaler Schrift von 400, die zweite einem Wert fett geschriebener Schrift von 700. Beide werden jedoch von keinem aktuellen Browser unterstützt.

Da weder die meisten Browser alle neun Stufen von font-weight unterstützen noch die meisten Systemschriften genügend Sätze mit verschiedenen Strichstärken bieten, kann es durchaus passieren, dass benachbarte Werte zu identischen Ergebnissen führen. Allein die Schriften des Adobe OpenType-Standards sollen angeblich neun passende Schriftsätze bieten, ihre Anwendung ist mir in der Praxis aber noch nicht untergekommen.

8.5 Die zusammenfassende font-Eigenschaft

Mit der Eigenschaft font lassen sich alle Schrifteigenschaften in einer einzigen CSS-Stilregel zusammenfassen. Wie bei anderen zusammenfassenden Eigenschaften auch, werden die verschiedenen Werte durch Leerstellen getrennt. Bei der Aufzählung alternativer Werte wie bei font-family werden Kommas eingesetzt. Eine etwas komplexere Stilregel mit font sieht zum Beispiel so aus:

```
h3 {
  font: bolder small-caps 22pt Arial, "Lucida Console", sans-serif;
}
```

Die Werte für Schriftgröße und Schriftfamilie werden einfach hintereinander aufgelistet und sollten möglichst exakt in dieser Reihenfolge angegeben werden. Die oben beschriebene CSS-Regel erzeugt das Resultat in Abbildung 8–5.

8.5 Die zusammenfassende font-Eigenschaft

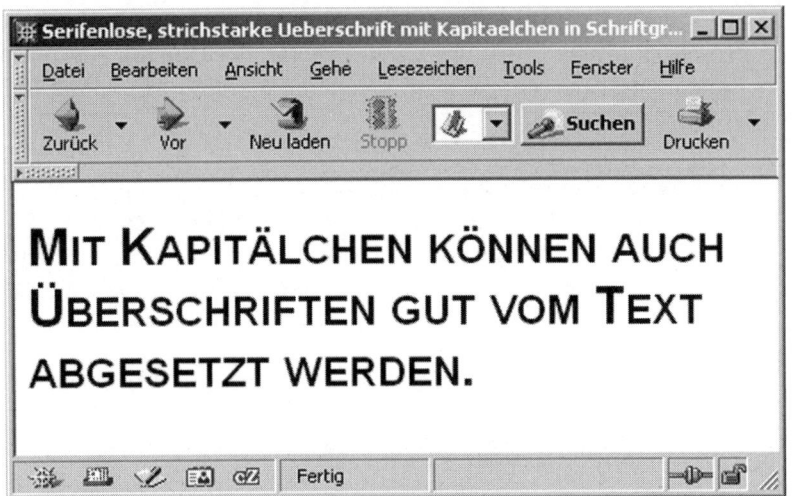

Abb. 8–5
Serifenlose, strichstarke Überschrift mit Kapitälchen in Schriftgröße von 22 Punkt

Neben der einfachen Zusammenfassung der Schrifteigenschaften bietet font noch einige Extrafunktionen: Auch die Zeilenhöhe (line-height) kann man mit ihr festlegen. Schreiben Sie dafür einfach einen Schrägstrich hinter die Angabe der Schriftgröße und setzen Sie einen gültigen Wert dahinter. Mit line-height werden wir uns noch ausgiebiger in Kapitel 9 beschäftigen. Hier nur ein kurzes Beispiel:

Zeilenhöhe

```
p {
font: small-caps 12pt/2em Arial, "Lucida Console", sans-serif;
}
```

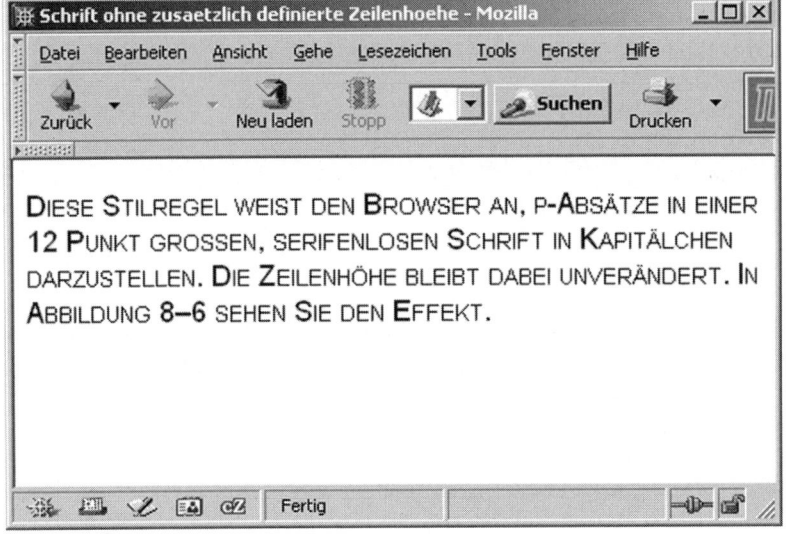

Abb. 8–6
Schrift ohne zusätzlich definierte Zeilenhöhe

Diese Stilregel weist den Browser an, p-Absätze in einer 12 Punkt großen, serifenlosen Schrift in Kapitälchen darzustellen und zusätzlich die Zeilenhöhe zu verdoppeln. In Abbildung 8–6 und Abbildung 8–7 sehen Sie den Effekt.

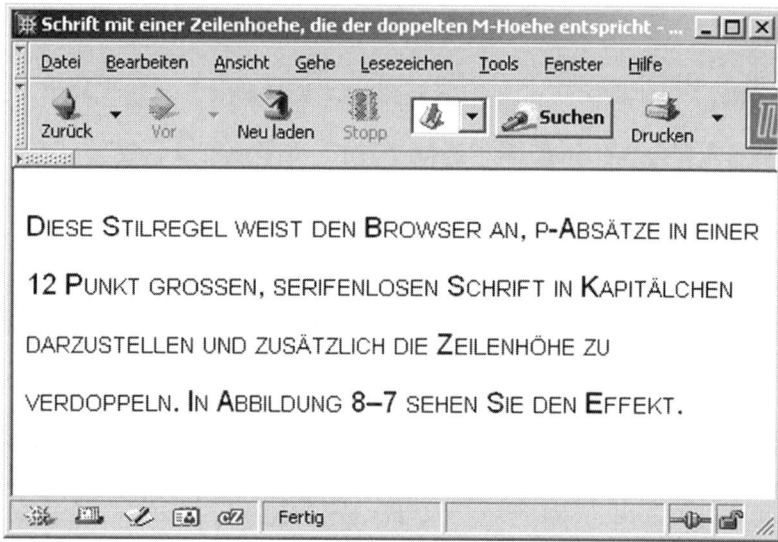

Abb. 8–7
Schrift mit einer Zeilenhöhe, die der doppelten M-Höhe entspricht

Grundeinstellungen im Betriebssystem

Wie schon bei den Farbeigenschaften ist es mit CSS2 auch bei den Schrifteigenschaften möglich, sich auf die Grundeinstellungen im Betriebssystem des Benutzers zu beziehen. Die entsprechenden Werte werden der zusammenfassenden Stilregel font zugeordnet, weil sie selbst eine besondere Kombination mehrerer Schrifteigenschaften darstellen. Zur Verfügung stehen sieben Werte:

- `caption`
- `icon`
- `menu`
- `message-box`
- `small-caption`
- `status-bar`

Bevor Sie diese Werte einsetzen, sollten Sie erst in Anhang C nachlesen, von welchen Browsern sie unterstützt werden. Auch hier sind einige CSS-Implementationen lückenhaft.

8.6 Standardisierte und nicht standardisierte Schrifttypen

Wie bereits zu Beginn des Kapitels angedeutet, sollte man in seiner Schriftgestaltung immer darauf achten, ob man standardisierte oder nicht standardisierte Schriften einsetzt.

Schon der Begriff »Standard« ist bei Schriften etwas irreführend, denn erstens gibt es keinen Standard und keine Spezifikation, die vorschreibt, welche Schriften im System eines Benutzers installiert sein müssen. Zweitens gibt es nicht einmal eine Schrift, die garantiert auf jedem Benutzersystem zu finden wäre – nicht mal die weit verbreiteten Arial und Times New Roman, die man zum Beispiel schon in älteren Versionen von Mac OS und bis heute vergeblich sucht.

Keine Standards, keine Spezifikationen, keine Schrift für alle Betriebssysteme

Um das Design einer Seite möglichst weitgehend kontrollieren zu können, bleibt uns nichts anderes übrig, als alternative Schriften einzusetzen. Diese sollten einander so ähnlich wie möglich sein und auf möglichst vielen Betriebssystemen unterstützt werden. Tabelle 8–1 listet die drei wichtigsten Systemschriften für Windows und Mac OS auf, die diese Kriterien erfüllen. Die vier weiteren Schriften in der Tabelle kommen hinzu, wenn auf dem System eines Windows- oder Macintosh-Benutzers ein Microsoft-Softwareprodukt installiert ist. Obwohl sie keine Systemschriften sind, sind auch sie auf vielen Plattformen zu finden.

Alternative Schriften

Windows	Mac OS	Systemschrift
Courier New	Courier	Ja
Arial	Helvetica (oder Geneva)	Ja
Times New Roman	Times (oder New York)	Ja
Arial Black	Arial Black	Nein
Comic Sans MS	Comic Sans MS	Nein
Trebuchet MS	Trebuchet MS	Nein
Verdana	Verdana	Nein

Tab. 8–1
Gemeinsame Schriften von Windows und Mac OS

Möchte man Arial auf seiner Webseite einsetzen, ist Helvetica eine wichtigere Alternativschrift als Geneva, obwohl diese das Aussehen der Microsoft-Schrift besser nachahmt. Helvetica findet jedoch als Adobe-PostScript-Schrift eine weitaus größere Verbreitung in älteren Versionen von Mac OS und auch auf Linux- und Unix-Systemen. Am besten definiert man eine serifenlose Schrift daher in der Reihenfolge Arial, Geneva, Helvetica. So kommt immer die zum Einsatz, die am besten zum Original passt.

TrueType-Schriften Um dem Problem der verschiedenen Systemvoraussetzungen bei Schriften entgegenzuwirken, bot Microsoft eine Zeit lang eine Sammlung freier TrueType-Schriften für Windows, Mac OS und Linux zum Download an. Aufgrund von Lizenzproblemen stellte Microsoft das Angebot später wieder ein, durch eine rechtliche Lücke in den Bestimmungen sind die folgenden Schrifttypen aber noch immer auf vielen Seiten und ganz legal erhältlich:

- Andale Mondo
- Arial
- Comic Sans
- Courier New
- Georgia
- Impact
- Times Roman
- Trebuchet MS
- Verdana
- Webdings

Auf vielen neuen Rechnern mit Mac OS oder Windows findet man diese Schriften bereits vorinstalliert. Für Linux und Unix kann man sich die ganze Kollektion unter anderen bei Sourceforge[4] herunterladen. Setzt man diese Schrifttypen in einem Stylesheet ein, hat man eine relativ hohe Trefferquote, jedoch sollte man in seinen Stilregeln immer sichergehen und auch Alternativen formulieren.

8.6.1 Schriftenlisten definieren

Sie erinnern sich: In einer Liste alternativer Schrifttypen werden die Schriften einfach hintereinander geschrieben und durch Kommas getrennt. Schriftnamen, die Leerzeichen enthalten, werden in doppelte oder einfache Anführungszeichen gesetzt.

Wir haben uns außerdem schon angeschaut, wie ein Browser eine Schriftenliste von links nach rechts abarbeitet. Daraus ergeben sich zwei Grundregeln für die Auflistung: Erstens sollten die speziellen Schriften zuerst und die allgemeinen Schriften zuletzt genannt werden. Zweitens sollte an letzter Stelle immer die Schriftgattung und keine Schriftfamilie stehen. Auch wenn der Browser bei keinem zuvor genannten Schrifttyp fündig wird, bleibt dadurch das grundlegende Erscheinungsbild erhalten.

---

4. http://corefonts.sourceforge.net

Schriftgattungen

Der kleinste Nenner in der Definition von Schriften ist also die Schriftgattung: Die Werte `fantasy` und `cursive` können wir dabei vernachlässigen, sie werden nicht von allen Browsern einheitlich unterstützt. Äußerst wichtig und systemunabhängig sind `serif`, `sans-serif` und `monospace`. Der Wert `serif` erzeugt eine Schrift mit Serifen, kleinen Häkchen am Ende jeder Buchstabenlinie, wie etwa bei Times New Roman. Mit `sans-serif` wählt der Browser eine nüchterne Schrift ohne Serifen wie zum Beispiel Arial. Der Wert `monospace` führt zu einer Art Schreibmaschinenschrift, in denen jeder Buchstabe exakt die gleiche Breite besitzt, als bestes Beispiel gilt Courier. In Abbildung 8–8 sehen Sie Vertreter der drei Gattungen im direkten Vergleich.

Die folgenden drei CSS-Stilregeln sind mit ihrer Aufzählungsreihenfolge – von konkret zu allgemein – typisch für die Definition alternativer Schrifttypen:

```
p {
font-family: "Courier New", Courier, monospace;
}
p {
font-family: "Times New Roman", Times, serif;
}
p {
font-family: Arial, Geneva, sans-serif;
}
```

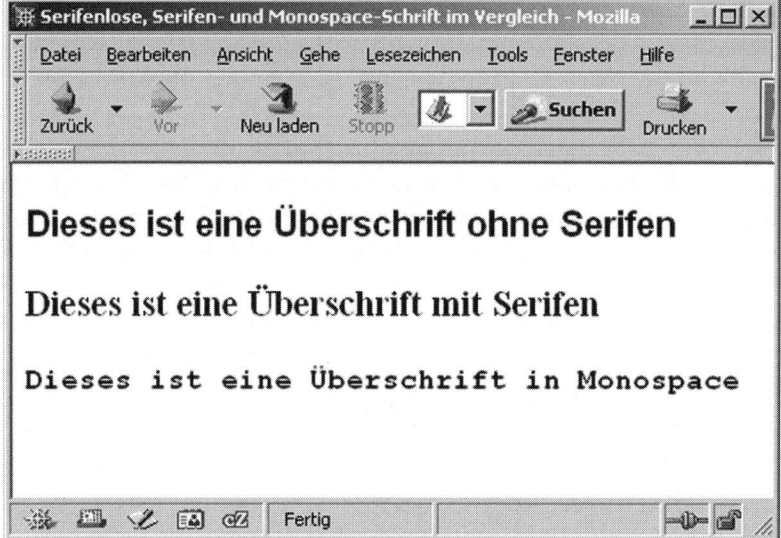

Abb. 8–8
Serifenlose, Serifen- und Monospace-Schrift im Vergleich

Wie Sie sehen, definieren wir immer jeweils nur eine Schriftgattung pro Stilregel. Anders macht es keinen Sinn für eine konsistente Schriftgestaltung. An erster Stelle steht die gewünschte spezielle Schrift, an zweiter Stelle die alternative, weit verbreitete Schrift und an letzter Stelle die Schriftgattung.

8.6.2 Nicht standardisierte und herunterladbare Schriften einsetzen

Egal, welche Werte Sie für `font-family` festlegen, Ihr Text wird im Browser des Benutzers auf jeden Fall angezeigt – im schlimmsten Fall mit einer Standardschrift.

Was passiert, wenn wir eine nicht standardisierte Schrift einsetzen, zeigt uns folgendes Beispiel. Unsere Wahl fällt auf die Schrift Chicago. Man findet sie nur äußerst selten auf Windows-Systemen, im Mac OS aber gehört sie zu den Systemschriften.

```
h1 {
  font-family: Chicago, sans-serif;
}
```

Abbildung 8–9 zeigt, wie die Stilregel einmal auf dem Macintosh und einmal unter Windows dargestellt wird. Während Mac OS die Schrift anzeigt, benutzt der Browser unter Windows die Standardschrift ohne Serifen. Die Anmutung im Detail geht zwar verloren, das grundsätzliche Design bleibt jedoch erhalten.

Die Erlösung ... nur für MS Internet Explorer

Der Vollständigkeit halber werden wir zum Ende dieses Kapitels noch einen Blick auf eine Lösung werfen, die uns von allen Schriftproblemen erlöst, aber leider nur mit dem Internet Explorer funktioniert[5].

Schriften auf einem Server ablegen

Gehen wir einmal davon aus, Ihr Unternehmen verwendet eine spezielle Hausschrift. Aus Kostengründen ist diese Schrift nicht auf allen Firmencomputern vorinstalliert, Sie möchten sie aber trotzdem auf Ihren Seiten im Intranet einsetzen. Sie definieren einfach eine Stilregel mit der Schrift und legen den Schriftsatz auf den Intranetserver. Ruft jetzt ein Benutzer mit dem Internet Explorer eine Ihrer Seiten auf, lädt sein Browser nicht nur die Seite, sondern auch den Schriftsatz automatisch herunter und zeigt Ihre Seiten mit der Hausschrift ordnungsgemäß an. Was wie eine schöne neue Welt des Webdesigns klingt, ist tatsächlich heute schon möglich. Einzige Voraussetzung ist die richtige Software.

---

5. Diese Technik wird sogar in der CSS2-Empfehlung des W3C dokumentiert. Daher ist es nicht unwahrscheinlich, dass zukünftig auch andere Browser als der Internet Explorer herunterladbare Schriften unterstützen werden.

Abb. 8–9
Einsatz der Schrift Chicago unter Mac OS und Windows

Wenn sie verfügbar ist, wird die Chicago-Schrift verwendet.

Wenn Chicago nicht verfügbar ist, wird eine andere serifenlose Schrift verwendet.

Sie möchten es ausprobieren? Gehen Sie einfach Schritt für Schritt vor wie in unserem Beispiel, in dem wir den Schrifttyp »Corporate Memo« einsetzen, der auf keinem Benutzersystem vorinstalliert ist:

Ein Schritt-für-Schritt-Beispiel

- Laden Sie sich das Web Embedding Font Tool (WEFT) von der Microsoft-Website[6] herunter. Mit diesem Programm können Sie den Originalschriftsatz von »Corporate Memo« in eine stark komprimierte Definitionsdatei vom Typ .eot (Embedded Open Type) umwandeln.

- Speichern Sie die .eot-Datei auf einem zentralen Server, der für alle Benutzer im Intra- oder Internet zugänglich ist.[7]

- Fügen Sie die Stilregel @font-face[8] in Ihr Stylesheet ein, um den Browser anzuweisen, bei der Zuweisung von »Corporate Memo« zusätzlich die Definitionsdatei von dem Server zu laden. Ein Beispiel:

6. http://www.microsoft.com/typography/web/embedding/weft3/default.htm

```
@font-face {
font-family: "Corporate Memo";
src: url(http://mainserver.com/fonts/corporatememo.eot);
}
```

- Weisen Sie »Corporate Memo« in Ihrem HTML-Dokument jetzt einfach als Wert der Eigenschaft `font-family` zu, wie ganz normale Schrifttypen:

```
p {
font-family: "Corporate Memo", sans-serif;
}
```

Folgendes wird passieren, wenn ein Benutzer Ihre Seite aufruft: Zu allererst lädt der Internet Explorer die Seite und stellt sie mit einer verfügbaren – in diesem Fall serifenlosen – Systemschrift dar. Erst danach startet er mit dem Ladevorgang der verlinkten .eot-Datei. Nach Abschluss des Downloads baut der Browser den Textteil der Seite neu auf und zeigt ihn in dem heruntergeladenen Schrifttyp an.

8.7 Zusammenfassung

In diesem Kapitel haben wir gelernt, wie wir Schrifttypen, -größen und -schnitte mit CSS einsetzen und unsere Seiten damit sinnvoll gestalten. Wir haben uns genau angeschaut, wie man Schrifteigenschaften beschreibt, welche Grenzen uns gesetzt sind und wie wir trotzdem weitreichende Ergebnisse damit erzielen können.

In Kapitel 9 werden wir weiter am Textdesign arbeiten und viele neue Eigenschaften kennen lernen, die über die Gestaltung von Schrift hinausgehen. Mit CSS werden wir alles aus unseren Texten herausholen, was im Webdesign möglich ist.

---

7. Vergessen Sie nicht: Wenn Sie die Definitionsdatei abgelegt haben, kann jeder Benutzer darauf zugreifen – nicht nur, um damit Seiten anzeigen lassen, sondern auch, um damit eigene Seiten zu gestalten. Das ist jedoch kein Problem, weil ein Embedded Open Type nur für die Darstellung von Websites eingesetzt werden kann. Man kann ihn zum Beispiel nicht in eine Textverarbeitung importieren oder gar auf seinem eigenen System installieren. Auch kann man nicht seinen Programmcode duplizieren, da eine .eot-Datei verschlüsselt ist und wichtige Bestandteile des Schriftsatzes nicht enthält.
8. `@font-face` ist eine so genannte »At-Regel« und wird nur von den neuesten Browsern unterstützt. Alle Informationen über »At-Regeln« finden Sie in Anhang A.

9 Texteffekte und Kaskadierung

Im vorangegangenen Kapitel haben wir umfassend den Einsatz von Schriften in CSS behandelt. In Kapitel 9 schließen wir nahtlos daran an und schauen uns weitere wichtige Eigenschaften an, mit denen wir Textelemente auf unseren Seiten effektiv gestalten können. Am Ende dieses Kapitel werden wir alles wissen über:

- Textausrichtung
- Zeileneinzug
- Zeilenhöhen, Buchstaben- und Wortabstände
- Unterstreichung, Überstreichung und Durchstreichung
- Textschatten und dreidimensionalen Text

Nach den »normalen« Texteigenschaften werden wir auch einen gründlichen Blick auf die besonderen CSS-Techniken für Hyperlinks und Listen werfen. Einen weiteren wichtigen Abschnitt am Kapitelende werden wir dann der Kaskadierung widmen. Das »C« von CSS haben wir ja bisher weitestgehend außer Acht gelassen. In diesem Kapitel werden wir es im Einsatz mit Textelementen kennen lernen und unser Wissen über CSS um ein wichtiges Thema ergänzen.

Beginnen wollen wir jedoch mit dem einfachen Element span, das wir schon einmal eingesetzt haben, als es um die Definition von Schriftgrößen ging. Es ist besonders nützlich, wenn einzelne Segmente innerhalb größerer Textblöcke ausgezeichnet werden sollen.

9.1 Das span-Element

Manchmal ist es wichtig, die Bedeutung spezieller Textteile innerhalb eines Absatzes oder einer Überschrift gestalterisch hervorzuheben. Dafür reicht es schon aus, die Schriftart zu ändern oder die Schriftgröße mitten im Absatz zu wechseln.

span ist ein Inline-Element

Für solche Fälle umschließt man den gewünschten Text einfach mit `<span>`-Tags und wendet eine normale Stilregel darauf an. span ähnelt damit dem `div`-Element, das ebenfalls dafür eingesetzt wird, um einzelne Bereiche auf einer Seite auszuzeichnen. Im Gegensatz zu dem Blockelement `div` ist span jedoch ein Inline-Element und kann somit direkt im Fließtext eingesetzt werden.

Genauso wie für `div` bietet es sich auch für span an, Stilregeln über eine ID oder Klasse zuzuweisen, um verschiedene Elemente mit unterschiedlichen Werten definieren zu können. Abbildung 9–1 zeigt, wie man zum Beispiel zwei Wörter im Fließtext hervorhebt, indem man die Schriftgröße verändert.

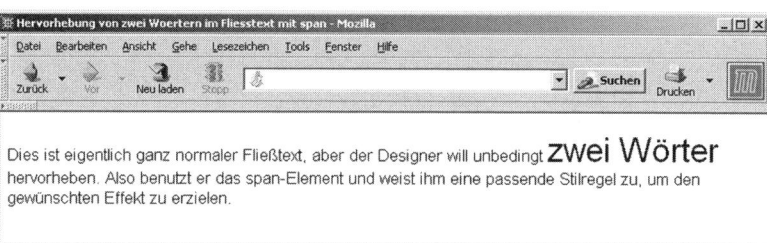

Abb. 9-1
Hervorhebung von zwei Wörtern im Fließtext mit span

Es folgt der HTML-Code der Seite. Die Stilregel und das span-Element sind darin fett gedruckt.

```
<!DOCTYPE html PUBLIC "-//W3C//DTD XHTML 1.0 Transitional//EN"
 "http://www.w3.org/TR/xhtml1/DTD/xhtml1-transitional.dtd">
<html xmlns="http://www.w3.org/1999/xhtml">
<head>
<title>Hervorhebung von zwei Woertern im Fliesstext mit span
</title>
<meta http-equiv="Content-Type"
  content="text/html; charset=iso-8859-1" />
<style type="text/css">
<!--
.auffaellig {
font-size: 2em;
}
-->
</style>
</head>
<body>
<p>Dies ist eigentlich ganz normaler Flie&szlig;text, aber der
    Designer will unbedingt <span class="auffaellig">zwei
    W&ouml;rter</span> hervorheben. Also benutzt er das span-Element
    und weist ihm eine passende Stilregel zu, um den gew&uuml;nschten
    Effekt zu erzielen.</p>
</body>
</html>
```

Wir werden dem <span>-Tag noch einige Male in diesem Kapitel begegnen. Es eignet sich hervorragend dafür, um ausgewählte Stellen im Fließtext auszuzeichnen und mit CSS-Eigenschaften zu formatieren.

9.2 Textausrichtung als Designtechnik

Professionelle Designer wissen, dass jedes Layout aus bedruckten Flächen und Weißraum besteht – sei es auf einer Webseite, in einer Werbeanzeige oder auf einem Gemälde. Die bedruckte Fläche auf einer Webseite kann Text, Grafiken, Formulare, Benutzermenüs und viele andere Elemente enthalten. Weißraum steht für Abstände und freie Flächen auf einer Seite. Gutes Design besteht immer aus einer ausgewogenen Balance zwischen bedruckten Flächen und Weißraum.

Bedruckte Flächen und Weißraum

Auch wenn wir das Thema hier nicht weiter vertiefen wollen, sollten wir immer daran denken, dass Seiten mit zu viel bedruckter Fläche unattraktiv und schlecht benutzbar sind. Weißraum hingegen bringt Übersichtlichkeit, Leichtigkeit und Orientierung auf eine Seite. Sogar reine Textseiten bekommen damit ein anspruchsvolles Design.

Mit der Textausrichtung haben wir ein erstes Gestaltungsmittel zur Hand, um mehr Weißraum auf einer Webseite zu schaffen. Daher wollen wir uns genau anschauen, wie das korrekte Ausrichten von Text in CSS funktioniert und was es bewirkt.

9.2.1 Textausrichtung in CSS und HTML

Nicht nur mit CSS, auch in HTML ist es möglich, die Textausrichtung zu beeinflussen. Das Element `center` und das Attribut `align` gelten aber mittlerweile als veraltet, `align` ist nur noch für die Auszeichnung von Tabellenzellen erlaubt.

In CSS verwenden wir die Eigenschaft `text-align`, um die Textausrichtung zu bestimmen. Wir können die folgenden Werte für sie einsetzen:

text-align

- `left` (linksbündig)
- `center` (zentriert)
- `right` (rechtsbündig)
- `justify` (Blocksatz)

Als Standardwert für `text-align` gilt `left`. Der Wert `justify` wird von vielen Browsern nicht unterstützt. `center` und `right` zählen jedoch zu den wichtigsten CSS-Werten überhaupt und werden häufig eingesetzt.

9.2.2 Ausrichtung schafft Platz und Luft

Die Seiten in den Abbildungen 9–2 bis 9–5 verdeutlichen, welche Wirkung `text-align` auf die Lesbarkeit und das Layout einer Seite haben kann. In Abbildung 9–2 wird die Textausrichtung noch nicht genauer definiert, sondern einfach ihren Standardwerten überlassen. Folgender HTML-Code steht hinter der Seite:

```
<!DOCTYPE html PUBLIC "-//W3C//DTD XHTML 1.0 Transitional//EN"
  "http://www.w3.org/TR/xhtml1/DTD/xhtml1-transitional.dtd">
<html xmlns="http://www.w3.org/1999/xhtml">
<head>
  <title>Einfaches Seitenlayout ohne Stilregel fuer die
        Textausrichtung </title>
  <meta http-equiv="Content-Type"
    content="text/html; charset=iso-8859-1" />
</head>
<body>
  <h1>Die zehn Gebote für eine optimale Performance</h1>
<p>Das sorgf&auml;ltige Studium und die Analyse von mehr als 35.000
    Seiten Selbsthilfeliteratur f&uuml;hrt zu der Schlussfolgerung,
    dass es letztendlich nur zehn Basisregeln gibt, die zu optimalen
    Ergebnissen und Erfolg f&uuml;hren.</p>
  <h2>Energie – Bekennen Sie sich zu Spitzenleistung</h2>
<p>Es gibt keine toten Spitzenkr&auml;fte, oder? Um auch nur eine
    minimale Performance zu erreichen, m&uuml;ssen Sie aktiv sein,
    leben, handeln und sich lebendig f&uuml;hlen. Wenn Sie nicht die
    Menge an Energie aufbringen, die Sie ben&ouml;tigen, werden Sie
    niemals Ihr wahres Potenzial erreichen.</p>
  <h2>Mission – Konzentrieren Sie sich auf die wichtigen Dinge</h2>
<p>Bis Sie wissen, was wirklich wichtig f&uuml;r Sie ist, verbringen
    Sie Ihr Leben mit Dingen, die unrelevant sind. Solange es Ihnen
    an einer Richtung und an einem Ziel fehlt, sind Sie nicht
    imstande, eine wirkliche Ver&auml;nderung in Ihrem Leben
    herbeizuf&uuml;hren. Wie dem auch sei, alle
    Selbstbeschr&auml;nkungen fallen weg, wenn Sie endlich die Macht
    versp&uuml;ren, die nur durch wahre Leidenschaft entsteht.</p>
  <h2>Haltung – Verwandeln Sie Leidenschaft in Aktion</h2>
<p>Selbst wenn Sie gen&uuml;gend Leidenschaft für die Dinge
    aufbringen, die wirklich wichtig sind im Leben, solange Sie
    nicht auch wirklich daran glauben, dass Sie ganz anders leben
    k&ouml;nnen, passiert gar nichts. Nichts &auml;ndert sich, nicht
    mal der kleinste Versuch bringt etwas, solange Sie nicht fest
    genug an sich selbst glauben, um Ihre Leidenschaft in Aktion
    umzuwandeln.</p>
  <h3>Aus: "Die Macht des TQ" von Nine to Five Screen Gems Software
      Inc. nachgedruckt mit Erlaubnis des Verlegers</h3>
</body>
</html>
```

9.2 Textausrichtung als Designtechnik

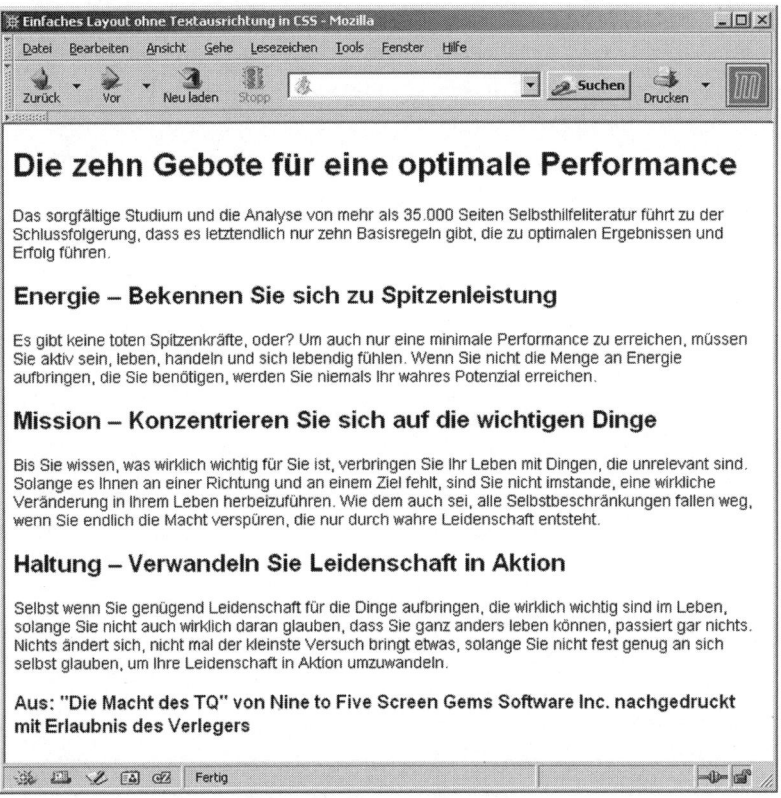

Abb. 9–2
Einfaches Seitenlayout ohne Stilregel für die Textausrichtung

Diese Seite ist nicht sonderlich kompliziert gestaltet und wirkt auch nicht besonders ansprechend, selbst wenn sich jemand für ihren Inhalt interessieren sollte. Eine Verbesserung tritt ein, wenn wir die oberste Überschrift zentrieren und die Zwischenüberschriften rechts anstatt links ausrichten. Das Ergebnis sehen Sie in Abbildung 9–3.

Um diesen Effekt zu erzeugen, haben wir einfach folgende Stilregeln angelegt:

```
h1 {
  text-align: center;
}
h2 {
  text-align: right;
}
```

Zugegeben, das Layout der Seite wirkt noch etwas ungewöhnlich, aber schon deutlich interessanter als in unserem ersten Versuch. Der Weißraum auf der linken Seite erregt zumindest Aufmerksamkeit.

Die Seite besteht aus Überschriften, die mit Absätzen markiger Ratgebersprüche kombiniert werden. Der Inhalt scheint sich daher

Abb. 9–3
Einfaches Seitenlayout mit ausgerichteten Überschriften

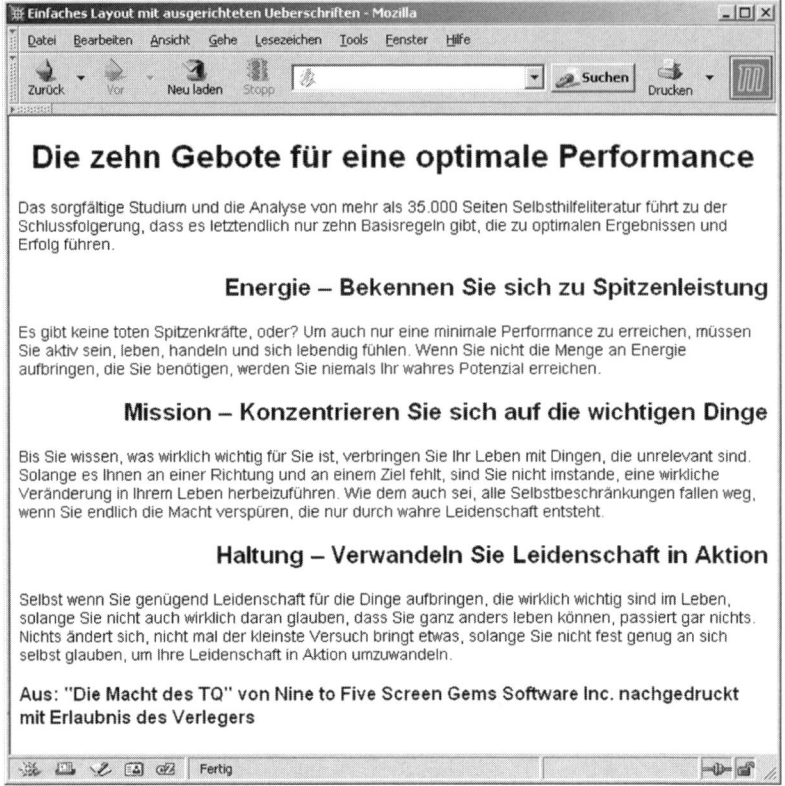

besser für ein Design zu eignen, wie man es aus Werbeanzeigen kennt. Schauen wir doch einmal, wie die Seite aussieht, wenn wir die Absätze zentrieren. Abbildung 9–4 zeigt das Ergebnis.

Für den Effekt aus Abbildung 9–4 haben wir unser Stylesheet einfach um eine Stilregel für p-Elemente erweitert:

```
h1 {
  text-align: center;
}
h2 {
  text-align: right;
}
p {
  text-align: center;
}
```

Ob die Seite nun wirklich so besser aussieht oder nicht, Sie merken, worauf unser Beispiel hinausläuft: Es ist nicht schwer, mehr Weißraum auf einer Seite zu erzeugen. Durch einen bewussten Einsatz der Textausrichtung kann man mit einfachen Mitteln Seitenlayouts wirkungsvoller gestalten.

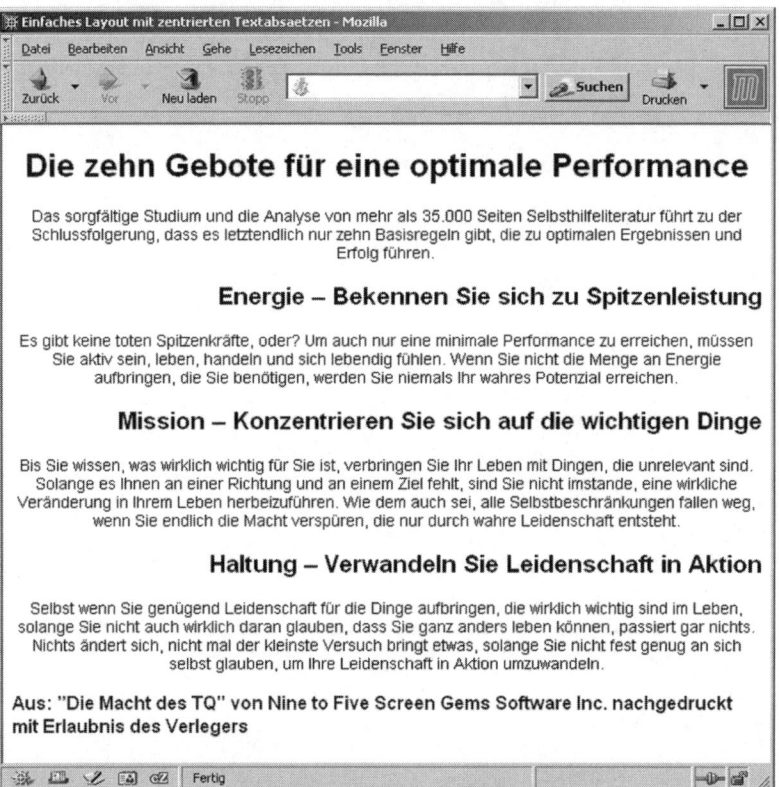

Abb. 9–4
Einfaches Seitenlayout mit zentrierten Textabsätzen

Wir sind jedoch noch nicht fertig mit unserem Beispiel. Abbildung 9–5 zeigt, wie wir die Wirkung des Weißraums durch den Einsatz einer Hintergrundfarbe für die Überschriften weiter verstärken können. Wir wählen dafür Gelb, da es eine helle Grundfarbe ist, die ein Raumgefühl erzeugt, und keinen Farbbalken, der die Seite noch voller macht.

Unser Stylesheet für Abbildung 9–5 mit der Definition der Hintergrundfarbe für h2 sieht jetzt so aus:

```
h1 {
  text-align: center;
}
h2 {
  text-align: right;
  background-color: yellow;
}
p {
  text-align: center;
}
```

*Abb. 9–5
Weißraum wird durch eine
helle Hintergrundfarbe
betont*

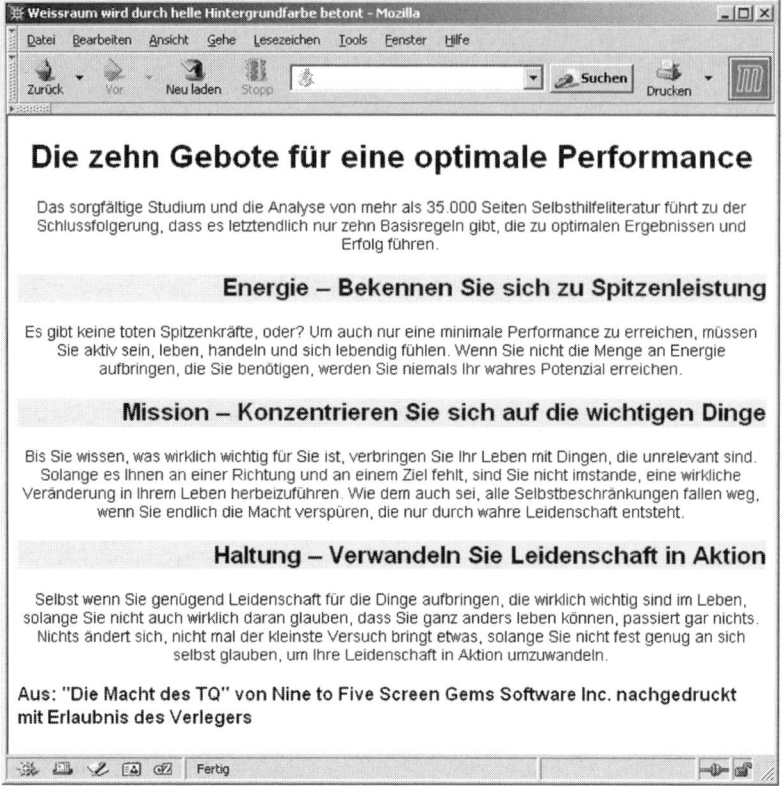

9.3 Zeilen einrücken

In unserem letzten Beispiel haben wir das Layout auf eine etwas ungewöhnliche Art und Weise bereichert, indem wir den Text unter den Zwischenüberschriften zentriert ausrichteten. Eine typografisch wesentlich gebräuchlichere und empfehlenswertere Methode, um mit den Absätzen mehr Weißraum zu erzeugen, ist die Einrückung der Anfangszeilen.

text-indent   Mit `text-indent` kann man die Einrückung einer Zeile genau festlegen. Dies kann auf zwei Arten geschehen: mit den absoluten Einheiten Pixel und Zentimeter sowie mit relativen Werten in M-Höhe oder Prozent im Verhältnis zur Schriftgröße.

Wir ersetzen die Stilregel für Absätze in unserem letzten Beispiel durch eine Einrückung der zweifachen M-Höhe:

```
p {
   text-indent: 2em;
}
```

Abbildung 9–6 zeigt unsere Beispielseite mit einer Zeileneinrückung zu Beginn eines jeden Absatzes.

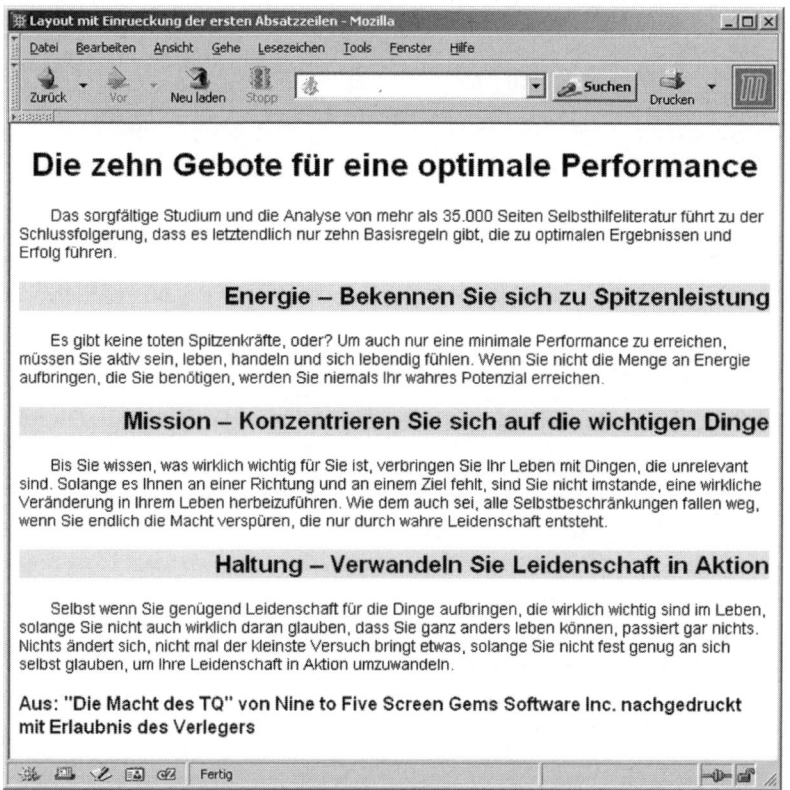

Abb. 9–6
Seitenlayout mit Einrückung der ersten Absatzzeilen

Eine weitere Variation von text-indent ist das Gegenteil der Einrückung, der so genannte hängende Einzug. Die erste Zeile wird dabei näher am linken Seitenrand positioniert als der restliche Text. In Abbildung 9–7 finden Sie diesen Effekt gleich zu Beginn des ersten Textabsatzes.

Die folgende CSS-Regel definiert den hängenden Einzug für alle Absätze der Klasse ausgerueckt:

Hängender Einzug

```
p.ausgerueckt {
  padding-left: 2em;
  text-indent: -2em;
}
```

Um für einen Absatz einen hängenden Einzug zu erzeugen, wird zuerst sein Innenrand zum linken Seitenrand mit 2em festgelegt. Damit verschaffen wir uns Raum, um die erste Zeile überhaupt vor den Rest des Absatzes ziehen zu können: Die Definition für text-indent von -2em überschreibt den Innenrahmen für die erste Zeile und zieht sie an den linken Seitenrand.

Abb. 9–7
Ein hängender Einzug in der ersten Zeile des ersten Absatzes

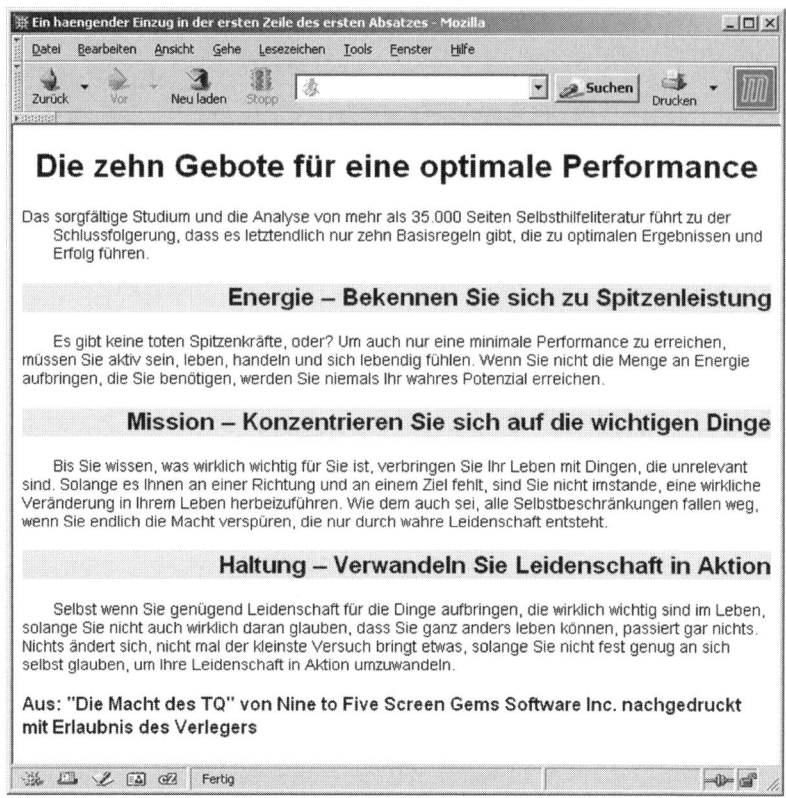

Im HTML-Code wird der Absatz mit dem hängenden Einzug einfach der CSS-Klasse ausgerueckt zugewiesen:

```
<h1>Die zehn Gebote für eine optimale Performance</h1>
<p class="ausgerueckt">Das sorgf&auml;ltige Studium und die Analyse
von mehr als 35.000 Seiten an Selbsthilfeliteratur f&uuml;hrt zu der
Schlussfolgerung, dass es letztendlich nur zehn Basisregeln gibt,
die zu optimalen Ergebnissen und Erfolg f&uuml;hren.</p>
```

Negative Werte für text-indent sollten immer im verfügbaren Bereich bis zum Seitenrand liegen. Ist ein solcher nicht ausreichend vorhanden, gilt es nachzuhelfen wie in unserem Beispiel mit padding-left.

9.4 Horizontale und vertikale Abstände

Wie wir schon in Kapitel 5 mit dem Box-Modell und im vorangegangenen Abschnitt mit text-indent aufgezeigt haben, kann man mit CSS sämtliche Abstände auf einer Seite definieren – nicht nur im Layout, auch im Fließtext zwischen Zeilen, Buchstaben und Wörtern. Mit den dafür zur Verfügung stehenden CSS-Eigenschaften kann man die

Lesbarkeit deutlich verbessern und größere Textmengen hervorragend strukturieren. Sogar interessante Designeffekte und typografische Spielereien kann man damit schnell und einfach herbeiführen.

9.4.1 Die line-height-Eigenschaft

Alle Textelemente auf einer Webseite verfügen über die Eigenschaft line-height. Diese erstreckt sich vom obersten Punkt des höchsten Buchstabens in einer Zeile bis zum obersten Punkt des höchsten Buchstabens in der folgenden Zeile. Standardmäßig erzeugt der Browser immer automatisch einen Abstand, der groß genug ist, dass übereinander stehende Zeilen optisch auseinander gehalten werden können und gut lesbar sind. Hat die Schrift in einem Absatz etwa eine Größe von 12 Punkt, drückt der Browser die Zeilen um weitere zwei Punkt auseinander, was einer line-height von insgesamt 14 Punkt entspricht.

Wenn Sie line-height für ein Element wie einen Absatz oder eine Überschrift einsetzen, weisen Sie den Browser also an, den Zeilenabstand entweder zu vergrößern oder zu verkleinern. Der Zeilenabstand wird in der Typografie Durchschuss genannt, ein Begriff, der noch aus der Zeit stammt, als zum Drucken einer Papierseite noch jede einzelne Zeile in Blei gegossen und hinterher mit den anderen Zeilen zu einer Druckvorlage zusammengefügt wurde. Um zwischen den Zeilen einen für die Lesbarkeit ausreichenden Abstand zu schaffen, wurden kleine Metallstreifen, so genannten Regletten, dazwischengefügt und die Zeilen damit »durchschossen«.

»Durchschuss«

Ein gut skalierter Durchschuss sorgt für zusätzlichen Weißraum und ist ein gutes Stilmittel, um das Designniveau einer Webseite typografisch deutlich anzuheben. Ein Beispiel:

```
p {
  text-indent: 2em;
  line-height: 1.5em;
}
```

Mit Hilfe dieser Stilregel wird eine Zeilenhöhe von 1.5em – das entspricht der anderthalbfachen Schriftgröße – erzeugt, zu sehen in Abbildung 9–8.

Beachten Sie, dass sich relative Werte in line-height anders verhalten als bei den meisten anderen Schrifteigenschaften: Relative Werte in line-height benutzen als Ausgangswert immer die Schriftgröße jenes Elements, für das sie definiert werden, und nicht etwa die Werte ihres übergeordneten Elements (wie zum Beispiel bei font-size).

*Abb. 9–8
Vergrößerter Durchschuss
mit* line-height

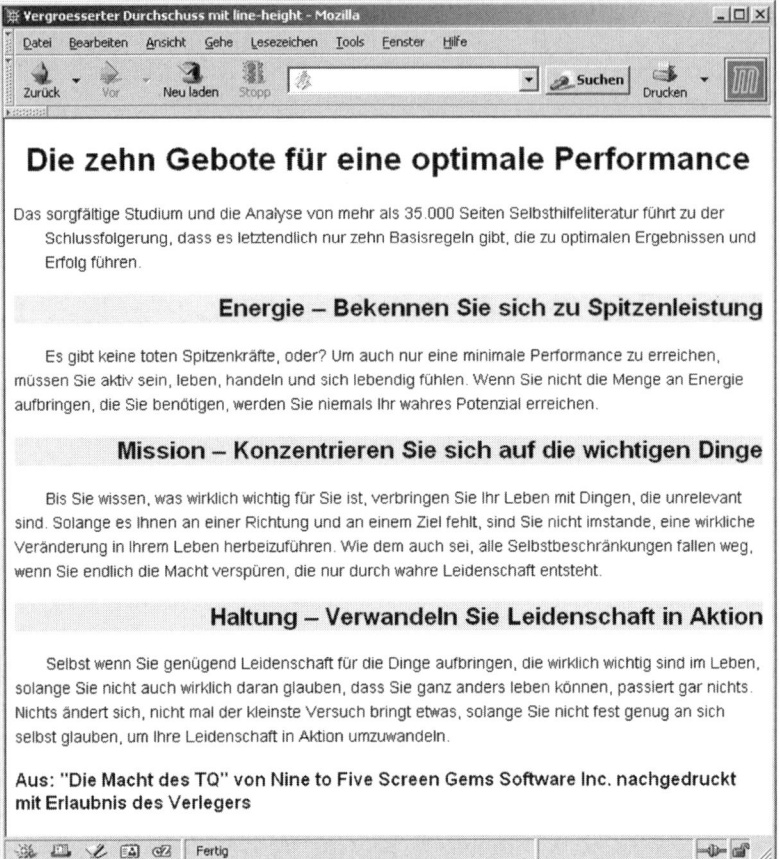

Nehmen wir zum Beispiel einen p-Absatz mit einer Schriftgröße von 12 Pixel und umschließen wir ihn mit einem <div>-Tag, dessen Schriftgröße mit 18 Pixel definiert wird. Wenn Sie jetzt die line-height im p-Absatz mit 2em festlegen, wird für die Berechnung der Zeilenhöhe die doppelte M-Höhe von 12 Pixel (also die doppelte Schriftgröße von p selbst) genommen. Die Schriftgröße des übergeordneten Elements div hat dabei keinen Einfluss auf die Berechnung.

Numerische Werte sind auch ohne Maßeinheit möglich

Die Eigenschaft line-height bietet darüber hinaus eine weitere Besonderheit, die wir uns genauer anschauen wollen: Sie ist die erste CSS-Eigenschaft in diesem Buch, der auch relative numerische Werte *ohne* Maßeinheit zugewiesen werden können. So im folgenden Beispiel:

```
p {
    line-height: 2.0;
}
```

Die Zeilenhöhe wird mit demselben Ausgangswert wie in unserem letzten Beispiel berechnet, `line-height` entspricht also auch hier der doppelten Schriftgröße von p.

Wenn sie für dasselbe Element definiert werden, führen also relative Werte mit und ohne Maßeinheit zum gleichen Ergebnis. Trotzdem gibt es einen wichtigen Unterschied zwischen ihnen. Dieser tritt in ihrer Vererbung auf.

Um uns diesen Unterschied deutlich zu machen, nehmen wir wieder einen p-Absatz, der in einen `div`-Bereich eingebettet ist. `div` erhält eine Schriftgröße von 12px, p eine `font-size` von 22px. Zusätzlich definieren für `div` eine `line-height` von 1.5em. Wir schauen uns an, was passiert: Zuerst wird die Zeilenhöhe von `div` berechnet. Sie entspricht 18 Pixel. Dieser wird nun als *absoluter Wert* an das untergeordnete Element p weitervererbt. Für p beträgt die Zeilenhöhe dadurch automatisch ebenfalls 18 Pixel, unabhängig von der Größe der Schrift in p.

Wir nehmen einen zweiten `div`-Bereich mit einem untergeordneten p-Absatz und verwenden die gleichen Schriftgrößen wie zuvor. Nun legen wir die line-height für `div` mit einem relativen Wert ohne Maßangabe fest, und zwar mit 1.5. Wieder wird zuerst die Zeilenhöhe von `div` berechnet. Auch hier entspricht sie mit 18 Pixel der anderthalbfachen Schriftgröße. An p vererbt wird aber diesmal der *numerische Wert selbst* und nicht die damit bereits berechnete absolute Zeilenhöhe von `div`. Die `line-height` von p wird anhand dessen eigener Schriftgröße neu berechnet. Heraus kommt die wesentlich größere Zeilenhöhe von 33 Pixel.

Abbildung 9–9 veranschaulicht unser Beispiel. Die `div`-Bereiche enthalten jeweils den p-Absatz mit dem Text. Für den oberen `div`-Bereich wurde die Zeilenhöhe mit 1.5em festgelegt, für den unteren Absatz mit 1.5. Man sieht deutlich, wie im ersten Absatz die geringere Zeilenhöhe von `div` an p vererbt wurde und im zweiten Absatz die Zeilenhöhe anhand der größeren Schrift in p mit dem vererbten Wert aus `div` neu berechnet wurde.

Der erste Absatz wird von einem <div>-Tag mit einer `line-height` von 1.5em umschlossen. Die für den `div`-Bereich gültige und an den p-Absatz vererbte Zeilenhöhe errechnet sich als die doppelte Schriftgröße des `div`-Elements. Da in dem p-Absatz aber eine wesentlich größere Schrift verwendet wird (16 pt) als in dem `div`-Bereich (8 pt), reicht die vererbte Zeilenhöhe (8 x 1,5 = 12 pt) nicht aus, um einen großen Zeilenabstand zu erzeugen.

*Abb. 9-9
Vererbung von relativen
Maßangaben und
numerischen Werten für
line-height*

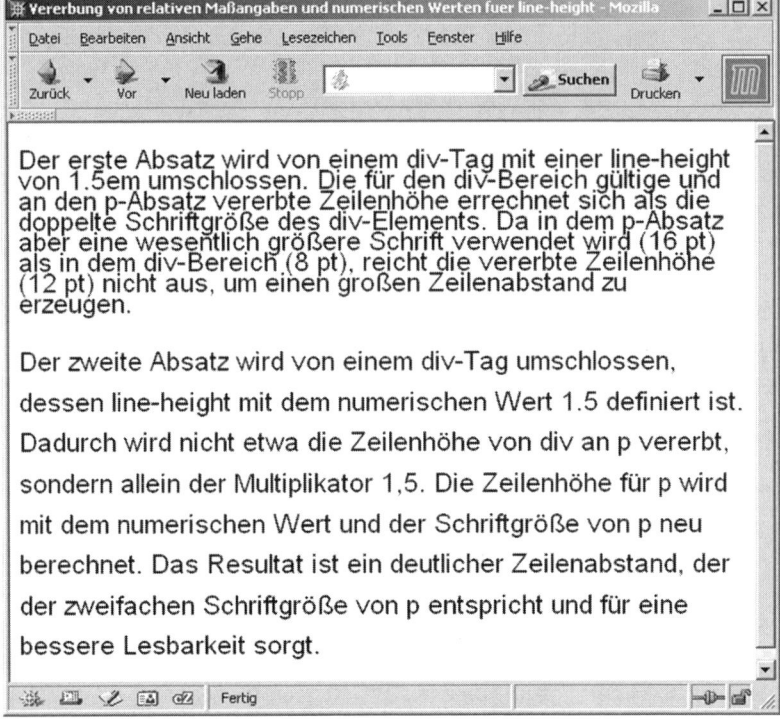

Der zweite Absatz wird von einem `<div>`-Tag umschlossen, dessen line-height mit dem numerischen Wert 1.5 definiert ist. Dadurch wird nicht etwa die Zeilenhöhe von div an p vererbt, sondern allein der Multiplikator 1,5. Die Zeilenhöhe für p wird mit dem numerischen Wert und der Schriftgröße von p neu berechnet. Das Resultat ist ein deutlicher Zeilenabstand, der der anderthalbfachen Schriftgröße von p entspricht und für eine bessere Lesbarkeit sorgt.

Fazit: Werte ohne Maßeinheit verwenden

Es empfiehlt sich also, relative Werte ohne Maßeinheit für line-height anzuwenden, weil sie den relativen Charakter eher bewahren und somit vor fehlerhaften Darstellungen schützen. Relative Werte mit Maßeinheiten (oder absolute Werte in Punkten oder Pixel) wiederum eignen sich dagegen besser für effektorientierte Designs, in denen etwa Textzeilen ineinander fließen oder gestapelt werden.

9.4.2 Die Eigenschaften letter-spacing und word-spacing

Laufweite

Der Zeichenabstand in Textelementen wird durch die Eigenschaft letter-spacing festgelegt. Man bezeichnet ihn auch als Laufweite einer Schrift. In CSS kann er relative und absolute Werte annehmen, sein Standardwert ist normal. Abbildung 9-10 veranschaulicht den Effekt von letter-spacing in einem deutlichen Beispiel.

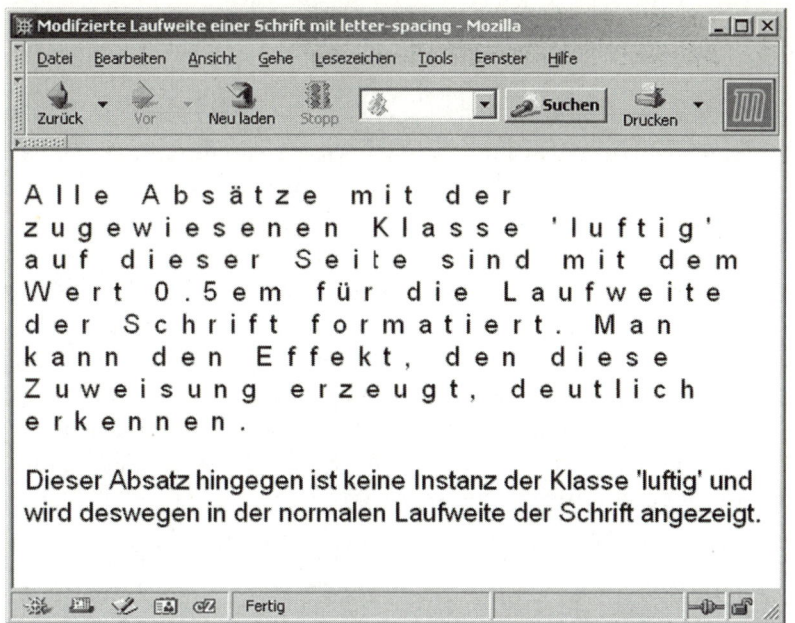

Abb. 9–10
Modifizierte Laufweite einer Schrift mit `letter-spacing`

Die Seite in Abbildung 9–10 wird durch den folgenden HTML-Code erzeugt:

```
<!DOCTYPE html PUBLIC "-//W3C//DTD XHTML 1.0 Transitional//EN"
  "http://www.w3.org/TR/xhtml1/DTD/xhtml1-transitional.dtd">
<html xmlns="http://www.w3.org/1999/xhtml">
<head>
  <title>Modifizierte Laufweite einer Schrift mit letter-spacing
  </title>
  <meta http-equiv="Content-Type"
   content="text/html; charset=iso-8859-1" />
  <style type="text/css">
  <!--
  .luftig {
      letter-spacing: 0.5em;
  }
  -->
  </style>
</head>
<body>
<p class="luftig">Alle Abs&auml;tze mit der zugewiesenen Klasse
'luftig' auf dieser Seite sind mit dem Wert 0.5em für die Laufweite
der Schrift formatiert. Man kann den Effekt, den diese Zuweisung
erzeugt, deutlich erkennen.</p>
<p>Dieser Absatz hingegen ist keine Instanz der Klasse 'luftig' und
wird deswegen in der normalen Laufweite der Schrift angezeigt.</p>
</body>
</html>
```

Wortabstände

Nicht nur der Abstand zwischen den Buchstaben wird mit `letter-spacing` vergrößert, sondern auch der Platz zwischen den Wörtern. Diese werden von dem Browser als mit Leerzeichen getrennte Buchstabengruppen interpretiert, womit auch ihre Zwischenräume ebenso von der Laufweite betroffen sind wie die Buchstaben selbst.

Negative Werte bei Überschriften

Der Eigenschaft `letter-spacing` können auch negative Werte zugewiesen werden, um die Laufweite der Schrift zu verringern. Sinnvoll ist das etwa bei Überschriften, deren Buchstaben standardmäßig vor allem in den Schriftgattungen `sans-serif` und `monospace` überproportional weit auseinander gezogen werden. Abbildung 9–11 zeigt zwei Überschriften im Vergleich. Die erste wird standardmäßig ohne Definition von `letter-spacing` dargestellt. Besonders die Lücken neben den Buchstaben »i«, »l« und »t« sind relativ groß. In der zweiten Überschrift lösen wir das Problem mit einem negativen Wert für `letter-spacing` und stellen sie kompakter dar.

Abb. 9–11 Verringerung der Laufweite mit `letter-spacing`

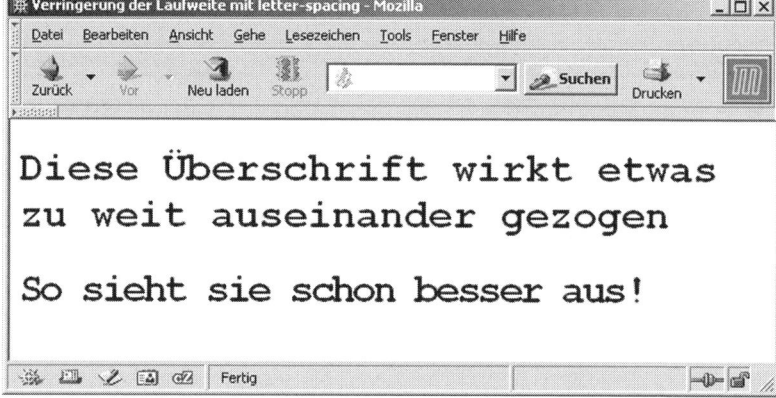

Es folgt der HTML-Code für die Seite in Abbildung 9–11. Achten Sie dabei besonders auf die Klasse `zusammengerueckt`, der die zweite h1-Überschrift zugewiesen wird.

```
<!DOCTYPE html PUBLIC "-//W3C//DTD XHTML 1.0 Transitional//EN"
  "http://www.w3.org/TR/xhtml1/DTD/xhtml1-transitional.dtd">
<html xmlns="http://www.w3.org/1999/xhtml">
<head>
  <title>Verringerung der Laufweite mit letter-spacing</title>
  <meta http-equiv="Content-Type"
   content="text/html; charset=iso-8859-1" />
  <style type="text/css">
  <!--
  h1 {
    font-family: Courier, "Courier New", monospace;
  }
```

```
        .zusammengerueckt {
            letter-spacing: -0.08em;
        }
        -->
        </style>
    </head>
    <body>
    <h1>Diese &Uuml;berschrift wirkt etwas zu weit auseinander
    gezogen</h1>
        <h1 class="zusammengerueckt">So sieht sie schon besser aus!</h1>
    </body>
</html>
```

Die Laufweite in der zweiten Überschrift wird nur geringfügig verringert. Ein Zwanzigstel der M-Höhe (em) reicht schon aus, um das gewünschte Ergebnis zu erzielen. Um ein Gefühl für die Laufweite von Schriften zu bekommen, empfehle ich Ihnen, ein wenig mit `letter-spacing` bei verschiedenen Schriftarten und -größen herum zu experimentieren. Sie ist eine wirkungsvolle Eigenschaft, mit der man ein Design leicht aufwerten und auch kunstvolle Effekte herbeiführen kann.

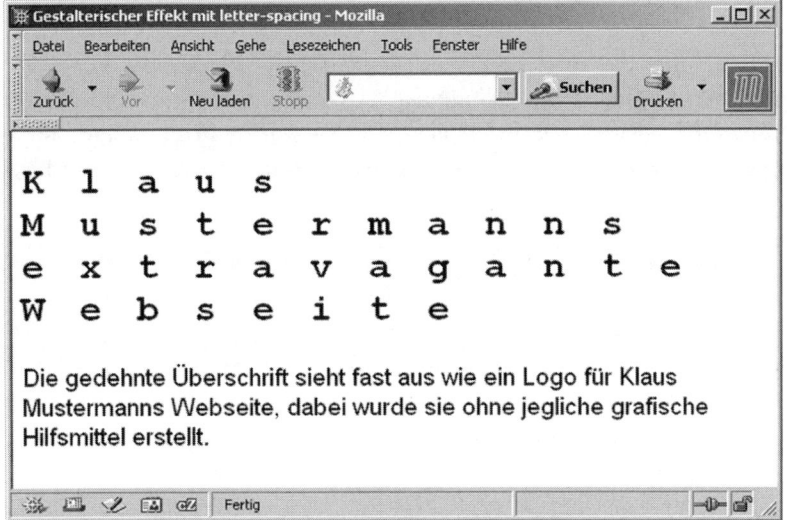

Abb. 9–12
Gestalterischer Effekt mit `letter-spacing`

Abbildung 9–12 zeigt eine Überschrift mit einem grafischen Effekt, der nur durch die Änderung der Laufweite erzielt wurde – ohne jegliche Verwendung eines Grafikprogramms.

Folgender HMTL-Code führt zu der Seite in Abbildung 9–12:

```
<!DOCTYPE html PUBLIC "-//W3C//DTD XHTML 1.0 Transitional//EN"
    "http://www.w3.org/TR/xhtml1/DTD/xhtml1-transitional.dtd">
<html xmlns="http://www.w3.org/1999/xhtml">
```

```
<head>
  <title>Gestalterischer Effekt mit letter-spacing</title>
  <meta http-equiv="Content-Type"
    content="text/html; charset=iso-8859-1" />
</head>
<body>
<h2 style="letter-spacing: 1em;
  font-family: Courier, 'Courier New', monospace;">Klaus
Mustermanns extravagante Webseite</h2>
<p>Die gedehnte &Uuml;berschrift sieht fast aus wie ein Logo für
    Klaus Mustermanns Webseite, dabei wurde sie ohne jegliche
    grafische Hilfsmittel erstellt.</p>
</body>
</html>
```

word-spacing vermeiden

Mit der Eigenschaft word-spacing kann man auch nur den Abstand zwischen den Wörtern in einem Text definieren. Aus zwei Gründen empfiehlt sich der Einsatz dieser Eigenschaft jedoch nicht:

Erstens wird sie nicht von allen wichtigen Browsern unterstützt. Frühere Versionen des Internet Explorers (vor IE6 für Windows und IE5 für Macintosh) unterstützen word-spacing genauso wenig wie ältere Versionen des Netscape Navigators (vor Version 6). Mit dem Internet Explorer 5 für Macintosh kommt es zu einer fehlerhaften Darstellung, die zu einer Überlappung der Wörter führen kann. Der Internet Explorer für Windows, Netscape Navigator, Opera und Mozilla sind erst seit ihren neuesten Versionen in der Lage, word-spacing korrekt zu verarbeiten, obwohl es schon seit CSS1 Bestandteil der W3C-Spezifikation ist.

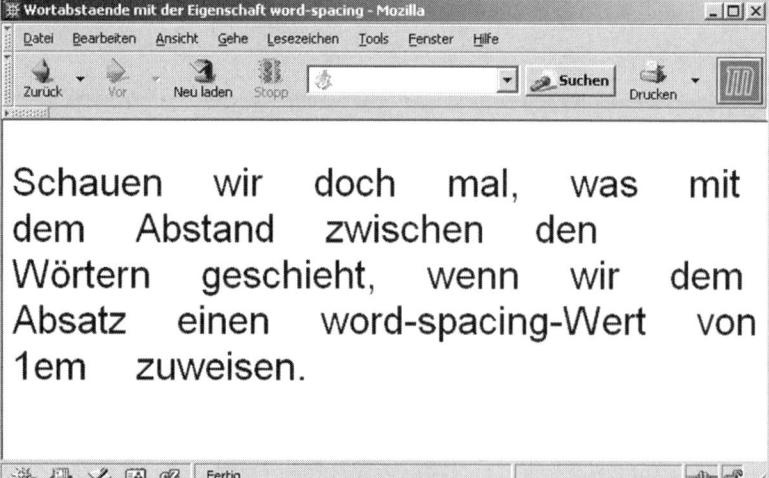

*Abb. 9–13
Wortabstände mit der Eigenschaft word-spacing*

Zweitens kann es auf allen Browsern in der Kombination von `word-spacing` mit der Eigenschaftsdefinition `text-align: justify` zu unvorhersehbaren Layouteffekten kommen. Die Elemente sollten auf keinen Fall gemeinsam eingesetzt werden.

Abbildung 9–13 veranschaulicht den Effekt von `word-spacing` (mit einem Wert von `1em`) in einem längeren Satz.

Der HTML-Code zur Seite in Abbildung 9–13 sieht folgendermaßen aus:

```
<!DOCTYPE html PUBLIC "-//W3C//DTD XHTML 1.0 Transitional//EN"
  "http://www.w3.org/TR/xhtml1/DTD/xhtml1-transitional.dtd">
<html xmlns="http://www.w3.org/1999/xhtml">
<head>
  <title>Wortabstaende mit der Eigenschaft word-spacing</title>
  <meta http-equiv="Content-Type"
    content="text/html; charset=iso-8859-1" />
</head>
<body>
<p style="word-spacing: 1em; font-size: 2em;">Schauen wir doch mal,
was mit dem Abstand zwischen den W&ouml;rtern geschieht, wenn wir
dem Absatz einen word-spacing-Wert von 1em zuweisen.</p>
</body>
</html>
```

9.5 Dekorativer Text

Mit der Eigenschaft `text-decoration` kann man zusammen mit den folgenden vier Werten vier verschiedene Gestaltungsmittel einsetzen:

- `underline` für unterstrichenen Text
- `overline` für überstrichenen Text
- `blink` für blinkenden Text
- `line-through` für durchgestrichenen Text

Zusätzlich zu diesen vier Werten gibt es noch den Standardwert `none`. Er erzeugt einfachen Normaltext ohne besondere Merkmale.

Blinken

Blinkenden Text werden wir in unseren Erklärungen vernachlässigen. Schon als Netscape das `<blink>`-Tag als nicht standardkonformes HTML-Tag einführte, stieß es auf Ablehnung bei den meisten Designern und Benutzern. Heute steht blinkender Text als Synonym für schlechtes und amateurhaftes Design. Viele aktuelle Browser unterstützen den CSS-Wert daher erst gar nicht.

Unterstreichen

Auch unterstrichener Text gilt für die Gestaltung von Webseiten als keine gute Idee. Er führt schnell zur Irritation beim Benutzer, weil standardmäßig Links mit Unterstreichungen hervorgehoben werden und daran vom Benutzer als solche erkannt werden.

Oberstriche

Oberstriche hingegen können nützlich sein, wenn sie als Begrenzungslinien eingesetzt werden, die der Breite eines Textteils entsprechen sollen. Das unterscheidet übrigens den überstrichenen Text von der Rahmenlinie, die nicht nur die Inhaltsbreite, sondern auch den Innenrand einer Box umfasst. In Abbildung 9–14 finden Sie overline und border im direkten Vergleich und darunter den zugehörigen HTML-Code.

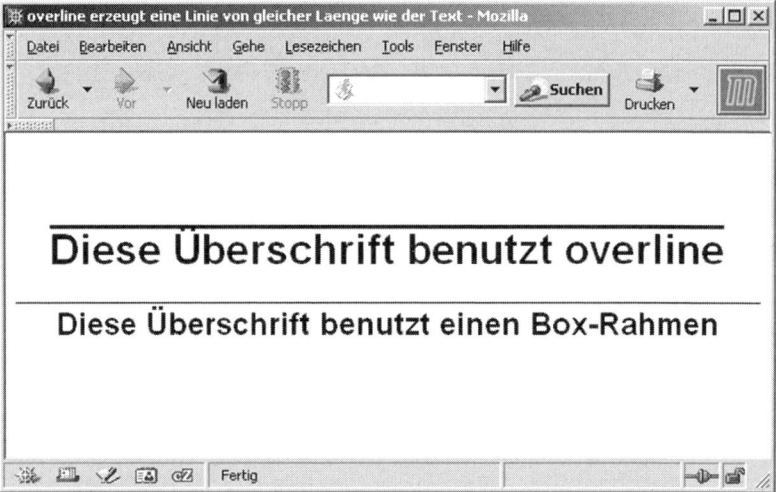

Abb. 9–14
overline *erzeugt eine Linie von gleicher Länge wie der Text*

```
<!DOCTYPE html PUBLIC "-//W3C//DTD XHTML 1.0 Transitional//EN"
  "http://www.w3.org/TR/xhtml1/DTD/xhtml1-transitional.dtd">
<html xmlns="http://www.w3.org/1999/xhtml">
<head>
  <title>overline erzeugt eine Linie von gleicher Laenge wie der
    Text</title>
  <meta http-equiv="Content-Type"
    content="text/html; charset=iso-8859-1" />
  <style type="text/css">
  <!--
  h1 {
     text-align: center;
     text-decoration: overline;
  }
  h2 {
     text-align: center;
     border-top: 1px solid black;
  }
  -->
  </style>
</head>
```

```
<body>
<h1>Diese &Uuml;berschrift benutzt overline</h1>
<h2>Diese &Uuml;berschrift benutzt einen Box-Rahmen</h2>
</body>
</html>
```

Für die obere Überschrift haben wir die Eigenschaft text-decoration mit dem Wert overline verwendet. Nur der Text wird überstrichen. Die Rahmenlinie über der zweiten Überschrift verläuft über die ganze Seitenbreite, weil sie das Kopfende der Box des Blockelements h1 anzeigt.

Um eine Trennlinie zwischen zwei Textelementen einzusetzen, kann man auch das HTML-Tag <hr> einsetzen. Doch auch wenn man seine Breite und Ausrichtung genau bestimmen kann, empfiehlt sich trotzdem der Einsatz von overline. Egal wie breit eine Seite dargestellt wird oder welche Schriftgröße angewandt wird, die Linie entspricht immer genau der Länge des Textes, zu dem sie gehört.

Trennlinie zwischen Text

Der vierte Wert für text-decoration ist line-through. Mit ihm erzeugt man einen durchgestrichenen Text. HTML bietet dafür auch das Tag <del> an, das eine semantische Bedeutung besitzt und etwa beim Redigieren von HTML-Texten durchaus hilfreich ist. Möchte man jedoch nur aus Designgründen eine Durchstreichung vornehmen, sollte der CSS-Wert zum Einsatz kommen. Abbildung 9–15 und der daran anschließende HTML-Code zeigen Wirkung und Einsatz von line-through.

Durchstreichen

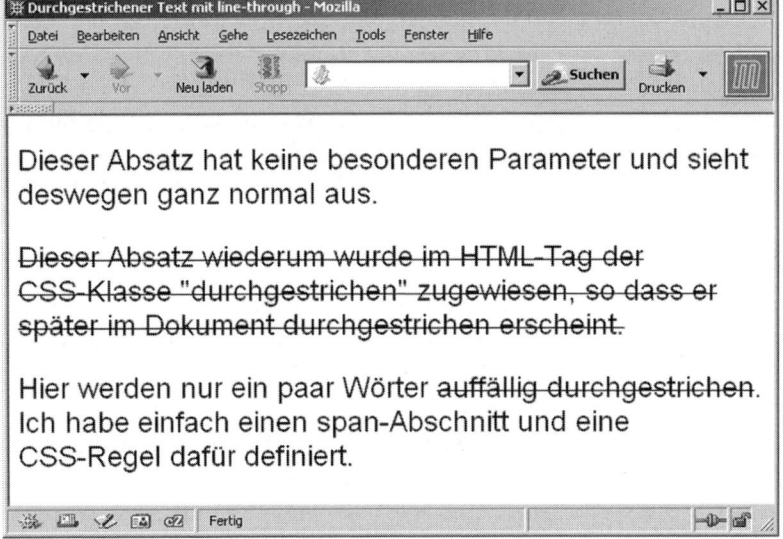

Abb. 9–15
Durchgestrichener Text mit line-through

```
<!DOCTYPE html PUBLIC "-//W3C//DTD XHTML 1.0 Transitional//EN"
  "http://www.w3.org/TR/xhtml1/DTD/xhtml1-transitional.dtd">
<html xmlns="http://www.w3.org/1999/xhtml">
<head>
  <title>Durchgestrichener Text mit line-through</title>
  <meta http-equiv="Content-Type"
    content="text/html; charset=iso-8859-1" />
  <style type="text/css">
  <!--
  .durchgestrichen {
    text-decoration: line-through;
  }
  -->
  </style>
</head>
<body>
<p>Dieser Absatz hat keine besonderen Parameter und sieht deswegen
  ganz normal aus.</p>
<p class="durchgestrichen">Dieser Absatz wiederum wurde im HTML-Tag
der Klasse 'durchgestrichen'zugewiesen, so dass er sp&auml;ter im
Dokument durchgestrichen erscheint.</p>
<p>Hier werden nur ein paar W&ouml;rter
  <span class="durchgestrichen"> auff&auml;llig durchgestrichen
</span>. Ich habe einfach einen span-Abschnitt und eine CSS-Regel
daf&uuml;r definiert.</p>
</body>
</html>
```

none Ein paar abschließende Worte sollen noch dem Wert none gehören: Natürlich kommt er nur äußerst selten zum Einsatz, da Text auch standardmäßig keine Dekoration hat. Manchmal ist er aber durchaus nützlich: Mit none kann man zum Beispiel die Unterstreichungen von Hyperlinks ausschalten oder auch die Vererbung von Textdekorationen an untergeordnete Elemente verhindern.

9.6   Schattierter Text ohne Grafik

Schattierte und dreidimensionale Texte geben einer Webseite ein dynamisches Aussehen und heben Überschriften deutlich hervor. Mit jedem Grafikprogramm kann man solche Effekte im Handumdrehen herstellen. Der Nachteil davon liegt allerdings auf der Hand: Textgrafiken behandelt der Browser nicht mehr als Text, sondern als Grafik, die weder markiert, durchsucht, indiziert noch maschinell verarbeitet werden kann. Und wie jede andere Grafik auch, wird sie vom Browser langsamer geladen als normaler Text.

9.6 Schattierter Text ohne Grafik

Mit CSS-Positionierung können Sie Schattierungen auch mit normalem HTML-Text erzeugen.[1] Abbildung 9–16 zeigt eine mit CSS schattierte Überschrift. Die Textfarbe red und die Hintergrundfarbe gray werden in unserem Beispiel ebenfalls in CSS definiert.

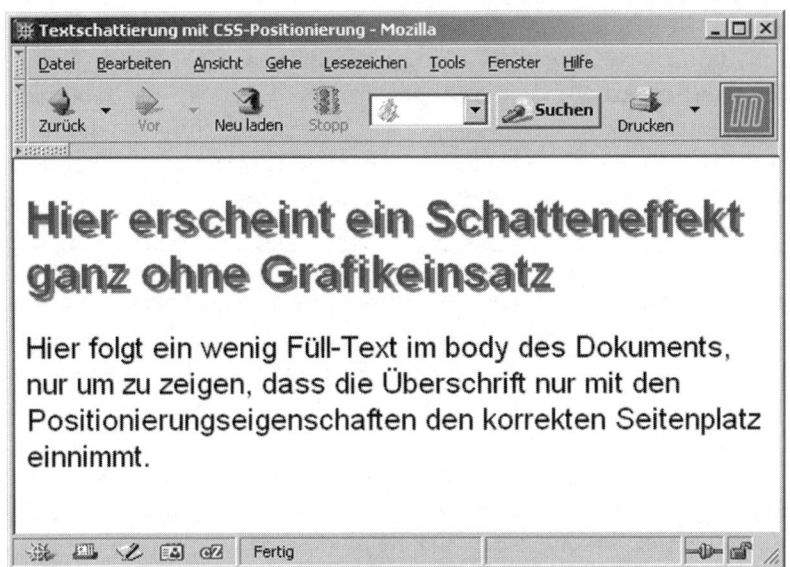

Abb. 9–16
Textschattierung mit CSS-Positionierung

Hinter Abbildung 9–16 steckt der folgende HTML-Code:

```
<!DOCTYPE html PUBLIC "-//W3C//DTD XHTML 1.0 Transitional//EN"
   "http://www.w3.org/TR/xhtml1/DTD/xhtml1-transitional.dtd">
<html xmlns="http://www.w3.org/1999/xhtml">
<head>
  <title>Textschattierung mit CSS-Positionierung</title>
  <meta http-equiv="Content-Type"
    content="text/html; charset=iso-8859-1" />
</head>
<body>
  <div style="position:relative;">
    <h1 style="color:red; position:relative; z-index:2">
      Hier erscheint ein Schatteneffekt ganz ohne Grafikeinsatz
    </h1>
    <h1 style="color:gray; position:absolute; left:3px;
      top:3px; z-index:1; margin:0px;">
      Hier erscheint ein Schatteneffekt ganz ohne Grafikeinsatz</h1>
  </div>
```

---

1. In CSS2 gibt es auch die Eigenschaft text-shadow, die den gleichen Effekt erzeugen soll. Leider wird sie momentan von keinem Browser unterstützt. Genaue Erklärungen dazu finden Sie in Anhang C.

```
<p>Hier folgt ein wenig F&uuml;ll-Text im body des Dokuments, nur um
   zu zeigen, dass die &Uuml;berschrift nur mit den
   Positionierungseigenschaften den korrekten Seitenplatz
   einnimmt.</p>
</body>
</html>
```

Um die Schattierung zu erzeugen, benutzen wir ein `<div>`-Tag als umschließendes Element für die beiden Überschriften, die sich überlappen sollen. Wir weisen der div-Eigenschaft `position` den Wert `relative` zu, damit wir die beiden `<h1>`-Tags darin positionieren können. Die rote Überschrift erhält den `position`-Wert `relative`, damit sie überhaupt über der anderen positioniert werden kann.

Die zweite Überschrift, die die Funktion des Schattens übernimmt, wird innerhalb des `div`-Bereichs mit `absolute` positioniert, so dass sie hinter die rote Überschrift gestellt werden kann. Die Position der grauen Überschrift wird mit drei Pixel Abstand zum linken Rand und drei Pixel Abstand zum oberen Rand des `div`-Bereichs festgelegt. Damit findet sie sich leicht versetzt hinter der roten Überschrift wieder.

Zur Erinnerung: Mit der Angabe `margin:0px` im `div`-Bereich umgehen wir den Mozilla-Fehler am oberen Seitenrand, der bereits in Kapitel 6 ausführlich beschrieben wurde.

9.7 Hyperlinks gestalten

Hyperlinks sind eine besondere Art von Text. Sie sind interaktiv und dienen der Navigation auf einer Seite und zwischen verschiedenen Seiten. Hyperlinks können zum Beispiel mit JavaScript auch für viele weitere Aufgaben eingesetzt werden, zum Beispiel um Dialog- oder Unterfenster zu erzeugen.

Statisches Aussehen und Link-Zustände mit Pseudo-Klassen

Es gibt grundsätzlich zwei Methoden, das Aussehen von Hyperlinks zu gestalten. Mit CSS-Eigenschaften kann man zum einen ein statisches Aussehen für sie festlegen, wie wir es bisher für normalen Text gemacht haben. Dabei lässt man die Besonderheit von Hyperlinks außer Acht, dass sie vier verschiedene Zustände annehmen können. Die zweite Methode macht sich diese Eigenschaft dagegen zunutze. CSS bietet vier Pseudo-Klassen für die vier verschiedenen Zustände von Ankerelementen (siehe Abbildung 9–1). Über diese kann man jedem Zustand einen eigenen Textstil zuweisen[2].

---

2. Nach dem CSS-Standard können die zwei Pseudo-Klassen `:hover` und `:active` auch für andere HTML-Elemente als Hyperlinks eingesetzt werden. Es existiert auch noch eine weitere Pseudo-Klasse `:focus`, die vom Internet Explorer unter Windows nicht unterstützt wird und daher nur selten zur Anwendung kommt.

Standardmäßig werden Links als blauer, unterstrichener Text dargestellt. Schrifttyp und -größe werden immer vom umgebenden Text vererbt. Man kann einem Link aber auch eine andere Schrift, Schriftgröße oder Farbe zuweisen. Das bietet sich besonders für längere Linklisten an, die übersichtlicher werden, wenn man sie vom umgebenden Text hervorhebt.

Pseudo-Klasse	Zustand des Hyperlinks
a:link	Link wurde noch nicht angeklickt
a:visited	Link wurde bereits angeklickt
a:hover	Mauszeiger befindet sich über Link
a:active	Link, während er angeklickt wird

Tab. 9–1
Die vier Pseudo-Klassen für das Ankerelement

Um das Aussehen von Hyperlinks zu verändern, können alle bekannten CSS-Methoden zur Textgestaltung verwendet werden. Im folgenden Beispiel weisen wir einen Link der CSS-Klasse `hyperlink` zu, in der wir eine besondere Schrift- und Farbkombination für ihn definiert haben:

```
<a class="hyperlink" href="irgendwo">Hier klicken</a>
```

In Abbildung 9–17 sehen Sie zwei Hyperlinks. Der obere, normale Link wird in typisch blauer Farbe und in der Standardschrift dargestellt. Nur seine Unterstreichung ist im Browser ausgeschaltet worden. Der untere Link ist eine Instanz der Klasse `hyperlink`, für die wir Schriftfamilie und -größe sowie die Farben für Hintergrund und Text definiert haben.

In einem Stylesheet kann man über die oben vorgestellten Pseudo-Klassen ein spezifisches Design für jeden möglichen Zustand eines Links festlegen – wie in folgendem typischen Beispiel:

Abb. 9-17
Zwei Hyperlinks mit unterschiedlichen Formatierungen

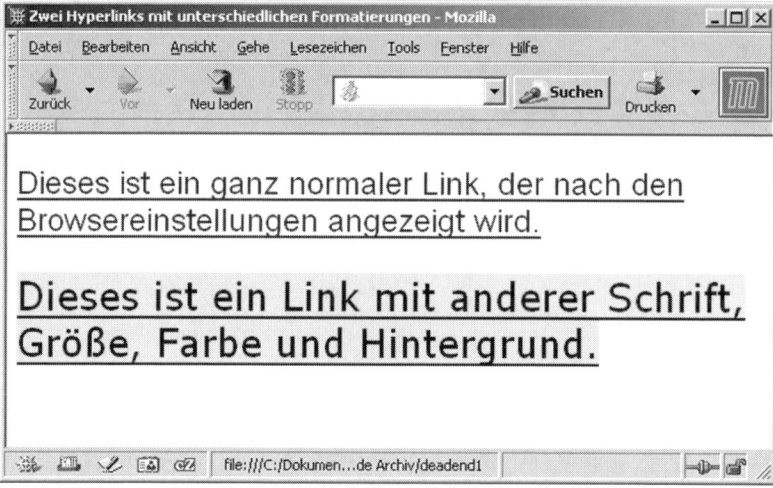

```
a:link {
  color: darkgreen;
  background-color: transparent;
}
a:visited {
  color: lightgreen;
  background-color: transparent;
}
a:hover {
  color: green;
  background-color: black;
}
a:active {
  color: black;
  background-color: green;
}
```

Reihenfolge beachten

Wenn Sie in einem Stylesheet das Aussehen der verschiedenen Zustände von Hyperlinks definieren, sollten Sie unbedingt die Reihenfolge aus unserem Beispiel einhalten. In CSS kann es durchaus passieren, dass eine Stilregel durch eine im selben Stylesheet nachfolgende überschrieben wird. Würden wir zum Beispiel als Erstes a:hover und dann erst a:link und a:visited definieren, würden die Werte der Stilregel von a:hover nicht zum Einsatz kommen. Da sich jeder Link, über dem ein Mauszeiger schwebt, zugleich auch in einem Zustand befindet, dass er entweder bereits besucht oder nicht besucht wurde, würde die Regel für :hover von den nachfolgenden Regeln für :link oder :visited gleich wieder aufgehoben.

Schweben auf besuchten Links

Es ist auch möglich, zwei kombinierte Pseudo-Klassen in einer Stilregel näher zu bestimmen. Mit der folgenden Stilregel wird zum

Beispiel eine besondere :hover-Farbe für bereits besuchte Verknüpfungen festgelegt:

```
a:visited:hover {
  color: blue;
  background-color: transparent;
}
```

Mit der folgenden Stilregel können Sie die Unterstreichung von Links in allen vier Zuständen auf einmal unterbinden:

```
a {
  text-decoration: none;
}
```

9.8 Listen gestalten mit CSS

Listen beginnen im HTML-Code entweder mit `<ul>` für eine Aufzählung ohne Nummerierung oder mit `<ol>` für eine nummerierte Aufzählung.[3] Beide sind umschließende Tags und benötigen die Abschluss-Tags `</ul>` oder `</ol>` am Ende ihres Elements. Die einzelnen Listeneinträge werden mit einem `<li>` ausgezeichnet. `<li>` kann zwar ohne abschließendes Tag eingesetzt werden, sollte aber im Zuge der Umstellung auf XML-basierte Webseiten trotzdem immer mit einem `</li>` wieder geschlossen werden.

Listen sind Blockelemente und gehören neben Überschriften und Absätzen zu den meistverwendeten Textelementen in HTML. Alle bisher eingeführten Design- und Layouteigenschaften in CSS sind für sie gültig. Wir wollen uns an dieser Stelle nur auf drei spezifische CSS-Eigenschaften konzentrieren, die ausschließlich für Listen einzusetzen sind:

- list-style-type
- list-style-position
- list-style-image

Nicht fehlen in dieser Aufzählung darf die zusammenfassende Eigenschaft `list-style`, die es erlaubt, mehrfache Eigenschaften für eine Liste in einer Deklaration festzulegen. Sie wird wie alle anderen zusammenfassenden Eigenschaften in CSS verwendet.

---

3. Es gibt noch weitere Arten von Listen für Menüs, Definitionen, Glossare und Verzeichnisse. Sie unterscheiden sich aber visuell nicht von den beiden vorgestellten Listenarten. Ich habe sie daher weggelassen.

9.8.1 Die list-style-type-Eigenschaft

Mit der Eigenschaft list-style-type wird festgelegt, welche Art von Aufzählungszeichen für die Listeneinträge benutzt wird. Alle verfügbaren Werte finden Sie in den Tabellen 9–2 und 9–3.

Tab. 9–2
Werte für die Eigenschaft list-style-type in nicht nummerierten Listen

Wert	Bedeutung
circle	leerer Kreis
disc	ausgefüllter Kreis
square	ausgefülltes Quadrat*

*. Das gefüllte Quadrat wird als Aufzählungszeichen auf dem Macintosh von Browsern in den Versionen 4 nicht unterstützt.

Abb. 9–18
Verschachtelte Listen ohne CSS

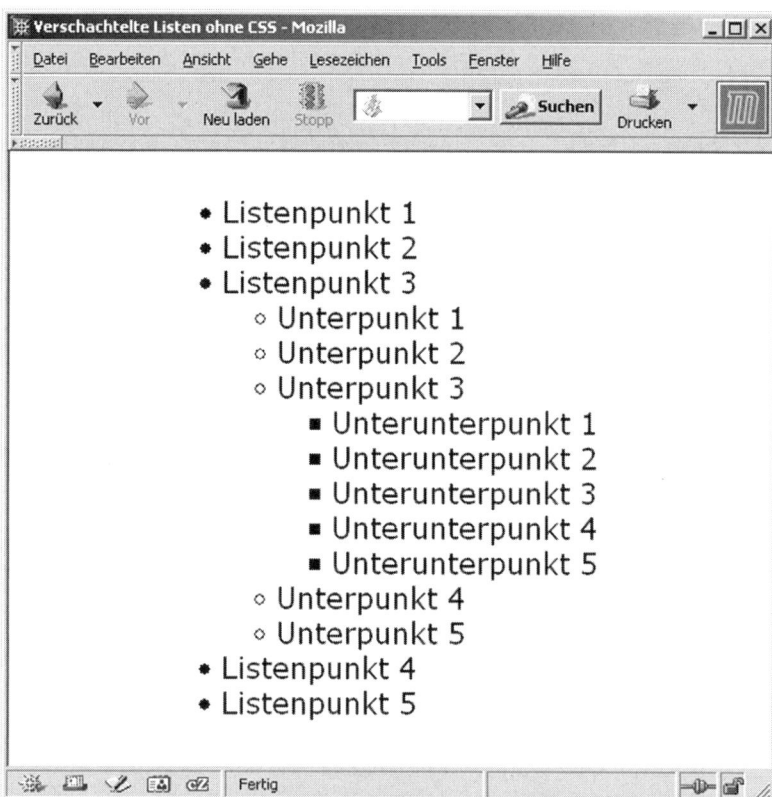

Eigentlich gibt es noch viele weitere Werte für list-style-type, unter anderem für Sprachen wie Hebräisch, Armenisch, Japanisch und Chinesisch. Diese werden entweder von rechts nach links geschrieben oder von oben nach unten und erfordern dafür spezielle Anordnungen von Listenelementen. Doch nur die wenigsten Leser dieses Buches werden diese Sprachen einsetzen, geschweige denn sprechen können. Von daher können wir sie an dieser Stelle vernachlässigen.

Wert	Bedeutung
decimal	1, 2, 3, 4, 5
decimal-leading-zero	01, 02, 03, 04, 05
lower-alpha	a, b, c, d, e
lower-roman	i, ii, iii, iv, v
upper-alpha	A, B, C, D, E
upper-roman	I, II, III, IV, V

Tab. 9–3
Werte für die Eigenschaft list-style-type *in nummerierten Listen*

Standardmäßig benutzen Listen als Aufzählungszeichen einen gefüllten Kreis. Für verschachtelte Listen wird auf der ersten Einzugsebene ein ausgefülltes Quadrat eingesetzt (siehe Abbildung 9–18).

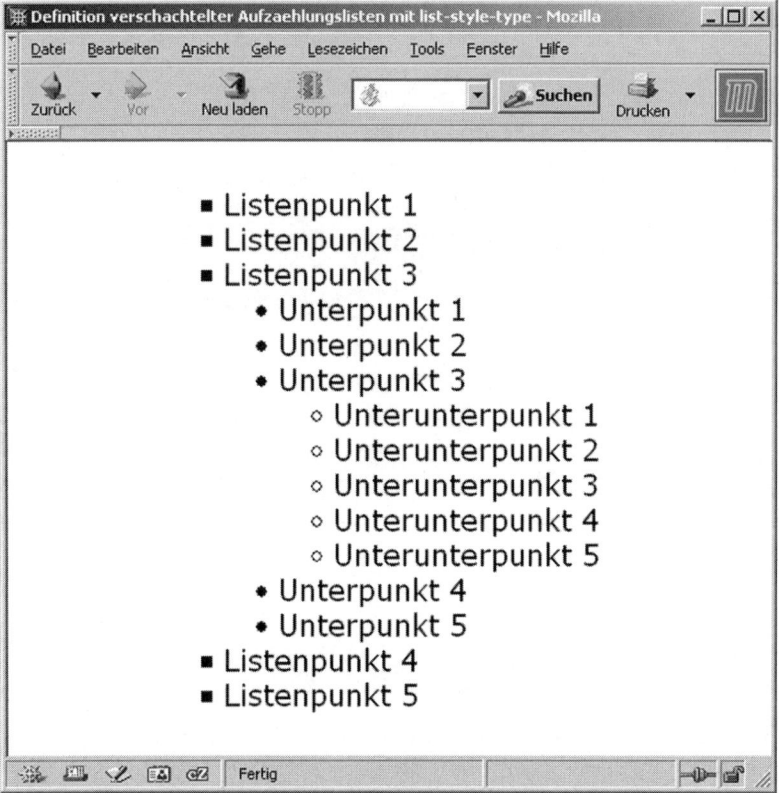

Abb. 9–19
Definition verschachtelter Aufzählungslisten mit list-style-type

So schön, so gut. Mit CSS können Sie die Aufzählungszeichen auf jeder Ebene aber auch anders festlegen. Die folgenden Stilregeln etwa erzeugen für die oberste Listenebene ein ausgefülltes Quadrat, für die zweite einen ausgefüllten Kreis und für die dritte einen leeren Kreis:

```
ul {
   list-style-type: square;
}
ul ul {
   list-style-type: disc;
}
ul ul ul {
   list-style-type: circle;
}
```

Bitte beachten Sie, dass wir hier für die drei verschachtelten Listenebenen und ihre zugehörigen Stilmerkmale Selektoren für Nachfahren einsetzen. Es ist in diesem Fall die einfachste und effizienteste Art, Stilregeln zuzuweisen Das Ergebnis sehen Sie in Abbildung 9-19.

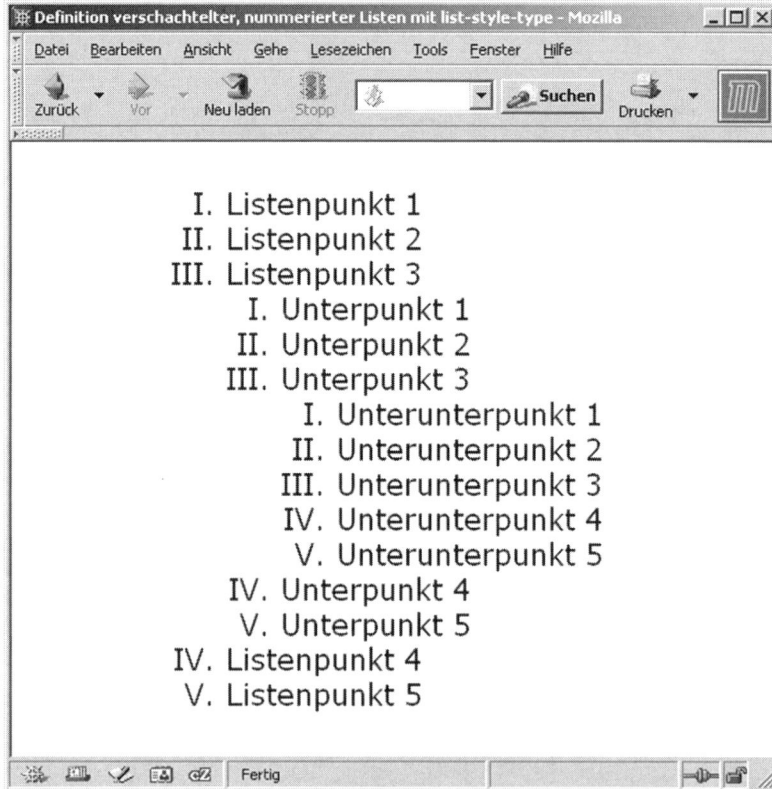

Abb. 9–20
Definition verschachtelter, nummerierter Listen mit `list-style-type`

Die Gestaltung nummerierter Listen wirkt auf den ersten Blick komplizierter als die reiner Aufzählungslisten, sie funktioniert aber im Prinzip genauso. Wenn Sie für die oberste Ebene eine bestimmte Art von Aufzählungszeichen festlegen, werden diese an die untergeordneten Listen weitervererbt. Abbildung 9–20 veranschaulicht, was zum

Beispiel passiert, wenn der übergeordneten Liste mit dem Wert upper-roman groß geschriebene römische Zahlen zugewiesen werden. Die Aufzählungszeichen werden auch für die verschachtelten Listen verwendet.

Das Ergebnis wirkt trotzdem nicht besonders ansprechend und übersichtlich. Weisen wir aber jeder einzelnen Liste ein anderes Aufzählungszeichen zu, sieht die verschachtelte Liste schon deutlich besser aus. Das Ergebnis der folgenden Stilregel sehen Sie in Abbildung 9–21.

```
ol {
   list-style-type: upper-roman;
}
ol ol {
   list-style-type: upper-alpha;
}
ol ol ol {
   list-style-type: decimal;
}
```

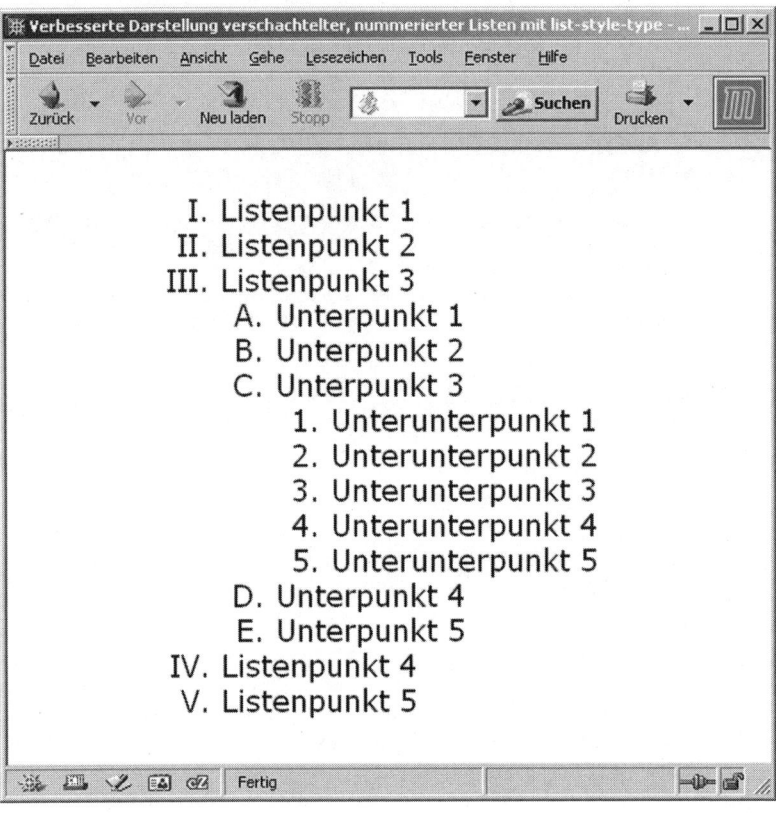

Abb. 9–21
Verbesserte Darstellung verschachtelter nummerierter Listen mit list-style-type

9.8.2 Die list-style-position-Eigenschaft

Sowohl bei nummerierten als auch bei nicht nummerierten Listen werden Aufzählungszeichen vertikal ausgerichtet und der dazugehörige Text eingerückt. Die Layoutanmutung ist ordentlich und aufgeräumt, der Inhalt wird übersichtlich strukturiert.

Mit CSS kann man eine Liste aber auch so definieren, dass jeder mehrzeilig angezeigte Listeneintrag nicht nur bis zum eingerückten Zeilenanfang, sondern bis unter das Aufzählungszeichen umbrochen wird. Wir benutzen dafür die Eigenschaft list-style-position. In Abbildung 9–22 sehen Sie zwei Listen mit den beiden für diese Eigenschaft gültigen Werten outside und inside.

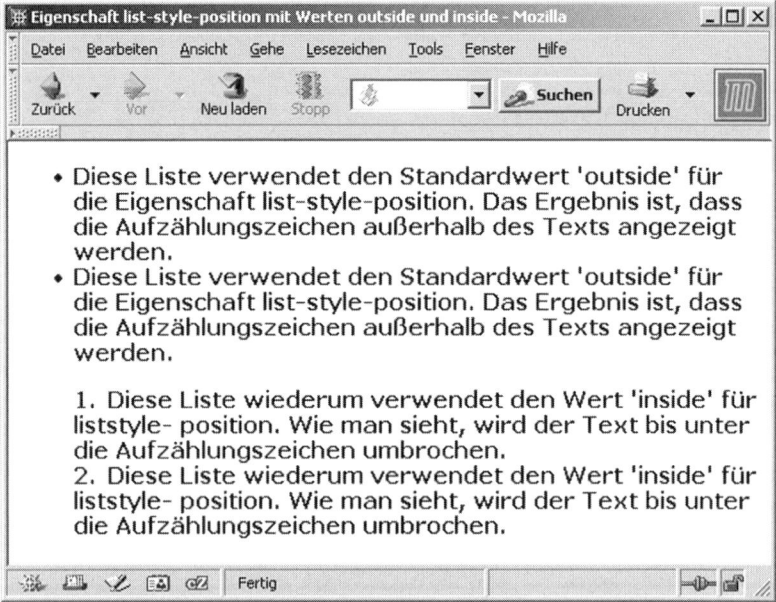

Abb. 9–22
Eigenschaft list-style-position *mit Werten* outside *und* inside

Folgender HTML-Code führt zu Abbildung 9–22:

```
<!DOCTYPE html PUBLIC "-//W3C//DTD XHTML 1.0 Transitional//EN"
  "http://www.w3.org/TR/xhtml1/DTD/xhtml1-transitional.dtd">
<html xmlns="http://www.w3.org/1999/xhtml">
<head>
  <title>Eigenschaft list-style-position mit Werten outside und
    inside</title>
  <meta http-equiv="Content-Type"
    content="text/html; charset=iso-8859-1" />
  <style type="text/css">
```

```
    <!--
    ol {
      list-style-position: inside;
    }
    </style>
  </head>
  <body>
    <ul>
   <li>Diese Liste verwendet den Standardwert 'outside' f&uuml;r die
       Eigenschaft list-style-position. Das Ergebnis ist, dass die
       Aufz&auml;hlungszeichen au&szlig;erhalb des Texts angezeigt
       werden.</li>
   <li>Diese Liste verwendet den Standardwert 'outside' f&uuml;r die
       Eigenschaft list-style-position. Das Ergebnis ist, dass die
       Aufz&auml;hlungszeichen au&szlig;erhalb des Texts angezeigt
       werden.</li>
    </ul>
    <ol>
   <li>Diese Liste wiederum verwendet den Wert 'inside' f&uuml;r list-
       style-position. Wie man sieht, wird der Text bis unter die
       Aufz&auml;hlungszeichen umbrochen.</li>
   <li>Diese Liste wiederum verwendet den Wert 'inside' f&uuml;r list-
       style-position. Wie man sieht, wird der Text bis unter die
       Aufz&auml;hlungszeichen umbrochen.</li>
    </ol>
  </body>
</html>
```

9.8.3 Die list-style-image-Eigenschaft

In Listen können Aufzählungszeichen auch durch Grafiken ersetzt werden. Dafür verwendet man die Eigenschaft list-style-image. Ihr einziger gültiger Wert ist eine relative oder absolute URL, die auf ein browserkompatibles Bild vom Typ GIF, JPEG oder PNG verweist. Abbildung 9–23 zeigt list-style-image im Einsatz.

Wir haben in unserem Stylesheet eine weitere Stilregel angelegt, die unseren Listeneinträgen ein list-style-image zuweist:

```
<style type="text/css">
<!--
ol {
  list-style-position: inside;
}
ul {
  list-style-image: url(bilder/ball.gif);
}
-->
</style>
```

Abb. 9–23
Bilder als Aufzählungszeichen mit `list-style-image`

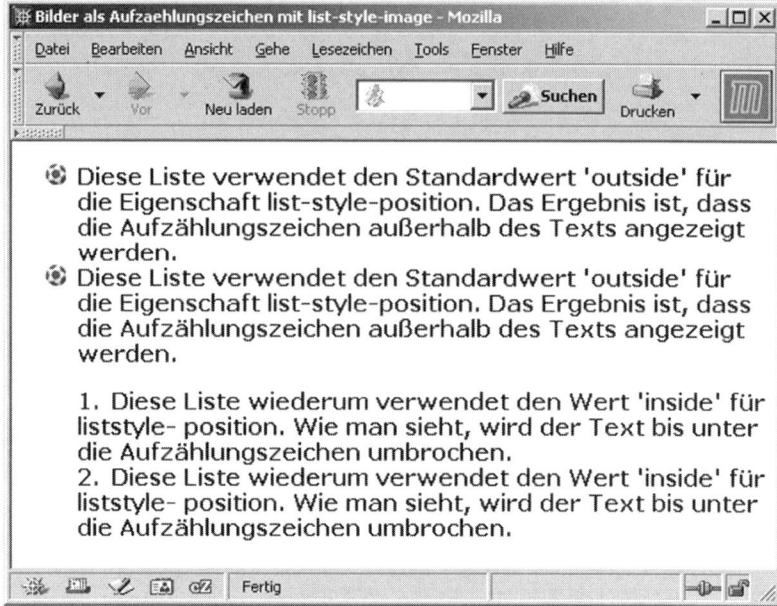

Bitte beachten Sie, dass URLs in Stylesheets immer auch im CSS-Format angegeben werden müssen. Dafür verwenden wir den Operator `url` und schreiben den Pfad in Klammern.

9.9 Kaskadierung in CSS

Das »C« in CSS

Das »C« in CSS steht für »cascading«. In den bisherigen Kapiteln und Beispielen spielte Kaskadierung noch keine große Rolle. Jetzt wollen wir sie uns genauer anzuschauen. Durchweg alle Elemente auf einer Webseite sind den Regeln der Kaskadierung unterworfen. In den folgenden Beispielen werden wir sie vor allem anhand von einfachen und anschaulichen Textelementen erklären.

Kaskadierung und Vererbung

Das Prinzip der Vererbung ist der Kaskadierung in seinen Auswirkungen relativ ähnlich. Trotzdem stehen beide für völlig unterschiedliche Vorgänge in CSS. Die Kaskadierung bestimmt, welche Eigenschaften zum Einsatz kommen, wenn ein Element Werte von mehreren Stilregeln zugewiesen bekommt. Die Vererbung wiederum regelt, wie Eigenschaften von übergeordneten an untergeordnete Elemente weitergegeben werden.

Das hört sich kompliziert an, ist es aber nicht. In der Praxis kann man beide gut auseinander halten. Wir werden uns den Unterschied anhand mehrerer einfacher Beispiele verdeutlichen. Danach werfen wir einen genaueren Blick auf die Kaskadierung.

9.9.1 Das Prinzip der Kaskadierung

Wenn Sie CSS nur für einfache Probleme verwenden möchten, reicht es aus, nur die Grundprinzipien der Kaskadierung zu verstehen. Verwenden Sie zum Beispiel ausschließlich externe Stylesheets und setzen deren Einstellungen nur selten durch zusätzliche eingebettete Stilregeln außer Kraft, werden Sie erst gar nicht mit komplizierteren Abläufen der Kaskadierung konfrontiert.

Sobald Sie aber etwas komplexere Seiten entwickeln, werden Sie schnell in die Situation kommen, dass die Resultate in Ihrem Browser nicht dem entsprechen, was Ihre CSS-Regeln eigentlich bewirken sollen. Oft liegt das Problem dann darin, dass einem Seitenelement mehrere, konkurrierende Eigenschaftsdefinitionen zugewiesen werden und nach den Regeln der Kaskadierung nicht die richtige Definition an der richtigen Stelle zum Einsatz kommt. Wenn Sie aber die Kaskadierung erst richtig verstanden haben, werden Sie Ihre CSS-Regeln wesentlich besser im Griff haben und sie logischer, konsequenter und effizienter einsetzen können.

Konkurrierende Eigenschaftsdefinitionen

Die Kaskadierung in CSS funktioniert nach den folgenden vier Grundprinzipien:

- Gewichtung
- Herkunft
- Besonderheit
- Ereignisabfolge

Wenn einem Element mehrere Stilregeln mit gleichen Eigenschaften zugewiesen werden und miteinander in Konflikt treten, trifft der Browser seine Entscheidung, welche zum Einsatz kommen soll, in einer Kaskade mit fünf Stufen. Wird bereits ein Auswahlmerkmal auf einer oberen Stufe erfüllt, werden die unteren Stufen in der Kaskade nicht mehr durchlaufen.

Browser entscheidet in einer fünfstufigen Kaskade

1. Der Browser durchsucht die für das Element gültigen Stilregeln nach dem Schlüsselwort !important. Trägt eine Stilregel diesen Ausdruck, wird sie bevorzugt behandelt. Das entspricht dem Prinzip der Gewichtung.

   Gewichtung

2. Alle Stilregeln, die mit dem Schlüsselwort !important deklariert sind und aus dem lokalen Stylesheet des Benutzers stammen, haben Vorrang vor allen anderen Regeln. Das entspricht dem Prinzip der Herkunft, kombiniert mit dem Prinzip der Gewichtung.

   Herkunft und Gewichtung

Herkunft

3. Unter den Stilregeln, die nicht die Markierung !important besitzen, werden diejenigen priorisiert, die aus dem Stylesheet des Autors stammen. Die normalen Stylesheets des Benutzers sind also hier nachgeordnet. Erneut greift das Prinzip der Herkunft.

Besonderheit

4. Für jede Stilregel wird geprüft, wie genau sie auf das entsprechende Element zutrifft. Spezifischere Regeln bekommen Vorrang, allgemeinere werden nachrangig bewertet. Eine Stilregel, die zum Beispiel grundsätzlich für alle Absätze p in einem Dokument gilt, ist weniger spezifisch als eine Stilregel mit einem Selektor für die Absätze p einer bestimmten Klasse oder ID. So haben auch mit dem style-Attribut in HTML deklarierte Regeln immer Vorrang, weil sie nur für das betreffende Element gelten. Das entspricht dem Prinzip der Besonderheit.

Ereignisabfolge

5. Als letztes Kriterium entscheidet die Reihenfolge, in der die Regeln deklariert werden. Regeln, die in einem Dokument später deklariert werden, haben Vorrang vor früher deklarierten Regeln. Das ist das Prinzip der Abfolge der Ereignisse.[4]

Nachdem der Browser entschieden hat, welche Stilregel nach diesen Kriterien Vorrang hat, werden ihre deklarierten Eigenschaften auf das Element angewandt und die anderen vernachlässigt.

Möchte man als Designer die Wichtigkeit seiner Deklarationen und Elemente steuern, ist man gewohnt, genau in der umgekehrten Reihenfolge wie der Browser zu arbeiten. Man legt seine HTML-Tags und CSS-Regeln hauptsächlich nach dem Prinzip der Ereignisabfolge fest. Das ist auch soweit kein Problem. Werden die Seiten jedoch komplexer, sollte man sich zwangsläufig auch mit dem Prinzip der Spezifikation auseinander setzen. Das Prinzip der Herkunft wiederum ist nicht beeinflussbar in der Entwicklung, und das Schlüsselwort !important sollte man aufgrund seiner hohen Priorisierung möglichst vermeiden.

Um uns die einzelnen Stufen der Kaskade genauer anzuschauen, werden wir auf der untersten beginnen. Diese ist zwar quasi die unwichtigste, für unsere Arbeit als Designer aber gerade deswegen die relevanteste. Denn um Dokumente möglichst gut zu strukturieren und Fehler zu vermeiden, gilt für die CSS-Entwicklung folgendes Prinzip: Wende nur dann die Mittel oberer Stufen in der Kaskade an, wenn es nicht anders geht!

---

4. Hier gilt also nicht das Prinzip »Wer zuerst kommt, mahlt zuerst«, sondern eher »Wer zuletzt lacht, lacht am besten.«

9.9.2 Abfolge von Ereignissen

Es gibt drei Arten, Stilregeln zuzuweisen: über ein externes Stylesheet, über ein eingebettetes Stylesheet oder mit dem Attribut `style` im HTML-Tag. Für die Abfolge von Ereignissen macht es keinen Unterschied, wo eine Stilregel definiert ist, sondern nur, an welcher Stelle sie zum Einsatz kommt.

Externe Stylesheets, eingebettete Stylesheets und das `style`-Attribut

Nehmen wir ein Beispiel: Das externe Stylesheet `mylayout.css` enthält die folgende Stilregel:

```
h2 {
  color: green;
}
```

Auf einer speziellen Seite soll h2 jedoch von der »normalen« Darstellung abweichen und in einer anderen Farbe angezeigt werden. So können Sie zum Beispiel in einem eingebetteten Stylesheet für h2 eine andere Farbe definieren.

```
h2 {
  color: blue;
}
```

Dieses eingebettete Stylesheet kommt nur dann zum Einsatz, wenn Sie es mit einem `<style>`-Tag hinter dem `<link>`-Tag des externen Stylesheets in den Header der Seite einbauen. Nach dem Prinzip der Ereignisabfolge erhält es dann den Vorrang vor dem anderen.

Mit nur einer Eigenschaftsdefinition wie in unserem Beispiel ist es noch einfach nachzuvollziehen, wie das Prinzip der Ereignisabfolge funktioniert. Die eingebettete Regel setzt das externe Stylesheet außer Kraft – alle h2-Elemente werden auf der Seite blau dargestellt. Es ist wichtig zu beachten, dass die zweite Regel die erste nicht wirklich überschreibt, sondern nur vor der anderen dominiert, weil sie *nach* ihr deklariert wurde. Platzieren Sie einfach das `<style>`-Tag vor das `<link>`-Tag, und schon erscheinen alle h2-Elemente wieder in Grün.

Leider sind die Dinge nicht immer ganz so klar und eindeutig. Wir bauen das Beispiel der grünen Überschriften nun etwas aus und fügen dem externen Stylesheet einige weitere Eigenschaften hinzu.

```
h2 {
  color: green;
  background-color: transparent;
  margin-left: 10px;
  font-family: Arial, Helvetica, sans-serif;
  text-decoration: overline;
}
```

Auf einer anderen Seite setzen wir in einem eingebetteten Stylesheet folgende Stilregel ein:

```
h2 {
  margin-left: 20px;
  text-decoration: none;
}
```

Wieder bauen wir die eingebetteten Stilregeln erst nach dem Link auf die externe CSS-Datei auf unsere Seite ein. In diesem Fall kommen auch die Eigenschaften aus dem externen Stylesheet zum Einsatz, die nicht in dem auch hier priorisierten eingebetteten Stylesheet anders formuliert werden. Die h2-Überschrift wird also in grün, mit transparentem Hintergrund und den Schriften des externen Stylesheets und mit dem linken Innenrand von 20 Pixel und der ausgeschalteten Textdekoration des eingebetteten Stylesheets angezeigt.

Bei zwei oder mehreren Stilregeln, die bei einem Element in Konkurrenz zueinander stehen, erhält immer die Stilregel den Vorrang, die an letzter Stelle deklariert wurde. Voraussetzung ist natürlich, dass hinsichtlich der wichtigeren Kriterien Besonderheit, Herkunft und Gewichtung keine Unterschiede bestehen.

9.9.3 Besonderheit (Spezifität)

Wie spezifisch beschreibt die Regel ein Element?

Für eine Stilregel ist es ausschlaggebender, wie spezifisch sie ein bestimmtes Element beschreibt, als wo sie im Dokument steht. In der Kaskade wird eine spezifische Stilregel immer einer allgemeineren vorgezogen.

Das folgende HTML-Fragment enthält zwei Stilregeln, die beide auf das p-Element der Klasse spezial zutreffen. Nach dem Kriterium der Ereignisabfolge müsste dieser Absatz eigentlich mit weißer Schrift auf blauem Hintergrund dargestellt werden. Der Text erscheint jedoch in roter Schrift auf weißem Hintergrund. Nicht etwa die letztgenannte, sondern die erstgenannte Stilregel kommt hier zum Einsatz. Sie ist der zweiten nach dem Kriterium der Besonderheit (oder Spezifität, engl. specificity) übergeordnet.

```
<!DOCTYPE html PUBLIC "-//W3C//DTD XHTML 1.0 Transitional//EN"
  "http://www.w3.org/TR/xhtml1/DTD/xhtml1-transitional.dtd">
<html xmlns="http://www.w3.org/1999/xhtml">
<head>
  <title>Ohne Worte</title>
</head>
<style type="text/css">
<!--
```

```
p.spezial {
  color: red;
  background-color: white;
}
p {
  color: white;
  background-color: blue;
}
-->
</style>
<body>
  <p class="spezial">Dieses ist ein Absatz.</p>
</body>
</html>
```

Je genauer eine Stilregel in ihrem Selektor ein Element beschreibt, desto stärker wird sie priorisiert. In unserem einfachen Beispiel ist das leicht nachvollziehbar. Bei etwas komplexeren Dokumenten ist es jedoch nicht möglich, einzelne Selektoren einfach miteinander zu vergleichen und daraus abzulesen, welcher zur Anwendung kommt.

Die Besonderheit eines Selektors spiegelt sich in ihrem Spezifitätsgrad wider. Dieser wird mit der folgenden Formel berechnet:

Den Spezifitätsgrad berechnen

```
(100 x IDWerte) + (10 x WeitereTypen) + BezeichneteElemente
```

Diese Formel simuliert den Algorithmus, mit der ein Browser bestimmt, welche Spezifität ein Selektor besitzt. Sie besteht aus der Summe dieser drei Komponenten:

1. Die Summe der ID-Selektoren (zum Beispiel `#spezial`) in der Stilregel, multipliziert mit dem Faktor 100
2. Die Summe anderer spezifischer Selektoren (zum Beispiel Klassen oder Pseudo-Klassen, aber nicht Pseudo-Elemente), multipliziert mit dem Faktor 10
3. Die Summe anderer Element-Selektoren

Tabelle 9–4 enthält verschiedene Beispiele für Selektoren und führt ihre nach dieser Formel errechneten Spezifitätsgrade auf.

Von dieser Formal ausgenommen sind Stileigenschaften, die intern mit dem HTML-Attribut `style` deklariert werden. Sie werden nach dem Prinzip der Spezifität immer priorisiert, da sie naturgemäß nur für ein spezifisches Element angewendet werden. Keine andere externe oder eingebettete Stilregel kann eine interne Stileigenschaft überschreiben.

Bei zwei oder mehreren konkurrierenden Stilregeln, die sich auf ein Element beziehen, wird immer die mit dem höheren Spezifitätsgrad angewendet – natürlich nur unter der Voraussetzung, dass keine Unterschiede hinsichtlich der wichtigeren Auswahlkriterien Herkunft und Gewichtung bestehen.

Tab. 9–4
Ausgewählte Selektoren, geordnet nach ihrem Spezifitätsgrad

Selektor	IDs	Klassen	Elemente	Spezifitätsgrad
em	0	0	1	1
p em	0	0	2	2
.critical	0	1	0	10
a:hover	0	1	1	11
div p span.critical	0	1	3	13
#critical	1	0	0	100
p#critical	1	0	1	101

9.9.4 Herkunft

Konflikt zwischen Autor und Benutzer

Nach dem Prinzip der Herkunft werden Konflikte zwischen Regeln gelöst, die einerseits vom Autor einer Seite deklariert werden, und solchen, die ein Benutzer in seinen Browsereinstellungen oder in einem lokalen Stylesheet einsetzt. Grundsätzlich haben die Stilregeln des Autors hier Vorrang. Es gibt jedoch einen wichtigen Ausnahmefall: Wenn konkurrierende Stileigenschaften mit dem Wert !important ausgezeichnet sind, wirkt das Prinzip der Herkunft genau umgekehrt. Die benutzerdefinierten Angaben werden dann den seitenspezifischen vorgezogen.

Bei zwei oder mehreren konkurrierenden Stilregeln, die sich auf ein Element beziehen, kommt immer die zum Einsatz, die nach dem Prinzip der Herkunft höher priorisiert wird. Voraussetzung ist hier, dass keine Unterschiede in der Gewichtung bestehen.

9.9.5 Gewichtung (!important)

Vorrang vor allen Eigenschaften

Eine Eigenschaft, der der Wert !important zugewiesen wird, hat in der Kaskadierung immer Vorrang vor allen Eigenschaften ohne diesen Wert.

Es ist somit relativ einfach sicherzustellen, dass eine Stilregel nicht von anderen außer Kraft gesetzt wird. Möchten Sie etwa auf einer Seite alle Überschriften der dritten Ebene nur noch in Blau und um 20 Pixel nach rechts eingerückt darstellen, geben Sie einfach folgende Stilregel an:

```
h3 {
  color: blue !important;
  margin-left: 20px !important;
}
```

Falls diese Überschrift nun von einer anderen Stilregel eine andere Farbe oder einen anderen Innenrand erhalten soll, wird sie der Browser einfach ignorieren und unsere als »wichtig« deklarierte Stilregel bevorzugen.

Beachten Sie aber unbedingt, dass Sie auch mit `!important` nicht ganz sichergehen können, dass Ihre Stilregel auf jeden Fall zum Einsatz kommt. Vom Benutzer als `!important` deklarierte Eigenschaften fallen immer noch mehr ins Gewicht. Sind zwei Stilregeln nach dem Prinzip der Gewichtung gleich, wird nach dem Prinzip der Herkunft ausgewählt.

Da Einstellungen des Benutzers aber sowieso nicht kontrolliert werden können, sollten Sie für Ihr Design davon ausgehen, dass Ihre Regeln mit dem Wert `!important` nicht überschrieben werden. Nur in den seltensten Fällen werden die Benutzereinstellungen mit Ihren Stylesheets konkurrieren, und wenn das der Fall ist, liegt das Verschulden dafür beim Benutzer selbst und nicht bei Ihnen.

9.10 Zusammenfassung

In diesem zweiten Kapitel über das Design von Textelementen haben wir uns eine Reihe von Techniken angeschaut, mit denen wir Ausrichtung, Einzüge, Positionierung, Schattierungseffekte, Hyperlinks und Listen gestalten können. Abschließend haben wir uns am Beispiel von Texteigenschaften eingehend mit den Prinzipien der Kaskadierung in CSS beschäftigt.

Mit den bisher gewonnenen Kenntnissen können Sie jetzt Stylesheets für komplexe Seiten erstellen und die Wirkung von Stilregeln aus verschiedenen Quellen präzise analysieren und steuern.

In Kapitel 10 wenden wir uns den nächsten Gestaltungselementen, nämlich Bildern, zu und sehen, wie wir sie mit CSS beeinflussen können.

10 CSS und Grafiken

CSS enthält viele Eigenschaften für die Positionierung und das Design aller möglichen Seitenelemente. Für den Umgang mit Grafiken bietet es dagegen nur wenige neue Möglichkeiten. Aber das ist kein Wunder, denn wie schon in HTML kann man auch in CSS mit Grafiken nicht viel mehr anfangen, als sie auf der Seite zu positionieren oder als Anker für Hyperlinks oder Imagemaps zu verwenden. Ihr eigentliches Aussehen kann nur in einem Grafikprogramm bearbeitet werden. Auf einer Webseite ist es nicht mehr zu verändern.

Trotzdem kann man den Einsatz von Grafiken mit CSS in begrenztem Maße steuern – besonders in der Kombination von Grafik- und Textelementen. Das vorliegende Kapitel gibt einen kurzen Überblick über die CSS-Eigenschaften für folgende Einsatzzwecke:

- das Positionieren und Anordnen von Bildern neben Text
- die Positionierung von Text auf Bildelementen
- das Ausschneiden von Bildern und anderen HTML-Elementen

10.1 Bilder und Text ausrichten

Wie bereits in Kapitel 7 erklärt, wird für das Ausrichten von Bildern und Text die CSS-Eigenschaft `float` eingesetzt. Zu Erinnerung: `float` ist das CSS-Gegenstück zu dem veralteten Attribut `align` im HTML-Tag `<img>`.

float

Abbildung 10–1 zeigt, wie wir mit `float` ein Bild von einem dazugehörigen Text umfließen lassen. In diesem Beispiel erhält `float` den Wert `left`. Das entspricht der veralteten HTML-Notation `<img align="left">` und führt zum gleichen Ergebnis.

Abb. 10-1

Verwendung der CSS-Eigenschaft float, *um Text um ein Bild fließen zu lassen*

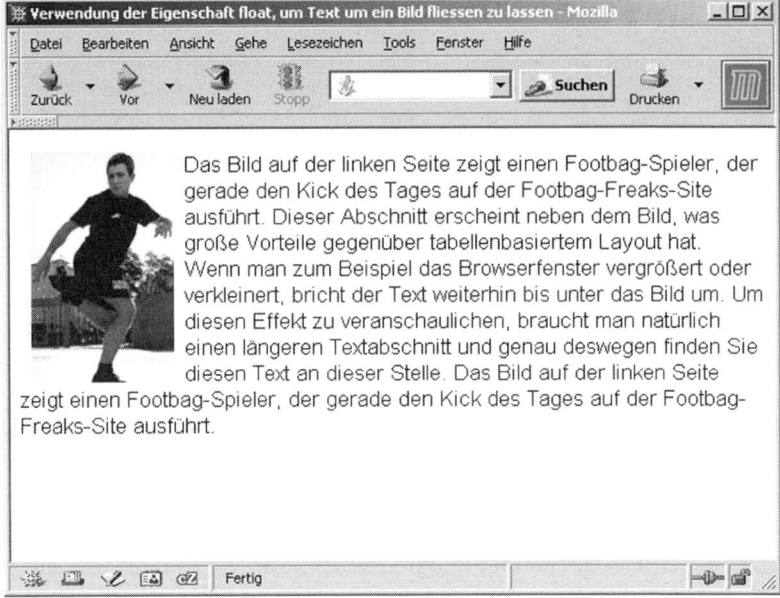

Folgender HTML-Code führt zu der Seite in Abbildung 10-1.

```
<!DOCTYPE html PUBLIC "-//W3C//DTD XHTML 1.0 Transitional//EN"
  "http://www.w3.org/TR/xhtml1/DTD/xhtml1-transitional.dtd">
<html xmlns="http://www.w3.org/1999/xhtml">
<head>
<title>Verwendung der CSS-Eigenschaft float, um Text um ein Bild
  fliessen zu lassen</title>
<meta http-equiv="Content-Type"
  content="text/html; charset=iso-8859-1" />
</head>
<body>
<img src="bilder/spieler.jpg" style="float: left; width: 112px;
  height: 177px; margin: 0 1.5% 0;" />
<p>Das Bild auf der linken Seite zeigt einen Footbag-Spieler, der
  gerade den Kick des Tages auf der Footbag-Freaks-Site
  ausf&uuml;hrt. Dieser Abschnitt erscheint neben dem Bild, was
  gro&szlig;e Vorteile gegen&uuml;ber tabellenbasiertem Layout
  hat. Wenn man zum Beispiel das Browserfenster
  vergr&ouml;&szlig;ert oder verkleinert, bricht der Text
  weiterhin bis unter das Bild um. Um diesen Effekt zu
  veranschaulichen, braucht man nat&uuml;rlich einen l&auml;ngeren
  Textabschnitt und genau deswegen finden Sie diesen Text an dieser
  Stelle. Das Bild auf der linken Seite zeigt einen
  Footbag-Spieler, der gerade den Kick des Tages auf der
  Footbag-Freaks-Site ausf&uuml;hrt.</p>
</body>
</html>
```

In Kapitel 6 haben wir bereits die Eigenschaft clear eingeführt. Mit ihr werden Absätze und andere Blockelemente angewiesen, auf keinen Fall neben, sondern stets unter einem float-Element dargestellt zu werden. Wir können etwa in unserem Beispiel den Text in zwei Absätze aufteilen und dem zweiten ein clear mit dem Wert left zuweisen. Die entsprechende Stelle im folgenden HTML-Code ist fett gedruckt. Das Resultat sehen Sie in Abbildung 10–2.

clear

```
<!DOCTYPE html PUBLIC "-//W3C//DTD XHTML 1.0 Transitional//EN"
 "http://www.w3.org/TR/xhtml1/DTD/xhtml1-transitional.dtd">
<html xmlns="http://www.w3.org/1999/xhtml">
<head>
<title>Mit clear wird der umfliessende Text um das Bild
  umbrochen</title>
<meta http-equiv="Content-Type"
  content="text/html; charset=iso-8859-1" />
</head>
<body>
<img src="bilder/spieler.jpg" style="float: left; width: 112px;
  height: 177px; margin: 0 1.5% 0;" />
<p>Das Bild auf der linken Seite zeigt einen Footbag-Spieler, der
  gerade den Kick des Tages auf der Footbag-Freaks-Site
  ausf&uuml;hrt. Dieser Abschnitt erscheint neben dem Bild, was
  gro&szlig;e Vorteile gegenüber tabellenbasiertem Layout hat.</p>
<p style="clear: left;">Wenn man zum Beispiel das Browserfenster
  vergr&ouml;&szlig;ert oder verkleinert, bricht der Text
  weiterhin bis unter das Bild um. Um diesen Effekt zu
  veranschaulichen, braucht man nat&uuml;rlich einen l&auml;ngeren
  Textabschnitt und genau deswegen finden Sie diesen Text an dieser
  Stelle. Das Bild auf der linken Seite zeigt einen Footbag-
  Spieler, der gerade den Kick des Tages auf der Footbag-Freaks-
  Site ausf&uuml;hrt.</p>
</body>
</html>
```

Abb. 10–2
Mit clear wird der umfließende Text um das Bild unterbrochen

10.2 Text auf Bildern positionieren

Eine weitere Technik ermöglicht es, Text an einer beliebigen Stelle auf einem Bild zu positionieren. In der Welt der Drucker und Mediengestalter wird diese Technik auch »K.-o.-Text« genannt, weil Teile des betreffenden Bildes damit quasi »k.o.« geschlagen werden.

Pixelangaben verwenden

Für diese Technik benötigen Sie keine neuen Eigenschaften oder Werte. Bild und Text werden einfach so positioniert, dass sie einander überlappen und der Text einen größeren Wert für den z-index (siehe Kapitel 6) erhält. Der schwierigere Teil ist die Bestimmung der richtigen Größe und Position der Schrift, damit der Text exakt auf dem Bild dargestellt wird. Es empfiehlt sich dafür Pixelangaben einzusetzen, da auch die Größenangaben von Bildern in der Regel in Pixel angegeben werden.

Abbildung 10–3 zeigt ein einfaches Beispiel für die Verwendung von Text auf einem Bild.

Der folgende HTML-Code erzeugt die Seite in Abbildung 10–3.

```
<!DOCTYPE html PUBLIC "-//W3C//DTD XHTML 1.0 Transitional//EN"
  "http://www.w3.org/TR/xhtml1/DTD/xhtml1-transitional.dtd">
<html xmlns="http://www.w3.org/1999/xhtml">
<head>
  <title>CSS-Positionierung von Text auf einem Bild</title>
  <meta http-equiv="Content-Type"
    content="text/html; charset=iso-8859-1" />
</head>
```

```
<body>
  <div style="position: relative;">
    <img src="bilder/spieler.jpg" width="112" height="177"
      alt="Hier der Kick des Tages!" />
    <h3 style="position: absolute; left: 3px; top: 3px;
      font: bold 14px Arial, Helvetica, sans-serif;">Kick
      <br />
      des<br />
      Tages!</h3>
  </div>
</body>
</html>
```

Abb. 10–3
CSS-Positionierung von Text auf einem Bild

Der Text wird auf dem Bild in der linken oberen Ecke neben dem Footbag-Spieler angezeigt. Wir können ihn aber auch anders positionieren und zum Beispiel direkt auf dem Körper des Footbag-Spielers erscheinen lassen. Abbildung 10–4 zeigt einen ersten Versuch.

Dieses Ergebnis ist nicht zufrieden stellend, denn nur ein Teil des Texts ist lesbar. Eine andere Schriftfarbe würde das Problem nur »verschlimmbessern«, denn das Problem liegt eigentlich an dem mehrfarbigen Hintergrund.

Mehrfarbiger Hintergrund

Abb. 10–4
Positionierung von Text auf mehrfarbigem Bildhintergrund

Eine Möglichkeit, das Problem zu lösen, ist der Einsatz eines Hintergrundbilds, das zugleich das Bild durchschimmern lässt und den Text gut lesbar anzeigt. Wir werden dieses Beispiel erst in Kapitel 12 genauer besprechen, das Ergebnis sehen Sie aber schon in Abbildung 10–5.

Im Folgenden finden Sie den HTML-Code, der zu dem Effekt in Abbildung 10–5 führt. Die Hintergrundgrafik folie-weiss.gif können Sie im Bilderverzeichnis des CSS-Code-Archivs herunterladen.[1]

```
<!DOCTYPE html PUBLIC "-//W3C//DTD XHTML 1.0 Transitional//EN"
  "http://www.w3.org/TR/xhtml1/DTD/xhtml1-transitional.dtd">
<html xmlns="http://www.w3.org/1999/xhtml">
<head>
  <title>Ueberlappender Text vor durchscheinender Hintergrundgrafik
  </title>
  <meta http-equiv="Content-Type"
    content="text/html; charset=iso-8859-1" />
</head>
```

---

1. Ich möchte an dieser Stelle Eric A. Meyer für diesen Trick danken, wie auch für den größten Teil meines gesamten Wissens über CSS. Er selbst bezieht sich auf Todd Fahrner für dieses Beispiel.

```
<body>
  <div style="position: relative;">
  <img src="bilder/spieler.jpg" width="112" height="177"
    alt="Der perfekte Kick!" />
  <div style="position: absolute; left: 0; top: 65px;
    font: bold 14px Arial, Helvetica, sans-serif;
    background: url(bilder/folie-weiss.gif)
    center repeat;">Kick des Tages!</div>
  </div>
</body>
</html>
```

Abb. 10–5
Überlappender Text vor durchscheinender Hintergrundgrafik

Alle Einzelheiten für die Darstellung des Hintergrundbilds werden in Kapitel 12 erklärt.

10.3 HTML-Inhalte ausschneiden

Mit CSS ist es auch möglich, nur einen Ausschnitt aus einer Grafik anzuzeigen. Nehmen wir zum Beispiel unser Bild zum »Kick des Tages«, mit dem wir auch im letzten Abschnitt gearbeitet haben. Um nur einen Teil des Bilds anzuzeigen, müssen wir die überflüssigen Teile abschneiden und die Positionierung des »K.-o.«-Texts neu einstellen. Abbildung 10–6 zeigt das Ergebnis, das wir erzielen wollen.

Abb. 10–6
Anzeige eines kleinen Ausschnitts aus einem größeren Bild

Das Bild sieht aus, als sei es mit einem Grafikprogramm aus der Mitte des großen Bildes herausgetrennt worden, um nun als Überschrift oder Schaltfläche eingesetzt zu werden. Doch auch dieses Ergebnis können wir mit CSS erreichen – und zwar mit den folgenden drei Arbeitsschritten:

1. Wir definieren einen div-Bereich mit einer Größe, die dem kleineren Bildbereich entspricht.
2. Wir weisen dem div die Eigenschaftsdeklaration overflow: hidden zu.
3. Wir positionieren das große Bild in dem kleinen div-Bereich, so dass nur der gewünschte Bildteil angezeigt wird.

Und zur Übersicht noch einmal der ganze HTML-Code, der die Seite in Abbildung 10–6 erzeugt:

```
<!DOCTYPE html PUBLIC "-//W3C//DTD XHTML 1.0 Transitional//EN"
  "http://www.w3.org/TR/xhtml1/DTD/xhtml1-transitional.dtd">
<html xmlns="http://www.w3.org/1999/xhtml">
<head>
  <title>Anzeige eines kleinen Ausschnitts einem groesseren
    Bild</title>
  <meta http-equiv="Content-Type"
    content="text/html; charset=iso-8859-1" />
</head>
<body>
  <div style="position: relative; overflow: hidden; height: 30px;
    width: 122px;">
  <img src="bilder/spieler.jpg" style="position: relative;
    top: -65px;" width="112" height="177"
    alt="Der perfekte Kick!"/>
  <h3 style="position: absolute; left: 0; top: -5px;
    font: bold 14px Arial, Helvetica, sans-serif;
    background: url(bilder/folie-weiss.gif)
    center repeat;">Kick des Tages!</h3>
  </div>
</body>
</html>
```

Die Eigenschaft `overflow` ist für alle HTML-Elemente gültig, die Inhalte enthalten. Meistens wird sie jedoch mit Text- und Grafikobjekten eingesetzt. In unserem Beispiel erzeugen wir damit ein Sichtfenster mit einer Höhe von 30 Pixel und einer Breite von 122 Pixel.

overflow

Im `<img>`-Tag verschieben wir das Bild um 65 Pixel nach oben. Damit wird der Ausgangspunkt für den »K.-o.-Text« neu festgelegt, um die Aufmerksamkeit des Benutzers auf den Grafikausschnitt zu lenken.

Die Eigenschaft `overflow` bestimmt grundsätzlich, wie größere Inhalte in einem HTML-Element von kleineren Ausmaßen angezeigt werden. Sie kann dabei die in der Tabelle 10–1 aufgeführten Werte annehmen und die ebenfalls beschriebenen Effekte herbeiführen.

Wert	Auswirkungen
visible	Standardwert mit keinem sichtbaren Effekt: Der Inhalt wird ohne Größenveränderung oder Beschneidung angezeigt.
hidden	Der Inhalt außerhalb der Elementgrenzen wird ausgeblendet.
scroll	Scrollbalken erscheinen an den Grenzen des HTML-Elements und ermöglichen es, in den nicht sichtbaren Bereich hineinzuscrollen. Die Scrollbalken erscheinen dabei immer, ob im konkreten Fall notwendig oder nicht.
auto	Scrollbalken erscheinen an den Grenzen des HTML-Elements, aber nur wenn im konkreten Fall notwendig.

Tab. 10–1
Übersicht über die Werte von `overflow` und ihre Auswirkungen

10.4 Zusammenfassung

In diesem Kapitel haben wir uns angeschaut, welche Möglichkeiten es in CSS für die Gestaltung von Bildelementen gibt. Wir haben Texte an Bildern ausgerichtet und kleine Bereiche aus großen Bildern ausgeschnitten, ohne sie dafür in einem Grafikprogramm verändern zu müssen.

Mit diesem Kapitel sind wir am Ende unserer Erklärungen, wie wir mit CSS aus HTML-Designelementen effektive Gestaltungsmittel machen können. Mit Kapitel 11 beginnt der vierte Teil des Buchs: Wir werden dort auf einige fortgeschrittene Anwendungsmöglichkeiten von CSS eingehen und u.a. benutzerfreundliche und ansprechende Navigationsmenüs entwickeln.

IV Fortgeschrittene CSS-Techniken

11 Verbessertes Spaltenlayout mit CSS

Nach der umfassenden Einführung in die Grundlagen, Layout- und Designeigenschaften von CSS wollen wir unser Wissen im vierten Teil des Buchs mit einigen fortgeschrittenen Techniken abrunden. Wir werden dabei an ausgewählte Kapitel und bekannte Beispiele anknüpfen und uns anschauen, wie wir diese noch weiter verbessern können.

Den Anfang machen wir mit dem klassischen dreispaltigen CSS-Layout unserer Footbag-Freaks-Website[1] aus den Kapiteln 5 und 6. Damit ist zwar bereits eine gute Grundlage für ein flexibles und originelles Seitenlayout geschaffen. Es enthält aber noch einige Mängel, die wir in diesem Kapitel herausfinden und beheben wollen. Das Ergebnis wird ein makelloses dreispaltiges Layout sein, das Sie ganz einfach auf neue und bestehende Seiten übertragen können.

11.1 Grenzen des CSS-Layouts

Mit seinen neuen Layoutmöglichkeiten leitete CSS eine neue Ära im Webdesign ein. Nicht nur stellten große Websites wie Wired News[2] oder ESPN[3] ihre Seiten vollständig auf CSS um und schafften damit sämtliche HTML-Tabellen ab. Die neue Art, HTML-Seiten zu layouten, wurde zur Schule einer neuen Generation von Webdesignern.

Bei aller Euphorie sollte man jedoch nicht die Realität aus den Augen verlieren: Selbst mit aktuellsten Browsern und neuesten Standards kommt man immer noch schnell an die Grenzen von CSS. Besonders wenn es an die Details geht, muss man sich noch oft mit Tricks oder anderen Technologien behelfen. So auch beim Layout einer Website.

---

1. http://www.footbag-freaks.com
2. http://www.wired.com
3. http://www.espn.com

Standard-Layout: Spalten mit Kopf- und Fußzeile

Es gibt wahrscheinlich kein Layout, das noch nicht im Web ausprobiert wurde. Schaut man sich aber vor allem professionelle Websites an, erkennt man durchaus eine Art Standard: Die meisten professionellen Designer arbeiten heute mit einem Spaltenlayout und Kopf- und Fußzeilen. Wir haben ein solches Layout bereits in den Kapiteln 5 und 6 für unsere Footbag-Freaks-Website entwickelt. Schon dabei stießen wir auf einige Schwierigkeiten, die nicht nur auf eine schlechte Unterstützung unserer Stilregeln durch die Browser zurückzuführen sind. Das Problem liegt auch an der Art, wie wir CSS darin einsetzen.

CSS2 ist nicht für Spaltenlayout ausgelegt

Schaut man sich die CSS2-Spezifikation einmal genauer an, erkennt man schnell, dass ein Spaltenlayout einfach nicht zu ihren Zielsetzungen gehört. Wie schon HTML-Tabellen für viele Layoutzwecke eingesetzt wurden, für die sie ursprünglich nicht vorgesehen waren, so geschieht in diesem Fall, streng genommen, dasselbe mit der CSS-Positionierung.

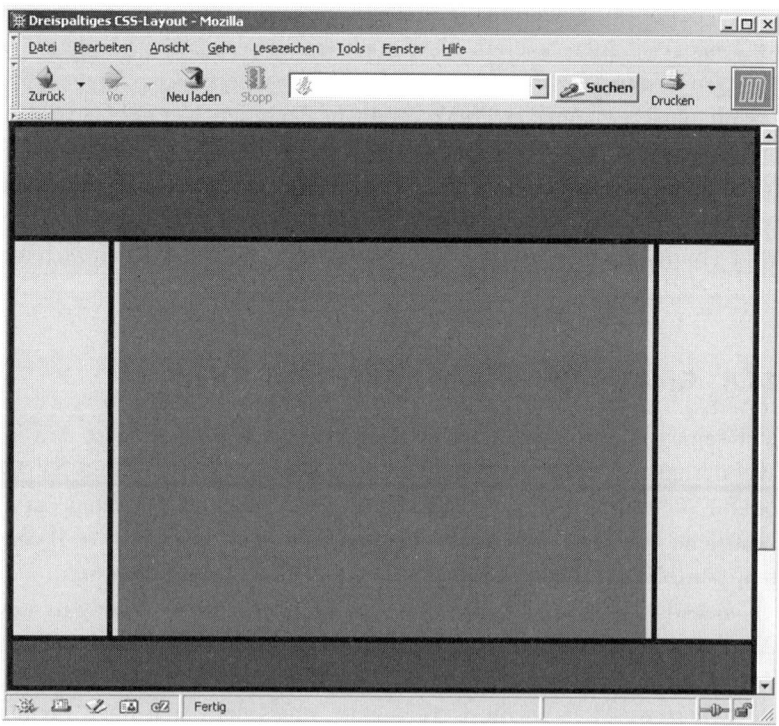

Abb. 11–1
Ein klassisches dreispaltiges Layout mit Kopf- und Fußzeile

Das mag nun anders klingen als an vielen andere Stellen in diesem Buch. Es soll aber nichts von dem, was Sie in den bisherigen Kapiteln gelernt haben, in Frage gestellt werden: CSS ist nach wie vor die Technik Nummer eins für das Layout von Webseiten. In der CSS2-Spezifikation[4], die bereits 1998 vom W3C veröffentlicht wurde, konnten einfach nicht alle Anforderungen und Einsatzzwecke vorhergesehen werden. Dazu gehört leider auch unser oben beschriebenes und nochmals in Abbildung 11–1 gezeigtes klassisches Dreispalten-Layout.

Im Folgenden wollen wir näher untersuchen, wie genau CSS unser Layout eigentlich unterstützt. Dafür stellen wir es zunächst noch einmal in kurzen Schritten nach. Ausführlichere Erklärungen zu HTML-Code, Stilregeln und Eigenschaften finden Sie in den Kapiteln 5 und 6.

Zu Beginn legen wir in einem HTML-Dokument drei div-Bereiche an, die einen oberen, einen mittleren und einen unteren Block auf der Seite erzeugen (siehe Abbildung 11–2):

Abb. 11–2
Drei Blöcke für Mittelteil, Kopf- und Fußzeile

Als Nächstes bringen wir CSS ins Spiel und schaffen damit auf der linken und rechten Seite des mittleren Blocks Platz für die Seitenspalten. Mit der folgenden Stilregel legen wir breite Außenränder an, auf die wir die rechte und linke Spalte positionieren können:

```
#mittelspalte {
  margin-left: 100px;
  margin-right: 100px;
}
```

---

4. http://www.w3.org/TR/REC-CSS2/

Das Ergebnis unseres Zwischenschritts wird in Abbildung 11–3 veranschaulicht.

Abb. 11–3
Außenränder im mittleren Block mit Platz für Seitenspalten

Im nächsten Schritt fügen wir in den HTML-Code div-Bereiche für die linke und rechte Spalte hinzu und positionieren sie mit den folgenden Stilregel auf die Außenränder des mittleren Blocks:

```
#links, #rechts {
  position: absolute;
  top: 100px; /* Hoehe der Kopfzeile */
  width: 100px;
}

#links {
  left: 0;
}

#rechts {
  right: 0;
}
```

Das Ergebnis ist ein dreispaltiges Layout, zu sehen in Abbildung 11–4.

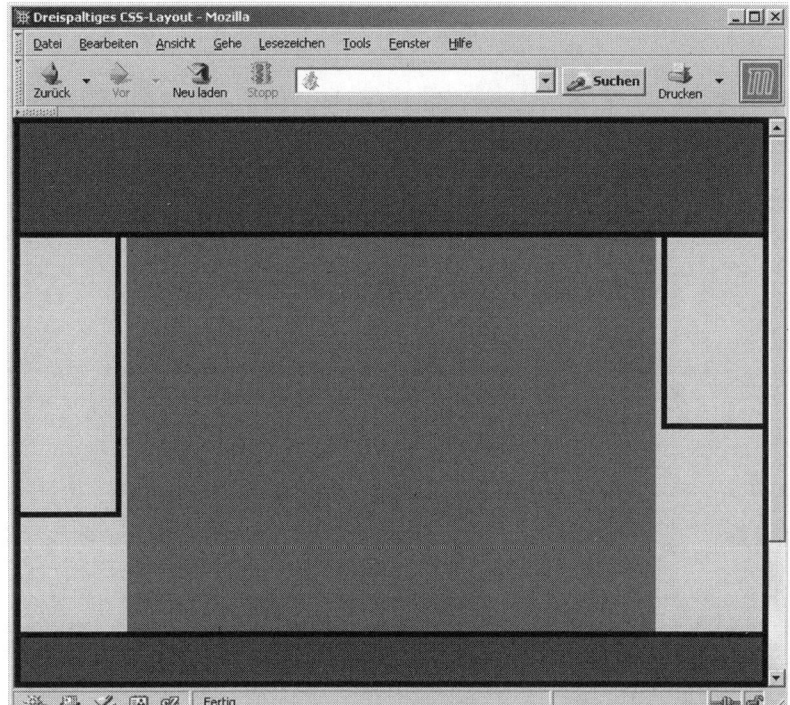

Abb. 11–4
Dreispaltiges Layout mit kurzen Seitenspalten

Wie wir sehen, sind wir bereits nah am gewünschten Ergebnis. Ins Auge fallen allerdings sofort zwei Mängel:

- Alle drei Spalten sind unterschiedlich hoch. CSS bietet keine Methode dafür an, sie in derselben Höhe anzuzeigen, es sei denn mit absoluten Höhenwerten. Solche führen jedoch zu weiteren Problemen und sind daher zu vermeiden.

- Alle drei Spalten werden an die Länge ihrer Inhalte angepasst. Die Fußzeile wird unter der mittleren, nicht mit `absolute` positionierten Spalte angezeigt. Somit kann es zu Überlappungen kommen, wenn eine Seitenspalte länger ist als die Mittelspalte. Abbildung 11–5 veranschaulicht diesen Fall.

Der erste der beiden geschilderten Fälle bleibt unsichtbar, wenn man in allen Spalten mit der gleichen Hintergrundfarbe und ohne Rahmen arbeitet. Der zweite Fall ist jedoch nicht so einfach zu verbergen. Besonders wenn ein Layout als Template in einem Content-Management-System angelegt wird, kann es schnell passieren, dass das Verhältnis der Inhaltsmengen in den Spalten nicht dem gewünschten Größenverhältnis der Spalten entspricht.

Abb. 11–5
Dreispaltiges Layout mit langen Seitenspalten

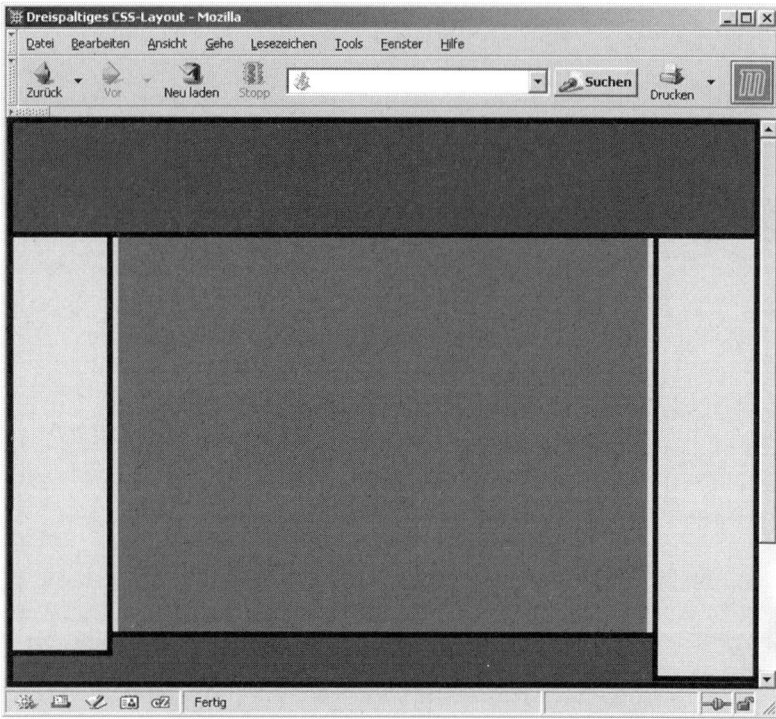

In der Praxis funktioniert die folgende Lösung unter der Bedingung, dass alle Spalten Hintergrundfarben und keine sichtbaren Rahmen enthalten.

Anstatt die linke und rechte Spalte mit `absolute` zu positionieren, werden einfach alle Spalten mit `float: left` am linken Rand der Seite ausgerichtet. Dann wird der mittleren Spalte ein linker und rechter Rahmen in der Breite und Hintergrundfarbe der Seitenspalten zugewiesen und die Seitenspalten mit negativen seitlichen Außenrändern exakt auf diese Rahmen positioniert. Auch wenn dann die Spalten durch ihre verschiedenen Inhalte in Wirklichkeit unterschiedliche Längen annehmen, entsteht für den Benutzer der Eindruck, als wären alle gleich lang.

Nun muss noch verhindert werden, dass eine Seitenspalte zu lang werden kann und die Fußzeile überlappt. Unter den Spalten wird dafür ein `div`-Bereich mit `clear: both` eingebaut und erst unter diesem der `div`-Bereich mit der Fußzeile. Durch diesen Trenner kann die Fußzeile nicht in Konflikt mit einer der Spalten geraten.

Diese reine Layoutvariante kaschiert beide der oben genannten Problemfälle. Doch ist auch sie an Bedingungen für das Design gebunden und somit keine wirkliche Lösung. Das eigentliche Problem liegt in der unvollständigen Unterstützung von mehrspaltigen Layouts in CSS2. Wirkliche reine CSS-Lösungen dafür zeichnen sich erst in der Zukunft ab. Der noch in den Schubladen des W3C schlummernde Entwurf für CSS3 enthält zwar ein Modul für mehrspaltige Layouts.[5] Dieses ist jedoch nur dafür vorgesehen, um Text über mehrere Spalten mit gleicher Breite zu verteilen. Spalten verschiedener Breite werden auch davon nicht profitieren können. Vielversprechender erscheinen da die ebenfalls für CSS3 vorgesehenen Eigenschaften `display-model` und `display-role`, mit denen Layoutspalten wie Tabellenzellen behandelt werden und automatisch an die Länge der jeweils längsten Spalte angepasst werden können.[6] Heutige Browser unterstützen diese Eigenschaften jedoch noch nicht und CSS3 ist immer noch nicht in Sicht.

11.2 Mit JavaScript zum perfekten Spaltenlayout

Solange CSS3 noch nicht zur Verfügung steht, müssen wir also auf andere Mittel zurückgreifen, um ein mehrspaltiges CSS-Layout mit echten konsistenten Spaltenlängen zu erzeugen. Die einfachste und beste Methode dafür ist der Einsatz von JavaScript.

Der hier geschilderte Vorgang ist die Lösung unseres Problems. Im Browser soll Folgendes geschehen: Zunächst wird die Seite aufgebaut wie bisher, dann wird über JavaScript die längste Spalte ermittelt und ihre Länge wird auf die anderen Spalten übertragen. Erst zum Schluss wird die Fußzeile unter den nun gleich langen Spalten eingeblendet, eine Überlappung ist ausgeschlossen.

Die für diesen Vorgang eingesetzten JavaScript-Funktionen sind nicht in jedem Browser implementiert. Auf Nummer sicher geht man, wenn man die entsprechende Library (`x.js`) von einer Seite wie Cross-Browser.com[7] herunterlädt und neben der eigenen Seite auf dem Webserver bereitstellt. Im betreffenden HTML-Dokument muss dann im `head`-Element der folgende Link darauf gesetzt werden:

```
<script src="x.js" type="text/javascript">
</script>
```

Anschließend blenden wir die Fußzeile mit der folgenden CSS-Regel zunächst aus, damit sie nach der Angleichung der Spalten mit JavaScript wieder eingeblendet werden kann:

---

5. http://www.w3.org/TR/css3-multicol/
6. http://www.w3.org/TR/css3-box/
7. http://www.cross-browser.com/x/

```
<style type="text/css">
#fusszeile {
  visibility: hidden;
}
</style>
```

Wenn der Browser unsere Seite geladen hat oder durch eine Veränderung der Fenstergröße neu berechnen muss, soll mit JavaScript ermittelt werden, welche Spalte die längste ist, und ihre Länge auf die anderen Spalten übertragen werden. Weil beide Vorgänge nur für zwei getrennte Elemente ablaufen können, muss jeder div-Bereich einen weiteren div-Bereich enthalten. Für die neuen, untergeordneten Blöcke benutzen wir die ID-Namen linkerinhalt, hauptinhalt und rechterinhalt. Die neue Struktur unseres Dokuments sieht folgendermaßen aus:

```
<div id="links">
  <div id="linkerinhalt"><!-- Inhalt linke Spalte --></div>
</div>
<div id="mittelspalte">
  <div id="hauptinhalt"><!-- Inhalt mittlere Spalte --></div>
</div>
<div id="rechts">
  <div id="rechterinhalt"><!-- Inhalt rechte Spalte --></div>
</div>
```

Der folgende JavaScript-Code mit den in der X-Library enthaltenen Funktionen xHeight und xShow ermittelt zuerst die Längen der inneren div-Bereiche. Dann weist er den äußeren div-Bereichen den höchsten der ermittelten Werte zu. Alle Spalten werden somit gleich lang dargestellt. Als Letztes wird noch die Fußzeile unter den drei Spalten eingeblendet. Da die mittlere Spalte nun genauso lang ist wie die Seitenspalten, kann es zu keiner Überlappung kommen:

```
<script type="text/javascript">
function adjustLayout()
{
  // Ermittle die tatsaechlichen Hoehenwerte
  var cHeight = xHeight("hauptinhalt");
  var lHeight = xHeight("linkerinhalt");
  var rHeight = xHeight("rechterinhalt");

  // Ermittle den groessten Hoehenwert
  var maxHeight =
    Math.max(cHeight, Math.max(lHeight, rHeight));

  // Weise den groessten Hoehenwert allen Spalten zu
  xHeight("mittelspalte", maxHeight);
  xHeight("links", maxHeight);
  xHeight("rechts", maxHeight);
```

```
    // Zeige die Fusszeile an
    xShow("fusszeile");
}
```

Ein weiteres JavaScript-Programm mit der X-Funktion xAddEventListener sorgt dafür, dass das xHeight/xShow-Skript automatisch gestartet wird, wenn eine Seite geladen oder die Größe des Browserfensters verändert wird:

```
window.onload = function()
{
    xAddEventListener(window, "resize",
      adjustLayout, false);
    adjustLayout();
}
</script>
```

Das Ergebnis ist ein makelloses dreispaltiges Layout, das Sie ohne Probleme auf Ihre Seiten übertragen oder für ähnliche Seiten anpassen können. Den JavaScript-Code und die X-Library können Sie einfach aus dem Code-Archiv[8] zu diesem Buch herunterladen.

11.3 Zusammenfassung

Bisher haben wir CSS als uneingeschränkte Layoutsprache für das Web betrachtet. In diesem Kapitel haben wir unseren Blick leicht korrigiert. Es ist nahe liegend, dass eine offizielle Spezifikation wie CSS ihren Anforderungen hinterherläuft.

Mit Tricks im Einsatz bestimmter Eigenschaften oder unter Zuhilfenahme von JavaScript oder DHTML kann man die Möglichkeiten von CSS aber heute schon erweitern, ohne damit auf Abwege im Standard zu geraten oder gar inkompatible Seiten zu erzeugen.

---

8. http://www.dpunkt.de/buch/css.html

12 Mehr Benutzerfreundlichkeit mit CSS

Dieses Kapitel beschreibt Schritt für Schritt, wie Sie mit CSS aus einer einfachen HTML-Liste mit CSS ein eindrucksvolles Navigationsmenü entwickeln. Als durchgehendes Beispiel verwenden wir dafür die Hauptnavigation der Footbag-Freaks-Website. Abbildung 12–1 zeigt sie in einer vergrößerten Detailansicht.

Für sich allein wirkt dieses Menü relativ schlicht. Auf dem Bild nicht zu sehen sind allerdings die interaktiven Features wie das Verändern der Hintergrundfarbe bei Mausberührung, die es als zentrale Schnittstelle zum Benutzer noch einmal deutlich aufwerten. Gänzlich verzichten werden wir in unserem Beispiel auf dynamische Spezialeffekte wie das automatische Ein- und Ausblenden zusätzlicher Menüpunkte, animierte Buttons bei Mausberührung oder andere Merkmale, die man nur mit einer Skriptsprache erzielen kann. Wir werden ausschließlich CSS und HTML einsetzen.

Die Ideen für die Beispiele in diesem Kapitel stammen von Jeffrey Zeldmans Website *A List Apart*[1]. Dort finden Sie einen hervorragenden Artikel von Mark Newhouse über die Gestaltung ansprechender Menüs mit CSS und HTML-Listen.[2] Mark vertritt die Meinung, dass sich jede denkbare Navigation im Web mit einer Liste erstellen lässt und dass es einfach kein besseres Werkzeug dafür gibt.

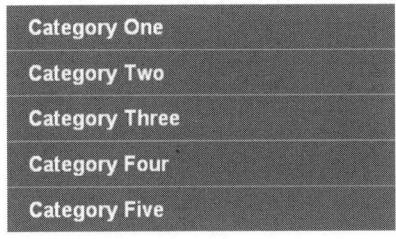

Abb. 12–1

Die listenbasierte Hauptnavigation auf der Footbag-Freaks-Site

1. http://www.alistapart.com
2. http://www.alistapart.com/stories/taminglists/

Da wir die CSS-Grundlagen für dieses Beispiel bereits alle erklärt haben, wollen wir uns in diesem Kapitel zunächst ganz auf unser Beispiel konzentrieren und daran herausarbeiten, wie wir aus einer einfachen verlinkten Liste ein anspruchsvolles Menü erstellen.

Als weitere Themen werden wir uns anschauen, wie das Aussehen von Elementen verschiedene Zustände annehmen kann, etwa bei einer Mausberührung durch den Benutzer. Als letztes effektives Gestaltungsmittel werden wir dann Hintergrundgrafiken einsetzen, mit denen man in CSS einige interessante Effekte herbeiführen kann.

Alle Beispiele und Techniken in diesem Kapitel können Sie auf der Footbag-Freaks-Website ansehen – auf der Website selbst und auch im Quelltext.

12.1 Ein einfaches Navigationsmenü mit Listen

Das Grundgerüst der Hauptnavigation auf der Startseite der Footbag-Freaks-Site besteht im Wesentlichen aus dem folgenden HTML-Code:

```
<ul id="mainnav">
  <li><a href="categories.htm">Category One</a></li>
  <li><a href="categories.htm">Category Two</a></li>
  <li><a href="categories.htm">Category Three</a></li>
  <li><a href="categories.htm">Category Four</a></li>
  <li><a href="categories.htm">Category Five</a></li>
</ul>
```

Abb. 12–2
Die Footbag-Freaks-Navigationsliste ohne CSS

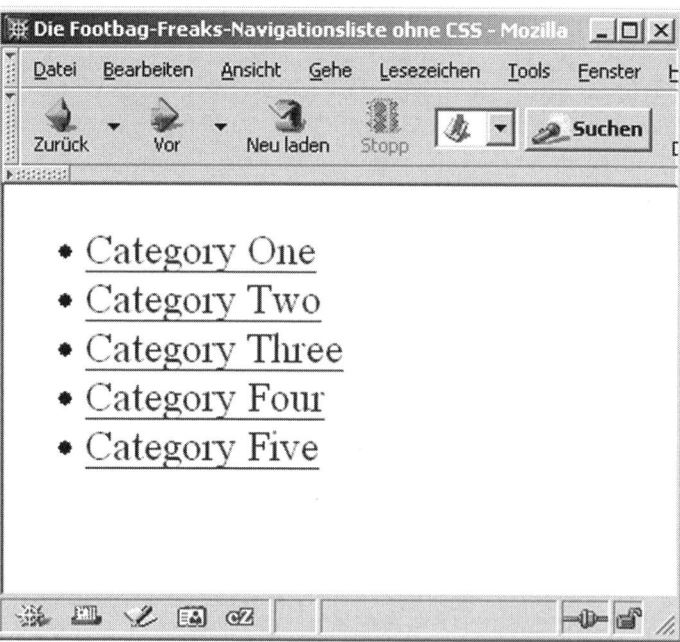

In dieser reinen HTML-Version sieht die Liste aus wie in Abbildung 12–2.

Das Ergebnis ist eine normale, ungeordnete Liste, die mit standardmäßig dargestellten Gliederungspunkten angezeigt wird.

Im nächsten Schritt entfernen wir die Gliederungspunkte mit einer Stilregel, die für das ul-Element der ID mainnav gültig ist.

```
ul#mainnav {
  list-style: none;
}
```

Die list-style-Eigenschaft mit dem Wert none stellt unsere Navigationsliste ohne Gliederungspunkte dar wie in Abbildung 12–3.

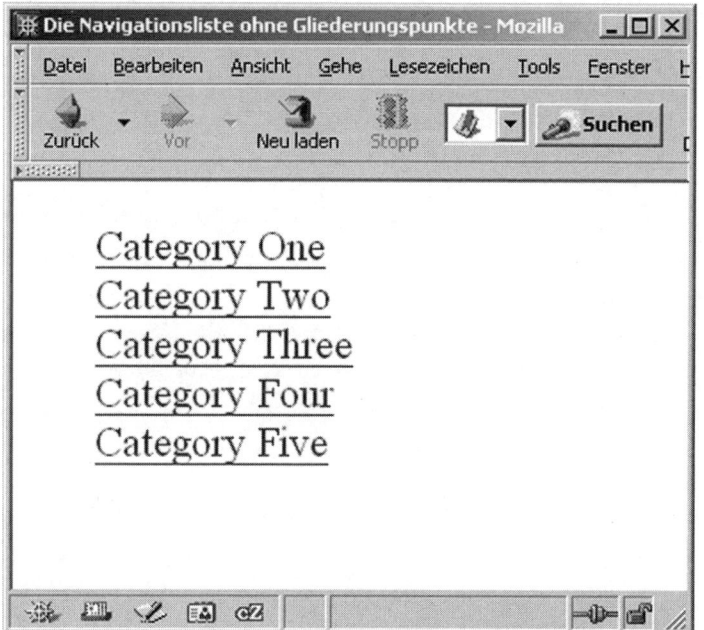

Abb. 12–3
Die Navigationsliste ohne Gliederungspunkte

Das war ein Schritt in die richtige Richtung. Als Nächstes entfernen wir die listentypische Einrückung und weisen der Liste einen farbigen Hintergrund zu. Wir fügen unserer Stilregel dafür die fett gedruckten Eigenschaften hinzu:

```
ul#mainnav {
  list-style: none;
  margin: 0;
  padding: 0;
  background-color: #D6D6D6;
}
```

Abb. 12-4
Die Navigationsliste ohne Einrückung und mit farbigem Hintergrund

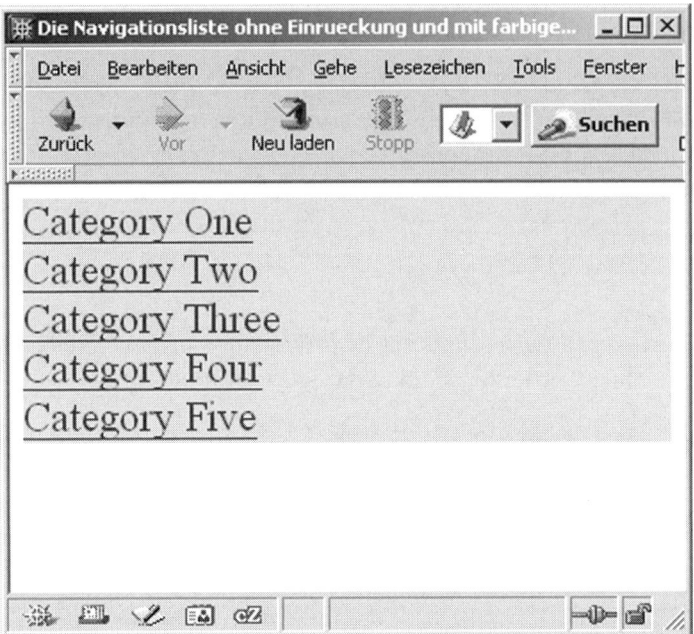

Unsere Navigationsliste in Abbildung 12-4 kommt dem Hauptmenü einen weiteren Schritt näher.

Als Nächstes entfernen wir die automatische Unterstreichung der Hyperlinks mit der folgenden Stilregel, die nur für die Ankerelemente in den <ul>-Listen der ID mainnav gültig ist:

```
ul#mainnav li a:link, ul#mainnav li a:visited {
   text-decoration: none;
}
```

In der Stilregel werden die Hyperlinks in den Grundzuständen »besucht« und »nicht besucht« definiert, so dass die Unterstreichung in keinem Zustand zum Einsatz kommt.

Damit der Benutzer die Einträge in der Liste besser auseinander halten kann, sollen zudem Trennlinien zwischen den Menüeinträgen angezeigt werden. Da die Listenpunkte Blockelemente sind, benutzen wir einfach ihre Rahmeneigenschaft, um möglichst lange Trennlinien zu erzeugen.

```
ul#mainnav li {
   border-top: 1px solid #A5B5C6;
}
```

Diese Stilregel ist für alle Listeneinträge in der <ul>-Liste mit der ID mainnav gültig. Sie zeigt für jedes li einen farbigen, ein Pixel hohen oberen Rahmen an.

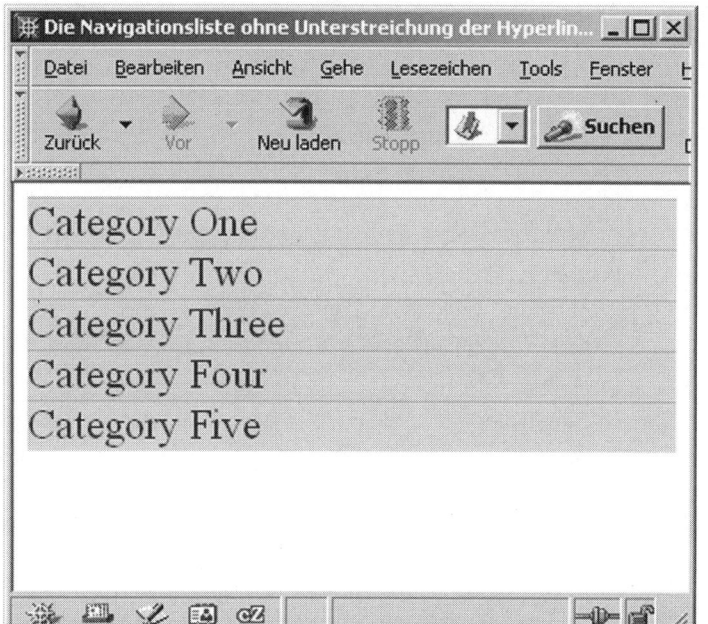

Abb. 12–5
Die Navigationsliste ohne Unterstreichung der Hyperlinks und mit Trennlinien

Abbildung 12–5 zeigt unsere Navigationsliste, die sich gestalterisch immer mehr an das Hauptmenü der Footbag-Freaks-Website annähert.

Unser Hauptmenü ist nicht rein statisch. Nach der Designspezifikation der Footbag-Freaks-Site sollen sich die einzelnen Einträge wie Rollover-Buttons verhalten und bei Kontakt mit dem Mauszeiger ihre Hintergrundfarbe wechseln. Mit CSS brauchen wir dafür kein JavaScript, sondern nur die folgende Stilregel für die Hyperlink-Pseudoklasse a:hover:

Rollover-Buttons

```
ul#mainnav li a:hover {
  background-color: #43616B;
  color: #eee;
}
```

Wir nähern uns an dieser Stelle dem ersten Problem: Wenn wir den Hintergrund der Hyperlink-Elemente einfärben, verändert sich nur die Farbe der Box unmittelbar um den Text und nicht, wie gewünscht, das ganze rechteckige Menüfeld. Um das zu erreichen, bedienen wir uns eines kleinen Tricks und verwandeln die Links mithilfe der display-Eigenschaft einfach in Blockelemente:

Trick: Links werden Blockelemente

```
ul#mainnav li a:link, ul#mainnav li a:visited {
  text-decoration: none;
  display: block;
}
```

Abb. 12-6
Die Navigationsliste mit Rollover-Effekt durch a:hover

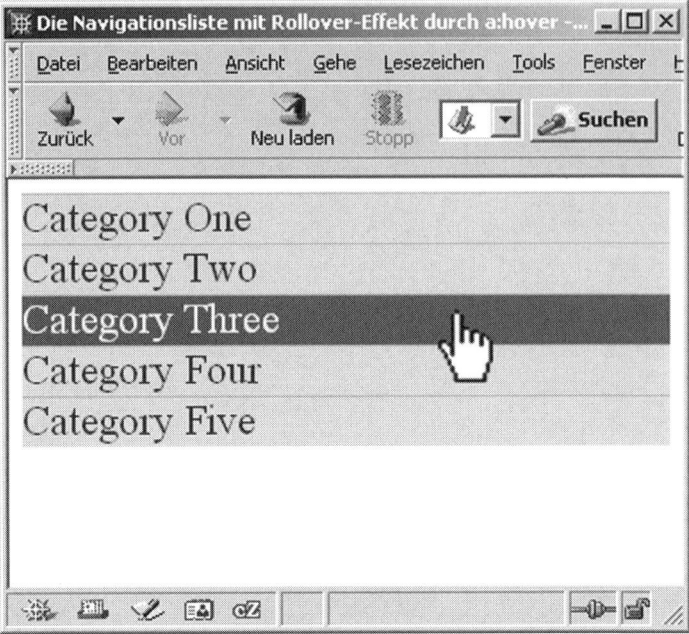

In Abbildung 12–6 sehen wir das Ergebnis. Der Menüeintrag, den der Mauszeiger berührt, wird mit einer anderen Hintergrund- und Schriftfarbe angezeigt. Der Benutzer kann deutlich erkennen, über welchem Menüfeld er sich mit der Maus befindet.

Problem bei MS Internet Explorer

Leider stoßen wir hier auf unser erstes Browserproblem: Der Internet Explorer für Windows fügt bei Einsatz der display-Eigenschaft für jedes Listenelement automatisch einen Außenrand hinzu. Mit einer einfachen width-Angabe können wir das unterbinden:

```
ul#mainnav li a:link, ul#mainnav li a:visited {
    text-decoration: none;
    display: block;
    width: 100%;
}
```

Wir sind vorerst am Ziel. Mit diesen grundlegenden Bearbeitungsschritten haben wir eine einfache, ungeordnete Liste in ein professionell anmutendes, interaktives Navigationsmenü umgewandelt, das mit allen CSS-fähigen Browsern funktioniert. Nun putzen wir es noch ein wenig heraus.

12.2 Das Look & Feel verbessern

Die wesentlichen Elemente, über die wir die Gestaltung unseres Navigationsmenüs vornehmen, sind die Listenpunkte und Hyperlinks. Der Selektor unserer zentralen Stilregel, mit der wir das Design weiter optimieren können, ist also folgender:

```
ul#mainnav li a:link, ul#mainnav li a:visited
```

Bisher enthält unsere zentrale Stilregel nur Deklarationen der Eigenschaften `display`, `width` und `text-decoration`. Im nächsten Schritt ändern wir noch Farbe und Schrift. Zudem fügen wir seitliche Innenränder von 6% hinzu, um das Layout der Liste ausgewogener zu gestalten. Damit sie überhaupt angezeigt werden können, reduzieren wir noch die Breite unseres Inhalts auf 88%. Unsere Stilregel sieht jetzt so aus:

```
ul#mainnav li a:link, ul#mainnav li a:visited {
  display: block;
  text-decoration: none;
  width: 88%;
  padding: 6px 6%;
  background-color: #5C6F90;
  font: bold 10pt/1.5 Arial, sans-serif;
  color: #fff;
}
```

Abb. 12–7
Die Navigationsliste, ergänzt durch Abstand-, Schrift- und Farbdeklarationen

Das Layout wirkt deutlich ausgewogener durch die Abstände und die 10 Punkt große Schrift in der wesentlich größeren Zeilenhöhe von 15 Punkt. Abbildung 12–7 zeigt das Ergebnis der Veränderungen.

Wir sind am Ziel: Aus der einfachen HTML-Linkliste am Anfang haben wir das professionell gestaltete, interaktive Hauptmenü der Footbag-Freaks-Website nachgebaut und sichergestellt, dass es auf den wichtigsten Plattformen und Browsern korrekt dargestellt wird.

12.3   Ein Untermenü im Hauptmenü hinzufügen

Für viele kleinere Websites reicht eine Hauptnavigation aus, um Zugang zu den wichtigsten Bereichen zu schaffen. Umfangreichere Sites mit vielen Unterbereichen benötigen aber in der Regel auch noch Untermenüs. Auf elegante Weise kann man solche direkt in das Hauptmenü einbauen und die Anmutung vermitteln, dass bei einem Klick auf einen Eintrag im Hauptmenü gleich die entsprechenden Unterrubriken aufklappen, um den Benutzer die Tiefen der Site zu präsentieren.

Eine solche Navigation abzubilden, ist nicht sonderlich schwer. Ein Untermenü innerhalb unseres Hauptmenüs wird auf ähnliche Weise erstellt wie das Hauptmenü selbst. Abbildung 12–8 zeigt eine Unterseite der Footbag-Freaks-Site, die ein integriertes Menü zweiter Ordnung enthält, über das auf die tiefer liegenden Bereiche zugegriffen werden kann.

Das Untermenü innerhalb des Hauptmenüs bietet vier Kategorien. Der HTML-Code unserer Navigationsliste sieht damit folgendermaßen aus:

```
<ul id="mainnav">
  <li><a href="categories.htm">Category One</a></li>
  <li><a href="categories.htm">Category Two</a></li>
  <li><a href="categories.htm">Category Three</a>
    <ul class="subnav">
      <li><a href="subcats.htm">Sub Category One</a></li>
      <li><a href="subcats.htm">Sub Category Two</a></li>
      <li><a href="subcats.htm">Sub Category Three</a></li>
      <li><a href="subcats.htm">Sub Category Four</a></li>
    </ul>
  </li>
  <li><a href="categories.htm">Category Four</a></li>
  <li><a href="categories.htm">Category Five</a></li>
</ul>
```

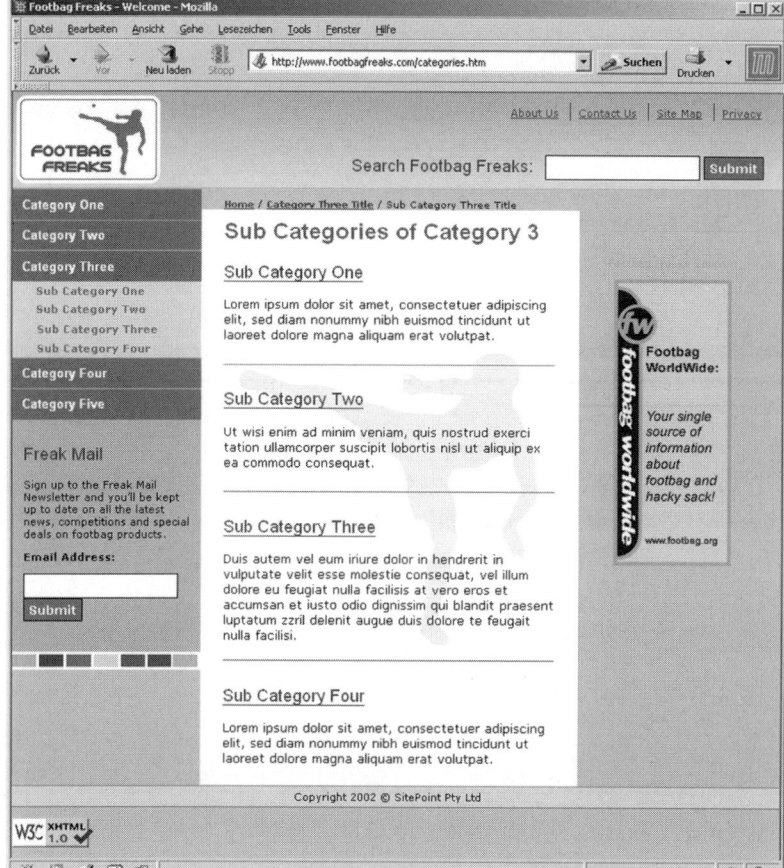

Abb. 12-8
Die Navigationsliste der Footbag-Freaks-Site, ergänzt durch ein Untermenü

Das HTML-Grundgerüst bietet uns nicht viel Neues. Hinzugefügt wurde lediglich eine normale verschachtelte Liste im dritten Eintrag des Hauptmenüs. Auch das dazugehörige CSS bietet durchweg Bekanntes. Die neu eingeführte Klasse für Untermenüs heißt subnav:

```
ul#mainnav ul.subnav {
    list-style: none;
    margin: 0;
    padding: 0;
}
```

Den Selektor dieser Regel ul#mainnav ul.subnav könnten wir auch kürzer formulieren: Wenn wir die subnav-Klasse nur für Listen verwenden, die der Liste mit der ID mainnav untergeordnet sind, können wir den Selektor auf ul.subnav oder .subnav verkürzen. Die längere Version ist jedoch nicht falsch und enthält obendrein noch Informationen über die Dokumentstruktur. Von daher verwenden wir sie auch weiterhin.

Die folgende CSS-Regel bezieht sich speziell auf die einzelnen Einträge in einer HTML-Liste der subnav-Klasse. Auch wenn die Listeneinträge als untergeordnete Elemente ebenfalls von den Stilregeln für das Hauptmenü betroffen sind, kommt die folgende Stilregel nach dem Prinzip der Spezifität zum Tragen:

```
ul#mainnav ul.subnav li {
    border-top: 0 none;
    padding-left: 1.5em;
}
```

Keine Trennlinie, Einrückung
Da wir in den Untermenüs keine Trennlinien zwischen den Kategorien wollen, setzen wir den Wert von border-top auf null. Mithilfe der padding-left-Einstellung wird das Untermenü zudem von links eingerückt. Dadurch erscheinen die Einträge im Untermenü auch visuell als dem Hauptmenü untergeordnet.

Hyperlinks formatieren
Jetzt müssen nur noch die Hyperlinks im Untermenü formatiert werden. Wir verwenden dafür die folgende Stilregel:

```
ul#mainnav ul.subnav li a:link, ul#mainnav ul.subnav li a:visited
{
    padding: 1px;
    font: bold 0.7em /1.5 Verdana, sans-serif;
    color: #5C6F90;
    background-color: transparent;
}
```

Im Vergleich zum Hauptmenü verwenden wir für die Links im Untermenü weniger Innenrand, eine kleinere Schrift und eine transparente Hintergrundfarbe.

Zuletzt legen wir noch fest, dass die Links in einem Untermenü unterstrichen dargestellt werden sollen, wenn der Benutzer mit dem Mauszeiger darüber fährt. Die entsprechende CSS-Regel für die Pseudo-Klasse a:hover sieht folgendermaßen aus:

```
ul#mainnav ul.subnav li a:hover {
    color: #43616B;
    background-color: transparent;
    text-decoration: underline;
}
```

12.4 Den Mauszeiger verändern

cursor
Vielen Webdesignern ist noch weitgehend unbekannt, dass man mit CSS2 auch den Mauszeiger verändern kann. Seine Darstellung wird über die cursor-Eigenschaft gesteuert.

In Tabelle 12–1 finden Sie verschiedene Werte für cursor aufgelistet, die von den wichtigsten Browsern unterstützt werden. Standardmäßig voreingestellt ist immer der Spezialwert auto, über den der Browser seine Standardeinstellung anwenden kann. Über den Wert

12.4 Den Mauszeiger verändern

default wird die Darstellung des Mauszeigers nach den Vorgaben des Betriebssystems konfiguriert. Die weiteren Werte erzeugen bestimmte grafische Symbole.

Cursor-Werte	Darstellung (IE 6)	IE (Win)	IE (Mac)	NS/Moz
auto	systemabhängig	4	4	6/1
crosshair	+	4	4	6/1
default	▷	4	4	6/1
e-resize	↔	4	4	6/1
help	▷?	4	4	6/1
move	✥	4	4	6/1
n-resize	↕	4	4	6/1
ne-resize	↗	4	4	6/1
nw-resize	↖	4	4	6/1
pointer	☝	4	4	6/1
s-resize	↕	4	4	6/1
se-resize	↘	4	4	6/1
sw-resize	↙	4	4	6/1
text	I	4	4	6/1
url(*url*)	je nach URL-Inhalt	6	–	–
w-resize	↔	4	4	6/1
wait	⧖	4	4	6/1

Tab. 12–1
CSS-Werte für den Mauszeiger

Mit cursor ist es durchaus möglich, für jedes HTML-Element auf einer Seite einen eigenen Mauszeiger zu definieren. Man sollte davon jedoch nur mit Bedacht Gebrauch machen. Die meisten Benutzer sind an eine normale Darstellung des Mauszeigers gewöhnt und werden durch eine Veränderung leicht irritiert. Der Effekt sollte daher nur an ausgewählten Stellen eingesetzt werden.

Ein mögliches und sinnvolles Szenario ist zum Beispiel die Veränderung des Mauszeigers, wenn er über Links geführt wird, die auf Hilfeseiten verweisen. Passen würde an diesen Stellen ein Mauszeiger in Gestalt eines Fragezeichens. Folgende CSS-Regel würde dafür schon ausreichen:

Beispiel: Mauszeiger über Hilfeseiten-Links

```
.hilfelink {
  cursor: help;
}
```

Die Elemente, bei deren Kontakt der Mauszeiger seine neue Gestalt annehmen soll, müssen nur noch im HTML-Code der Klasse `hilfelink` zugewiesen werden:

```
<a class="hilfelink" href="hilfeseite.html">Erkl&auml;rung</a>
```

Wie der Mauszeiger bei einer CSS-Definition exakt aussieht, wird letztlich anhand der dafür zur Verfügung stehenden Zeichen im Betriebssystem des Benutzers bestimmt. Unser Mauszeiger für die Hilfelinks zum Beispiel erscheint sowohl unter Macintosh als auch unter Windows als Pfeil mit einem Fragezeichen. Die Darstellung des Fragezeichens variiert jedoch auf beiden Systemen und wird unterschiedlich mit dem Mauspfeil kombiniert.

12.5 Hintergrundbilder fixieren

Problem: Bilder werden gekachelt und bewegen sich beim Scrollen

Hintergrundbilder sind ein beliebtes Gestaltungsmittel im Webdesign. Ihr Einsatz birgt jedoch einige Probleme: Wenn ein Hintergrundbild auf einer Webseite kleiner ist als das Browserfenster, wird es normalerweise mehrfach oder gekachelt angezeigt. Ein weiterer Effekt ist, dass es sich, wie die Elemente im Vordergrund, beim Scrollen nach oben oder unten bewegt.

Mit CSS können wir auch auf die Eigenschaften von Hintergrundbildern zugreifen. So lassen sich die Kacheln vermeiden und die Bilder scrollresistent im Hintergrund fixieren.

Die Abbildungen 12–9 und 12–10 stellen die Effekte dar. Das Hintergrundbild entspricht in beiden Beispielen nicht der Fenstergröße und wird trotzdem nur einmal im Hintergrund dargestellt. Auch vom Scrollen ist das Bild entkoppelt. Abbildung 12–9 zeigt die Seite vor dem Scrollvorgang.

Abbildung 12–10 zeigt dieselbe Seite nach dem Scrollvorgang. Die in der oberen Abbildung unten abgeschnittene Liste wurde nach oben bewegt. Das Hintergrundbild ist trotzdem an seinem Platz geblieben.

Das Hintergrundbild in den Abbildungen 12–9 und 12–10 haben wir mit folgender CSS-Regel fixiert:

```
body {
    background: url(fischer.jpg) fixed no-repeat;
}
```

background

Wir verwenden einfach die zusammenfassende `background`-Eigenschaft und weisen ihr die URL des Bildes zu sowie die Anweisungen `fixed` und `no-repeat`, durch die sich das Hintergrundbild weder bewegen noch wiederholen darf.

12.5 Hintergrundbilder fixieren

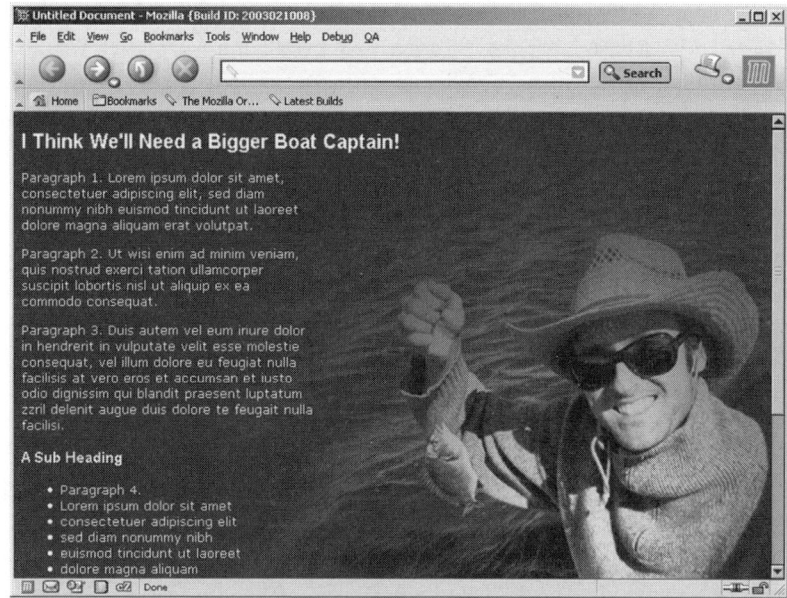

Abb. 12–9
Ein mit CSS fixiertes Hintergrundbild vor dem Scrollvorgang

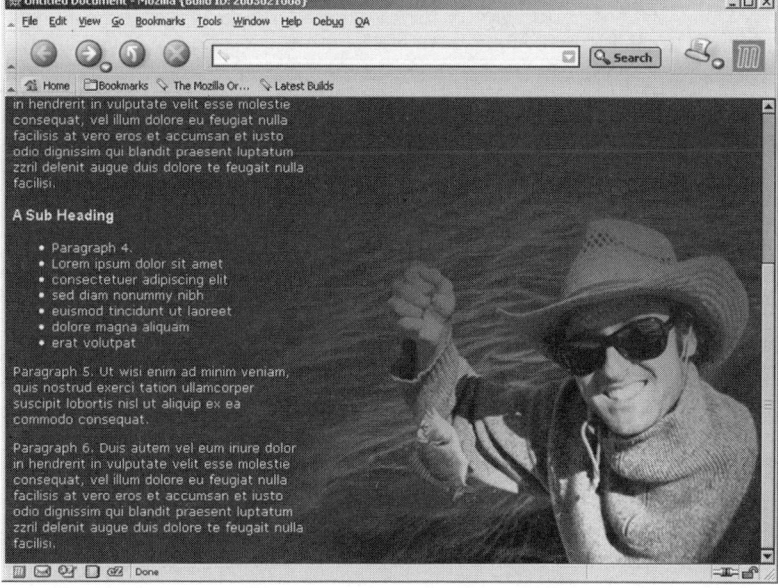

Abb. 12–10
Ein mit CSS fixiertes Hintergrundbild nach dem Scrollvorgang

Bisher haben wir nur entweder Bilder oder Farben für die Gestaltung des Hintergrunds einer Seite eingesetzt. Legt man aber beides zugleich fest, wird das Bild standardmäßig über der Farbfläche angezeigt. Wenn das Bild jedoch nicht angezeigt werden kann, z.B. weil die angegebene URL nicht gültig ist oder wenn das Bild kleiner ist als die Darstellungs-

Bilder mit transparenten Stellen

fläche der Seite, wird es einfach durch den farbigen Hintergrund ersetzt und ergänzt. Kreative Ergebnisse erhält man in dieser Kombination auch durch Bilder mit transparenten Stellen. Die Hintergrundfarbe kann dann durch diese einfach hindurchscheinen, was sehr interessante Effekte bewirken kann.

Ein sehr ansprechendes Beispiel für den Einsatz eines fixierten Hintergrunds ist Eric Meyers hochgelobte Complexspiral-Demo-Site[3]. Abbildung 12–11 gibt einen Einblick in die Startseite dieser Website. Es hat den Anschein, als wäre der Textbereich durchsichtig. Meyer verwendet dafür einen fixierten Hintergrund innerhalb des div-Bereichs mit dem Text. Leider funktioniert dieser Trick nur mit Browsern, die CSS1 sehr gut unterstützen. Wer neugierig geworden ist, findet alle Informationen zu dem Design auf der Website selbst.

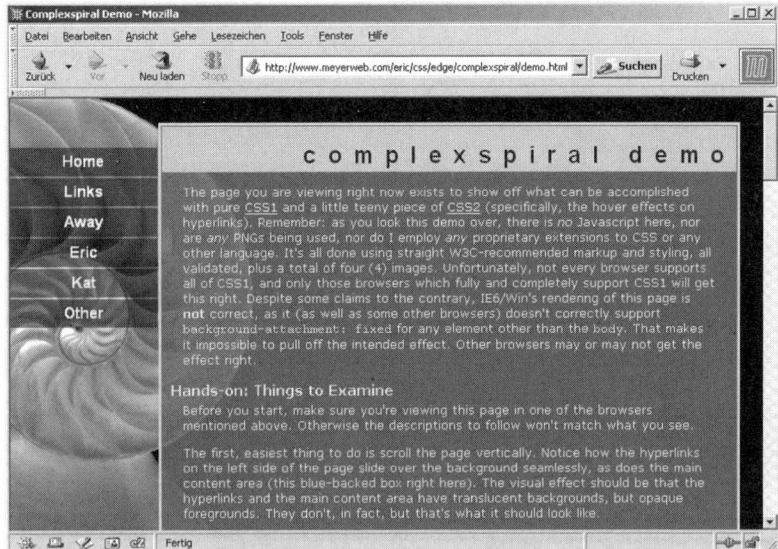

Abb. 12–11

Einsatz eines transparenten Hintergrunds auf der Complexspiral-Demo-Site

12.6 Zusammenfassung

In diesem Kapitel haben wir gelernt, wie man aus einer normalen, ungeordneten Linkliste ein ansprechend gestaltetes, interaktives Menü für eine Website-Navigation entwickelt. Außerdem haben wir uns angeschaut, wie man mit CSS die Anzeige des Mauszeigers verändern kann und wie fest fixierte Hintergrundbilder für HTML-Seiten angelegt werden.

---

3. http://www.meyerweb.com/eric/css/edge/complexspiral/demo.html

Zu den Möglichkeiten von CSS ist somit alles gesagt. Wir haben alle wichtigen Eigenschaften und Einsatzzwecke angesprochen und in Beispielen veranschaulicht. Ihrer eigenen Website in CSS steht also nichts mehr im Wege.

Trotzdem empfehle ich Ihnen, auch noch Kapitel 13 durchzuarbeiten. Dort erfahren Sie, wie Sie überprüfen können, ob Ihr CSS-Code wirklich konform zur W3C-Empfehlung ist und wie Sie Ihre Seiten auch korrekt mit Browsern anzeigen lassen, die CSS nicht standardgerecht unterstützen.

13 CSS-Validierung und Unterstützung älterer Browser

Nach den vielen Techniken und Szenarien für die Erstellung von CSS-Code beschäftigen wir uns zum Schluss unserer Einführung nun noch mit der Überprüfung und Optimierung von Stylesheets.

Zuerst werden wir uns einige Validierungs-Tools und -Techniken anschauen, mit denen wir sicherstellen können, dass unsere Stylesheets die Kriterien der W3C-Spezifikation erfüllen und entsprechend gültige Seiten ergeben.

Der zweite Teil des Kapitels beschreibt, wie wir mit einigen Änderungen im CSS-Design auch ältere und inkompatible Browser unterstützen. Browser, für die auch diese Änderungen nicht ausreichen, werden wir auf andere, reine HTML-Seiten umlenken. Am Ende werfen wir noch einen Blick auf die DOCTYPE-Anweisung in HTML, mit der wir einem Browser mitteilen können, wie konsequent er einen HTML-Standard auf unsere Seiten anwenden soll.

13.1 CSS-Seiten validieren

Grundsätzlich sollten sämtliche Stylesheets nicht nur in verschiedenen Browsern getestet, sondern auch auf ihre Gültigkeit überprüft (validiert) werden. Das ist einfach und verursacht obendrein nicht mal Kosten. Besteht Ihre Site zum Beispiel die Validierung des W3C, dürfen Sie sie mit dem kleinen Icon aus Abbildung 13–1 schmücken.

Abb. 13–1
Offizielles Icon für den Nachweis einer CSS-konformen Website

Um den Service des W3C in Anspruch zu nehmen, genügt es http://jigsaw.w3.org/css-validator/ zu besuchen und den Anweisungen auf der Seite zu folgen. (Wundern Sie sich nicht, wenn Sie automatisch auf einer deutschsprachigen Seite landen; soviel »Intelligenz« besitzt die Website.) Abbildung 13–2 zeigt eine Abbildung der Startseite des W3C-Validators, wie sie sich in Deutsch darstellt.

Abb. 13–2
Der CSS-Validator
des W3C

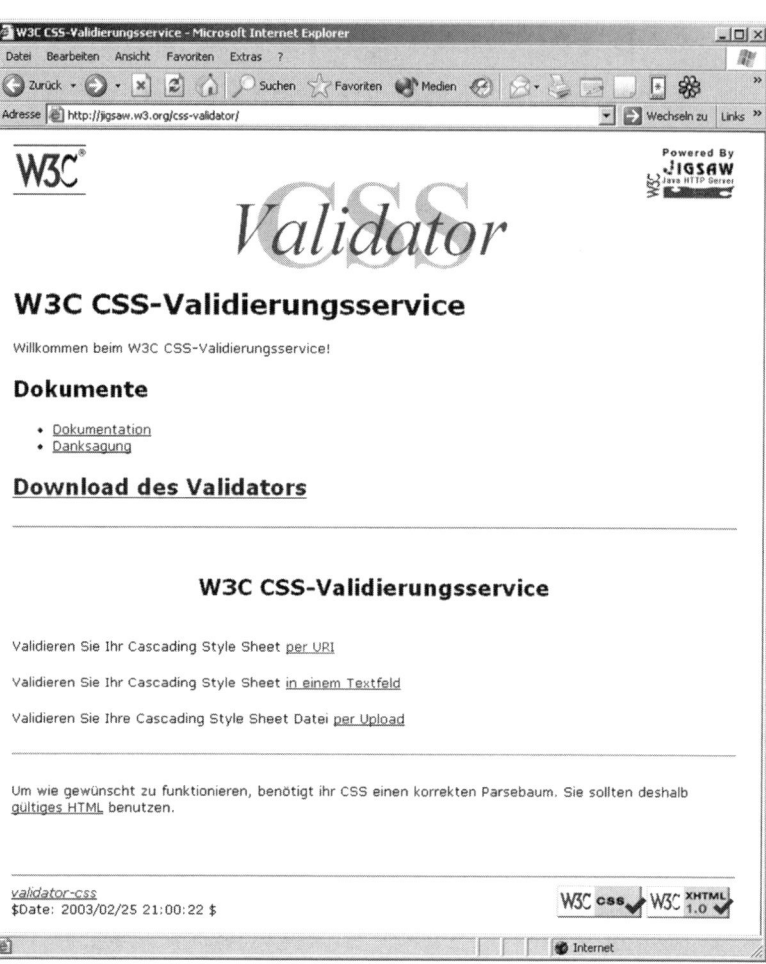

Drei Validierungsvarianten

Die W3C-Validator bietet drei verschiedene Dienste an: Man kann die komplette Validator-Software herunterladen oder die URL der zu überprüfenden Seite angeben oder das vollständige HTML-Dokument an das W3C schicken. Wir wählen für unser Beispiel den zweiten Weg und führen die Überprüfung auf der W3C-Site durch (Abb. 13–3).

Das Dokument an das W3C schicken

Geben Sie auf dieser Seite einfach die URL der zu überprüfenden HTML-Seite ein und nehmen Sie die Einstellungen in den folgenden drei Aufklappmenüs vor:

»Warnungen«

Das erste Menü trägt die Bezeichnung »Warnungen« und bietet vier Einstellungen, über die wir festlegen können, wie schwerwiegend eine ungültige Stelle im CSS sein muss, bevor sie als Warnung in den Testbericht aufgenommen wird:

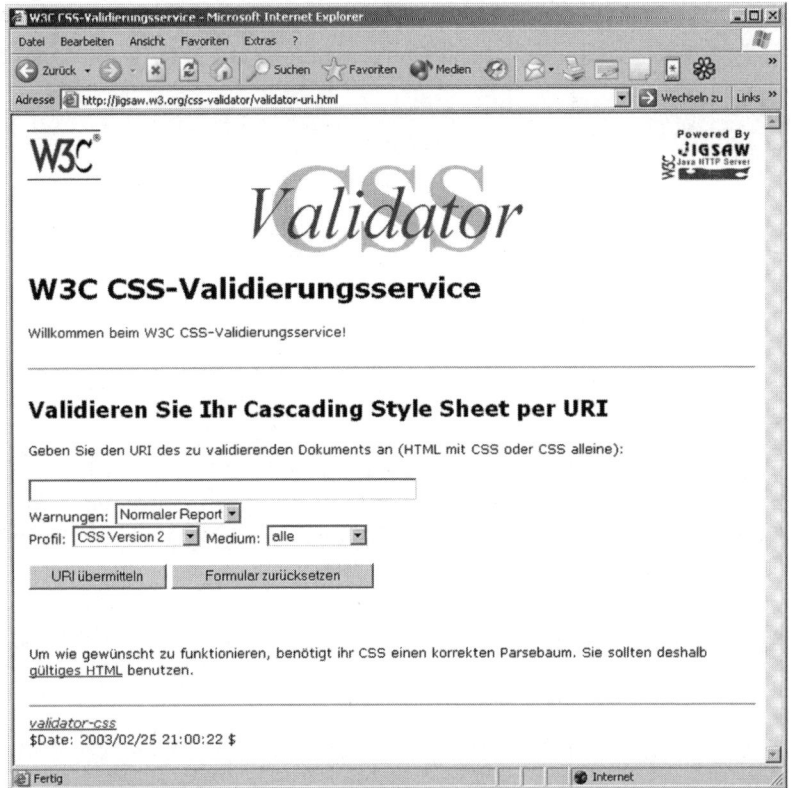

Abb. 13-3
URI-Variante des CSS-Validators

- Alle (Warnungen)
- Normaler Report
- Die wichtigsten (Warnungen)
- Keine (Warnungen)

Warnungen des CSS-Validators sind nicht gleichbedeutend mit Fehlern im CSS-Code. Besitzt eine Seite Fehler, funktioniert sie erst gar nicht richtig. Eine Seite kann jedoch tadellose Ergebnisse anzeigen und dennoch Markup enthalten, das entweder veraltet ist oder falsch eingesetzt wird. So spricht der CSS-Validator zum Beispiel eine Warnung aus, wenn man für Text und Hintergrund eines Elements dieselbe Farbe verwendet. Das CSS ist damit nicht fehlerhaft, es kann aber durchaus zu problematischen Ergebnissen bei der Darstellung führen.

Als Voreinstellung gilt im CSS-Validator die Auswahl »Normaler Report«. Diese sollte ohne bestimmten Grund auch nicht verändert werden.

Das zweite Aufklappmenü auf der Seite trägt die Bezeichnung »Profil«. Darüber können Sie den CSS-Standard auswählen, auf

»Profil«

dessen Gültigkeit die Seite überprüft werden soll. Hier gibt es zehn Optionen:

- kein besonderes (Profil)
- CSS Version 1
- CSS Version 2
- CSS Version 3
- SVG
- SVG basic
- SVG tiny
- mobil
- ATSC-TV-Profil
- TV-Profil

Für uns sind nur die ersten vier Einstellungen interessant. Die weiteren beschäftigen sich mit Dateien im XML-Grafikformat »Scalable Vector Graphics« (SVG) sowie mit Darstellungen für mobile und TV-Geräte. Die Voreinstellung steht auf »CSS Version 2«.

»Medium«

Im dritten Menü – »Medium« – können Sie noch bestimmte Ausgabemedien wählen:

- alle
- aural
- braille
- embossed
- handheld
- print
- projection
- screen
- tty
- tv
- presentation

Die Bedeutung der einzelnen Medien werden im Anhang A.1 »At-Regeln« erklärt. In der Regel empfiehlt es sich, bei der Voreinstellung »alle« zu bleiben.

Dateien an den Validator schicken

Durch das Anklicken des »URI übermitteln«-Buttons versenden wir unsere CSS- bzw. HTML-Datei. Der W3C-Validator lädt daraufhin die Datei und überprüft alle CSS-Angaben. Kurze Zeit später erhalten wir entweder die Meldung, dass unsere Datei nach dem CSS-Standard gültig ist (inklusive eines Links zum W3C-Icon aus Abbildung 13–1), oder es werden die Stellen aufgelistet, die nicht der offiziellen CSS-Syntax entsprechen.

Der CSS-Validator funktioniert ausschließlich mit HTML konformen Seiten. Vor allem der so genannte »document parse tree« (Parsebaum des Dokuments) muss gültig sein, sonst kann der CSS-Validator nicht ordnungsgemäß arbeiten.

Auf der CSS-Validierungsseite des W3C gibt es auch einen Link (»gültiges HTML«) zum HTML-Validator des W3C, über den wir zuerst die HTML-Seite auf ihre Gültigkeit überprüfen können. Dabei sollten wir nicht vergessen, dass zu einem gültigen HTML-Dokument auch der Prolog inklusive DOCTYPE und der korrekten Parameter für die Darstellung der Webseite gehört. Ohne sie kann der Validator erst gar nicht mit seiner Arbeit beginnen und spuckt sofort eine Fehlermeldung aus.

Der W3C-HTML-Validator

Obwohl ich persönlich die W3C-Validatoren für HTML und CSS für ausreichend halte, bevorzugen viele Webmaster und Entwickler die Validatoren der Web Design Group (WDG).

Validatoren der Web Design Group

Der WDG *CSSCheck*-Validator[1] arbeitet ebenfalls äußerst zuverlässig und unterscheidet sich vom W3C-Validator in zwei wichtigen Features: Erstens unterzieht er ausschließlich externe Stylesheets einer Überprüfung. Zweitens bietet er die Möglichkeit, auch nur Ausschnitte eines CSS-Codes validieren zu lassen. Dieses Tool ist vor allem dann hilfreich, wenn man sein CSS schon während des Entwicklungsprozesses hin und wieder auf seine Gültigkeit überprüfen will.

13.2 Eine CSS-Seite abwärtskompatibel machen

Bisher haben wir uns hauptsächlich CSS angeschaut, das in allen modernen Browsern einwandfrei funktioniert. Wenn wir den Statistiken über die Browsernutzung im Internet Glauben schenken, erreichen wir damit immerhin etwa 92–98% der Benutzer im Web. Möchte man aber auch für die noch fehlenden 2–8% der Benutzer erreichbar sein, gibt es einen ganze Reihe an Maßnahmen, mit denen wir unsere Seiten auch mit älteren Browser zugänglich machen können.

Um diesen Fall durchzuspielen, gehen wir von einer Website aus, die zwar erfolgreich auf ihre Gültigkeit mit CSS1 oder CSS2 getestet wurde, aber noch nicht für ältere Browser optimiert ist.

---

1. http://www.htmhelp.com/tools/csscheck/

13.2.1 Welche Browser sind nicht CSS-konform?

Von den bekanntesten Browsern unterstützen die folgenden kein CSS. Ihre Abdeckung liegt bei etwa 0,5 Prozent:[2]

- Opera (Version 3.5 sowie frühere Versionen)
- Netscape Navigator (Version 3.x sowie frühere Versionen)
- Internet Explorer (Version 2.x sowie frühere Versionen)

Auch der Netscape Navigator 4 hat einige Probleme mit CSS-Websites. Er deckt zwar CSS1 und CSS2 zu großen Teilen ab, führt jedoch leider oft zu Fehlern in der Darstellung. Seine Verbreitung ist mit 2–5% immer noch relativ groß, von daher sollte man ihn nicht ignorieren. Den speziellen Problemen mit Netscape 4 widmen wir einen eigenen Abschnitt am Ende dieses Kapitels.

13.2.2 Umgang mit Browsern, die CSS nicht unterstützen

Um eine CSS-Website auch auf älteren Browsern vernünftig darzustellen, kann man auf drei Techniken zurückgreifen:

- kombinierter Einsatz von CSS-Regeln mit veralteten HTML-Elementen und -Attributen
- Einsatz einer Startseite, über die der Benutzer seine bevorzugte Darstellungsform selbst auswählen kann
- automatische Erkennung und Weiterleitung älterer Browser auf eine Site-Variante ohne CSS

Die letzten beiden Techniken setzen voraus, dass wir mindestens zwei Versionen unserer Site bereitstellen: eine für Browser mit CSS-Unterstützung und eine ohne. In der Regel ist es jedoch recht aufwändig, zwei Versionen einer Website zu erstellen und zu pflegen. Wie viel Mehrarbeit sich dadurch ergibt, hängt von ihrer Größe, ihrer Komplexität und dem Grad ihrer Automatisierung ab.

---

2. Es ist schwer zu sagen, wie bedeutend einzelne Browserversionen sind, denn es gibt so gut wie keine verlässlichen Statistiken mehr darüber. Internet.com bot bis vor kurzem einen recht zuverlässigen Service mit dem Namen *Browserwatch* an, der jedoch aus unerfindlichen Gründen eingestellt wurde. Einen adäquaten Ersatz gibt es nicht. Die von mir verwendeten Statistiken sind eine Mischung aus halbverlässlichen Informationen, persönlichen Erfahrungen und Ergebnissen aus Gesprächen mit anderen Webdesignern. Innerhalb gewisser Grenzen sind sie damit durchaus brauchbar und geben zumindest verlässliche Tendenzen vor.

CSS zusammen mit veraltetem HTML einsetzen

Der Aufwand, CSS und veraltetes HTML auf einer Seite so zu kombinieren, dass auch ältere Browser ausreichend unterstützt werden, hängt von zwei Faktoren ab: zum einen von dem Benutzererlebnis, das ohne CSS übrig bleiben soll, und zum anderen von der Art, wie CSS auf der Site eingesetzt wird.

Wenn wir zum Beispiel für Überschriften und Absätze in CSS Schriften und Farben definieren, kann ein nicht konformer Browser die Seite auch ohne CSS akzeptabel darstellen. Nur für die Korrektur einiger, unwichtiger Designelemente lohnt es sich kaum, einen großen Aufwand zu treiben. *Schriften und Farben*

Wird auf einer Seite jedoch das Layout mit CSS-Positionierung durchgeführt, bleibt auf älteren Browsern nicht mehr viel davon übrig. In diesem Fall kann man die Seite auch nicht mehr mit veraltetem HTML retten. Die einzige Lösung liegt darin, eine neue Seite mit Tabellenlayout zu bauen und sie alternativ zur CSS-Seite anzubieten.[3] *CSS-Positionierung*

Befindet sich eine Seite irgendwo zwischen diesen Extremen, können wir mit den folgenden Lösungen relativ problemlos eine akzeptable Seite erstellen, die von modernen Browsern mit CSS und von alten Browsern mit HTML aufgebaut wird.

Am einfachsten lassen sich Stile umstellen, die für das gesamte Dokument definiert sind. Sie lassen sich einfach in HTML-Attribute für das Grundelement body umformulieren. Die Ergebnisse gleichen sich dadurch weitgehend in konformen und nicht konformen Browsern. *Dokumentweite Stile*

Schrifteigenschaften wie Farben, Größen und Typen sind ähnlich einfach in HTML-Attribute zu transformieren. Es genügt, die betreffenden Elemente mit einem `<font>`-Tag auszuzeichnen. Gehen wir zum Beispiel von folgender Stilregel aus: *Schrifteigenschaften*

```
p {
  font-family: Arial, Helvetica, sans-serif;
  color: green;
}
```

Die Definition der gleichen Eigenschaften in HTML sieht so aus:

```
<font face="Arial, Helvetica, sans-serif" color="green"><p>
Absatz-Text</p></font>
```

---

3. Einige Web-Editoren wie Macromedia Dreamweaver ermöglichen es, eine Website mit CSS-Layout per Drag & Drop zu erstellen und sie schnell und effizient in ein tabellenbasiertes Layout umzuwandeln. Sollten Sie einen Web-Editor dafür verwenden, empfehle ich Ihnen jedoch, den Code, der am Ende dabei entsteht, noch einmal intensiv zu überprüfen und validieren zu lassen.

Es ist etwas unüblich, die Fontdeklaration außerhalb des p-Elements vorzunehmen. Durch diese Auszeichnung erlauben wir es aber CSS-fähigen Browsern, die CSS-Deklaration für p korrekt anzuwenden. Würden wir das font-Element in die <p>-Tags hineinschreiben, würden externe und eingebettete Stildeklarationen nach dem Prinzip der Spezifität überschreiben.

Selektoren für spezifische Elemente

Schwieriger wird die Transformation von CSS-Eigenschaften in HTML, wenn Selektoren verwendet werden, die sich auf spezifische Elemente beziehen. In diesem Fall bleibt uns nichts anderes übrig, als die Änderungen für jedes einzelne HTML-Element selbst durchzuführen.

Die Wahl dem Benutzer überlassen

Die zweite Möglichkeit, eine CSS-Seite auch für ältere Browser zugänglich zu machen, ist das Anbieten einer alternativen Version in HTML. Auf einer Verteilerseite können Sie dann den Benutzer selbst auswählen lassen, ob er CSS oder HTML bevorzugt. Das Problem dieser Lösung jedoch ist, dass beim Benutzer eine entsprechende Sachkenntnis und Urteilsfähigkeit über die technischen Voraussetzungen seines Browsers vorausgesetzt wird. Diese kann man jedoch nicht bei jedem Surfer im Web erwarten. Daher ist von dieser Lösung eher abzuraten.

Automatische Browsererkennung mit direkter Weiterleitung

Eine weitaus elegantere Lösung ist es, dem Benutzer die Entscheidung abzunehmen, über welche technischen Voraussetzungen er verfügt und welche Variante der Seite für ihn am besten wäre.

Sniffer

Im Web gibt es dafür viele so genannte Sniffer, kleine Programme oder Skripte, mit denen ein Webserver erkennen kann, welcher Browser auf eine Seite zuzugreifen versucht. Um einen Sniffer einzusetzen, muss man nicht verstehen, wie er genau funktioniert, oder ihn gar selbst programmieren. Man kann ihn von einer Website auf den eigenen Server herunterladen oder ihn sogar über das Internet anbinden. Dazu sind die folgenden vier Schritte notwendig[4]:

---

4. Eines der saubersten und aktuellsten Sniffer-Skripte finden Sie auf der Website von Apple (http://developer.apple.com/internet/javascript/internetdev-sniffer.txt). Das Skript muss zwar noch etwas modifiziert werden, um eine automatische Weiterleitung zu ermöglichen, es bietet jedoch ein hervorragendes Manual, das seinen Einsatz sehr einfach macht. Zudem ist es kompatibel zu allen Plattformen, nicht nur für Mac OS.

1. Installieren Sie ein Sniffer-Skript auf Ihrem Webserver oder suchen Sie eines, das Sie direkt über das Internet einsetzen können.
2. Erstellen Sie eine einfache HTML-Seite, die einen Link auf das Sniffer-Skript enthält. Diese Seite muss Ihrer Startseite vorgeordnet sein. Es kann passieren, dass der Benutzer sie während des Prozesses der Browsererkennung und Weiterleitung zu Gesicht bekommt, von daher sollte sie möglichst keinen sichtbaren Inhalt enthalten.
3. Nutzen Sie, falls vorhanden, die Weiterleitungsfunktion in dem Sniffer-Skript, oder richten Sie die Weiterleitung auf Ihrem Webserver so ein, dass die Anfrage eines identifizierten Browsers der entsprechenden Variante Ihrer Website zugewiesen wird.
4. Erstellen Sie die entsprechenden Varianten Ihrer Website für die unterschiedlichen Browsertypen und legen Sie sie auf Ihrem Webserver ab.

Ist sein Browser erst einmal erkannt, kann dem Benutzer somit jene Seite angeboten werden, die am besten zu seinen technischen Voraussetzungen passt – entweder mit oder ohne CSS.

13.2.3 Netscape 4.x berücksichtigen

Die verschiedenen Releases von Netscape 4.x machen etwa 2–5% aller zurzeit eingesetzten Browser aus. Zum Glück ist es nicht mehr, denn aus der Sicht der Designer und Entwickler ist er einer der fehlerhaftesten und unbrauchbarsten Browser überhaupt. Soll eine Website abwärtskompatibel sein, sollte aber auch Netscape 4.x berücksichtigt werden.

Wir können mit Netscape 4.x auf zwei Arten umgehen: Entweder wir schotten ihn vollständig von den Stylesheets unserer Seite ab, oder wir erstellen eine eigene Version der Website nur für Netscape 4.

Netscape 4.x von Stylesheets abschotten

Es gibt zwei Methoden, um Netscape 4.x erst gar nicht auf eine CSS-Datei zugreifen zu lassen. Beide führen dazu, dass der Browser alle externen Stylesheets ignoriert und nur das reine HTML der Seiten darstellt.

Im ersten Fall importieren wir die Stylesheets in unserem HTML-Dokument auf eine Art, die Netscape 4.x nicht versteht.

Stylesheets mit @import importieren

Normalerweise würden wir den Link auf das externe Stylesheet `corpstyle.css` mit dem `link`-Element im `head`-Bereich des Dokuments anbinden:

```
<link rel="stylesheet" type="text/css" href="corpstyle.css" />
```

Um unser externes Stylesheet jedoch an Netscape 4.x vorbeizulenken, müssen wir den Link auf die externe CSS-Datei über einen Umweg setzen. Wir legen dafür in dem HTML-Dokument ein eingebettetes Stylesheet an und verwenden darin eine `@import`-Regel, um das externe Stylesheet anzubinden:[5]

```
<style type="text/css">
  @import url(corpstyle.css);
</style>
```

Die `@import`-Regel ist Netscape 4.x gänzlich unbekannt und wird von ihm, gemeinsam mit dem Link auf die CSS-Datei, einfach ignoriert. Der Name der CSS-Datei wird dem `url()`-Operator in unserem Beispiel als Argument zugewiesen. Verwenden wir anstelle des Operators samt Argument eine Zeichenkette, verbergen wir damit unser externes Stylesheet nicht nur vor Netscape 4.x, sondern auch vor dem Internet Explorer 4 für Mac und Windows:

```
<style type="text/css">
  @import "corpstyle.css";
</style>
```

media-Attribut verwenden

Die zweite Methode, um ein externes Stylesheet vor Netscape 4.x zu verstecken, macht sich einen Fehler des Browsers bei der Interpretation des `media`-Attributs im `<link>`-Tag zunutze. Das `media`-Attribut ist zwar optional, wenn wir ihm jedoch einen anderen Wert als `screen` zuweisen, wird es von Netscape 4.x ignoriert. So auch im folgenden Beispiel:

```
<link rel="stylesheet" type="text/css" href="corpstyle.css"
  media="all" />
```

In diesem Beispiel setzen wir `all` als Wert für das `media`-Attribut ein. Netscape 4.x erkennt den Link auf das externe Stylesheet somit nicht an und stellt nur das HTML der Seite dar.

Besondere Probleme mit Netscape 4.x

Hinweise zur Browserkompatibilität

Um alle Syntaxelemente, Eigenschaften und Werte herauszufinden, die Netscape 4.x Probleme bereiten, lohnt sich ein Blick in eine umfassende Kompatibilitätsliste von CSS. Eine entsprechende Referenz mit

---

5. Eine detaillierte Beschreibung aller At-Regeln finden Sie in Anhang A.

Hinweisen zur Browserkompatibilität finden Sie in Anhang C dieses Buchs. Da Bücher jedoch schneller veralten als entsprechende Onlinequellen, möchte ich Ihnen auch noch zwei hervorragende Websites dazu vorstellen:

- Eine der umfangreichsten Onlinereferenzen zur Browserkompatibilität befindet sich auf der Website des Web Review Magazine[6]. Sie ist sehr verlässlich, wenn auch hin und wieder nicht ganz auf dem aktuellsten Stand.

- Eine weitere empfehlenswerte Website zur Browserkompatibilität findet man bei Western Civilisation[7]. Dieses Unternehmen bietet einen bekannten CSS-Editor und andere Tools für das Webdesign an und unterhält eine gut gepflegte, kostenfreie Kompatibilitätstabelle. Nach meiner Erfahrung sind die Informationen hier aktuell und valide.

Schaut man sich in einer dieser Referenzen die Anmerkungen zu Netscape 4.x an, erkennt man schnell die typischen Probleme, die die größten Schwierigkeiten bereiten:

- die Kaskadierung
- die Eigenschaft `font-variant`
- Hintergründe (besonders bei Positionierung und Grafikeinsatz)
- Wort- und Buchstabenabständen
- die Eigenschaft `vertical-align`
- die meisten Box-Eigenschaften
- der Einsatz von Rahmen
- alle `list-style`-Eigenschaften

Der Teufel liegt vor allem in den vielen weniger offensichtlichen Fehlern: Netscape 4.x führt zum Beispiel auch dazu, dass relative Maßangaben für eine Schriftgröße nicht angenommen werden und stattdessen einfach Werte vom übergeordneten Element geerbt werden.

Wie Sie sehen, bringt Netscape 4.x große Probleme mit sich. Wenn Sie ihn jedoch trotzdem unterstützen möchten, sollten Sie Ihre Website mit ihm testen und dann die Fehler mit einer der hier besprochenen Methoden systematisch beseitigen.

---

6. http://www.webreview.com/style/css1/charts/mastergrid.shtml
7. http://www.westciv.com/style_master/academy/browser_support/index.html

13.3 Einsatz von DOCTYPE Switching

Viele Webseiten, die ursprünglich für Browser ohne CSS-Unterstützung entwickelt wurden, werden in neueren Browsern nicht fehlerfrei angezeigt. Unsauberes HTML, das noch von früheren Browsern akzeptiert wurde, hält den neueren und zugleich strengeren HTML-Standards in modernen Browsern häufig nicht mehr stand.

Aber auch das Gegenteil ist oft der Fall. Seiten, die für neuere Browser entwickelt werden, sehen in älteren Browsern entweder fehlerhaft aus oder werden erst gar nicht angezeigt.

Der Browser richtet sich nach der Dokumenttyp-Definition

Um diesen Problemen mit älteren Seiten ein Ende zu bereiten, unterstützen die Browser IE 5 für Macintosh, IE 6 für Windows, Netscape 6 und Mozilla eine Technik namens DOCTYPE Switching. Mit dieser passt ein Browser die Darstellung einer Seite an ihre Dokumenttyp-Definition an. Diese Definition wird mit DOCTYPE in den ersten Zeilen eines HTML-Dokuments deklariert.

DOCTYPE-Anweisungen auch auf älteren Seiten hinzufügen

DOCTYPE ist schon seit den ersten W3C-Standards Bestandteil von HTML. Von den Entwicklern wurde es jedoch lange ignoriert und von den Browserherstellern nicht unterstützt. Ein neuerer Browser, der die DOCTYPE eines Dokuments ausliest, kann eine Seite in zwei verschiedenen Varianten interpretieren: einmal im Standardmodus und einmal im Übergangsmodus. Wird in DOCTYPE der Standardmodus vorgegeben, wird die Datei streng nach dem ebenfalls in der Anweisung benannten HTML-Standard interpretiert. Ist in DOCTYPE der Übergangsmodus angeordnet, ist der Browser toleranter und flexibler in der Standardauslegung. Es empfiehlt sich, diese Technik auf neuen Seiten anzuwenden und auch auf älteren Seiten DOCTYPE-Anweisungen nachträglich hinzuzufügen.

Standardmodus für Stylesheets

Benutzen Sie auf einer Seite eingebettete oder externe Stylesheets, sollten Sie dafür den Standardmodus auswählen. Unser Beispiel zeigt eine entsprechende Anweisung für den HTML-4.0-Standard:

```
<!DOCTYPE HTML PUBLIC "-//W3C/DTD HTML 4.0//EN"
   "http://www.w3.org/TR/html4/strict.dtd">
```

Die entsprechende DOCTYPE-Anweisung für den XHTML-1.0-Standard lautet:

```
<!DOCTYPE html PUBLIC "-//W3C//DTD XHTML 1.0 Strict//EN"
   "http://www.w3.org/TR/xhtml1/DTD/xhtml1-strict.dtd">
```

Übergangsmodus für veraltete Seiten und ohne CSS

Falls Ihre Seiten CSS *nicht* unterstützen und stattdessen veraltete HTML-Tags und -Attribute verwenden, können Sie mit der folgenden DOCTYPE-Anweisung den Übergangsmodus einstellen und damit sichergehen, dass auch moderne Browser Ihre älteren Seiten korrekt anzeigen:

13.3 Einsatz von DOCTYPE Switching

> **Der XML-DOCTYPE-Switching-Bug im Internet Explorer**
>
> In diesem Buch verwenden wir durchgängig XHTML-1.0-kompatibles HTML. Alle Beispieldokumente besitzen daher den gleichen Anfang:
>
> ```
> <!DOCTYPE html PUBLIC "-//W3C//DTD XHTML 1.0 Transitional//EN"
>    "http://www.w3.org/TR/xhtml1/DTD/xhtml1-transitional.dtd">
> <html xmlns="http://www.w3.org/1999/xhtml">
> <head>
>   <title>Hier kommt der Titel der Seite hin.</title>
>  <meta http-equiv="Content-Type"
>     content="text/html; charset=iso-8859-1" />
> ```
>
> XML-Entwickler werden sich vielleicht wundern, warum unser XHTML-Dokument nicht mit der folgenden typischen XML-Versionsdeklaration beginnt:
>
> ```
> <?xml version="1.0" encoding="iso-8859-1"?>
> ```
>
> Tatsächlich ist im XML-Standard festgehalten, dass jedes XML-Dokument mit einer `<?xml ...?>`-Deklaration beginnen sollte, auf die dann die `DOCTYPE`-Deklaration folgt.
>   Unglücklicherweise führt sie aber zu Problemen mit dem Internet Explorer 6. Ist eine `<?xml ...?>`-Deklaration in einem Dokument vorhanden, ignoriert er einfach die `DOCTYPE`-Deklaration und ermöglicht somit kein `DOCTYPE Switching` mehr. Aus diesem Grund sollte man die XML-Versionsdeklaration weglassen. Zu besonderen Problemen führt das nicht, und unser XHTML funktioniert einwandfrei.

```
<!DOCTYPE HTML PUBLIC "-//W3C//DTD HTML 4.0 Transitional//EN"
   "http://www.w3.org/TR/html4/loose.dtd">
```

Wenn Sie mit XHTML 1.0 arbeiten, sollten Sie die folgende Notation benutzen:

```
<!DOCTYPE html PUBLIC "-//W3C//DTD XHTML 1.0 Transitional//EN"
   "http://www.w3.org/TR/xhtml1/DTD/xhtml1-transitional.dtd">
```

Der Internet Explorer 6 für Windows benötigt eine besondere Schreibweise für die DOCTYPE–Anweisung. Für den Übergangsmodus lässt man für ihn die URL einfach weg:

```
<!DOCTYPE HTML PUBLIC "-//W3C//DTD HTML 4.0 Transitional//EN">
```

Sobald irgendeine URL in DOCTYPE angelegt wird, benutzt der Internet Explorer 6 automatisch den Standardmodus, ohne überhaupt die Definition näher zu beachten. Ebenso verhält er sich bei jeder DOCTYPE-Angabe in einem XHTML-Dokument. Mehr über diese Spezialität des Internet Explorer 6 finden Sie bei MSDN[8].

Ohne DOCTYPE-*Anweisung: Übergangsmodus*

Wenn gar keine DOCTYPE-Anweisung angegeben ist, schalten die meisten Browser, der IE 6 eingeschlossen, in den toleranten Übergangsmodus. Da jedoch laut HTML- und XHTML-Spezifikation DOCTYPE in jedem Dokument definiert werden sollte, sollte man sich als Entwickler daran halten.

13.4 Zusammenfassung

In diesem abschließenden Kapitel haben wir gelernt, wie man CSS und HTML auf ihre standardgerechte Gültigkeit überprüft, damit sie in kompatiblen Browsern korrekt angezeigt werden können. Dann haben wir uns angeschaut, wie wir unsere Seiten abwärtskompatibel aufbereiten, damit sie auch ältere Browser korrekt anzeigen, die kein CSS unterstützen.

Damit sind wir am Ende unserer Einführung in CSS angelangt. Ich hoffe, ich konnte Sie von den vielen Möglichkeiten und Vorteilen überzeugen, die Cascading Stylesheets mit sich bringen. Ebenso hoffe ich, dass Sie zu Ihren Fragen zufrieden stellende Antworten fanden. Sollten noch Wünsche oder Fragen offen geblieben sein, besuchen Sie uns doch einfach im Forum der Sitepoint-Website (www.sitepoint.com) und geben Sie uns Bescheid. Wir sind dort gerne für Sie da!

Auch wenn wir am Ende der ersten Hälfte des Buches angekommen sind, folgen noch viele hilfreiche Seiten: In den Anhängen finden Sie genaue Erklärungen zu CSS-Eigenschaften, die wir bisher noch nicht umfassend besprochen haben, sowie eine Referenz mit allen Eigenschaften und Werten, die Ihnen in CSS1 und CSS2 zur Verfügung stehen.

Ich wünsche Ihnen viel Spaß und Erfolg bei Ihrer Arbeit mit CSS!

---

8. http://msdn.microsoft.com/library/en-us/dnie60/html/cssenhancements.asp

V Anhänge

A Verschiedenes über CSS

Dieser Anhang enthält weitere interessante und für die Praxis nützliche Informationen über CSS, die nicht in die anderen Kapitel hineingepasst haben. Die Betonung liegt dabei wirklich auf »Verschiedenes«, es gibt keine Ordnung nach Wichtigkeit oder Lernschritten. Die Themen sind:

- At-Regeln
- auditive Stylesheets
- CSS und JavaScript

A.1 At-Regeln

Die Empfehlung des W3C für den CSS2-Standard definiert diesen neuen Typ von CSS-Regeln. Sie werden At-Regeln genannt, da alle Regeln dieses Typs mit dem »At«-Zeichen @ beginnen. Ihr eigentlicher Sinn liegt in ihrer Erweiterbarkeit: Das W3C, die Browserentwickler oder einfach jeder, der mit CSS arbeiten möchte, kann mit einem @ eigene Gruppen neuer CSS-Regeln definieren.

Bisher existieren vier Gruppen von At-Regeln:

- @import
- @media
- @page
- @font-face

Die @import-Regel wurde bereits in Kapitel 13 behandelt.

Mit der @media-Regel definieren Sie die Optionen für die Ausgabe in verschiedenen Medien. Die Unterstützung durch die Browser dafür ist leider noch nicht konsistent, mit neuen Updates nehmen die Unterschiede in der Darstellung aber immer weiter ab. Die @media-Regel lässt sich für die meisten modernen Browser anwenden (die wichtigste Ausnahme ist der Internet Explorer 5.2 für Macintosh).

Die folgenden Medientypen definiert das W3C für die Verwendung mit der @media-Regel. Die Liste hat dabei keineswegs Anspruch auf Vollständigkeit: Mit dem Erscheinen neuer Technologien und Ausgabemöglichkeiten werden in der Zukunft sicherlich noch weitere Medientypen hinzukommen.

- all (alle)
- aural (Sprachausgabe)
- braille (Braille-Zeile)
- embossed (Braille-Drucker)
- handheld (PDAs u.Ä.)
- print (Druckausgabe)
- projection (Projektor/Beamer)
- screen (Bildschirm)
- TTY (Textbrowser)
- TV (Fernsehen)

Mit dem folgenden HTML-Beispiel erzeugen Sie zwei sich voneinander deutlich unterscheidende Darstellungsweisen auf Ihrem Computerbildschirm und im Ausdruck. Das Beispiel demonstriert die Syntax und Anwendung der @media-Regel.

```
<!DOCTYPE html PUBLIC "-//W3C//DTD XHTML 1.0 Transitional//EN"
  "http://www.w3.org/TR/xhtml1/DTD/xhtml1-transitional.dtd">
<html xmlns="http://www.w3.org/1999/xhtml">
<head>
  <title>Anwendung der @media-Regel</title>
  <style type="text/css">
  <!--
  @media print {
    body {
      font-size: 12pt;
      font-family: Courier;
    }
  }

  @media screen {
    body {
      font-size: 36px;
      font-family: Arial;
    }
  }

  @media screen, print {
    body {
      line-height: 1.2;
    }
  }
  -->
```

```
        </style>
    </head>
    <body>
    Probieren Sie aus, ob dieses Beispiel funktioniert und in welchen
    Browsern es klappt. Ich habe eine @media-Regel für den Ausdruck in
    Courier in 12 Punkt definiert, eine andere @media-Regel legt die
    Anzeige auf dem Bildschirm in Arial mit der H&ouml;he von 36 Pixel
    fest. Auf beiden Ger&auml;ten wird die Ausgabe mit einem
    Zeilenabstand von 120% des Standardwerts erfolgen.
    </body>
</html>
```

Sie können auch eine einzige @media-Regel für mehrere Medien definieren. Die Bezeichnungen der Medientypen müssen nur mit einem Komma getrennt werden. Es gibt noch zwei weitere Methoden, einen Medientyp in einem Stylesheet oder mit einer Regel festzulegen. Erstens mit der @import-Regel und der Angabe der Medienbezeichnung als Parameter:

```
@import url(bossvoice.css) aural;
```

Mit dieser Regel weisen Sie den Browser an, das Stylesheet namens bossvoice.css zu importieren und es auf alle auditiven Ausgabemedien anzuwenden.

Der zweite Weg, das Medium für ein Ausgabeformat festzulegen, ist das media-Attribut des `<style>`-Tags:

```
<style type="text/css2" media="projection">
body {
  color: blue;
  background-color: white;
}
</style>
```

Wenn Sie für einen Medientyp ein Stylesheet definieren, das den Begriff einer Druckseite versteht, können Sie auch die At-Regel @page benutzen, um Ausdehnungen, Rahmen, Seitenumbrüche und das Vorhandensein von Schnittmarken festzulegen[1].

Möchten Sie z. B. eine Seite mit den Maßen 8,5 x 11 Zentimeter und mit einem 0,5 Zentimeter breiten Rand erzeugen, sollte Ihre @page-Regel wie folgt aussehen:

```
@page {
  size: 8.5cm 11cm;
  margin: 0.5cm;
}
```

---

1. Ein umfassender Einsatz der @page-Regel kann recht komplex werden. Weitere Informationen dazu finden Sie auf der offiziellen Seite des W3C mit der Definition der Regel (www.w3.org/TR/REC-CSS2/page.html#page-box).

Die `size`-Eigenschaft können Sie, wie im Beispiel, mit expliziten Werten definieren oder auch mit einem der drei folgenden konstanten Werte:

- `auto`: weist den Browser an, seine Standardseitengröße zu verwenden
- `landscape`: Seite im Querformat
- `portrait`: Seite im Hochformat

Die `margin`-Eigenschaft fasst die folgenden vier Eigenschaften zusammen. Diese können Sie für präzisere Ergebnisse auch ebenso gut einzeln bestimmen:

- `margin-top`
- `margin-right`
- `margin-bottom`
- `margin-left`

Mit den Pseudo-Klassen `:first`, `:left` und `:right` definieren Sie eigene Maße und Seitenränder für ein Deckblatt sowie für die linke und rechte Seite Ihres Dokuments. Im Beispiel finden Sie einen `@page`-Regelsatz, der das Layout für ein zweiseitiges Dokument definiert und abweichende Einstellungen für das Deckblatt festlegt:

```
@page {
  margin: 2cm; /* Alle Seitenränder 2cm */
}
@page:first {
  margin-top: 10cm; /* Oberer Rand auf der Titelseite 10cm */
}

/* 1cm breitere Seitenränder hin zum Einband */
@page:left {
  margin-left: 3cm;
  margin-right: 4cm;
}
@page:right {
  margin-left: 4cm;
  margin-right: 3cm;
}
```

Mit der CSS2-Empfehlung können Sie sogar Seitenumbrüche festlegen. Die Kontrolle über Druckseiten aber ist ein komplexes Thema. Es sprengt nicht nur unseren Rahmen, es liegt auch nicht im Fokus der meisten Designer für das Web. Wir wollen das Thema daher an dieser Stelle nicht vertiefen. Sollten Sie jedoch je eine Webseite auch für eine gedruckte Ausgabe entwerfen, können Sie getrost auf CSS zurückgreifen. Die detaillierte Beschreibung der notwendigen Eigenschaften finden Sie in Anhang C.

A.2 Auditive Stylesheets

Ton wird für die Kommunikation im Web immer noch recht selten verwendet. Die meisten Anwendungen, die Webinhalte akustisch präsentieren, richten sich bisher nur an hörgeschädigte Menschen. In der Zukunft könnten aber viele Websites durch gesprochene Sprache, Soundkulissen und Mischungen aus Stimme und Musik für alle Nutzer aufregender und lebendiger gestaltet werden. Das W3C hat eine ganze Reihe an akustischen Eigenschaften festgelegt, die mit CSS definiert werden können. Dabei heraus kommt dann ein auditives Stylesheet.

Sprachausgabe und Musik

Hier sehen Sie einen Teil eines auditiven Stylesheets, ausgeliehen von der Webseite des W3C[2]:

```
h1, h2, h3, h4, h5, h6 {
  voice-family: paul;
  stress: 20;
  richness: 90;
  cue-before: url(ping.au);
}
p.heidi {
  azimuth: center-left;
}
p.peter {
  azimuth: right;
}
p.ziege {
  volume: x-soft;
}
```

Gehen wir dieses CSS-Fragment Zeile für Zeile durch.

Alle Überschriften werden akustisch von einer `voice-family` mit Namen »paul« wiedergegeben. Eine `voice-family` ist ähnlich einer `font-family`; sie setzt sich aus der Sammlung von Variationen einer Stimme zusammen. Den gesprochenen Überschriften weisen wir für die Eigenschaft `stress` einen recht niedrigen Wert von 20 zu. Damit definieren wir den »Umriss« der Stimme, den graduellen Unterschied bei der Modulation in verschiedenen Satzteilen.

Im Beispiel legen wir für `richness` einen recht hohen Wert von 90 fest. Diese Eigenschaft bestimmt die Lautstärke. Bevor eine Überschrift gesprochen wird, lassen wir ein akustisches Zeichen namens `ping.au` ertönen. Mit `cue-before` oder `cue-after` geben wir an, ob das Signal vor oder nach dem Tonabschnitt erfolgt.

---

2. http://www.w3.org/TR/REC-CSS2/aural.html

Jeder Absatz, den wir als Instanz der Klasse »heidi« definieren, wird von der vertikalen Mitte aus als leicht von der linken Seite kommend gehört. Absätze, die wir der Klasse »peter« zuweisen, werden von der rechten Seite des Nutzers hörbar sein. Alle Absätze mit »ziege« werden besonders weich gesprochen.

Mit auditiven Stylesheets können Sie die folgenden Charakteristika einer gesprochenen Stimme auf Ihrer Website bestimmen:

- die Lautstärke
- sollen Wörter ausgesprochen oder buchstabiert werden
- Pausen
- vorausgehende oder nachgestellte Signaltöne
- Mischung (zwei Töne werden gleichzeitig gespielt)
- die räumliche Anordnung des Tons im 3D-Raum
- die Sprachgeschwindigkeit
- die Tonhöhe und der Bereich von Tonhöhenveränderungen
- die Hast der Stimme
- die Klangfülle der Stimme
- die Behandlung von Satzzeichen (werden sie ausgesprochen oder als Pausensignale benutzt)
- die Behandlung von Zahlen (einzelne Ziffern oder numerische Werte)

Eine Auflistung aller Eigenschaften zur Kontrolle dieser Faktoren finden Sie in Anhang C.

A.3 CSS und JavaScript

Wenn man XHTML, JavaScript und CSS miteinander kombiniert, erhält man etwas, das als dynamisches HTML oder auch DHTML bezeichnet wird. Viele halten DHTML für eine eigenständige Technologie – fälschlicherweise, denn es ist lediglich ein Begriff, der auf das hohe Potenzial an Interaktivität und Dynamik von Webseiten in (X)HTML hinweist.

Über DHTML wurden schon viele Bücher geschrieben. Das meiner Meinung nach beste ist das von meinem Freund Danny Goodman geschriebene, gewaltige *Dynamic HTML: The Definitive Reference, 2nd Edition*, erschienen im O'Reilly-Verlag. Dieser Band mit rund 1.400 Seiten bietet nicht nur wunderbare Tutorials und Einblicke in die Funktionsweise aller DHTML-Technologien, er enthält auch eine zu 99 Prozent zutreffende Referenz.

Ich verzichte darauf, Ihnen an dieser Stelle auch noch JavaScript oder DHTML beizubringen, da beide Themenbereiche viel zu groß sind für dieses Buch. Ich möchte es bei einem kurzen Überblick belassen, um Appetit anzuregen und bohrenden Fragen nach ihrer Einsetzbarkeit mit CSS zuvorzukommen.

Im Kern von DHTML befindet sich das Document Object Model (DOM). Der Vergleich ist zwar etwas vereinfachend, aber Sie können sich das DOM als Spezifikation oder Definition dafür vorstellen, wie Sie einzelne Elemente Ihrer Website ansprechen können. Das DOM erlaubt Ihnen das Aussehen und Verhalten dieser Elemente zu verändern. JavaScript ist die Sprache, die in der Regel dafür benutzt wird, um diese Anweisungen zu formulieren.

Im Wesentlichen können Sie sich mit JavaScript auch auf jede CSS-Eigenschaft beziehen und sie verändern. Innerhalb des JavaScript-Codes sprechen Sie das Element einfach mit Namen oder ID an, nennen die Eigenschaft, die sie auslesen oder verändern möchten, und geben einen neuen Wert dafür an. Die Auswirkungen durch die veränderten Stylesheets treten ein, sobald das Skript ausgeführt wird.

So können Sie zum Beispiel einen Button auf einer Webseite erstellen, der einen bestimmten Teil Ihres Seiteninhalts (dessen ID ist im Beispiel schnell_weg) unsichtbar macht. Aktivieren können Sie ihn mit der JavaScript-Funktion hideShow. Das würde ungefähr so aussehen:

```
function hideShow() {
    document.getElementById("schnell_weg").style.visibility="hidden";
}
```

An welcher Stelle Sie dieses Skript definieren, wann und wie es ausgeführt wird sowie alle weiteren Details sollen hier nicht Thema sein. Es soll lediglich deutlich werden, dass Sie mit JavaScript den Stil von Elementen in einer HTML-Seite ansprechen und verändern können. Das ist sogar möglich, nachdem sich die Seite im Browser aufgebaut hat. Die Syntax dafür unterscheidet sich nur wenig von der in unserem Beispiel. Zunächst erscheint es mühsam, jedes Mal getElementByID eintippen zu müssen, wenn Sie den Stil eines Elements analysieren oder verändern wollen. Doch gerade weil der Operator für jede Instanz immer derselbe ist, können Sie umso schneller lernen mit den vielen unterschiedlichen Scripting-Anforderungen fertig zu werden.

B   CSS-Farbreferenz

Wie bereits ausführlich in Kapitel 7 beschrieben, gibt es fünf unterschiedliche Methoden, um Farbwerte in CSS zu definieren:

- Beschreibende Farbnamen

    color: red;

- Systemspezifische Farbnamen

    color: AppWorkspace;

- Hexadezimale RGB-Werte (mit 6 oder 3 Zeichen)

    color: #ff0000;

    color: #f00;

- Dezimale RGB-Werte

    color: rgb(255, 0, 0);

- RGB-Prozentwerte

    color: rgb(100%, 0%, 0%);

Dieser Anhang umfasst eine vollständige Referenz zu den ersten zwei Methoden, den Farbnamen. Die CSS2-Empfehlung enthält insgesamt 16 beschreibende Farbnamen, die in Tabelle B–1 aufgelistet sind. Ursprünglich von Netscape stammen weitere 124 Farbnamen, die von beinah allen Browsern unterstützt werden. Sie werden in Tabelle B–2 gelistet. Außerdem gibt es in CSS2 noch 28 systemspezifische Farbnamen, die den Farben der grafischen Benutzeroberfläche im Betriebssystem des Benutzers entsprechen. Tabelle B–3 fasst sie übersichtlich zusammen. Systemspezifische Farbnamen sind den meisten aktuellen Browsern bekannt, alte Browser hingegen unterstützen sie in der Regel nicht.

B CSS-Farbreferenz

Tab. B–1
Farbnamen im CSS-Standard

Farbname	Hexadezimalwert	Rot	Grün	Blau
aqua	#00FFFF	0	255	255
black	#000000	0	0	0
blue	#0000FF	0	0	255
fuchsia	#FF00FF	255	0	255
gray	#808080	128	128	128
green	#008000	0	128	0
lime	#00FF00	0	255	0
maroon	#800000	128	0	0
navy	#000080	0	0	128
olive	#808000	128	128	0
purple	#800080	128	0	128
red	#FF0000	255	0	0
silver	#C0C0C0	192	192	192
teal	#008080	0	128	128
white	#FFFFFF	255	255	255
yellow	#FFFF00	255	255	0

Tab. B–2
Erweitere Palette an Farbnamen

Farbname	Hexadezimalwert	Rot	Grün	Blau
aliceblue	#F0F8FF	240	248	255
antiquewhite	#FAEBD7	250	235	215
aquamarine	#7FFFD4	127	255	212
azure	#F0FFFF	240	255	255
beige	#F5F5DC	245	245	220
bisque	#FFE4C4	255	228	196
blanchedalmond	#FFEBCD	255	235	205
blueviolet	#8A2BE2	138	43	226
brown	#A52A2A	165	42	42
burlywood	#DEB887	222	184	135
cadetblue	#5F9EA0	95	158	160
chartreuse	#7FFF00	127	255	0
chocolate	#D2691E	210	105	30
coral	#FF7F50	255	127	80
cornflowerblue	#6495ED	100	149	237
cornsilk	#FFF8DC	255	248	220

Farbname	Hexadezimalwert	Rot	Grün	Blau
crimson	#DC143D	220	20	61
cyan	#00FFFF	0	255	255
darkblue	#00008B	0	0	139
darkcyan	#008B8B	0	139	139
darkgoldenrod	#B8860B	139	134	11
darkgray	#A9A9A9	169	169	169
darkgreen	#006400	0	100	0
darkkhaki	#BDB76B	189	183	107
darkmagenta	#8B008B	139	0	139
darkolivegreen	#556B2F	85	107	47
darkorange	#FF8C00	255	140	0
darkorchid	#9932CC	153	50	204
darkred	#8B0000	139	0	0
darksalmon	#E9967A	233	150	122
darkseagreen	#8FBC8F	143	188	143
darkslateblue	#483D8B	72	61	139
darkslategray	#2F4F4F	47	79	79
darkturquoise	#00CED1	0	206	209
darkviolet	#9400D3	148	0	211
deeppink	#FF1493	255	20	147
deepskyblue	#00BFFF	0	191	255
dimgray	#696969	105	105	105
dodgerblue	#1E90FF	30	144	255
firebrick	#B22222	178	34	34
floralwhite	#FFFAF0	255	250	240
forestgreen	#228B22	34	139	34
gainsboro	#DCDCDC	220	220	220
ghostwhite	#F8F8FF	248	248	255
gold	#FFD700	255	215	0
goldenrod	#DAA520	218	165	32
greenyellow	#ADFF2F	173	255	47
honeydew	#F0FFF0	240	255	240
hotpink	#FF69B4	255	105	180
indianred	#CD5C5C	205	92	92
indigo	#4B0082	75	0	130
ivory	#FFFFF0	255	255	240

B CSS-Farbreferenz

Farbname	Hexadezimalwert	Rot	Grün	Blau
khaki	#F0E68C	240	230	140
lavender	#E6E6FA	230	230	250
lavenderblush	#FFF0F5	255	240	245
lawngreen	#7CFC00	124	252	0
lemonchiffon	#FFFACD	255	250	205
lightblue	#ADD8E6	173	216	230
lightcoral	#F08080	240	128	128
lightcyan	#E0FFFF	224	255	255
lightgoldenrodyellow	#FAFAD2	250	250	210
lightgreen	#90EE90	144	238	144
lightgrey	#D3D3D3	211	211	211
lightpink	#FFB6C1	255	182	193
lightsalmon	#FFA07A	255	160	122
lightseagreen	#20B2AA	32	178	170
lightskyblue	#87CEFA	135	206	250
lightslategray	#778899	119	136	153
lightsteelblue	#B0C4DE	176	196	222
lightyellow	#FFFFE0	255	255	224
limegreen	#32CD32	50	205	50
linen	#FAF0E6	250	240	230
magenta	#FF00FF	255	0	255
mediumaquamarine	#66CDAA	102	205	170
mediumblue	#0000CD	0	0	205
mediumorchid	#BA55D3	186	85	211
mediumpurple	#9370DB	147	112	219
mediumseagreen	#3CB371	60	179	113
mediumslateblue	#7B68EE	123	104	238
mediumspringgreen	#00FA9A	0	250	154
mediumturquoise	#48D1CC	72	209	204
mediumvioletred	#C71585	199	21	133
midnightblue	#191970	25	25	112
mintcream	#F5FFFA	245	255	250
mistyrose	#FFE4E1	255	228	225
moccasin	#FFE4B5	255	228	181
navajowhite	#FFDEAD	255	222	173
oldlace	#FDF5E6	253	245	230

Farbname	Hexadezimalwert	Rot	Grün	Blau
olivedrab	#6B8E23	107	142	35
orange	#FFA500	255	165	0
orangered	#FF4500	255	69	0
orchid	#DA70D6	218	112	214
palegoldenrod	#EEE8AA	238	232	170
palegreen	#98FB98	152	251	152
paleturquoise	#AFEEEE	175	238	238
palevioletred	#DB7093	219	112	147
papayawhip	#FFEFD5	255	239	213
peachpuff	#FFDAB9	255	218	185
peru	#CD853F	205	133	63
pink	#FFC0CB	255	192	203
plum	#DDA0DD	221	160	221
powderblue	#B0E0E6	176	224	230
rosybrown	#BC8F8F	188	143	143
royalblue	#4169E1	65	105	225
saddlebrown	#8B4513	139	69	19
salmon	#FA8072	250	128	114
sandybrown	#F4A460	244	164	96
seagreen	#2E8B57	46	139	87
seashell	#FFF5EE	255	245	238
sienna	#A0522D	160	82	45
skyblue	#87CEEB	135	206	235
slateblue	#6A5ACD	106	90	205
slategray	#708090	112	128	144
snow	#FFFAFA	255	250	250
spinggreen	#00FF7F	0	255	127
steelblue	#4682B4	70	130	180
tan	#D2B48C	210	180	140
thistle	#D8BFD8	216	191	216
tomato	#FF6347	255	99	71
turquoise	#40E0D0	64	224	208
violet	#EE82EE	238	130	238
wheat	#F5DEB3	245	222	179
whitesmoke	#F5F5F5	245	245	245
yellowgreen	#9ACD32	154	205	50

Tab. B–3
Systemspezifische CSS-Farbnamen

Farbname	Beschreibung
ActiveBorder	Rahmenfarbe der aktiven Fenstertitelzeile
ActiveCaption	Farbe der Überschrift der aktiven Fenstertitelzeile
AppWorkspace	Farbe des Hintergrunds der aktiven Anwendung
Background	Farbe des Desktop-Hintergrunds
ButtonFace	Farbe der Buttons im Dialogfenster
ButtonHighlight	Hervorhebende Farben für 3D-Lichtreflexe von Buttons in Dialogfenstern (Ränder in Richtung der Lichtquelle)
ButtonShadow	Farben für 3D-Schatten von Buttons in Dialogfenstern (Ränder entgegen der Lichtquelle)
ButtonText	Farbe der Texte beschrifteter Buttons in Dialogfenstern
CaptionText	Farbe der Überschriften in Dialogfenstern
GrayText	Farbe des deaktivierten Texts in Dialogfenstern
Highlight	Hintergrundfarbe für ausgewählte Einträge in Auswahllisten
HighlightText	Textfarbe für selektierten Text
InactiveBorder	Farbe eines nicht aktiven Fensterrahmens
InactiveCaption	Farbe der Überschrift eines nicht aktiven Fensters
InactiveCaptionText	Farbe des Texts in einem nicht aktiven Fenster
InfoBackground	Hintergrundfarbe des Hilfefensters
InfoText	Textfarbe des Hilfefensters
Menu	Farbe einer Menüleiste
MenuText	Farbe des Texts in Menüeinträgen
Scrollbar	Hintergrundfarbe des Scrollbalkens
ThreeDDarkShadow	dunkle Farbe des Schattens bei 3D-Elementen
ThreeDFace	Farbe von 3D-Elementen
ThreeDHighlight	Farbe angeklickter 3D-Elemente
ThreeDLightShadow	helle Farbe des Schattens bei 3D-Elementen
ThreeDShadow	Farbe des Schattens bei 3D-Elementen
Window	Hintergrundfarbe in Dokumentfenstern
WindowFrame	Farbe des Fensterrahmens
WindowText	Farbe des normalen Texts in Dokumentfenstern

C Referenz der CSS-Eigenschaften

Dieser Anhang enthält die vollständige Referenz aller CSS-Eigenschaften, die zum Zeitpunkt der Niederschrift dieses Buchs verfügbar sind. Enthalten sind alle Eigenschaften aus den W3C-Spezifikationen für CSS1[1] und CSS2[2] sowie alle Erweiterungen der Browserhersteller.

Besitzt eine bisher nicht standardisierte Eigenschaft eine Funktionalität, die für den CSS3-Standard vorgesehen ist, wird dieses mit einem entsprechenden Verweis vermerkt.

azimuth

Die Eigenschaft `azimuth` beschreibt den horizontalen Winkel, aus dem ein gesprochener Text hörbar ist. Sinnvoll ist der Einsatz etwa in Browsern für sehbehinderte Benutzer.

Alle Details zu dieser Eigenschaft finden Sie in der offiziellen CSS2-Spezifikation[3].

Vererbt: ja

Siehe auch: `elevation`

Werte

Eine Winkelangabe in Grad (`-360deg` bis `360deg`, wobei `0deg` für die horizontale Position des Benutzers steht) oder eine beschreibende Konstante (zum Beispiel `far-right behind`).

Standardwert: `center`

---

1. http://www.w3.org/TR/REC-CSS1
2. http://www.w3.org/TR/REC-CSS2
3. http://www.w3.org/TR/REC-CSS2/aural.html#spatial-props

Kompatibilität

CSS-Version: 2

Wird bisher von keinem Browser unterstützt.

Beispiel

Folgende Stilregel bewirkt, dass alle Überschriften aus einem Winkel von 45 Grad im linken, vorderen Hörfeld gesprochen werden:

```
h1, h2, h3, h4, h5, h6 {
  azimuth: -45deg;
}
```

background

Mit der zusammenfassenden Eigenschaft background können alle Werte für den Hintergrund eines Elements in einer einzigen Deklaration festgelegt werden.

Vererbt: nein

Siehe auch: background-attachment, background-color, background-image, background-position und background-repeat

Werte

Für die background-Eigenschaften können alle erlaubten Werte in beliebiger Reihenfolge getrennt durch Leerzeichen angegeben werden. Untereigenschaften, die keinen Wert zugewiesen bekommen, erhalten automatisch ihren Standardwert.

Standardwert: keiner

Kompatibilität

CSS-Version: 1

Wird unterstützt von Internet Explorer ab Version 4, Netscape ab Version 6, Opera ab Version 5 und allen Mozilla-Versionen. Wird von Netscape 4.x teilweise unterstützt, ist dort allerdings undokumentiert und funktioniert nur unzuverlässig.

Beispiel

Folgende Stilregel erzeugt einen weißen Seitenhintergrund mit einem Hintergrundbild an einer fest fixierten Position:

```
body {
  background: #fff url(/images/textur.gif) fixed;
}
```

background-attachment

Die Eigenschaft background-attachment bestimmt, ob das Hintergrundbild eines HTML-Elements sich mit dem Scrollvorgang des Benutzers nach unten oder oben bewegt oder ob es an einer festen Position im Browserfenster fixiert wird und somit aus dem sichtbaren Browserbereich herausgescrollt werden kann.

Vererbt: nein

Siehe auch: background-image

Werte

fixed oder scroll.

Standardwert: scroll

Kompatibilität

CSS-Version: 1

Wird unterstützt von Internet Explorer ab Version 4, Netscape ab Version 6, Opera ab Version 5 und allen Mozilla-Versionen.

Internet Explorer für Windows (bis Version 6) und Opera (bis Version 6) unterstützen background-attachment: fixed nur korrekt für das HTML-Element body. Opera 7, Internet Explorer 5 für Macintosh, Netscape ab Version 6.2.1 und Mozilla unterstützen background-attachment für alle HTML-Elemente.

Beispiel

Folgende Stilregel weist einer HTML-Seite ein Hintergrundbild zu und fixiert es fest auf der Seite:

```
body {
  background-image: url(/images/texture.gif);
  background-attachment: fixed;
}
```

background-color

Mit der Eigenschaft `background-color` wird die Hintergrundfarbe eines HTML-Elements festgelegt.

Die Standardeinstellung ist immer `transparent`. Da `background-color` nicht vererbt wird, ist der Hintergrund bei untergeordneten Elementen dadurch immer automatisch durchsichtig. Die Hintergrundfarbe oder Hintergrundbilder übergeordneter Elemente bleiben somit immer automatisch sichtbar, solange `background-color` nicht durch eigene Stilregeln untergeordneter Elemente überschrieben wird.

Wenn die Hintergrundfarbe festgelegt wird, sollte immer auch die Textfarbe definiert werden und umgekehrt. So werden Probleme mit den Benutzereinstellungen im Browser präventiv vermieden.

Vererbt: nein

Siehe auch: `color`

Werte

Jeder CSS-Farbwert (siehe Anhang B) oder `transparent`.

Standardwert: `transparent`

Kompatibilität

CSS-Version: 1

Funktioniert in allen CSS-fähigen Browsern, einschließlich Internet Explorer ab Version 4 und Netscape ab Version 4.

Netscape 4 stellt die Hintergrundfarbe in einem Blockelement nicht flächendeckend dar, solange nicht extra auch ein Rahmen (`border`) definiert wird (ein border-Wert von 0px Breite reicht bereits aus). Ist ein sichtbarer Rahmen vorhanden, bleibt immer noch eine transparente Lücke zwischen Innenrand und Rahmen bestehen. Mit der proprietären Netscape-Eigenschaft `layer-background-color` kann diese Lücke mit der Hintergrundfarbe separat ausgefüllt werden.

Beispiel

Folgende Stilregel stellt alle `blockquote`-Elemente mit einem tomatenroten Hintergrund dar. Durch die Deklaration des Rahmens mit der Breite 0 zeigt auch Netscape 4 die Hintergrundfarbe für das ganze Blockelement an.

```
blockquote {
  background-color: #ff6347;
  border: 0 solid #ff6347;
}
```

background-image

Mit der Eigenschaft background-image wird einem HTML-Element ein Hintergrundbild zugewiesen. Die Position und die Kachelung des Bilds kann mit den Eigenschaften background-position und background-repeat festgelegt werden.

Das Hintergrundbild eines übergeordneten Elements bleibt auch bei seinen untergeordneten Elementen sichtbar, solange deren Hintergrund nicht mit eigenen Deklarationen für background-color oder background-image überschrieben wird.

Vererbt: nein

Siehe auch: background-attachment, background-color, background-position, background-repeat

Werte

Eine URL oder none. Eine URL wird in CSS innerhalb des Tags url() angegeben, die HTML-Schreibweise mit Anführungszeichen ist nicht gültig.

Standardwert: none

Kompatibilität

CSS-Version: 1

Funktioniert in allen CSS-fähigen Browsern, einschließlich Internet Explorer ab Version 4 und Netscape ab Version 4.

Netscape 4 stellt ein Hintergrundbild in einem Blockelement nicht flächendeckend dar, solange nicht extra auch ein Rahmen (border) definiert wird (ein border-Wert von 0px Breite reicht bereits aus). Ist ein sichtbarer Rahmen vorhanden, bleibt trotzdem eine transparente Lücke zwischen Innenrand und Rahmen bestehen. Mit der proprietären Netscape-Eigenschaft layer-background-image kann diese Lücke separat mit dem Hintergrundbild ausgefüllt werden.

Beispiele

Mit den folgenden Stilregeln wird ein Hintergrundbild jeweils über einen relativen, über einen absoluten und über einen vollständigen HTTP-Pfad eingesetzt:

```
body {
    background-image: url(../images/textur.gif);
}
body {
    background-image: url(/images/textur.gif);
}
body {
    background-image: url(http://www.mysite.com/images/textur.gif);
}
```

background-position

Die linke obere Ecke eines Hintergrundbilds (definiert mit background-image) wird per Standardwert immer bündig an der linken oberen Ecke des Elements ausgerichtet (padding mit eingerechnet), dem es zugewiesen wird. Mit der Eigenschaft background-position kann für das Hintergrundbild eine andere Position definiert werden.

Vererbt: nein

Siehe auch: background-image

Werte

Eine einzelne Positionsangabe oder zwei Positionsangaben durch Leerzeichen getrennt. Die Position kann in jeder in CSS gültigen Maßeinheit (zum Beispiel in Pixel, Punkt, Millimeter oder Prozent) angegeben werden. Alternativ können die Konstanten aus Tabelle C–1 eingesetzt werden.

Tab. C–1
Wertkonstanten für background-position

Vertikal	Horizontal
top	left
center	center
bottom	right

Wird für background-position nur ein Wert angegeben, bezieht er sich auf die horizontale Positionierung, und die vertikale Positionierung erhält automatisch den Wert 50%. Bei der Angabe von zwei Werten beschreibt der erste die horizontale und der zweite die vertikale

Position des Hintergrundbilds. Der Einsatz von negativen Werten ist zulässig, aber in der Praxis nicht sinnvoll.

Wird als Wert nur eine Konstante angegeben, wird die andere Dimension automatisch auf `center` gesetzt.

Die Kombination von absoluten und relativen Maßangaben ist zulässig, nicht jedoch die Kombination von Maßangaben und Konstanten.

Standardwert: 0 0

Kompatibilität

CSS-Version: 2

Funktioniert in Internet Explorer ab Version 4, Netscape ab Version 6, Opera und Mozilla.

Der Internet Explorer 4 für Windows erzeugt mit `background-position` einen Fehler bei der Verarbeitung der Eigenschaft `background-repeat`.

Beispiele

Folgende Stilregel erzeugt eine zentrierte Darstellung des Hintergrundbilds in body:

```
body {
  background-position: center;
}
```

Folgende Stilregeln richten das Hintergrundbild bündig an der unteren rechten Ecke von body aus:

```
body {
  background-position: 100% 100%;
}
body {
  background-position: bottom right;
}
```

Folgende Stilregel erzeugt eine horizontale Positionierung des linken Bildrands in einer Entfernung von 20 Pixel vom linken Rand des body-Elements. Vertikal wird das Hintergrundbild zentriert dargestellt:

```
body {
  background-position: 20px;
}
```

Folgende Stilregel erzeugt eine horizontal zentrierte Darstellung des Hintergrundbilds und eine vertikale Positionierung des obere Bildrands in einer Entfernung von 20 Pixel vom oberen Rand des body-Elements:

```
body {
  background-position: 50% 20px;
}
```

Die folgende Stilregel ist *nicht* erlaubt, weil in der Deklaration von background-position eine Maßangabe mit einer Konstante kombiniert wird:

```
body {
  background-position: 20px center; /* Das geht nicht! */
}
```

background-position-x, background-position-y

Die Eigenschaften background-position-x und background-position-y sind nicht Bestandteil der CSS-Spezifikation und werden nur vom Internet Explorer interpretiert. Es lassen sich damit die vertikale (auf der Y-Achse) und die horizontale (auf der X-Achse) Positionierung eines Elements unabhängig voneinander bestimmen. Sinnvoll ist der Einsatz beider Eigenschaften nur im Zusammenhang mit Dynamic HTML für den Internet Explorer.

Vererbt: nein

Siehe auch: background-position

Werte

Wie auch background-position akzeptieren beide Eigenschaften als Werte Maßangaben, Prozentwerte und die Konstanten aus der Tabelle C–1. Für weitere Informationen siehe background-position.

Standardwert: 0

Kompatibilität

CSS-Version: ist nicht Bestandteil des CSS-Standards

Wird nur vom Internet Explorer ab Version 4 unterstützt.

Beispiel

Folgende Stilregel erzeugt eine horizontal zentrierte Darstellung des Hintergrundbilds und eine vertikale Positionierung des oberen Bildrands in einer Entfernung von 20 Pixel vom oberen Rand des body-Elements:

```
body {
  background-position-x: center;
  background-position-y: 20px;
}
```

background-repeat

Ein Hintergrundbild, das mit der Eigenschaft background-image auf einer Seite eingesetzt wird, wird standardmäßig gekachelt dargestellt. Mit der Eigenschaft background-repeat kann dieses Verhalten gesteuert werden.

Vererbt: nein

Siehe auch: background-image, background-position

Werte

repeat, no-repeat, repeat-x oder repeat-y.

Die Werte repeat und no-repeat bewirken beziehungsweise unterbinden eine Kachelung; repeat-x bewirkt lediglich eine horizontale Wiederholung des Hintergrundbildes. Mit repeat-y wird das Bild ausschließlich in vertikaler Folge wiederholt.

Standardwert: repeat

Kompatibilität

CSS-Version: 1

Funktioniert in allen CSS-fähigen Browsern, einschließlich Internet Explorer ab Version 4 und Netscape ab Version 4.

Der Internet Explorer 4 für Windows wiederholt das Bild nur rechts und unten (nicht oben oder links). Das Ergebnis ist eine unvollständige Wiederholung, wenn das Hintergrundbild zusätzlich mit background-position rechts oder unterhalb vom Seitenrand positioniert wird.

Beispiel

Folgende Stilregel verwendet background-repeat und background-position, um im Hintergrund eine horizontale Bilderreihe in einer Entfernung von 50 Pixel vom oberen Seitenrand zu erzeugen. Der linke Rand des Hintergrundbildes wird am linken Seitenrand positioniert, um die fehlerhafte Darstellung im Internet Explorer 4 für Windows mit background-position zu vermeiden.

```
body {
  background-repeat: repeat-x;
  background-position: 0 50px;
}
```

behavior

Die Eigenschaft behaviour ist nicht Bestandteil der CSS-Spezifikation und funktioniert nur im Internet Explorer. Man kann damit mehreren Elementen in einem Schritt Dynamic HTML zuweisen. Eine vollständige Beschreibung dieser Funktionalität finden Sie bei MSDN[4].

Vererbt: nein

Werte

Eine URL (nach der CSS-Syntax umschlossen von url()) oder eine Objekt-ID.

Standardwert: keiner

Kompatibilität

CSS-Version: ist nicht Bestandteil des CSS-Standards

So genannte »attached behaviors« werden im Internet Explorer für Windows ab Version 5 unterstützt. Weitere Verhaltensregeln funktionieren im Internet Explorer für Windows ab Version 5.5.

Beispiel

Folgende Stilregel weist jedem Element der CSS-Klasse draganddrop das in der Datei draganddrop.htc definierte Verhalten zu:

```
.draganddrop {
  behavior: url(draganddrop.htc);
}
```

---

4. http://msdn.microsoft.com/workshop/author/behavior/overview.asp

border

Mit der zusammenfassenden Eigenschaft border kann ein Rahmen mit gleicher Breite, Farbe und Stil auf allen vier Seiten des HTML-Elements festgelegt werden.

Vererbt: nein

Siehe auch: border-width, border-style und border-color

Werte

border-width, border-style und border-color erhalten jeweils einen gültigen Wert. Die Werte werden mit Leerzeichen voneinander getrennt.

Standardwert: keiner

Kompatibilität

CSS-Version: 1

Funktioniert in allen CSS-fähigen Browsern, es gelten die jeweiligen Einschränkungen bei border-width, border-style und border-color.

Beispiel

Folgende Stilregel erzeugt um alle div-Elemente auf der Seite einen gelben, gestrichelten Rahmen mit der Breite von einem Pixel:

```
div {
  border: dashed yellow 1px;
}
```

border-top, border-bottom, border-left, border-right

Die zusammenfassenden Eigenschaften border-top, border-bottom, border-left und border-right beschreiben Stil, Breite und Farbe eines Rahmens für jede Seite eines HTML-Elements.

Vererbt: nein

Siehe auch: border-width, border-style und border-color

Werte

`border-width`, `border-style` und `border-color` erhalten jeweils einen gültigen Wert. Die Angaben werden mit Leerzeichen voneinander getrennt.

Standardwert: keiner

Kompatibilität

CSS-Version: 1

Funktioniert in allen CSS-fähigen Browsern, mit Ausnahme von Netscape 4.

Beispiel

Folgende Stilregel erzeugt für die untere Seite aller HTML-Elemente mit einem `title`-Attribut eine ein Pixel breite, gestrichelte blaue Linie:

```
[title] {
  border-bottom: dashed blue 1px;
}
```

Bitte beachten Sie bei diesem Beispiel, dass Unterscheidungen anhand des HTML-Attributs zurzeit von keinem Browser unterstützt werden.

border-bottom-color, border-top-color, border-left-color, border-right-color

Die Eigenschaften `border-bottom-color`, `border-top-color`, `border-left-color` und `border-right-color` beschreiben die Farben des Rahmens für jede einzelne Seite eines HTML-Elements.

Vererbt: nein

Siehe auch: `border-color`

Werte

Jeder gültige CSS-Farbwert (siehe Anhang B).

Standardwert: keiner

Kompatibilität

CSS-Version: 2

Funktioniert in allen CSS-fähigen Browsern, mit Ausnahme von Netscape 4.

Beispiel

Folgende Stilregel erzeugt für den Absatz der Klasse funky einen blauen oberen Rahmen, einen gelben rechten Rahmen, einen roten unteren Rahmen und einen grünen linken Rahmen:

```
p.funky {
  border-top-color: blue;
  border-right-color: yellow;
  border-bottom-color: #ff0000;
  border-left-color: #0f0;
}
```

border-bottom-style, border-top-style, border-left-style, border-right-style

Die Eigenschaften border-bottom-style, border-top-style, border-left-style und border-right-style beschreiben den Stil des Rahmens für jede einzelne Seite eines HTML-Elements.

Vererbt: nein

Siehe auch: border-style

Werte

Alle gültigen Konstanten für border-style.

Standardwert: keiner

Kompatibilität

CSS-Version: 2

Funktioniert in allen CSS-fähigen Browsern, mit Ausnahme von Netscape 4.

Beispiel

Folgende Stilregel erzeugt für blockquote-Elemente einen Rahmen mit doppelter Linie an der linken und rechten Seite und einen Rahmen mit einfacher Linie an der oberen und unteren Seite:

```
blockquote {
  border-top-style: solid;
  border-bottom-style: solid;
  border-left-style: double;
  border-right-style: double;
}
```

border-bottom-width, border-top-width, border-left-width, border-right-width

Die Eigenschaften border-bottom-width, border-top-width, border-left-width und border-right-width beschreiben die Breite des Rahmens für jede einzelne Seite eines HTML-Elements.

Vererbt: nein

Siehe auch: border-width

Werte

thin, medium, thick oder eine CSS-Maßangabe.

Standardwert: medium (0 in Netscape 4)

Kompatibilität

CSS-Version: 1

Funktioniert in allen CSS-fähigen Browsern, einschließlich Internet Explorer ab Version 4 und Netscape ab Version 4.

Beachten Sie den Standardwert 0 bei Netscape 4: Damit ein Rahmen in diesem Browser überhaupt sichtbar wird, muss für seine Breite ein Wert deklariert werden.

Beispiel

Folgende Stilregel erzeugt bei blockquote-Elementen auf der rechten und linken Seite einen Rahmen mit einer Breite von zwei Pixel und auf der oberen und unteren Seite einen Rahmen mit einer Breite von einem Pixel:

```
blockquote {
  border-top-width: 1px;
  border-bottom-width: 1px;
  border-left-width: 2px;
  border-right-width: 2px;
}
```

border-collapse

Die Eigenschaft border-collapse ermöglicht es, eine von zwei verfügbaren Varianten zur Definition von Tabellenrahmen auszuwählen.

Das übliche System für die Beschreibung von Tabellenrahmen ist das vertraute Modell der »trennenden Rahmen«: Jede Zelle einer Tabelle besitzt einen eigenen Rahmen und wird durch den für die ganze Tabelle definierten Zellenabstand von den benachbarten Zellen getrennt. Dieses Modell entspricht dem CSS-Wert `separate`.

Eine alternative Variante ist das Modell der »zusammenfassenden Rahmen«: Die Rahmen von nebeneinander liegenden Zellen werden zusammengefasst und dadurch ganze Zeilen- und Spaltengruppen umrahmt. Dieses Modell entspricht dem CSS-Wert `collapse`.

Vererbt: ja

Siehe auch: `empty-cells`

Werte

`collapse` oder `separate`.

Standardwert: `separate`[5]

Kompatibilität

CSS-Version: 2

Funktioniert in Internet Explorer für Windows ab Version 5, Netscape 6 und Mozilla.

Beispiel

Folgende Stilregel bewirkt, dass alle Tabellen der Klasse `daten` nach dem Modell der zusammenfassenden Rahmen dargestellt werden:

```
table.daten {
  border-collapse: collapse;
}
```

border-color

Die zusammenfassende Eigenschaft `border-color` beschreibt die Farbe des Rahmens eines HTML-Elements für jede einzelne Seite.

---

5. http://www.w3.org/TR/REC-CSS2/tables.html#borders – Die CSS2-Spezifikation nennt den Wert `collapse` als Standardwert, alle Browserversionen benutzen dafür jedoch `separate`. Die CSS Working Group hat daher vorgeschlagen, den Standardwert in zukünftigen CSS-Spezifikationen entsprechend zu ändern.

Mit den Eigenschaften `border-bottom-color`, `border-left-color`, `border-right-color` und `border-top-color` können die Farben des Rahmens auch separat für jede Seite definiert werden.

Vererbt: nein

Werte

Tabelle C–2 zeigt die verschiedenen Wertekombinationen mit `border-color`. Die Farben werden nach den gültigen CSS-Farbwerten deklariert (siehe Anhang B »CSS-Farbreferenz«).

Tab. C–2
Wertangaben für `border-color`

Anzahl der Werte	Auswirkung auf die Rahmendarstellung
1	Alle vier Seiten des Rahmens erhalten den angegebenen Wert.
2	Der erste Wert bezieht sich auf den oberen und unteren Rahmen, der zweite Wert auf den linken und rechten Rahmen.
3	Der erste Wert bezieht sich auf den oberen Rahmen, der zweite Wert auf den linken und rechten Rahmen, der dritte Wert auf den unteren Rahmen.
4	Der erste Wert bezieht sich auf den oberen Rahmen, der zweite auf den rechten Rahmen, der dritte auf den unteren Rahmen, der vierte auf den linken Rahmen.

Standardwert: Gültige Werte der `color`-Eigenschaft des betreffenden Elements, entweder explizit festgelegt oder vom übergeordneten Element vererbt.

Kompatibilität

CSS-Version: 1

Funktioniert in allen CSS-fähigen Browsern, einschließlich Internet Explorer ab Version 4 und Netscape ab Version 4. Netscape 4.x unterstützt nur einfarbige Rahmen.

Beispiel

Folgende Stilregel erzeugt bei `blockquote`-Elementen einen blauen Rahmen auf der oberen und unteren Seite sowie einen roten Rahmen auf der linken und rechten Seite:

```
blockquote {
 border-color: blue red;
}
```

border-spacing

Die CSS-Eigenschaft border-spacing entspricht dem Attribut cellspacing des HTML-Elements table. Der Abstand zwischen zwei Zellen in einer Tabelle kann damit definiert werden. Die Eigenschaft wird ignoriert, wenn für die Tabelle die Eigenschaft border-collapse mit collapse deklariert ist.

Vererbt: ja

Siehe auch: border-collapse

Werte

Eine oder zwei CSS-Maßangaben, durch ein Leerzeichen voneinander getrennt. Ein einzelner Wert beschreibt den Zellenabstand in beiden Richtungen, bei zwei Werten beschreibt der erste den horizontalen Abstand und der zweite den vertikalen Abstand.

Standardwert: 0

Kompatibilität

CSS-Version: 2

Wird nur von Netscape 6 und Mozilla unterstützt.

Beispiel

Folgende Stilregel erzeugt zwischen allen Zellen in der Tabelle der CSS-Klasse luftig einen Abstand von fünf Pixel:

```
table.luftig {
  border-spacing: 5px;
}
```

border-style

Die zusammenfassende Eigenschaft border-style beschreibt den Stil des Rahmens für jede einzelne Seite eines HTML-Elements.

Mit den Eigenschaften border-bottom-style, border-left-style, border-right-style und border-top-style kann der Stil des Rahmens für jede einzelne Seite auch separat festgelegt werden.

Vererbt: nein

Werte

Die CSS-Spezifikation enthält eine ganze Reihe an Konstanten für die Definition des Rahmenstils. Tabelle C–3 zeigt alle verfügbaren Konstanten auf und gibt Auskunft über die Browserkompatibilität.

Für border-style können bis zu vier Werte (ein Wert für jede Seite) angegeben werden. Die Werte werden mit Leerzeichen voneinander getrennt. Netscape 4 unterstützt nur den gleichen Rahmenstil für alle vier Seiten eines Elements.

Die Werte none und hidden führen nur in solchen HTML-Tabellen zu unterschiedlichen Ergebnissen, deren Eigenschaft border-collapse mit dem Wert collapse deklariert ist: Ist hier der Rahmen einer Zelle mit none deklariert, erhält die Zelle den Rahmenstil der anderen zusammengefassten Zellen. Die Deklaration von border-style wird nicht umgesetzt. Wird ein Rahmen mit hidden deklariert, wird der Rahmenstil der anderen zusammengefassten Zellen überschrieben und kein Rahmen für die ganze zusammengefasste Zellengruppe angezeigt.

Standardwert: keiner

Tab. C–3
CSS-Konstanten für verschiedene Rahmenstile

Konstante	CSS-Spezifikation	Unterstützte Browser	Rahmenstil
double	CSS1	alle CSS-fähigen Browser	double
groove	CSS1	alle CSS-fähigen Browser	groove
inset	CSS1	alle CSS-fähigen Browser	inset
none	CSS1	alle CSS-fähigen Browser	none
outset	CSS1	alle CSS-fähigen Browser	outset
ridge	CSS1	alle CSS-fähigen Browser	ridge
solid	CSS1	alle CSS-fähigen Browser	solid
dashed	CSS1	Netscape 6, Mozilla, IE 5.5/Win, IE 4/Mac	dashed
dotted	CSS1	Netscape 6, Mozilla, IE 5.5/Win, IE 4/Mac	dotted
hidden	CSS2	Netscape 6, Mozilla, IE 5.5/Win, IE 4/Mac	hidden

Kompatibilität

CSS-Version: 1

Funktioniert in allen CSS-fähigen Browsern, einschließlich Internet Explorer 4 und Netscape 4. Genauere Informationen zur Kompatibilität finden Sie in Tabelle C–2.

Beachten Sie den Standardwert 0 für `border-width` bei Netscape 4.x: Damit ein Rahmen in diesem Browser überhaupt sichtbar wird, muss für seine Breite ein Wert deklariert werden.

Beispiel

Folgende Stilregel verleiht allen HTML-Elementen der Klasse `klickbutton` das Erscheinungsbild eines Buttons mit dem Rahmenstil `outset`, einer hellgrauen Hintergrundfarbe und schwarzer Textfarbe:

```
.klickbutton {
  border-style: outset;
  border-color: grey;
  border-width: medium;
  background: lightgrey;
  color: black;
}
```

border-width

Die zusammenfassende Eigenschaft `border-width` beschreibt die Breite des Rahmens für jede einzelne Seite eines HTML-Elements.

Mit den Eigenschaften `border-bottom-width`, `border-left-width`, `border-right-width` und `border-top-width` kann die Breite des Rahmens auch für jede Seite separat deklariert werden.

Vererbt: nein

Werte

`thin`, `medium`, `thick` oder eine CSS-Maßangabe

Für die Angabe mehrerer Werte zählt für `border-width` die Zuweisung aus Tabelle C–2. Die Wertangaben werden durch Leerzeichen voneinander getrennt.

Standardwert: medium (0 in Netscape 4)

Kompatibilität

CSS-Version: 1

Funktioniert in allen CSS-fähigen Browsern, einschließlich Internet Explorer in Version 4 und Netscape 4.

Beachten Sie den Standardwert 0 bei Netscape 4: Damit ein Rahmen in diesem Browser überhaupt sichtbar wird, muss für seine Breite ein Wert deklariert werden.

Beispiel

Folgende Stilregel erzeugt bei `blockquote`-Elementen oben und unten einen strichstarken Rand sowie links und rechts einen weniger strichstarken Rand:

```
blockquote {
  border-style: solid;
  border-width: thick thin;
}
```

bottom

Mit der Eigenschaft `bottom` wird der Abstand zwischen dem unteren Rand eines mit `absolute` positionierten Elements (einschließlich Innenrand, Rahmen und Außenrand)[6] und dem unteren Rand der ganzen Positionsgruppe, in der sich das Element befindet, bestimmt. Das Element wird am nächsten übergeordneten Element, das für `position` einen anderen Wert als `static` besitzt, ausgerichtet. Ist ein solches nicht vorhanden, wird es am `body`-Element ausgerichtet.

Wird die Positionierung nach dem `body`-Element berechnet, wird das positionierte Element in Internet Explorer für Windows, Netscape 6 und Mozilla relativ zum unteren Rand des *Browserfensters* (in nicht gescrolltem Zustand) positioniert, und nicht, wie in der CSS-Spezifikation vorgesehen, relativ zum unteren Rand des ganzen Dokuments. Der Internet Explorer 5 für Macintosh führt die an `body` ausgerichtete Positionierung korrekt durch.

Bei Elementen, die mit dem Wert `relative` positioniert sind, bewirkt `bottom` eine relative Verschiebung des Elements zu der Position, in der es ohne CSS-Positionierung dargestellt werden würde. Ein Wert von 10px verschiebt das Element zum Beispiel um 10 Pixel nach oben, ein Wert von -10px nach unten.

---

6. Die CSS2-Spezifikation enthält eine fehlerhafte Stelle, die besagt, dass in diesem Zusammenhang Innenrand, Rahmen und Außenrand nicht beachtet werden sollten. Der Fehler ist bereits von der CSS Working Group in der Korrektursammlung der CSS2-Spezifikation dokumentiert.

Vererbt: nein

Siehe auch: position, left, top und right

Werte

Eine CSS-Maßangabe, ein Prozentwert oder die Konstante auto. Prozentwerte basieren auf der Höhe des übergeordneten Elements. Die Konstante auto weist den Browser an, die Position selbst zu bestimmen, andere Variablen wie Größe und Position werden dabei berücksichtigt.

Standardwert: auto

Kompatibilität

CSS-Version: 2

Funktioniert in Internet Explorer ab Version 5, Netscape ab Version 6 und allen Mozilla-Versionen.

Der gleiche Effekt kann auch mit der Eigenschaft top erzielt werden. Da top durch mehr Browser unterstützt wird als bottom, wird der Einsatz dieser Eigenschaft empfohlen.

Beispiel

Folgende Stilregel positioniert das HTML-Element mit der ID menue am unteren Rand des Browserfensters beziehungsweise im Internet Explorer für Macintosh am Fuß des Dokuments:

```
#menue {
  position: absolute;
  bottom: 0;
  width: 100px;
  height: 200px;
}
```

caption-side

Mit der Eigenschaft caption wird bestimmt, wie eine durch das HTML-Element caption definierte Tabellenüberschrift ausgerichtet werden soll.

Vererbt: ja

Werte

top, bottom, left oder right.

Standardwert: top

Kompatibilität

CSS-Version: 2

Funktioniert in Internet Explorer 5 für Macintosh, Netscape ab Version 6 und Mozilla. Die Werte left und right werden von den meisten Browsern nicht unterstützt.

Beispiel

Folgende Stilregel richtet die Überschrift einer verschachtelten Tabelle an ihrer Unterseite aus:

```
table table {
  caption-side: bottom;
}
```

clear

Mit der Eigenschaft clear kann der Textumfluss um ein Element unterbunden werden. Damit wird erzwungen, dass ein Text erst unterhalb des betreffenden Elements dargestellt wird. clear kann auch speziell nur für den rechten oder linken Textumfluss definiert werden.

Vererbt: nein

Siehe auch: float

Werte

left, right, none oder both.

Standardwert: none

Kompatibilität

CSS-Version: 1

Funktioniert in allen CSS-fähigen Browsern, einschließlich Internet Explorer ab Version 4, Netscape ab Version 4 und Mozilla.

Beispiel

Folgende Stilregel stellt sicher, dass das HTML-Element mit der ID fusszeile von keinem anderen Element umflossen wird:

```
#fusszeile {
  clear: both;
}
```

clip

Die Eigenschaft clip verringert die Größe des sichtbaren Bereichs eines mit absolute oder fixed positionierten HTML-Elements. Das Element nimmt zwar dieselbe Position auf der Seite ein, ist aber nur in dem angegebenen Bereich sichtbar.

Im Gegensatz zur CSS-Eigenschaft overflow wird nur der *sichtbare Bereich* (einschließlich aller Box-Elemente) beschrieben. Die Ausdehnung und Position des Elements in der Seitenstruktur wird nicht verändert.

Vererbt: nein

Siehe auch: overflow

Werte

CSS2 erlaubt mit clip nur die Festlegung von rechteckigen Bereichen. Ein Bereich wird anhand eines rect()-Befehls inklusive der vier Seitenkoordinaten definiert:

```
clip: rect(top right bottom left);
```

Bei einem Element mit einer Breite von x Pixel und einer Höhe von y Pixel ohne Rahmen oder Innenrand beträgt der Standardwert für den Begrenzungsbereich rect(0px xpx ypx 0). Um von jeder Seite des Bildes zehn Pixel abzuschneiden, genügt ein Wert nach der Formel rect(10px x-10px y-10px 10px).

Der Standardwert auto lässt den Browser den Anzeigebereich des Elements automatisch bestimmen.

Standardwert: auto

Kompatibilität

CSS-Version: 2

Funktioniert in allen CSS-fähigen Browsern, einschließlich Internet Explorer ab Version 4, Netscape ab Version 4 und Mozilla. Internet Explorer 4 für Macintosh erzeugt eine fehlerhafte Darstellung. Netscape 4 erzeugt Fehler in der Berechnung der Größe des Scrollbalkens.

Beispiel

Folgende Stilregel nimmt auf der rechten und auf der linken Seite des Elements mit der ID logo eine Reduzierung des sichtbaren Bereichs um jeweils zehn Pixel vor:

```
#logo {
  position: absolute;
  clip: rect(0px 90px 100px 10px);
}
```

color

Die Eigenschaft color beschreibt die Vordergrundfarbe eines Elements. Gleichzeitig legt sie die Standardfarbe für den Rahmen des Elements fest.

Wenn die Vordergrundfarbe eines Elements festgelegt wird, sollte immer auch seine Hintergrundfarbe definiert werden sowie umgekehrt. Dadurch werden Probleme mit den Benutzereinstellungen im Browser präventiv vermieden.

Vererbt: ja

Siehe auch: background-color

Werte

Jeder gültige CSS-Farbwert.

Standardwert: black

Kompatibilität

CSS-Version: 1

Funktioniert in allen CSS-fähigen Browsern, einschließlich Internet Explorer ab Version 4, Netscape ab Version 4 und Mozilla.

Beispiel

Folgende Stilregel erzeugt für alle Textabsätze auf der Seite die Darstellung eines weißen Texts auf tomatenrotem Hintergrund.

```
p {
  color: white;
  background-color: #ff6347;
}
```

content

In manchen Konstellationen ist es vorteilhaft, vor und hinter einem HTML-Element speziellen Inhalt einzublenden. Dieser wird auch als »generierter Inhalt« bezeichnet und ist als Designelement nicht Teil des HTML-Dokuments, sondern wird aus den Angaben in einem Stylesheet generiert. Mit der Eigenschaft content werden generierte Inhalte definiert. Eingesetzt wird sie ausschließlich mit den Pseudo-Elementen :before oder :after.

Vererbt: nein

Siehe auch: counter-increment, counter-reset, quotes

Werte

Die CSS2-Spezifikation erlaubt für generierte Inhalte eine ganze Reihe unterschiedlicher Formate, mehrere davon werden jedoch nicht von den aktuellen Browsern unterstützt (siehe Abschnitt »Kompatibilität« unten). Gültig ist eine beliebige Kombination der folgenden Formate. Die Wertangaben werden in einer Deklaration mit einem Leerzeichen voneinander getrennt.

- "arbitrary string": Dieses Format erzeugt einen beliebigen Text vor oder hinter dem eigentlichen Inhalt des betreffenden Elements. Der Text in dem Ausdruck selbst kann nicht mit HTML-Tags formatiert werden – der Browser würde die Tags auf der Seite anzeigen. Der Text wird stattdessen mit CSS-Anweisungen formatiert. Mit dem Zeichen »\A« kann ein Zeilemumbruch innerhalb eines Ausdrucks erzeugt werden.

- url(http://www.url.de): Dieses Format zeigt den Inhalt einer externen Quelle vor oder hinter dem eigentlichen Inhalt des betreffenden Elements an. Es können damit auch Bilder oder ganze Webseiten innerhalb von HTML-Elementen angezeigt werden. Bisher wird dieses Format jedoch von keinem Browser unterstützt.

- counter(name), counter(name, style), counters(name, string), counters(name, string, style): Dieses Format erzeugt eine automatische Nummerierung betreffender Elemente. Mit der CSS-Eigenschaft counter-increment kann eine definierte Variable um einen bestimmten Betrag heraufgesetzt werden, mit counter-reset kann der Zähler auf null oder eine andere Ziffer zurückgesetzt werden.
  Das Format counter(name) erzeugt eine Darstellung des Zählers in Dezimalschreibweise. Mit counter(name, style) kann zusätzlich ein Stil vorgegeben werden, in dem der Zähler dargestellt wird. Dafür stehen die gleichen Werte wie bei list-style-type zur Verfügung.
  Mit den Formaten counters(name, string) bzw. counters(name, string, style) kann ein hierarchischer Zähler für die Nummerierung auf mehreren Gliederungsebenen definiert werden (z. B. »Abschnitt 5.2.3«). Das Argument string legt dabei die Zeichenkette fest, mit der die Ebenen getrennt werden – üblicherweise wird dafür ein Punkt eingesetzt.

- attr(attribute): Dieses Format zeigt den Wert eines HTML-Attributs (z.B. title in einem <a>-Tag) vor oder hinter dem eigentlichen Inhalt des betreffenden Elements an.

- open-quote, close-quote: Diese Formate erzeugen Anführungszeichen vor oder hinter dem Inhalt eines HTML-Elements. Die Art der Anführungszeichen wird mit der CSS-Eigenschaft quotes festgelegt.

- no-open-quote, no-close-quote: Diese Formate erzeugen eine Art vorgetäuschte Anführungszeichen, die zwar nicht sichtbar sind, aber in der logischen Dokumentsyntax zur Anwendung kommen.

Standardwert: "" (leere Zeichenkette)

Kompatibilität

CSS-Version: 2

Netscape 6, Mozilla und der Opera-Browser unterstützen nur einen Teil der Formate, besonders gut "arbitrary string" und die Formate für Anführungszeichen. Der Internet Explorer für Windows bis einschließlich Version 6 unterstützt diese Eigenschaft nicht.

Beispiele

Folgende Stilregel stellt den Text »Anmerkung:« an den Anfang jedes Absatzes der Klasse note:

```
p.anmerkung:before {
  content: "Anmerkung: ";
}
```

Folgende Stilregeln umschließen jedes span-Element der Klasse htmltag mit Anführungszeichen in Form von spitzen Klammern:

```
span.htmltag {
  quotes: "<" ">";
}
span.htmltag:before {
  content: open-quote;
}
span.htmltag:after {
  content: close-quote;
}
```

Folgende Stilregeln umschließen jedes blockquote-Element mit Anführungszeichen. Die dritte Stilregel wird nur auf blockquote-Elemente angewendet, die das Attribut cite benutzen. Dort wird content so deklariert, dass die Quelle des Zitats automatisch in der nächsten Zeile erscheint. Diese Stilregel wird jedoch von aktuellen Browsern nicht unterstützt, da sie das Format attr(attribute) enthält:

```
blockquote:before {
  content: open-quote;
}
blockquote:after {
  content: close-quote;
}
blockquote[cite]:after {
  content: close-quote "\Aaus " attr(cite);
}
```

Folgende Stilregeln erzeugen nach der CSS2-Spezifikation eine über eine URL eingeblendete Kopf- beziehungsweise Fußzeile für die betreffende HTML-Seite. Auch sie werden von keinem aktuellen Brower unterstützt:

```
body:before {
  content: url(standardheader.html);
}
body:after {
  content: url(standardfooter.html);
}
```

counter-increment

Die Eigenschaft counter-increment beschreibt, bei welchem Element ein Zähler aktiv wird und um wie viel er pro Element erhöht werden soll.

Bei verschachtelten Elementen wird automatisch ein hierarchischer Zähler erzeugt; es gibt somit einen separaten Zähler auf jeder Gliederungsebene.

Vererbt: nein

Siehe auch: content, counter-reset

Werte

Ein Zählername, optional gefolgt von einer positiven oder negativen ganzen Zahl. Die ganze Zahl gibt den Betrag an, um den der Zähler erhöht (positiver Wert) oder verringert (negativer Wert) werden soll, wenn er auf das betreffende Element trifft. Wenn mehrere Zähler eines einzigen Elements definiert werden sollen, werden die Namen der Zähler (und deren optionalen Beträge) mit Leerzeichen getrennt angegeben. Der Standardwert none wird ebenfalls unterstützt, hat aber keinen praktischen Nutzen.

Standardwert: none

Kompatibilität

CSS-Version: 2

Wird von keinem aktuellen Browser unterstützt.

Beispiele

Folgende Stilregeln zählt die <h1>-Tags in dem Dokument und zeigt automatisch eine Kapitelnummer am Anfang jeder Überschrift erster Ordnung an:

```
h1 {
  counter-increment: chapter;
}
h1:before {
  content: "Kapitel " counter(chapter) " - ";
}
```

Folgende Stilregeln setzen einen Zähler für alle div-Elemente ein und blenden dessen Wert in den begleitenden Überschriften ein. Die

Ausgabe des Zählers geschieht nach dem Format counters(), somit werden verschachtelte div-Elemente hierarchisch durchnummeriert.

```
div {
  counter-increment: division;
}
div > h1:before {
  content: "Abschnitt " counters(division,".") ": ";
}
```

counter-reset

Die Eigenschaft counter-reset setzt einen Zähler auf einen bestimmten Wert zurück. Dieses geschieht jedes Mal, wenn die CSS-Regel angewendet wird. Das Standardverhalten setzt den Zähler auf den Wert 0, es kann aber auch jeder beliebige Wert angegeben werden.

Vererbt: nein

Siehe auch: counter-increment

Werte

Ein Zählername, optional gefolgt von einer positiven oder negativen ganzen Zahl, die den Wert für den Zähler angibt, auf den er zurückgesetzt werden soll. Wenn mehrere Zähler eines einzigen Elementes zurückgesetzt werden sollen, werden Name (und optionale Beträge) mit Leerzeichen voneinander getrennt angegeben. Der Standardwert none wird ebenfalls unterstützt, hat aber keinen praktischen Nutzen.

Standardwert: none

Kompatibilität

CSS-Version: 2

Wird von keinem aktuellen Browser unterstützt.

Beispiel

Folgende Stilregeln benutzen h1-Elemente und h2-Elemente, um Kapitel und Unterkapitel zu markieren. Beide Elemente werden in hierarchischer Nummerierung angezeigt:

```
h1 {
  counter-increment: chapter;
  counter-reset: section;
}
```

```
h1:before {
 content: "Kapitel " counter(chapter) " - ";
}
h2 {
 counter-increment: section;
}
h2:before {
 content: "Abschnitt " counter(chapter) "." counter(section) " - ";
}
```

cue

Mit der zusammenfassenden Eigenschaft cue werden in akustischen Browsern kurze Audiosignale vor und nach einem Element abgespielt. Mit cue-before und cue-after können die beiden Töne auch separat definiert werden.

Vererbt: nein

Siehe auch: cue-before, cue-after

Wert

Eine oder zwei URLs, die auf Sounddateien verweisen. Wird ein Wert angegeben, wird dieser sowohl cue-before als auch cue-after zugewiesen: Dasselbe Audiosignal ertönt vor und nach dem betreffenden HTML-Element. Werden zwei URLs angegeben, wird die erste cue-before und die zweite cue-after zugeordnet.

Standardwert: none

Kompatibilität

CSS-Version: 2

Wird von keinem aktuellen Browser unterstützt.

Beispiel

Folgende Stilregel spielt die Datei ding.wav in akustischen Browsern vor und nach einem div-Element ab:

```
div {
 cue: url(/sounds/ding.wav);
}
```

cue-after, cue-before

Mit den Eigenschaften cue-before und cue-after wird in akustischen Browsern vor und nach einem betreffenden Element jeweils ein Ton abgespielt.

Vererbt: nein

Siehe auch: cue

Werte

Eine URL, die auf eine Sounddatei verweist. Der Standardwert none wird ebenfalls unterstützt, hat aber keinen praktischen Nutzen.

Standardwert: none

Kompatibilität

CSS-Version: 2

Wird von keinem aktuellen Browser unterstützt.

Beispiel

Folgende Stilregeln spielen vor allen h1-Elementen den Ton ding.wav ab. Bei h1-Elementen der Klasse leise wird der Ton nicht abgespielt:

```
h1 {
  cue-before: url(/sounds/ding.wav);
}
h1.leise {
  cue-before: none;
}
```

cursor

Die Eigenschaft cursor beschreibt das Aussehen des Mauszeigers, wenn er sich über einem ausgewählten HTML-Element befindet.

Vererbt: ja

Werte

Tabelle C–4 enthält eine Auflistung der in CSS2 enthaltenen Mauszeiger und gibt an, welche Browser sie unterstützen. Der Standardwert auto überlässt die Auswahl des Mauszeigers dem

Browser. Der Wert `default` greift auf den Standardmauszeiger im jeweiligen Betriebssystem des Benutzers zurück.

Mit dem Wert `url(url)` kann auch ein eigener Mauszeiger eingesetzt werden, der in einer `.cur`-Datei (für einen statischen Mauszeiger unter Windows) oder in einer `.ani`-Datei (für einen animierten Mauszeiger für Windows) vorliegen muss. Bisher unterstützt nur der Internet Explorer 6.0 diese Funktion.

Tabelle C–5 enthält einige zusätzliche, nicht im CSS2-Standard enthaltene Mauszeiger, die von verschiedenen Versionen des Internet Explorers unterstützt werden.

Tab. C–4
Mauszeiger im CSS2-Standard

Wert für cursor	Darstellung (in IE6)	IE (Win)	IE (Mac)	NS/Moz
auto	nicht verfügbar	4	4	6/1
crosshair	+	4	4	6/1
default	↖	4	4	6/1
e-resize	↔	4	4	6/1
help	↖?	4	4	6/1
move	✥	4	4	6/1
n-resize	↕	4	4	6/1
ne-resize	↗	4	4	6/1
nw-resize	↖	4	4	6/1
pointer	☝	4	4	6/1
s-resize	↕	4	4	6/1
se-resize	↘	4	4	6/1
sw-resize	↙	4	4	6/1
text	I	4	4	6/1
url(url)		6	–	–
w-resize	↔	4	4	6/1
wait	⌛	4	4	6/1

Die detaillierte Darstellung von Mauszeigern kann zwischen Browsern und Betriebssystemen variieren.

Tab. C–5
Spezielle Mauszeiger für den Internet Explorer

Wert für cursor	Darstellung (in IE6)	IE (Win)	IE (Mac)
all-scroll	✥	6	–
col-resize	⇹	6	–
hand	☝	4	4

Wert für cursor	Darstellung (in IE6)	IE (Win)	IE (Mac)
no-drop	👆	6	–
not-allowed	⊘	6	–
progress	⌛	6	–
row-resize	↕	6	–
vertical-text	↔	6	–

Standardwert: auto

Kompatibilität

CSS-Version: 1

Wird von allen CSS-fähigen Browsern unterstützt, mit Ausnahme von Netscape 4. Werte, die nicht dem CSS2-Standard entsprechen, werden nicht von allen Browsern unterstützt. Siehe Tabellen C–4 und C–5.

Beispiel

Folgende Stilregel führt zu einer Anzeige des Mauszeigers pointer, wenn sich die Maus über einem Element mit dem Attribut onclick befindet. Dieses Beispiel funktioniert nur in Browsern, die Unterscheidungen anhand von Attributen unterstützen:

```
[onclick] {
  cursor: pointer;
}
```

direction

Die meisten westlichen Sprachen basieren auf der Schreib- und Leserichtung von links nach rechts. Viele östliche Sprachen wiederum werden von rechts nach links geschrieben und gelesen. Der Unicode-Standard[7] ermöglicht es, gemischte Texte beider Ausrichtungen in einem Dokument darstellen zu können. Ebenfalls in Unicode definiert sind Sonderzeichen wie zum Beispiel Währungen oder andere Maßeinheiten.

Der folgende Text soll einen Mischtext aus Englisch und Hebräisch skizzieren. Die Wörter in der von links nach rechts geschriebenen Sprache werden darin in Kleinschreibung dargestellt, die Wörter in der von rechts nach links geschriebenen Sprache in Großschreibung:

    englisch1 HEBRAEISCH1 englisch2 HEBRAEISCH2 englisch3

---

7. http://www.unicode.org

Wir bauen unser Beispiel nun aus zu einem HTML-Fragment:

```
<p>englisch1 <q>HEBRAEISCH1 englisch2 HEBRAEISCH2</q> englisch3</p>
```

Der Text, der mit HEBRAEISCH1 beginnt und mit HEBRAEISCH2 endet, soll demnach als Zitat angezeigt werden. Das Ergebnis sollte wie folgt aussehen: »englisch1 2HCSIEARBEH englisch2 1HCSIEARBEH englisch3«.

Um diese Änderung der Textrichtung auch auf einer Webseite darstellen zu können, enthält der HTML-4.0-Standard (bzw. XHTML 1.0) das Attribut dir und das Element bdo. Unser Fragment sollte damit wie folgt aussehen:

```
<p>englisch1 <q lang="he" dir="rtl"> HEBRAEISCH1 englisch2
HEBRAEISCH2</q>
 englisch3</p>
```

Das dir-Attribut von q gibt dabei die Darstellungsrichtung an – in diesem Fall »right-to-left«. Das lang-Attribut hat keine sichtbare Auswirkung. Die komplette Beschreibung zu Sprachen und der Anzeige von mehrsprachigen Texten finden Sie in Abschnitt 8 des HTML-4.0-Standards[8].

Die CSS-Eigenschaft direction erfüllt in Kombination mit der Eigenschaftsdeklaration unicode-bidi: embed denselben Zweck wie das dir-Attribut in HTML. Wird direction in Kombination mit der Deklaration unicode-bidi: bidi-override benutzt, führt es zu demselben Effekt wie das HTML-Element bdo.

In einem einfachen Fall wie dem geschilderten sollte man beim Einsatz des HTML-Attributs bleiben. Die CSS-Eigenschaften direction und unicode-bidi sind vielmehr dazu gedacht, um XML-Dokumente zu formatieren, die nicht von bidirektionalen Fähigkeiten profitieren können wie HTML4. Da der Schwerpunkt dieses Buchs jedoch auf der Erstellung von Seiten für das Web liegt, verweise ich für genauere Informationen zu diesen Eigenschaften auf den CSS2-Standard[9].

Vererbt: ja

Siehe auch: unicode-bidi

Werte

ltr oder rtl.

---

8. http://www.w3.org/TR/REC-html40/struct/dirlang.html
9. http://www.w3.org/TR/REC-CSS2/visuren.html#direction

Standardwert: ltr

Kompatibilität

CSS-Version: 2

Wird von keinem aktuellen Browser unterstützt.

Beispiel

Folgende Stilregel setzt die Schreibrichtung eines XML-Elements namens `hebraeisch` auf `rtl`. Die Eigenschaft `unicode-bidi` wird verwendet, um sicherzustellen, dass alle enthaltenen Elemente in der richtigen Ausrichtung gruppiert werden, auch wenn das Element `hebraeisch` als Inline-Element angezeigt wird.

```
hebraeisch {
  direction: rtl;
  unicode-bidi: embed;
}
```

display

Mit der Eigenschaft `display` kann der Anzeigemodus für ein HTML-Element verändert werden. Ein Inline-Element wie `a` kann damit als Blockelement dargestellt werden, ebenso kann ein Blockelement wie `div` als Inline-Element angezeigt werden.

Die gebräuchlichste Anwendung von `display` ist das Ein- und Ausschalten ganzer Bereiche eines HTML-Dokuments. Wird `display` auf `none` gesetzt, wird das Element nicht nur unsichtbar (wie auch mit der `visibility`-Eigenschaft), sondern auch beim Aufbau der HTML-Seite nicht mehr beachtet. In Dynamic HTML kann diese Eigenschaft zum Beispiel mit JavaScript verändert werden, wodurch im Handumdrehen hierarchische Menüs mit dynamisch ein- und ausklappbaren Untermenüs erzeugt werden können.

Vererbt: nein

Siehe auch: visibility

Werte

block

CSS-Version: 1

Browserunterstützung: Alle CSS-fähigen Browser, einschließlich Netscape 4.

Der Standardanzeigemodus für p, div, ul, blockquote und viele andere Elemente. Die Elemente belegen einen rechteckigen Bereich der Seite und werden mit umliegenden Elementen in vertikaler Folge dargestellt.

`inline`

CSS-Version: 1

Browserunterstützung: Alle CSS-fähigen Browser, einschließlich Netscape 4.

Der Standardanzeigemodus für strong, u, a, code und viele andere Elemente. Der Inhalt eines Inline-Elements wird als Zeichenkette innerhalb des übergeordneten Elements dargestellt.

`list-item`

CSS-Version: 1

Browserunterstützung: Netscape ab Version 4, Internet Explorer 6 für Windows, Internet Explorer 5 für Mac.

Der Standardanzeigemodus für li-Elemente. Ein Element wird als Listeneintrag dargestellt. Mit den Eigenschaften zur Listenformatierung (siehe list-style) werden Art, Position und Aussehen von Aufzählungszeichen definiert.

`marker`

CSS-Version: 2

Browserunterstützung: Wird von aktuellen Browsern nicht unterstützt.

Wird nur mit den Pseudo-Elementen :before und :after eingesetzt. Der Browser stellt den mit der content-Eigenschaft erstellten Text als kleines Textfeld in einer eigenen Box am Rand des eigentlichen Inhalts dar. Die Möglichkeiten der Formatierung sind ähnlich der von Listen, aber flexibler: Speziell für die Formatierung generierter Inhalte in diesem Anzeigemodus ist die Eigenschaft marker-offset vorgesehen.

`none`

CSS-Version: 1

Browserunterstützung: Alle CSS-fähigen Browser, einschließlich Netscape 4.

In diesem Anzeigemodus wird die Anzeige eines Elements unterdrückt. Im Unterschied zu `visibility` wird es auch im Seitenaufbau ignoriert.

`compact`

CSS-Version: 2

Browserunterstützung: Wird von aktuellen Browsern nicht unterstützt.

Dieser Anzeigemodus bewirkt, dass betreffende Elemente am linken Rand (bei von rechts nach links geschriebenen Sprachen am rechten Rand) eines benachbarten Blockelements erscheinen, sofern beide in eine Zeile passen. Ist das nicht der Fall, werden beide als Blockelemente angezeigt. Abbildung C–1 veranschaulicht den Effekt.

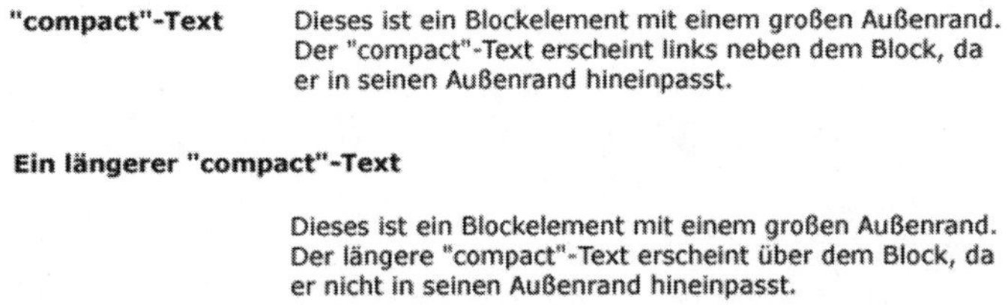

Abb. C–1
Der `display`*-Anzeigemodus* `compact`

`run-in`

CSS-Version: 2

Browserunterstützung: Wird von aktuellen Browsern nicht unterstützt.

Dieser Anzeigemodus bewirkt, dass betreffende Elemente am Anfang eines unmittelbar folgenden Blockelements angezeigt werden. Ist ein solches nicht vorhanden, wird das Element selbst als normales Blockelement angezeigt. Abbildung C–2 veranschaulicht den Effekt.

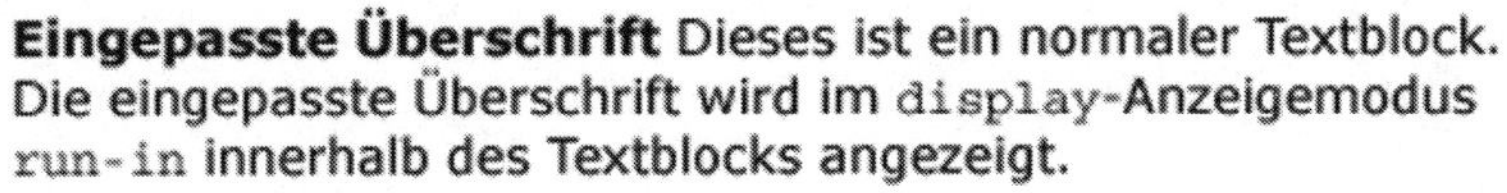

Abb. C–2
Der `display`*-Anzeigemodus* `run-in`

`table, inline-table, table-row, table-column, table-row-group, table-column-group, table-header-group, table-footer-group, table-cell, table-caption`

CSS-Version: 2

Browserunterstützung: Komplett unterstützt nur im Internet Explorer 5 für Macintosh. Der Internet Explorer 5 für Windows unterstützt lediglich `table-header-group`, in Version 5.5 noch zusätzlich `table-footer-group`. Im Internet Explorer Version 6 für Windows wurde kein weiterer Modus hinzugefügt. In Netscape 6 und Mozilla funktionieren alle Modi außer `inline-table`, `table-caption`, `table-column` und `table-column-group`.

Diese Anzeigemodi bewirken, dass verschiedene Elemente als Tabellen oder Tabellenteile angezeigt werden. Der praktische Nutzen ist fraglich, was einer der Gründe dafür ist, dass die meisten Browser sie nicht komplett unterstützen. Eine vollständige Beschreibung finden Sie in der CSS2-Spezifikation[10].

inline-block

CSS-Version: 3 (nach frühen Entwürfen der Spezifikation)

Browserunterstützung: Bisher nur Internet Explorer für Windows ab Version 5.5.

Dieser Anzeigemodus zeigt ein Blockelement als Inline-Element innerhalb des übergeordneten Elements an.

Standardwert: `inline`[11]

Kompatibilität

CSS-Version: 1 (Viele Anzeigemodi wurden in CSS2 hinzugefügt, in CSS3 werden weitere folgen.)

Alle CSS-fähigen Browser unterstützen diese Eigenschaft, aber keiner beherrscht die Anzeigemodi in vollem Umfang. Die genaue Kompatibilitätsliste finden Sie bei der Beschreibung der einzelnen Anzeigemodi.

Beispiel

Folgende Stilregel macht unsortierte Listen (ul), die innerhalb unsortierter Listen der Klasse menue verschachtelt sind, unsichtbar. Mit JavaScript kann man auf diesem Weg auch Untermenüs einblenden.

---

10. http://www.w3.org/TR/REC-CSS2/tables.html
11. Wie alle Standardwerte haben auch diejenigen für die Eigenschaft `display` ihren technischen Ursprung in einem in den Browsern implementierten Stylesheet und nicht etwa in der CSS2-Spezifikation selbst. Wenn nun ein neues Tag hinzuprogrammiert wird (was in XHTML möglich ist), bekommt dieses automatisch den Standardwert `inline`.

Dafür muss einfach nur die Eigenschaft `display` auf `block` umschalten, sobald ein Benutzer einen Hauptmenüeintrag anklickt.

```
ul.menue ul {
  display: none;
}
```

elevation

Die Eigenschaft `elevation` beschreibt den vertikalen Winkel, aus dem ein gesprochener Text in akustischen Browsern hörbar ist.

Vererbt: ja

Siehe auch: `azimuth`

Werte

Eine Winkelangabe in Grad (-90deg bis 90deg, wobei 90deg direkt über dem Anwender liegt, 90deg direkt unterhalb, und 0deg der Ohrenhöhe des Anwenders entspricht) oder eine beschreibende Konstante (zum Beispiel `above`).

Standardwert: `level`

Kompatibilität

CSS-Version: 2

Wird von keinem aktuellen Browser unterstützt.

Beispiel

Folgende Stilregel bewirkt, dass alle gesprochenen Elemente der Klasse `vorschrift` aus einem Winkel von 80 Grad oberhalb des Anwenders gesprochen werden:

```
.vorschrift {
  elevation: 80deg;
}
```

empty-cells

Die Eigenschaft `empty-cells` bestimmt die Anzeige von leeren Zellen in Tabellen, die nach dem Modell der trennenden Rahmen dargestellt werden (siehe `border-collapse`).

Vererbt: ja

Siehe auch: border-collapse

Werte

Der Wert show führt zur Darstellung der leeren Tabellenzellen. Mit hide werden die leeren Tabellenzellen einschließlich ihrer Rahmen und Hintergründe nicht angezeigt – an ihrer Stelle wird der Tabellenhintergrund sichtbar.

Standardwert: show[12]

Kompatibilität

CSS-Version: 2

Funktioniert in Netscape 6 und Mozilla. Wird von keiner Version des Internet Explorers unterstützt.

Beispiel

Folgende Stilregel bewirkt, dass in Tabellen der Klasse durchsicht leere Zellen nicht dargestellt werden:

```
table.durchsicht {
  border-collapse: separate;
  empty-cells: hide;
}
```

filter

Die Eigenschaft filter funktioniert nur im Internet Explorer für Windows. Mit ihr können HTML-Elementen statische Spezialeffekte oder animierte Übergänge zugewiesen werden.

Vererbt: nein

Werte

Der Internet Explorer für Windows ab Version 4 unterstützt 14 statische Effekt- und zwei animierte Übergangsfilter. Ab Version 5.5 unterstützt der Internet Explorer für Windows eine neue Filtertechnologie, die zusätzlich eine Reihe neuer Filter bereitstellt, z. B. zwei prozedurale Oberflächenfilter, 16 statische Effektfilter und 17 animierte Übergangsfilter.

---

12. Für Netscape 6 und Mozilla zählt im Übergangsmodus der Standardwert hide.

Die statischen Filter bieten Effekte wie durchscheinende Elemente, Schattenwurf, glühende Ränder, Wischeffekt, Spiegelung, Rotation, Beleuchtungseffekte und Verzerrungen. Mit Übergangsfiltern wird die Veränderung eines Elements als animierter Verlauf angezeigt, als Effekte gibt es einfache Wischverläufe im Stil von Microsoft Power-Point, weiche Fades, sich aufbauende Wischeffekte und phantasievolle Pixelübergange. Animierte Übergänge werden mit CSS zugewiesen und mit JavaScript ausgelöst.

Filter werden im Internet Explorer 4 mit folgender Syntax deklariert:

filter: *filter*(*param=value*, ...)

Im Internet Explorer 5.5 werden Filter folgendermaßen deklariert:

filter: progid:DXImageTransform.Microsoft.*filter*(*param=value*, ...)

Filter lassen sich in jeder sinnvollen Kombination einsetzen und werden in einer Liste, durch Leerzeichen voneinander getrennt, angegeben.

Eine vollständige Dokumentation von CSS-Filtern liefern die Dokumente »Introduction to Filters and Transitions«[13] und »Visual Filters and Transitions Reference«[14] auf der Microsoft-Website.

Standardwert: none

Kompatibilität

CSS-Version: ist nicht Bestandteil des CSS-Standards

Der Internet Explorer für Windows ab Version 4 unterstützt 14 statische Effekt- und zwei animierte Übergangsfilter. Ab Version 5.5 unterstützt der Internet Explorer für Windows eine neue Filter-Technologie, die zusätzlich eine Reihe neuer Filter bereitstellt, z. B. zwei prozedurale Oberflächenfilter, 16 statische Effektfilter und 17 animierte Übergangsfilter.

Beispiele

Folgende Stilregel benutzt den statischen IE-4-Filter dropShadow, um hinter allen HTML-Elementen der Klasse schwebend einen Schatten zu erzeugen:

---

13. http://msdn.microsoft.com/workshop/author/filter/filters.asp
14. http://msdn.microsoft.com/workshop/author/filter/reference/reference.asp

```
.schwebend {
  filter: dropShadow(color=#000000, offx=5, offy=5);
}
```

Das folgende Beispiel weist dem Element mit der ID symbolleiste den animierten Übergangsfilter pixelate für eine Darstellung im IE 5.5 zu. Mit JavaScript wird ein Event-Script programmiert, das gestartet wird, sobald die Seite vollständig geladen ist. Es aktiviert den Filter und weist ihm mit Apply() den Ausgangszustand für den Übergangsverlauf zu. Dann macht es das Element sichtbar (im CSS ist es noch unsichtbar) und spielt den Übergang mit Play() ab:

```
<style type="text/css">
#symbolleiste {
 visibility: hidden;
 filter: progid:DXImageTransform.Microsoft.Pixelate(MaxSquare=50,
 Duration=1, Enabled=false);
}
</style>
<script type="text/javascript" language="JavaScript">
window.onload = function() {
 var symbolleiste = document.getElementById('toolbar');
 symbolleiste.filters[0].enabled = true;
 symbolleiste.filters[0].Apply();
 symbolleiste.style.visibility='visible';
 symbolleiste.filters[0].Play();
}
</script>
```

float

Mit der Eigenschaft float kann ein Element von einem benachbarten Element am rechten oder linken Rand des übergeordneten Elements umflossen werden. Folgt einem »Floating«-Element ein Blockelement, beeinflusst es nicht dessen Position auf der Seite, sondern lässt sich nur von seinem Inhalt umfließen. Elemente, die mit der CSS-Eigenschaft clear ausgezeichnet werden, können keine »Floating«-Elemente umfließen.

Vererbt: nein

Siehe auch: clear

Werte

left, right oder none.

Standardwert: none

Kompatibilität

CSS-Version: 1

Funktioniert in allen CSS-fähigen Browsern, einschließlich Netscape 4, Internet Explorer 4 und Mozilla.

Beispiel

Folgende Stilregel legt für Bilder der Klasse `textbild` fest, dass sie auf der linken Seite ihres übergeordneten Elements von nachfolgenden Elementen umflossen werden:

```
img.textbild {
  float: left;
}
```

font

In der zusammenfassenden Eigenschaft font können die Schrifteigenschaften font-style, font-variant, font-weight, font-size, line-height und font-family gemeinsam in einer einzigen Anweisung deklariert werden.

Wenn keine andere der unten erwähnten CSS-Konstanten deklariert wird, sind mindestens Deklarationen für font-size und font-family vorzunehmen. Die anderen Eigenschaften sind optional und werden vom Browser einfach auf ihre Standardwerte zurückgesetzt, sofern sie nicht in der font-Deklaration definiert werden.

Vererbt: ja

Siehe auch: font-style, font-variant, font-weight, font-size, line-height, font-family

Werte

Die Syntax für die Eigenschaft font ist wie folgt aufgebaut:

```
font: [style] [variant] [weight] size [/ line-height] family
```

Die Werte in eckigen Klammern sind optional. Die ersten drei Werte – style, variant und weight – können in beliebiger Reihenfolge angegeben werden und akzeptieren die gültigen Werte für font-style, font-variant bzw. font-weight. Die Deklaration für line-height wird direkt nach size und hinter einem Schrägstrich (/) angegeben. Für size wird eine CSS-Maßangabe, ein Prozentwert oder eine für font-size gültige Konstante, für family ein beliebiger gültiger Wert von font-family deklariert.

Seit CSS2 ist auch eine alternative Syntax mit zusammenfassenden Konstanten gültig:

font: *konstante*

konstante steht hier für eine der folgenden Konstanten, die jeweils eine detaillierte Schriftdefinition mit feststehenden Werten für Schriftart, -größe, -schnitt usw. umfassen:

- caption
- icon
- menu
- message-box
- small-caption
- status-bar

Die mit diesen Konstanten angezeigten Schriften können sich in verschiedenen Browsern, Betriebssystemen und individuellen Benutzereinstellungen unterscheiden.

Standardwert: keiner

Kompatibilität

CSS-Version: 1 (zusammenfassende Konstanten erst in CSS2)

Funktioniert bis zu einem gewissen Grad in allen CSS-fähigen Browsern, entsprechend der Unterstützung der einzelnen Schrifteigenschaften.

Beispiele

Folgende Stilregel benutzt alle Schrifteigenschaften für font, um die Schrift für Absätze zu definieren:

```
p {
  normal normal normal 11pt/12pt Myriad, Helvetica, sans-serif;
}
```

Folgende Stilregel weist caption-Elementen eine Schriftdefinition mit einer Konstanten zu:

```
caption {
  font: caption;
}
```

font-family

Die Eigenschaft `font-family` beschreibt den Schrifttyp, in dem der Inhalt eines HTML-Elements dargestellt wird. Wie in dem HTML-Tag `font` kann darin eine Liste mit Schrifttypen angegeben werden, die vom Browser der Reihe nach auf ihre Verfügbarkeit im System des Benutzers getestet und dementsprechend angezeigt werden.

Ist ein Schrifttyp oder ein darzustellendes Schriftzeichen nicht in dem System des Benutzers installiert, versucht der Browser auf den nächsten Schrifttyp in der Liste zurückzugreifen. Da der Zugriff auf einen Schrifttyp für jeden Buchstaben einzeln funktioniert, kann so in mehrsprachigen Inhalten für jede Sprache ein eigener Schrifttyp angegeben werden. Vorrang haben immer Schriften, die in der Deklaration zuerst aufgelistet sind.

Die Liste der Schrifttypen sollte jedes Mal mit einem *generischen Schriftnamen* enden (siehe unten), auf den der Browser zurückgreifen kann, wenn er auf keinen der zuvor definierten Schrifttypen zugreifen kann.

Vererbt: ja

Siehe auch: font

Werte

Eine mit Kommas getrennte Liste der Schrifttypen. Schriftnamen, die Leerzeichen enthalten, werden in Anführungszeichen gesetzt (zum Beispiel `"Times New Roman"`).

Zusätzlich zu den Namen der Schrifttypen sollte eine Deklaration auch einen der folgenden generischen Schriftnamen enthalten, bei denen der Browser auf seine jeweilige Standard- oder Benutzereinstellung zurückgreift:

- `serif`: Der Browser wählt einen Schrifttyp mit Serifen.
- `sans-serif`: Der Browser wählt einen Schrifttyp ohne Serifen.
- `cursive`: Der Browser wählt einen kursiven Schrifttyp.
- `fantasy`: Der Browser wählt einen stilisierten Schrifttyp.
- `monospace`: Der Browser wählt einen Schrifttyp mit einer festen Breite.

Da ein Browser für diese generischen Schriftnamen immer auf eine Schriftart zurückgreifen kann, ist ihr Eintrag in der Schriftartenliste nur an letzter Stelle sinnvoll.

Standardwert: abhängig vom Browser

Kompatibilität

CSS-Version: 1

Funktioniert in allen CSS-fähigen Browsern, einschließlich Netscape 4, Internet Explorer 4 und Mozilla.

Beispiel

Folgende Stilregel weist body eine Liste von üblichen Schrifttypen zu. Am Ende steht die Schriftgattung sans-serif als kleinster gemeinsamer Nenner:

```
body {
  font-family: Verdana, Arial, Helvetica, sans-serif;
}
```

font-size

Die Eigenschaft font-size beschreibt die Schriftgröße in einem HTML-Element. Sie wird entweder absolut oder relativ zur Einstellung des übergeordneten Elements deklariert. Eine absolute Maßangabe wird zum Beispiel in Pixel bzw. Punkt oder mit einer absoluten Konstanten (zum Beispiel x-small) angegeben, die eine von den Browsereinstellungen abhängige Größe beschreibt (zum Beispiel small). Eine relative Angabe erfolgt über die M-Höhe (em), einen Prozentwert oder über eine relative Konstante (zum Beispiel larger oder smaller).

Vererbt: ja. Im Falle von relativen Angaben wird der *errechnete* Wert vererbt und nicht der Wert als Faktor.

Siehe auch: font

Werte

Die Eigenschaft font erlaubt den Einsatz einer ganzen Reihe verschiedener Formate:

Absolute CSS-Maßangaben

Eine CSS-Maßangabe in Pixel (px), Punkt (pt), Pica (pi), Zentimeter (cm), Millimeter (mm) oder Inch (in).

Absolute Größenkonstanten

Eine der folgenden Konstanten:

- `xx-small`
- `x-small`
- `small`
- `medium`
- `large`
- `x-large`
- `xx-large`

Die genaue Größendarstellung dieser Konstanten wird vom Browser bestimmt und ist im Mac OS generell kleiner als bei Windows. Die Größe der Schritte zwischen den Konstanten ist ebenfalls vom Browser abhängig, der CSS-Standard schlägt einen Faktor von 20% von einem Wert zum nächst höheren Wert vor (`large` sollte 20% größer als `medium` sein).

Relative CSS-Maßangaben

Eine relative Maßangabe in M-Höhe (`em`), x-Höhe (`ex`) oder Prozent (`%`). Eine solche Angabe berechnet die Schriftgröße relativ zur Schriftgröße des übergeordneten Elements.

Relative Größenkonstanten

Eine der folgenden Konstanten:

- `smaller`
- `larger`

Die genaue Interpretation dieser Konstanten wird vom Browser bestimmt und ist im Mac OS generell kleiner als bei Windows. Die Größe der Schritte zwischen den Konstanten ist ebenfalls vom Browser abhängig, der CSS-Standard schlägt einen Faktor von 20% von einem Schritt zum nächst höheren vor. Nach dieser Empfehlung ist die Konstante `smaller` etwa gleichbedeutend mit der Maßangabe 80% oder 0.8em. Die Konstante `larger` entspricht somit etwa 120% oder 1.2em.

Standardwert: `medium` (siehe auch Abschnitt »Kompatibilität«).

Kompatibilität

CSS-Version: 1

Funktioniert in allen CSS-fähigen Browsern.

Im Internet Explorer für Windows (bis Version 6.0) ist die Standardschriftgröße small statt medium. Der Wert medium führt daher zu einer größeren Darstellung als die Standardgröße. Der IE 6.0 korrigiert dieses im »Standards-Compliant Mode«[15], für alle früheren Versionen ist jedoch ein separates Stylesheet zu erstellen, wenn absolute Konstanten für die Schriftgröße eingesetzt werden sollen.

Beispiel

Folgende Stilregel setzt die Standardschriftgröße für alle Elemente im Dokument auf elf Punkt. Da font-size vererbt wird, erhalten auch zugleich alle Elemente, für die keine eigene font-size deklariert wird, automatisch diesen Wert zugeteilt:

```
body {
  font-size: 11pt;
}
```

In der Praxis erlauben viele ältere Browser die Vererbung von Schrifteigenschaften nicht bei allen Elementen (zum Beispiel nicht bei Tabellen), die vorhergehende Stilregel sollte daher noch genauer deklariert werden:

```
body, p, blockquote, li, td, th, pre {
  font-size: 11pt;
}
```

Folgende Stilregel veranschaulicht einen Fehler, der häufig von unerfahrenen Entwicklern gemacht wird:

```
ul, ol {
  font-size: 80%;
}
```

Da für font-size bei relativen Maßangaben nicht der relative Wert an sich, sondern der bereits für das übergeordnete Element errechnete *absolute* Wert vererbt wird, wird im letzten Beispiel der Text in HTML-Listen nicht nur 20% kleiner als in body, sondern in verschachtelten Listen nochmals um 20% kleiner als in der übergeordneten Liste dargestellt! Damit wird die Schrift über zwei Schachtelungsebenen

---

15. http://msdn.microsoft.com/library/en-us/dnie60/html/cssenhancements.asp

hinweg insgesamt 40% kleiner als in body dargestellt und ist kaum noch lesbar. Vermeiden kann man diesen Domino-Effekt mit einer geregelten Vererbung der Schriftgröße in verschachtelten Listenelementen. In Verbindung mit folgender zusätzlicher Stilregel beträgt die Schriftgröße in verschachtelten wie nicht verschachtelten Listen 80% der für body gültigen Schriftgröße:

```
ul ul, ul ol, ol ul, ol ol {
  font-size: inherit;
}
```

font-size-adjust

Viele verschiedene Schrifttypen wirken in gleicher Punktgröße unterschiedlich groß. Mit der Eigenschaft font-size-adjust können solche Unterschiede in der optischen Größe von Schrifttypen manuell ausgeglichen werden.

Die optische Größe einer Schrift ist stärker abhängig von der Höhe der Kleinbuchstaben (der x-Höhe) als von ihrer M-Höhe, die das eigentliche Maß für die Größe einer Schrift ist. Bei einer M-Höhe von 100 Punkt besitzt die Schrift Myriad Web eine x-Höhe von 48 Punkt – die Größe der Kleinbuchstaben beträgt somit 48% der Größe von Großbuchstaben. Diese Kennzahl wird als *Seitenverhältnis* einer Schrift bezeichnet und beträgt für den Schrifttyp Myriad Web demnach 0,48. Die Schrift Verdana etwa hat ein Seitenverhältnis von 0,58. Wenn in einer Stilregel Verdana als alternativer Schrifttyp für Myriad Web definiert wird, wirkt der gesamte Text damit größer als ursprünglich beabsichtigt.

Mit der Eigenschaft font-size-adjust kann das Seitenverhältnis für die Schriftgröße in einem Element vorgegeben werden. Somit werden alle alternativen Schrifttypen in einer Stilregel mit der gleichen x-Höhe auch optisch gleich groß dargestellt.

Vererbt: ja

Siehe auch: font

Werte

Die Eigenschaft font-size-adjust wird immer in Kombination mit font-size benutzt, um die x-Höhe eines Textelements anzupassen. Der Wert none deaktiviert die Größenanpassung für das Element.

Standardwert: keiner

Kompatibilität

CSS-Version: 2

Wird von keinem aktuellen Browser unterstützt.

Beispiel

Folgende Stilregel legt für body eine Reihe von Schrifttypen fest und gibt mit font-size-adjust ein Seitenverhältnis vor, in dem jeder Schrifttyp angezeigt wird:

```
body {
  font-family: "Myriad Web", Verdana, Helvetica, sans-serif;
  font-size-adjust: 0.48; /* Seitenverhaeltnis von Myriad Web */
}
```

font-stretch

Viele Schrifttypen (zum Beispiel Futura) besitzen nicht nur verschiedene Stärken (zum Beispiel normal, light, bold) und Schnitte (zum Beispiel normal, oblique, italic), sondern auch verschiedene Laufweiten (zum Beispiel normal, eng, gesperrt). Mit der Eigenschaft font-stretch wird die Laufweite einer Schrift beschrieben.

Vererbt: ja

Siehe auch: font

Werte

Eine von neun absoluten und zwei relativen Konstanten.

Absolute Konstanten:

- ultra-condensed
- extra-condensed
- condensed
- semi-condensed
- normal
- semi-expanded
- expanded
- extra-expanded
- ultra-expanded

Relative Konstanten:

- `narrower`
- `wider`

Ausgangswert für relative Konstanten ist der für das übergeordnete Element gültige Wert.

Standardwert: `normal`

Kompatibilität

CSS-Version: 2

Wird von keinem aktuellen Browser unterstützt.

Beispiel

Folgende Stilregel legt für die Elemente der Klasse `grosszuegig` die extra breite Laufweite `extra-expanded` fest:

```
.grosszuegig {
  font-stretch: extra-expanded;
}
```

font-style

Die Eigenschaft `font-style` beschreibt den Schnitt einer Schrift in einem Textelement. Der Text kann normal, schräg gestellt oder kursiv dargestellt werden.

Vererbt: ja

Siehe auch: `font`

Werte

`normal`, `oblique` oder `italic`.

Standardwert: `normal`

Kompatibilität

CSS-Version: 1

Funktioniert in allen CSS-fähigen Browsern. Die meisten Browser stellen einfach einen normalen Zeichensatz in Schrägstellung dar, wenn kein eigener Zeichensatz für einen kursiven Schriftschnitt verfügbar ist. Außerdem verwenden die meisten Browser `oblique` als

Synonym für italic. Beide Werte führen zu einfacher Kursivschreibung.

Beispiel

Das Standard-Stylesheet der meisten Browser zeigt mit dem Element em hervorgehobene Schrift kursiv an. Für eine Änderung des Schnitts wird zunächst font-style auf normal gestellt und mit der Eigenschaft text-decoration eine Unterstreichung erzeugt:

```
em {
  font-style: normal;
  text-decoration: underline;
}
```

font-variant

Mit der Eigenschaft font-variant wird Text in Kapitälchen wiedergegeben, anstelle von Kleinbuchstaben werden somit verkleinerte Großbuchstaben dargestellt.

Das lateinische Alphabet bildet mit der Unterscheidung von Groß- und Kleinschreibung eine Ausnahme. Für davon abweichende Schriftsätze bleibt diese Eigenschaft ohne Wirkung.

Vererbt: ja

Siehe auch: font

Werte

normal oder small-caps.

Standardwert: normal

Kompatibilität

CSS-Version: 1

Wird von den meisten CSS-fähigen Browsern unterstützt, mit Ausnahme von Netscape 4.

Der Internet Explorer in Version 6 (außer im »Standards-Compliant Mode«) und alle früheren Versionen für Windows sowie der Internet Explorer 4 für Macintosh zeigen bei small-caps nicht Kapitälchen, sondern Versalien an. Der Internet Explorer 6 für Windows im »Standards-Compliant Mode«[16] und der Internet Explorer 5 für Macintosh verkleinern die Versalien, um Kapitälchen zu simulieren.

Kein im Moment verfügbarer Browser benutzt echte Kapitälchen eines Schrifttyps, selbst wenn dafür ein eigener Zeichensatz vorliegt.

Beispiel

Folgende Stilregel zeigt alle Überschriften als Kapitälchen an:

```
h1, h2, h3, h4, h5, h6 {
  font-variant: small-caps;
}
```

font-weight

Die Eigenschaft font-weight beschreibt die Strichstärke der Schrift in einem Textelement.

Vererbt: ja (Bei relativen Maßangaben wird der *errechnete* Wert des übergeordneten Elements vererbt.)

Siehe auch: font

Werte

Die CSS-Spezifikation sieht folgende absolute Werte für font-weight vor:

- normal (entspricht 400)
- bold (entspricht 700)
- 100
- 200
- 300
- 400
- 500
- 600
- 700
- 800
- 900

---

16. http://msdn.microsoft.com/library/en-us/dnie60/html/cssenhancements.asp

Weiterhin sind folgende relative Konstanten gültig:

- bolder
- lighter

Als Ausgangswert für bolder und lighter zählt jeweils der Wert des übergeordneten Elements.

Standardwert: normal

Kompatibilität

CSS-Version: 1

Funktioniert in allen CSS-fähigen Browsern.

Die meisten Browser beherrschen nur die Varianten normal und bold und ersetzen alle anderen numerischen und relativen Angaben mit einer dieser Varianten.

Beispiel

Folgende Stilregel überschreibt das in den Standard-Stylesheets der meisten Browser festgelegte Verhalten, wonach strong-Elemente mit dem Wert bold angezeigt werden. Sie bewirkt, dass die betreffenden Elemente in Browsern, die mehrere Stufen für die Strichstärke unterstützen, in einer größeren Strichstärke als der Text der übergeordneten Elemente angezeigt werden. Ein strong-Element innerhalb einer Überschrift wird dadurch mit einer nochmals größeren Strichstärke dargestellt:

```
strong {
  font-weight: bolder;
}
```

height

Die Eigenschaft height beschreibt die Höhe eines Blockelements oder eines aus einer externen Quelle eingesetzten Elements[17]. In der Höhe sind Innenrand, Rahmen und Außenrand nicht enthalten.

---

17. Ein eingesetztes Element ist ein Element, dessen Aussehen in einer externen Quelle bestimmt wird, zum Beispiel Bilder (über img-Elemente), Plugins oder (über object-Elemente) und Texteingabefelder (über input- und select-Elemente). Eine andere Art eingesetzter Elemente sind mit CSS-Pseudo-Elementen inzeilig eingeblendete Elemente.

Ist die Höhe des Inhalt in einem Block-Element größer als der ihm zugewiesene Wert für `height`, ist das Ergebnis abhängig von der CSS-Eigenschaft `overflow`.

Vererbt: Nein

Siehe auch: `max-height`, `min-height`, `overflow`, `width`

Werte

Eine absolute CSS-Maßangabe, ein nach der Höhe des übergeordneten Elements errechneter Prozentwert oder die Konstante `auto`.

Standardwert: `auto`

Kompatibilität

CSS-Version: 1

Funktioniert in den meisten aktuellen Browsern (Netscape 6, Opera 7, Mozilla, Internet Explorer 5 für Macintosh), in älteren Browsern nur mit Einschränkungen.

Der Internet Explorer für Windows (bis Version 6.0) bezieht fälschlicherweise Innenrand, Rahmen und Außenrand in die Berechnung der Höhe mit ein. Version 6.0 vermeidet diesen Fehler im »Standards-Compliant Mode«. Für alle älteren Versionen muss daher ein separates Stylesheet erstellt werden oder gegebenenfalls die Darstellung einer verringerten Höhe in Kauf genommen werden.

Der Internet Explorer 4 unterstützt diese Eigenschaft nur für einige Block-Elemente (zum Beispiel `div`).

Netscape 4 unterstützt diese Eigenschaft nur für Bilder und mit `absolute` positionierte Elemente.

Beispiel

Folgende Stilregel definiert für alle Absätze mit der ID `textbaustein` eine feste Höhe von 100 Pixel:

```
#textbaustein p {
  height: 100px;
}
```

ime-mode

Die chinesische, japanische und koreanische Sprache enthalten mehr Zeichen als auf einer normalen Tastatur verfügbar sind. Das damit entstehende Problem für die Texteingabe löst Windows mit dem so genannten Input Mode Editor (IME). Ist der IME aktiviert, kann der Benutzer ein gewünschte Schriftzeichen aus einer für jede Taste automatisch aufklappenden Liste auswählen. Ist der IME nicht aktiviert, ist nur die Eingabe der normalen Tastatur-Zeichen möglich.

Mit dieser nicht in der CSS-Spezifikation dokumentierten Eigenschaft kann der IME in Formularfeldern (input oder textarea) aktiviert bzw. deaktiviert werden.

Vererbt: Nein

Werte

active, auto, disabled oder inactive.

Standardwert: auto

Kompatibilität

CSS-Version: ist nicht Bestandteil des CSS-Standards

Funktioniert nur in Internet Explorer für Windows ab Version 5.

Beispiel

Folgende Stilregel legt fest, dass der IME bei Eingabefeldern der Klasse deutsch ausgeschaltet bleibt:

```
input.deutsch, textarea.deutsch {
  ime-mode: inactive;
}
```

layer-background-color

Erfahrene Anwendern von CSS-Positionierung wird das lästige Problem von Netscape 4 bekannt sein, eine Lücke zwischen dem Inhalt eines mit absolute positionierten Elements und seinem Rand zu erzeugen. Diese 3-Pixel große Lücke entsteht zusätzlich zum Innenrand und bleibt transparent, selbst wenn für das Element eine Hintergrundfarbe oder ein Hintergrundbild eingesetzt wird.

Die kaum bekannte, proprietäre Netscape-Eigenschaft layer-background-color beschreibt eine Hintergrundfarbe für den Inhalt inklusive der geschilderten 3-Pixel Lücke.

Das beste Ergebnis erreicht man mit einer Kombination von background-color und layer-background-color. In diesem Fall füllt die für background-color deklarierte Farbe den Inhaltsbereich und den Innenrand und die in layer-background-color deklarierte Farbe die 3-Pixel-Lücke.

Vererbt: Nein

Siehe auch: background-color

Werte

Jeder gültige CSS-Farbwert.

Standardwert: transparent

Kompatibilität

CSS-Version: ist nicht Bestandteil des CSS-Standards

Funktioniert nur in Netscape 4.

Beispiel

Folgende Stilregeln verleihen dem mit absolute positionierten HTML-Element mit der ID gefuelltebox einen roten Hintergrund. Die zusätzliche Stilregel führt in Netscape 4 zum gleichen Ergebnis wie die erste Stilregel allein in standardkonformen Browsern:

```
/* Diese Stilregel steht im allgemeinen Stylesheet */
#gefuelltebox {
 position: absolute;
 padding: 10px;
 border: 1px solid black;
 background-color: red;
}

/* Diese Stilregel steht im Stylesheet nur fuer Netscape 4 */
#gefuelltebox {
 padding: 7px;
 layer-background-color: red;
}
```

layer-background-image

Erfahrene Anwendern von CSS-Positionierung wird das lästige Problem von Netscape 4 bekannt sein, eine Lücke zwischen dem Inhalt eines mit `absolute` positionierten Elements und seinem Rand zu erzeugen. Diese 3-Pixel große Lücke entsteht zusätzlich zum Innenrand und bleibt transparent, selbst wenn für das Element eine Hintergrundfarbe oder ein Hintergrundbild eingesetzt wird.

Die proprietäre Netscape-Eigenschaft `layer-background-image` weist dem Inhalt inklusive der geschilderten 3-Pixel Lücke ein Hintergrundbild zu.

Das beste Ergebnis erreicht man mit einer Kombination von `background-image` und `layer-background-image`. In diesem Fall füllt das für `background-image` deklarierte Bild den Inhaltsbereich und den Innenrand und das in `layer-background-image` deklarierte Bild die 3-Pixel-Lücke.

Vererbt: Nein

Siehe auch: `background-image`

Werte

Ein URL (`url()`) oder `none`.

Standardwert: `none`

Kompatibilität

CSS-Version: ist nicht Bestandteil des CSS-Standards

Funktioniert nur in Netscape 4.

Beispiel

Folgende Stilregeln verleihen dem mit `absolute` positionierten HTML-Element mit der ID `gefuelltebox` das Hintergrundbild `checker.gif`. Die zusätzliche Stilregel führt in Netscape 4 zum gleichen Ergebnis wie die erste Stilregel allein in standardkonformen Browsern:

```
/* Diese Stilregel steht im allgemeinen Stylesheet */
#gefuelltebox {
  position: absolute;
  padding: 10px;
  border: 1px solid black;
  background-image: url(/images/checker.gif);
}
```

```
/* Diese Stilregel steht im Stylesheet nur fuer Netscape 4 */
#gefuelltebox {
  padding: 7px;
  layer-background-image: url(/images/checker.gif);
}
```

layout-flow

Die nicht im CSS-Standard enthaltene Eigenschaft `layout-flow` ermöglicht die Auswahl einer Schreibrichtung von Textelementen. Erzeugt werden kann entweder ein horizontaler Textaufbau von links nach rechts und oben nach unten (übliche Anordnung für europäische Sprachen wie Englisch oder Deutsch) oder ein vertikaler Textaufbau von unten nach oben und rechts nach links (übliche Anordnung für ostasiatische Sprachen wie Chinesisch oder Japanisch).

Diese Eigenschaft wurde bereits zugunsten der flexibleren Eigenschaft `writing-mode` im CSS-Standard verworfen.

Vererbt: Ja

Siehe auch: `writing-mode`

Werte

`horizontal` oder `vertical-ideographic`

Standardwert: `horizontal`

Kompatibilität

CSS-Version: ist nicht Bestandteil des CSS-Standards

Funktioniert nur in Internet Explorer für Windows ab Version 5.

Beispiel

Folgende Stilregel setzt die Layout-Methode für alle Elemente auf der Seite auf die vertikale Schreibrichtung von rechts nach links:

```
body {
  layout-flow: vertical-ideographic;
}
```

layout-grid

Ostasiatische Sprachen erfordern eine Anordnung der Buchstaben in einem Raster. Die nicht im CSS-Standard enthaltene zusammenfassende Eigenschaft layout-grid ermöglicht eine Deklaration der Eigenschaften layout-grid-char, layout-grid-line, layout-grid-mode und layout-grid-type in einer Anweisung.

Vererbt: Ja

Siehe auch: layout-grid-char, layout-grid-line, layout-grid-mode und layout-grid-type

Werte

Die Syntax für die Eigenschaft layout-grid ist wie folgt aufgebaut. Die Werte werden durch Leerzeichen voneinander getrennt:

```
layout-grid: [mode] [type] [line [char]]
```

Die Werte in eckigen Klammern sind optional und haben folgende Bedeutung:

- mode steht für einen gültigen Wert für layout-grid-mode
- type steht für einen gültigen Wert für layout-grid-type
- line steht für einen gültigen Wert für layout-grid-line
- char steht für einen gültigen Wert für layout-grid-char

Standardwert: both loose none none

Kompatibilität

CSS-Version: ist nicht Bestandteil des CSS-Standards

Funktioniert nur in Internet Explorer für Windows ab Version 5.

Eine entsprechende Funktionalität in CSS3 ist geplant. Die endgültigen Eigenschafts- und Wertbezeichnungen werden jedoch wahrscheinlich anders lauten. Aktuelle Informationen finden Sie auf der Website der CSS Working Group[18].

Beispiel

Ein einfaches Beispiel für die Anwendung von layout-grid:

```
div {
  layout-grid: both fixed 12px 12px;
}
```

---

18. http://www.w3.org/TR/2003/WD-css3-text-20030226/#document-grid

layout-grid-char

Ostasiatische Sprachen erfordern eine Anordnung der Buchstaben in einem Raster. Mit der nicht im CSS-Standard enthaltenen Eigenschaft layout-grid-char wird die Größe eines Gitterfelds in einem Raster definiert. layout-grid-char wird *alternativ* zu layout-grid-line eingesetzt.

Für sichtbare Effekte dieser Eigenschaft muss layout-grid-mode mit char oder both deklariert werden.

Vererbt: Ja

Siehe auch: layout-grid

Werte

Eine CSS-Maßangabe, ein Prozentwert von der Breite des übergeordneten Elements, die Konstanten auto (benutzt den Buchstaben als Rastergröße, der am meisten Platz beansprucht) oder none (das Element wird nicht im Raster eingesetzt).

Standardwert: none

Kompatibilität

CSS-Version: ist nicht Bestandteil des CSS-Standards

Eine entsprechende Funktionalität in CSS3 ist geplant. Die endgültigen Eigenschafts- und Wertbezeichnungen werden aber wahrscheinlich anders lauten. Aktuelle Informationen finden Sie auf der Website der CSS Working Group[19].

Beispiel

Folgende Stilregel definiert für alle div-Bereiche der Klasse festebreite ein Layout-Raster mit einer Größe von 12 Punkt:

```
div.festebreite {
  layout-grid-char: 12pt;
}
```

layout-grid-line

Ostasiatische Sprachen erfordern eine Anordnung der Buchstaben in einem Raster. Mit der nicht im CSS-Standard enthaltenen Eigenschaft

---

19. http://www.w3.org/TR/2003/WD-css3-text-20030226/#document-grid

layout-grid-line wird die Größe einer Gitterzeile in einem Raster definiert. layout-grid-line wird *alternativ* zu layout-grid-char eingesetzt.

Für sichtbare Effekte dieser Eigenschaft muss layout-grid-mode mit line oder both deklariert werden.

Vererbt: Ja

Siehe auch: layout-grid und layout-grid-mode

Werte

Eine CSS-Maßangabe, ein Prozentwert von der Breite des übergeordneten Elements, die Konstanten auto (benutzt den Buchstaben als Rastergröße, der am meisten Platz beansprucht) oder none (das Element wird nicht im Raster eingesetzt).

Standardwert: none

Kompatibilität

CSS-Version: ist nicht Bestandteil des CSS-Standards

Funktioniert nur in Internet Explorer für Windows ab Version 5.

Eine entsprechende Funktionalität in CSS3 ist geplant. Die endgültigen Eigenschafts- und Wertbezeichnungen werden jedoch wahrscheinlich anders lauten. Aktuelle Informationen finden Sie auf der Website der CSS Working Group[20].

Beispiel

Folgende Stilregel definiert für alle div-Bereiche der Klasse festebreite ein Layout-Raster mit einer Zeilengröße von 12 Punkt:

```
div.festebreite {
  layout-grid-line: 12pt;
}
```

layout-grid-mode

Ostasiatische Sprachen erfordern eine Anordnung der Buchstaben in einem Raster. Mit der nicht im CSS-Standard enthaltenen Eigenschaft layout-grid-mode wird beschrieben, ob für die Darstellung des Inhalts eines Elements ein Zeichen- oder Zeilengitter bzw. beides verwendet werden soll.

---

20. http://www.w3.org/TR/2003/WD-css3-text-20030226/#document-grid

Vererbt: Ja

Siehe auch: layout-grid, layout-grid-char und layout-grid-line

Werte

Eine der folgenden Konstanten:

- both
- char
- line
- none

Standardwert: both

Kompatibilität

CSS-Version: ist nicht Bestandteil des CSS-Standards

Funktioniert nur in Internet Explorer für Windows ab Version 5.

Eine entsprechende Funktionalität in CSS3 ist geplant. Die endgültigen Eigenschafts- und Wertbezeichnungen werden jedoch wahrscheinlich anders lauten. Aktuelle Informationen finden Sie auf der Website der CSS Working Group[21].

Beispiel

Mit folgender Stilregel werden alle span-Elemente mit dem Attribut lang="jp" in einem 12-Punkt-Zeichenraster angezeigt, der Zeilenabstand jedoch nicht verändert:

```
span[lang=jp] {
  layout-grid-mode: char;
  layout-grid-char: 12pt;
}
```

Beachten Sie, dass diese Stilregel nicht funktioniert, da der Internet Explorer zurzeit keine Unterscheidungen anhand von Attributen unterstützt.

layout-grid-type

Ostasiatische Sprachen erfordern eine Anordnung der Buchstaben in einem Raster. Mit der nicht im CSS-Standard enthaltenen Eigenschaft layout-grid-type wird beschrieben, für welche Zeichenart ein Raster aufgebaut werden soll. Die kompletten Informationen zu dieser Eigenschaft finden Sie auf der MSDN Referenzseite[22].

---

21. http://www.w3.org/TR/2003/WD-css3-text-20030226/#document-grid

Vererbt: Ja

Siehe auch: layout-grid und layout-grid-mode

Werte

Eine der folgenden Konstanten:

- fixed
- loose
- strict

Standardwert: loose

Kompatibilität

CSS Version: ist nicht Bestandteil des CSS-Standards

Funktioniert nur in Internet Explorer für Windows ab Version 5.

Eine entsprechende Funktionalität in CSS3 ist geplant. Die endgültigen Eigenschafts- und Wertbezeichnungen werden jedoch wahrscheinlich anders lauten. Aktuelle Informationen finden Sie auf der Website der CSS Working Group[23].

Beispiel

Folgende Stilregel benutzt für span-Elemente mit dem Attribut lang="jp" ein Layout-Raster vom Typ strict:

```
span[lang=jp] {
  layout-grid-type: strict;
}
```

Beachten Sie, dass diese Stilregel nicht funktioniert, da der Internet Explorer zurzeit keine Unterscheidungen anhand von Attributen unterstützt.

left

Die Eigenschaft left beschreibt den Abstand zwischen dem linken Rand eines mit absolute positionierten Elements (einschließlich Innenrand, Rahmen und Außenrand)[24] und dem linken Rand des nächsten übergeordneten Elements, das als position einen anderen

---

22. http://msdn-microsoft.com/workshop/author/dhtml/reference/properties/layoutgridtype.asp
23. http://www.w3.org/TR/2003/WD-css3-text-20030226/#document-grid

Wert als `static` besitzt. Ist ein solches nicht vorhanden, dient der linke Rand von body als Ausgangswert.

Bei Elementen die mit `relative` positioniert sind, bewirkt `left` eine relative Verschiebung des linken Rands zur Position, die das Element ohne CSS-Positionierung einnehmen würde. Eine Einstellung von 10px verschiebt den linken Rand des Elements um 10 Pixel nach rechts, eine Einstellung von -10px verschiebt ihn um den gleichen Wert nach links.

Vererbt: Nein

Siehe auch: `position`, `bottom`, `top` und `right`

Werte

Eine CSS-Maßangabe, ein Prozentwert oder die Konstante `auto`. Prozentwerte basieren auf der Breite des übergeordneten Elements. Die Konstante `auto` weist den Browser an, die Position den linken Rand automatisch festzulegen. Andere Variablen wie Größe und Position werden dabei berücksichtigt.

Standardwert: `auto`

Kompatibilität

CSS-Version: 2

Funktioniert in allen CSS-fähigen Browsern, einschließlich Internet Explorer ab Version 4, Netscape ab Version 4 und Mozilla.

Beispiel

Folgende Stilregel positioniert das Element mit der ID menue 80% von der linken Kante des Fensters entfernt und verleiht ihm eine Breite von 19,9%. Es wird nicht ein glatter Wert von 20% benutzt, um Rundungsfehlern im Browser vorzubeugen, die zu einem horizontalen Scroll-Balken führen könnten.

```
#menue {
  position: absolute;
  left: 80%;
  width: 19.9%;
  height: 200px;
}
```

---

24. Die CSS2-Spezifikation enthält eine fehlerhafte Stelle, die besagt, dass in diesem Zusammenhang Innenrand, Rahmen und Außenrand nicht beachtet werden sollten. Der Fehler ist bereits von der CSS Working Group in der Korrektursammlung der CSS2-Spezifikation dokumentiert.

letter-spacing

Die Eigenschaft letter-spacing beschreibt den Abstand zwischen den Schriftzeichen in einem Element (auch Kerning genannt).

Vererbt: Ja

Siehe auch: word-spacing

Werte

Eine CSS-Maßangabe oder normal. Prozentwerte sind *nicht* erlaubt.

Positive Werte vergrößern den Abstand zwischen Buchstaben, negative Werte verkleinern ihn. In den meisten Fällen empfiehlt es sich, Werte in em (M-Höhe) anzugeben. Dadurch wird der relative Zeichenabstand der Schriftart beibehalten, selbst wenn die Schriftgröße verändert wird. (die Höhe einer Schriftart wird ebenfalls nach der M-Höhe berechnet).

Standardwert: normal

Kompatibilität

CSS-Version: 1

Funktioniert in allen CSS-fähigen Browsern, mit Ausnahme von Netscape 4.

Beispiel

Folgende Stilregel erzeugt für alle Elemente der Klasse luftig einen um die halbe Schriftgröße vergrößerten Zeichenabstand:

```
.luftig {
  letter-spacing: 0.5em;
}
```

Folgende Stilregel erzeugt für alle Elemente der Klasse gedraengt einen um die halbe Schriftgröße verringerten Zeichenabstand:

```
.gedraengt {
  letter-spacing: -0.5em;
}
```

line-break

Die nicht im CSS-Standard enthaltene Eigenschaft line-break beschreibt, welcher Modus für den Zeilenumbruch bei japanischem Text (Kinsoku) eingesetzt werden soll.

Als Standardwert ist eine in der modernen Typographie in engen Spalten übliche, nicht sehr strenge Methode vorgesehen. Es kann jedoch auch eine strengere, traditionellere Methode angewendet werden.

Vererbt: Ja

Werte

`normal` oder `strict`

Standardwert: `normal`

Kompatibilität

CSS-Version: ist nicht Bestandteil des CSS-Standards

Funktioniert nur Internet Explorer für Windows ab Version 5.

Eine entsprechende Funktionalität in CSS3 ist geplant. Die endgültigen Eigenschafts- und Wertbezeichnungen werden jedoch wahrscheinlich anders lauten. Aktuelle Informationen finden Sie auf der Website der CSS Working Group[25].

Beispiel

Folgende Stilregel weist den Browser an, bei allen Elementen der Klasse `traditionell` die strenge Methode für Zeilenumbrüche zu verwenden:

```
.traditionell {
  line-break: strict;
}
```

line-height

Die Eigenschaft `line-height` beschreibt die Zeilenhöhe für ein Element. Enthält eine Zeile mehr als ein Element, bestimmt das Element mit der größten Einstellung für `line-height` die Höhe der gesamten Zeile.

Vererbt: Ja (mit Unterschieden bei den unten aufgeführten Formaten)

Siehe auch: `font` und `font-size`

---

25. http://www.w3.org/TR/2003/WD-css3-text-20030226/#line-breaking

Werte

`line-height` unterstützt die folgenden Formate:

- `normal`: Diese Konstante ist der Standardwert und entspricht gemäß der CSS-Spezifikation einem numerischen Wert zwischen 1.0 und 1.2.

- numerischer Wert: Ein numerischer Wert (zum Beispiel 1.5) ergibt als Multiplikator mit der Schriftgröße die Höhe der Zeile. Eine Einstellung von 1.0 stellt die Zeilen so eng wie möglich dar, ohne Überlappung der Zeichen. Eine Einstellung von 1.2 erzeugt einen normalen Abstand zwischen den Zeilen. Vererbt wird der Wert als proportionaler Faktor und als bereits für das übergeordnetes Element errechneter absoluter Wert. Für ein untergeordnetes Element mit größerer Schrift wird mit einem geerbten Wert ein entsprechend größerer Zeilenabstand erzeugt als für das übergeordnete Element mit der kleineren Schrift.

- CSS-Maßangabe: Eine absolute CSS-Maßangabe (zum Beispiel 50px) oder eine relative CSS-Maßangabe. Ein relativer Wert in em (M-Höhe) bewirkt das gleiche Ergebnis wie ein numerischer Wert, vererbt an ein untergeordnetes Element jedoch den bereits für das übergeordnete Element errechneten Wert und nicht den Wert als proportionalen Faktor.

- Prozentwert: Ein Prozentwert multipliziert mit der Schriftgröße ergibt die Höhe einer Zeile. Wie auch bei Längenangaben ist die Zeilenhöhe proportional zur Schriftgröße, untergeordnete Elemente erben aber den bereits für das übergeordnete Element errechneten Wert und nicht den Wert als proportionalen Faktor.

Standardwert: `normal`

Kompatibilität

CSS-Version: 1

Funktioniert in allen CSS-fähigen Browsern, einschließlich Internet Explorer ab Version 4, Netscape ab Version 4 und Mozilla.

Beispiel

Folgende Stilregel legt für Elemente der Klasse `luftig` eine Zeilenhöhe fest, die der anderthalbfachen Schriftgröße entspricht:

```
.luftig {
  line-height: 1.5;
}
```

Da ein numerischer Wert deklariert wird, wird die Zeilenhöhe für untergeordnete Elemente um den proportionalen Faktor 1,5 ihrer eigenen Schriftgröße berechnet. Würde stattdessen ein Wert von 150% oder 1.5em benutzt, würde untergeordneten Elemente die absolute Zeilenhöhe des übergeordneten Elements zugewiesen.

list-style

Die zusammenfassende Eigenschaft list-style können die Listeneigenschaften list-style-image, list-style-position und list-style-type gemeinsam in einer einzigen Anweisung deklariert werden.

Alle drei Angaben sind optional. Eine Eigenschaft, die nicht deklariert wird, wird nach ihrem Standardwert dargestellt.

Diese Eigenschaft führt nur dann zu einem Effekt, wenn die display-Eigenschaft des betreffenden Elements mit list-item deklariert wird. Es wird empfohlen, diese Eigenschaft für die übergeordnete Liste zu deklarieren, so dass die Einstellung an untergeordnete Listen einfach weitervererbt wird.

Vererbt: Ja

Siehe auch: list-style-image, list-style-position und list-style-type

Wert

Die Syntax für die Eigenschaft list-style ist wie folgt aufgebaut. Die Werte werden durch Leerzeichen voneinander getrennt:

```
list-style: [type] [position] [image]
```

Die Angabe aller drei Werte ist optional, es muss jedoch mindestens einer vorhanden sein. Als *type* kann jeder gültige Wert für list-style-type, für *position* jeder gültige Wert für list-style-position und für *image* jeder gültige Wert für list-style-image angegeben werden. Die Reihenfolge ist beliebig.

Wenn Werte für *type* und *image* angegeben werden, wird auf die Einstellung von *type* zurückgegriffen, falls das Bild nicht geladen werden kann.

Wird die Eigenschaft mit none deklariert, werden sowohl `list-style-image` als auch `list-style-type` auf none gesetzt.

Standardwert: none

Kompatibilität

CSS-Version: 1

Funktioniert in allen CSS-fähigen Browsern.

Netscape 4 unterstützt `list-style-image` und `list-style-position` nicht, beide Eigenschaften haben dort keine Auswirkungen.

Beispiel

Folgende Stilregeln legen ein Bild für Listeneinträge in unnummerierten Listen und römische Ziffern für Listeneinträge in nummerierten Listen fest:

```
ul {
  list-style: url(/images/bullet.gif);
}
ol {
  list-style: upper-roman;
}
```

Zum gleichen Ergebnis führen die folgenden Stilregeln, solange es nicht zu verschachtelten Listen kommt:

```
ul {
  list-style-image: url(/images/bullet.gif);
}
ol {
  list-style-type: upper-roman;
}
```

Bei Einsatz verschachtelter Listen kommt es zu Unterschieden mit den beiden Varianten. Nehmen wir etwa eine nummerierte Liste (ol), verschachtelt in einer unnummerierten Liste (ul): Im ersten Beispiel wird die nummerierte Liste korrekt mit römischen Ziffern angezeigt. Im zweiten Beispiel erbt sie jedoch das Bild als Aufzählungszeichen. Im ersten Beispiel passiert das nicht: Die Deklaration `list-style: upper-roman` führt automatisch dazu, dass `list-style-image` auf den Standardwert none gesetzt wird, da es nicht extra in der Stilregel deklariert wird.

list-style-image

Mit der Eigenschaft list-style-image wird eine Bilddatei als Aufzählungszeichen für Listenelemente eingesetzt. Die Eigenschaft kann zwar extra für jeden einzelnen li-Eintrag in einer Liste deklariert werden. Empfohlen wird jedoch, die Eigenschaft für die übergeordneten Listen-Elemente ol oder ul zu deklarieren und an die untergeordneten li-Elemente vererben zu lassen.

Bei einer Deklaration von list-style-image sollte auch immer list-style-type deklariert werden. Der Browser benutzt diese Eigenschaft als Alternative, falls das Bild für die Listenzeichen aus irgendwelchen Gründen nicht geladen werden kann.

Beachten Sie das Verhalten dieser Eigenschaft bei Vererbung in verschachtelten Listen. Wie Sie daraus entstehende Probleme vermeiden können, erklärt die Beschreibung von list-style.

Vererbt: Ja

Siehe auch: list-style, list-style-type

Werte

Eine URL (url()) oder none.

Standardwert: none

Kompatibilität

CSS-Version: 1

Funktioniert in allen CSS-fähigen Browsern, mit Ausnahme von Netscape 4.

Beispiel

Die erste der folgende Stilregeln zeigt als Aufzählungslisten (ul) das Bild bullet.gif und benutzt das Zeichen square als Ausweichlösung. Die zweite Stilregel setzt für nummerierte Listen list-style-image auf none, um zu verhindern, dass das Bild bei Verschachtelungen als Aufzählungszeichen vererbt wird. Stattdessen werden dezimale Ziffern verwendet.

```
ul {
  list-style-image: url(/images/bullet.gif);
  list-style-type: square;
}
```

```
ol {
  list-style-image: none;
  list-style-type: decimal;
}
```

list-style-position

Mit der Eigenschaft `list-style-position` können Aufzählungszeichen entweder außerhalb oder innerhalb des Listeninhalts positioniert werden. Abbildung C-3 veranschaulicht beide Varianten.

Abb. C-3
Positionierung des Aufzählungszeichens mit list-style-position

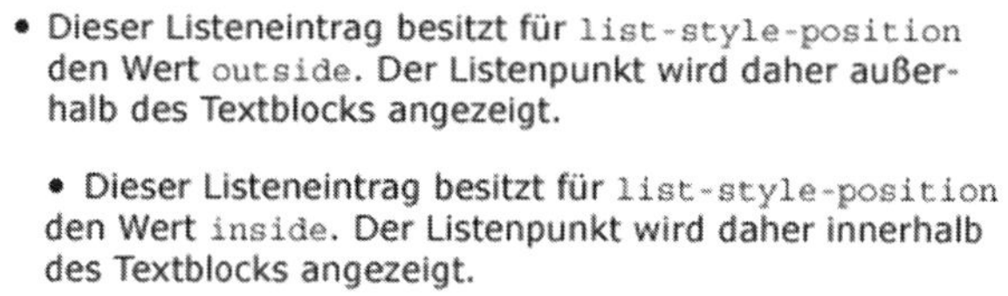

- Dieser Listeneintrag besitzt für `list-style-position` den Wert `outside`. Der Listenpunkt wird daher außerhalb des Textblocks angezeigt.

- Dieser Listeneintrag besitzt für `list-style-position` den Wert `inside`. Der Listenpunkt wird daher innerhalb des Textblocks angezeigt.

Vererbt: Ja

Siehe auch: `list-style`

Werte

`inside` oder `outside`

Standardwert: `outside`

Kompatibilität

CSS-Version: 1

Funktioniert in allen CSS-fähigen Browsern, mit Ausnahme von Netscape 4. Im Internet Explorer 4 für Macintosh kommt es zu Darstellungsproblemen mit `inside`.

Beispiel

Folgende Stilregel positioniert die Aufzählungszeichen für nummerierte sowie unnummerierte Listen der Klasse kompakt innerhalb des Textblocks und löscht den automatisch bei Listen entstehenden linken Einzug:

```
ul.kompakt, ol.kompakt {
  list-style-position: inside;
  margin-left: 0;
}
```

list-style-type

Die Eigenschaft list-style-type beschreibt die Art der Aufzählungszeichen in einer Liste. Eingesetzt werden kann sie für echte Listenelemente (li) sowie für alle anderen Elemente, deren display-Eigenschaft mit list-item deklariert ist.

Vererbt: Ja

Siehe auch: list-style, list-style-image

Werte

Die folgenden Konstanten beschreiben listentypische Symbole als Aufzählungszeichen. Sie werden bei unnummerierten Listen eingesetzt:

- circle
- disc
- square

Die folgenden Konstanten beschreiben das Format der Nummerierung für nummerierte Listeneinträge:

- decimal
- decimal-leading-zero
- lower-roman
- upper-roman
- hebrew
- georgian
- armenian
- cjk-ideographic
- hiragana
- katakana
- hiragana-iroha
- katakana-iroha

Die folgenden Konstanten zeigen in nummerierten Listen Buchstaben anstatt von Zahlen an:

- lower-alpha oder lower-latin
- upper-alpha oder upper-latin
- ower-greek

Mit der Konstante none wird kein Aufzählungszeichen angezeigt.

Standardwert: none[26]

Kompatibilität

CSS-Version: 1 (sprachenabhängige Konstanten seit CSS2)

Funktioniert in allen CSS-fähigen Browsern, die meisten beschränken sich auf die Unterstützung der CSS1-Konstanten circle, disc, square, lower-alpha, upper-alpha, lower-roman, upper-roman und none.

Netscape 4 für Macintosh unterstützt den Wert none nicht korrekt – es werden Fragezeichen als Aufzählungszeichen angezeigt.

Beispiel

Die folgenden Stilregeln führen zu unterschiedlichen Aufzählungszeichen auf verschiedenen Listenebenen:

```
ul {
  list-style-type: square;
  list-style-image: none;
}
ul ul {
  list-style-type: circle;
}
ul ul ul {
  list-style-type: disc;
}
```

margin

Die zusammenfassende Eigenschaft margin beschreibt die Größe des Außenrands eines Elements.

Mit den Eigenschaften margin-bottom, margin-left, margin-right und margin-top können die Außenränder an jeder Seite eines Elements auch separat deklariert werden.

Vererbt: nein

Siehe auch: margin-bottom, margin-left, margin-right, margin-top

---

26. Dieser Standardwert zählt für Elemente, die nicht als list-item deklariert sind. Für Listeneinträge benutzen Browser in der Regel disc als list-style-type für unnummerierte Listen und decimal als list-style-type für nummerierte Listen. Die meisten Browsern haben auch eigene Standardwerte für verschachtelte Listen.

Werte

Zwischen einem und vier Werte für jede Seite eines Elements. Die Werte werden durch Leerzeichen voneinander getrennt. Die Zuweisung der Werte wird in Tabelle C–6 beschrieben.

Gültig sind CSS-Maßangaben, Prozentwerte der Breite bzw. Höhe des übergeordneten Elements oder die Konstante auto. Bei auto berechnet der Browser den Außenrand so, dass alle Elemente ihre standardmäßige bzw. zugewiesene Breite einnehmen können.

Anzahl der Werte	Auswirkung
1	Der Wert bezieht sich auf alle vier Außenränder.
2	Der erste Wert bezieht sich auf die horizontalen Außenränder oben und unten, der zweite Wert auf die vertikalen Außenränder links und rechts.
3	Der erste Wert bezieht sich auf den oberen Außenrand, der zweite Wert auf die vertikalen Außenränder links und rechts, der dritte Wert auf den unteren Außenrand.
4	Der erste Wert bezieht sich auf den oberen Außenrand, der zweite Wert auf den rechten Außenrand, der dritte Wert auf den unteren Außenrand, der vierte Wert auf den linken Außenrand.

Tab. C–6
Wertkombinationen für margin und ihre Auswirkung

Standardwert: 0

Kompatibilität

CSS-Version: 1

Funktioniert in allen CSS-fähigen Browsern, einschließlich Internet Explorer 4 und Netscape 4.

Beispiel

Folgende Stilregel führt zur Darstellung von blockquote-Elementen mit einer Breite von 80% ihres übergeordneten Elements. Oben und unten erhalten sie zudem einen 10 Pixel breiten Außenrand. Der linke und rechte Innenrand wird gleichermaßen automatisch vom Browser berechnet, um das Element horizontal zu zentrieren:

```
blockquote {
  width: 80%;
  margin: 10px auto;
}
```

margin-bottom, margin-top, margin-left, margin-right

Die Eigenschaften margin-bottom, margin-top, margin-left, margin-right beschreiben die Größe des Außenrands eines Elements auf jeder Seite.

Vererbt: nein

Siehe auch: margin

Werte

Gültig sind CSS-Maßangaben, Prozentwerte der Breite bzw. Höhe des übergeordneten Elements oder die Konstante auto. Bei auto berechnet der Browser den Außenrand so, dass alle Elemente ihre standardmäßige bzw. zugewiesene Breite einnehmen können.

Standardwert: 0^{27}

Kompatibilität

CSS-Version: 1

Funktioniert in allen CSS-fähigen Browsern, einschließlich Internet Explorer 4 und Netscape 4.

Beispiel

Folgende Stilregeln definieren den oberen und unteren Außenrand aller Überschriften so, dass sie mit einem größeren Abstand zum vorhergehenden Element dargestellt werden als zum nachfolgenden Element:

```
h1, h2, h3, h4, h5, h6 {
  margin-bottom: 0;
  margin-top: 12pt;
}
p {
  margin-top: 0;
  margin-bottom: 6px;
}
```

---

27. Dieser Standardwert bezieht sich auf generische HTML-Elemente. Für einige HTML-Elemente wie Überschriften, Absätze, Zitate, Listen und viele mehr hält das interne Stylesheet eines Browsers in der Regel diverse andere Standardwerte für margin bereit.

marker-offset

Ist für die Pseudo-Elemente :before oder :after die Eigenschaft display auf marker gesetzt, werden sie neben dem Inhalt des betreffenden HTML-Elements positioniert – bei :before links neben der ersten Zeile bzw. bei :after rechts neben der letzten Zeile. Die Eigenschaft marker-offset beschreibt den Abstand zwischen Inhalt und nebenstehendem Element (siehe Abbildung C–4).

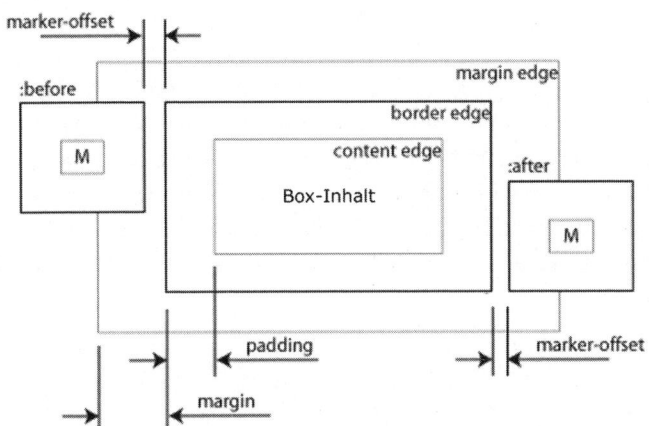

Abb. C–4
Die Eigenschaft marker-offset im Box-Modell eines HTML-Elements

Beachten Sie, dass ein Pseudo-Element zwar Innenrand und Rahmen, aber keinen Außenrand besitzt.

Vererbt: nein

Siehe auch: display

Werte

Jede CSS-Maßangabe oder die Konstante auto (der Browser bestimmt den Abstand automatisch).

Standardwert: auto

Kompatibilität

CSS-Version: 2

Wird von keinem aktuellen Browser unterstützt.

Beispiel

Folgende Stilregel erzeugt Anführungszeichen vor und hinter einem blockquote-Element. Die marker-offset-Einstellung legt fest, dass

Inhalt und Anführungszeichen mit einem Abstand von 5 Pixel dargestellt werden. Wäre für blockquote ein Innenrand deklariert, würde dessen Wert den Abstand vergrößern.

```
blockquote:before, blockquote:after {
  display: marker;
  marker-offset: 5px;
  content: '"';
  font-size: 150%;
  color: blue;
}
```

marks

Mit der Eigenschaft marks können einer Seite Schnittmarken (cross) und/oder Passermarken (crop) hinzugefügt werden, die im Ausdruck eines Dokuments anzeigen, wo Umbrüche und Fortsetzungen zusammengefügt werden müssen. marks wird nur in At-Regeln (siehe Anhang A) deklariert.

Werte

none, crop, cross oder both. Mehrere Werte in einer Liste werden mit Leerzeichen voneinander getrennt.

Standardwert: none

Kompatibilität

CSS-Version: 2

Wird von keinem aktuellen Browser unterstützt.

Beispiel

Die folgende At-Regel legt fest, dass die betreffende HTML-Seite mit Schnitt- und Passermarken ausgedruckt wird:

```
@page {
  marks: crop cross;
}
```

max-height, min-height

Die Eigenschaften max-height und min-height beschreiben die maximale oder minimale Höhe, die ein Element einnehmen darf. Die Höhe des betreffenden Elements wird vom Browser zunächst normal berechnet, erst dann wird die Begrenzung vorgenommen.

Für den Einsatz von `max-height` ist die Eigenschaft `overflow` auf `hidden` zu setzen, sonst kann der Inhalt des Elements die angegebene Höhe überschreiten.

Vererbt: nein

Siehe auch: `height, max-width, min-width`

Werte

Eine CSS-Maßangabe, ein Prozentwert der Inhaltshöhe des übergeordneten Elements, für `max-height` die Konstante `none`.

Standardwert:

- `max-height: none`
- `min-height: 0`

Kompatibilität

CSS-Version: 2

Funktioniert vollständig in Netscape 6, Opera ab Version 7 und Mozilla.

Der Internet Explorer 6 für Windows unterstützt nur `min-height` für die Elemente `td`, `th` und `tr` bei Tabellen, wenn `table-layout` auf `fixed` steht (siehe `table-layout`). Die CSS2-Spezifikation besagt ausdrücklich, dass diese Eigenschaft *nicht* für Tabellen gelten soll.

Beispiel

Folgende Stilregel legt fest, dass das Element mit der ID `seitenleiste` lediglich eine Höhe zwischen 200 und 1000 Pixel einnehmen darf und dass ein Scrollbalken angezeigt wird, wenn der Inhalt größer ist als der Maximalwert des Elements:

```
#seitenleiste {
 min-height: 200px;
 max-height: 1000px;
 overflow: auto;
}
```

max-width, min-width

Die Eigenschaften `max-width` und `min-width` beschreiben die maximale oder minimale Breite, die ein Element einnehmen darf. Die Breite des betreffenden Elements wird vom Browser zunächst normal berechnet, erst dann wird die Begrenzung vorgenommen.

Für den Einsatz von max-width ist die Eigenschaft overflow auf hidden zu setzen, sonst kann der Inhalt des Elements die angegebene Breite überschreiten.

Vererbt: nein

Siehe auch: width, max-height, min-height

Werte

Eine CSS-Maßangabe, ein Prozentwert der Inhaltshöhe des übergeordneten Elements, für max-width die Konstante none.

Standardwert:

- max-width: none
- min-width: 0

Kompatibilität

CSS-Version: 2

Funktioniert nur in Netscape 6, Opera ab Version 7 und Mozilla.

Beispiel

Folgende Stilregel legt fest, dass das Element mit der ID oberesmenue lediglich eine Breite zwischen 200 und 1000 Pixel einnehmen darf und dass ein Scrollbalken angezeigt wird, wenn der Inhalt größer ist als der Maximalwert des Elements:

```
#oberesmenue {
  min-width: 200px;
  max-width: 1000px;
  overflow: auto;
}
```

-moz-border-radius

Auf Mozilla basierende Browser (einschließlich Netscape ab Version 6) unterstützen eine ganze Reihe nicht standardgemäßer CSS-Eigenschaften. Diese beginnen mit dem Präfix -moz. Mehrere dieser Eigenschaften werden auch in den aktuellen Empfehlungen für zukünftige CSS-Standards erwähnt.

Die zusammenfassende Eigenschaft -moz-border-radius beschreibt den Radius der Abrundung von Rahmenecken in einer Anweisung.

Mit den Eigenschaften -moz-border-radius-bottomleft, -moz-border-radius-bottomright, -moz-border-radius-topleft und -moz-border-radius-topright kann die Abrundung jeder einzelnen Ecke auch separat deklariert werden.

Abgerundete Ecken führen nicht zu einer Beschneidung des Inhalts in einer Box, sondern lediglich ihres Hintergrunds. Für den Einsatz von -moz-border-radius empfiehlt sich der Einsatz eines ausreichenden Innenrands im betreffenden Element, um Überlappungen zu vermeiden.

Vererbt: nein

Siehe auch: -moz-border-radius-corner

Werte

Zwischen einem und vier Werten, getrennt mit Leerzeichen. Gültig sind CSS-Maßangaben oder Prozentwerte von 0% bis 50% der Breite des betreffenden Elements. Die Zuweisung der Werte wird in Tabelle C–7 beschrieben.

Anzahl der Werte	Auswirkung
1	Der Wert bezieht sich auf alle vier Ecken.
2	Der erste Wert bezieht sich auf die Ecken oben links und unten rechts, der zweite Wert auf die Ecken oben rechts und unten links.
3	Der erste Wert bezieht sich auf die Ecke oben links, der zweite Wert auf die Ecken oben rechts und unten links, der dritte Wert auf die Ecke unten rechts.
4	Der erste Wert bezieht sich auf die Ecke oben links, der zweite Wert auf die Ecke oben rechts, der dritte Wert auf die Ecke unten rechts, der vierte Wert auf die Ecke unten links.

Tab. C–7
Wertkombinationen für -moz-border-radius und ihre Auswirkung

Standardwert: 0

Kompatibilität

CSS-Version: ist nicht Bestandteil der CSS-Spezifikation

Funktioniert nur in auf Mozilla basierenden Browsern, einschließlich Netscape ab Version 6.

Eine entsprechende Funktionalität in CSS3 ist geplant. Die endgültigen Eigenschafts- und Wertbezeichnungen werden jedoch wahrscheinlich anders lauten. Aktuelle Informationen finden Sie auf der Website der CSS Working Group[28].

Beispiel

Folgende Stilregel erzeugt einen kreisrunden Rahmen um ein 100 Pixel breites Element der Klasse `kreis`:

```
.kreis {
  border: 1px solid red;
  width: 100px;
  height: 100px;
  -moz-border-radius: 50%;
}
```

-moz-border-radius-bottomleft, -moz-border-radius-bottomright, -moz-border-radius-topleft, -moz-border-radius-topright

Auf Mozilla basierende Browser (einschließlich Netscape ab Version 6) unterstützen eine ganze Reihe nicht standardgemäßer CSS-Eigenschaften. Diese beginnen mit dem Präfix -moz. Mehrere dieser Eigenschaften werden auch in den aktuellen Empfehlungen für zukünftige CSS-Standards erwähnt.

Die Eigenschaften -moz-border-radius-bottomleft, -moz-border-radius-bottomright, -moz-border-radius-topleft und -moz-border-radius-topright beschreiben den Radius der Abrundung der vier Rahmenecken eines Elements.

Abgerundete Ecken führen nicht zu einer Beschneidung des Inhalts einer Box, sondern lediglich des Hintergrunds. Für den Einsatz von -moz-border-radius empfiehlt sich der Einsatz eines ausreichenden Innenrands im betreffenden Element, um Überlappungen zu vermeiden.

Vererbt: nein

Siehe auch: -moz-border-radius

Werte

CSS-Maßangaben oder Prozentwerte von 0% bis 50% der Breite des betreffenden Elements.

Standardwert: 0

---

28. http://www.w3.org/TR/2002/WD-css3-border-20021107/#the-border-radius

Kompatibilität

CSS-Version: ist nicht Bestandteil der CSS-Spezifikation

Funktioniert in auf Mozilla basierenden Browsern, einschließlich Netscape ab Version 6.

Eine entsprechende Funktionalität in CSS3 ist geplant. Die endgültigen Eigenschafts- und Wertbezeichnungen werden jedoch wahrscheinlich anders lauten. Aktuelle Informationen finden Sie auf der Website der CSS Working Group[29].

Beispiel

Folgende Stilregel erzeugt einen interessant geformten, gerundeten Rahmen um alle Elemente der Klasse rundform:

```
.rundform {
  border: 1px solid red;
  width: 100px;
  height: 100px;
  -moz-border-radius-bottomleft: 25%;
  -moz-border-radius-bottomright: 50%;
  -moz-border-radius-topleft: 50%;
  -moz-border-radius-topright: 25%;
}
```

-moz-opacity

Auf Mozilla basierende Browser (einschließlich Netscape ab Version 6) unterstützen eine ganze Reihe nicht standardgemäßer CSS-Eigenschaften. Diese beginnen mit dem Präfix -moz. Mehrere dieser Eigenschaften werden in den aktuellen Empfehlungen für zukünftige CSS-Standards erwähnt.

Mit der Eigenschaft –moz-opacity wird die Transparenz eines Elements beschrieben.

Vererbt: nein

Siehe auch: filter

Werte

Die Opazität wird als dezimaler Wert zwischen 0.0 (vollständig transparent) und 1.0 (vollständig deckend) angegeben.

---

29. http://www.w3.org/TR/2002/WD-css3-border-20021107/#the-border-radius

Standardwert: 1.0

Kompatibilität

CSS-Version: ist nicht Bestandteil der CSS-Spezifikation

Funktioniert nur in auf Mozilla basierenden Browsern, einschließlich Netscape ab Version 6.

Eine entsprechende Funktionalität in CSS3 ist geplant. Die endgültigen Eigenschafts- und Wertbezeichnungen werden jedoch wahrscheinlich anders lauten. Aktuelle Informationen finden Sie auf der Website der CSS Working Group[30].

Beispiel

Folgende Stilregel zeigt das Element mit der ID seitenleiste mit einer Transparenz von 50% an:

```
#seitenleiste {
  -moz-opacity: 0.5;
}
```

orphans

Die Eigenschaft orphans beschreibt die minimale Anzahl an Zeilen in einem Abschnitt, nach denen ein Seitenumbruch eingefügt werden darf. Diese Eigenschaft ist der Druckversion von HTML-Elementen vorbehalten und dient zur Vermeidung vereinzelt stehender Zeilen am Ende einer Druckseite, so genannte Hurenkinder.

Betrachten Sie als Beispiel einen Absatz mit sechs Zeilen. Wenn die Größe der Druckseite einen Umbruch nach der zweiten Zeile erfordert, erzwingt eine Deklaration von orphan mit 3 den Seitenumbruch *vor* dem Absatz, so dass die ersten drei Zeilen nicht getrennt werden.

Vererbt: ja

Siehe auch: widows

Werte

Eine positive, ganze Zahl.

Standardwert: 2

---

30. http://www.w3.org/TR/2003/WD-css3-color-20030214/#transparency

Kompatibilität

CSS-Version: 2

Funktioniert in allen auf Mozilla basierenden Browsern (einschließlich Netscape ab Version 6), Opera 7 und dem Internet Explorer 5 für Macintosh.

Beispiel

Folgende Stilregel legt fest, dass innerhalb der ersten 4 Zeilen eines Absatzes beim Ausdrucken kein Seitenumbruch erfolgt:

```
p {
  orphans: 4;
}
```

outline

Der Umriss (outline) eines Elements ist eine ähnliche Eigenschaft wie der Rahmen (border). Er nimmt jedoch keinen Platz im CSS-Box-Modell ein und hat somit keinen Einfluss auf die Positionierung anderer Elemente. Außerdem erzeugt outline keine rechteckige Box um das betreffende Element, sondern schmiegt sich an den unregelmäßigen Rand eines Textabsatzes an. Der Umriss eines Inline-Elements über mehrere Zeilen erstreckt sich, im Gegensatz zu seinem Rahmen, immer von Zeilenanfang bis Zeilenende.

Mit der zusammenfassenden Eigenschaft outline können die Eigenschaften outline-color, outline-style und outline-width in einer Anweisung deklariert werden. Alle drei Eigenschaften können auch separat deklariert werden.

Vererbt: nein

Siehe auch: border, outline-color, outline-style, outline-width

Werte

Die Syntax für die Eigenschaft outline ist wie folgt aufgebaut. Die Werte werden durch Leerzeichen voneinander getrennt:

```
outline: [color] [style] [width]
```

color steht für einen gültigen Wert für outline-color, style für einen gültigen Wert für outline-style, width für einen gültigen Wert für outline-width.

Alle drei Werte sind optional, es muss jedoch mindestens einer deklariert werden. Die Reihenfolge für die Angabe der Werte ist beliebig. Jeder nicht deklarierte Wert nimmt automatisch seinen Standardwert an.

Standardwert: keiner

Kompatibilität

CSS-Version: 2

Funktioniert nur in Internet Explorer 5 für Macintosh und Opera 7, entgegen der CSS2-Spezifikation allerdings nur als rechteckiger Umriss (wie border).

Beispiel

Folgende Stilregel verwendet die Pseudo-Klasse :focus, um einen gestrichelten, roten Umriss in mittlerer Stärke um das Element mit dem Eingabefeld zu erzeugen:

```
input:focus, select:focus, textarea:focus {
  outline: medium dashed red;
}
```

outline-color

Der Umriss (outline) eines Elements ist eine ähnliche Eigenschaft wie der Rahmen (border). Er nimmt jedoch keinen Platz im CSS-Box-Modell ein und hat somit keinen Einfluss auf die Positionierung anderer Elemente. Außerdem erzeugt outline keine rechteckige Box um das betreffende Element, sondern schmiegt sich an den unregelmäßigen Rand eines Textabsatzes an. Der Umriss eines Inline-Elements über mehrere Zeilen erstreckt sich, im Gegensatz zu seinem Rahmen, immer von Zeilenanfang bis Zeilenende.

Die Eigenschaft outline-color beschreibt die Farbe der Umrisslinie.

Vererbt: nein

Siehe auch: border-color

Werte

Jeder gültige CSS-Farbwert oder invert (benutzt die entgegengesetzte Farbe des Hintergrunds)

Standardwert: invert (black bei allen aktuellen Browsern)

Kompatibilität

CSS-Version: 2

Funktioniert nur in Internet Explorer 5 für Macintosh und Opera 7, entgegen der CSS2-Spezifikation allerdings nur als rechteckiger Umriss. Beide Browser benutzen `black` als Standardwert, da sie `invert` nicht unterstützen.

Beispiel

Folgendes Beispiel erzeugt eine rote Umrisslinie um Hyperlinks, wenn sich der Mauszeiger über ihnen befindet:

```
a:hover {
  outline-style: solid;
  outline-color: red;
}
```

outline-style

Der Umriss (`outline`) eines Elements ist eine ähnliche Eigenschaft wie der Rahmen (`border`). Er nimmt jedoch keinen Platz im CSS-Box-Modell ein und hat somit keinen Einfluss auf die Positionierung anderer Elemente. Außerdem erzeugt `outline` keine rechteckige Box um das betreffende Element, sondern schmiegt sich an den unregelmäßigen Rand eines Textabsatzes an. Der Umriss eines Inline-Elements über mehrere Zeilen erstreckt sich, im Gegensatz zu seinem Rahmen, immer von Zeilenanfang bis Zeilenende.

Die Eigenschaft `outline-style` beschreibt die Formgebung der Umrisslinie.

Vererbt: nein

Siehe auch: `border-style`

Werte

Dieselben Konstanten wie für `border-style` (siehe Tabelle C–3), mit Ausnahme von `hidden`.

Standardwert: none

Kompatibilität

CSS-Version: 2

Funktioniert nur in Internet Explorer 5 für Macintosh und Opera 7, entgegen der CSS2-Spezifikation allerdings nur als rechteckiger Umriss.

Beispiel

Folgende Stilregel erzeugt um aktivierte Hyperlinks eine graue, mittelstarke Umrisslinie mit dem Stil `inset`:

```
a:active {
  outline-style: inset;
  outline-color: grey;
  outline-width: medium;
}
```

outline-width

Der Umriss (`outline`) eines Elements ist eine ähnliche Eigenschaft wie der Rahmen (`border`). Er nimmt jedoch keinen Platz im CSS-Box-Modell ein und hat somit keinen Einfluss auf die Positionierung anderer Elemente. Außerdem erzeugt `outline` keine rechteckige Box um das betreffende Element, sondern schmiegt sich an den unregelmäßigen Rand eines Textabsatzes an. Der Umriss eines Inline-Elements über mehrere Zeilen erstreckt sich, im Gegensatz zu seinem Rahmen, immer von Zeilenanfang bis Zeilenende.

Die Eigenschaft `outline-width` beschreibt die Strichstärke der Umrisslinie.

Vererbt: nein

Siehe auch: `border-width`

Werte

`thin`, `medium`, `thick` oder eine gültige CSS-Maßangabe.

Standardwert: `medium`

Kompatibilität

CSS-Version: 2

Funktioniert nur in Internet Explorer 5 für Macintosh und Opera 7, entgegen der CSS2-Spezifikation allerdings nur als rechteckiger Umriss.

Beispiel

Folgendes Beispiel erzeugt eine 3 Pixel starke, graue Umrisslinie des Stils `outset` um Hyperlinks, wenn sich der Mauszeiger über ihnen befindet:

```
a:hover {
  outline-style: outset;
  outline-color: grey;
  outline-width: 3px;
}
```

overflow

Mit der Eigenschaft `overflow` wird beschrieben, wie der Browser Elemente behandelt, die im Verhältnis zu den Elementen, in denen sie angezeigt werden, zu groß sind. In der Praxis kann dieser Fall eintreten, wenn eine feste bzw. maximale Höhe oder Breite für ein übergeordnetes Element festgelegt ist.

Wird `overflow` auf ein Element angewandt, dessen Inhalt beschnitten wird, wird die Layoutgröße des Elements ebenfalls beschnitten. Verzierungen wie Rahmen o. Ä. werden dem Element erst nach dem Beschneiden zugewiesen. Hier liegt ein deutlicher Unterschied zur `clip`-Eigenschaft vor, die nur Einfluss auf den *sichtbaren* Bereich eines Elements hat und Rahmen und andere Verzierungen zusammen mit dem Inhalt beschneidet.

Vererbt: nein

Siehe auch: `clip, height, text-overflow, max-width, max-height, width`

Werte

Eine der folgenden Konstanten:

- `auto`: Diese Einstellung zeigt bei überfließendem Inhalt Scrollbalken an, damit auch der überfließende Inhalt für den Benutzer sichtbar gemacht wird. Die Scrollbalken nehmen dabei wiederum selbst Platz im Inhaltsbereich des Elements ein und verkleinern somit die sichtbare Fläche. Die Größe von Scrollbalken ist von Browser zu Browser unterschiedlich.
- `hidden`: Diese Einstellung blendet überfließenden Inhalt aus.

- scroll: Diese Einstellung verhält sich wie die Konstante auto, der horizontale und vertikale Scrollbalken werden jedoch auch dann angezeigt, wenn sie nicht benötigt werden.
- visible: Diese Einstellung lässt es zu, dass überfließender Inhalt außerhalb der sichtbaren Box des betreffenden Elements (inklusive Hintergrund und Rahmen) angezeigt wird.

Standardwert: visible

Kompatibilität

CSS-Version: 2

Funktioniert in allen CSS-fähigen Browsern, mit Ausnahme von Netscape 4. Hier wird immer die Höhe eines Elements an den Bedarf des Inhalts angepasst.

Der Internet Explorer für Windows (bis Version 6) passt mit der Einstellung visible fälschlicherweise die Box des betreffenden Elements an den überfließenden Inhalt an anstatt diesen außerhalb der Box-Begrenzung anzuzeigen.

Der Internet Explorer 4 für Macintosh unterstützt keine Scrollbalken bei den Einstellungen auto und scroll.

Beispiel

Folgende Stilregel weist dem Element mit der ID hauptmenue eine feste Höhe und Breite zu und erzeugt Scrollbalken, wenn es zu überfließendem Inhalt kommt:

```
#hauptmenue {
  width: 150px;
  height: 400px;
  overflow: auto;
}
```

overflow-x, overflow-y

Die nicht dem CSS-Standard entsprechenden Eigenschaften overflow-x und overflow-y funktionieren genauso wie overflow, nur definieren sie Höhe und Breite getrennt. overflow-x beschreibt das Browserverhalten bei horizontal überfließendem Inhalt, overflow-y das Browserverhalten bei vertikal überfließendem Inhalt.

Vererbt: nein

Siehe auch: overflow

Werte

Dieselben Konstanten wie für overflow.

Standardwert: visible

Kompatibilität

CSS-Version: sind nicht Bestandteil der CSS-Spezifikation

Funktionieren nur im Internet Explorer für Windows ab Version 5.

Eine entsprechende Funktionalität in CSS3 ist geplant. Die endgültigen Eigenschafts- und Wertbezeichnungen werden jedoch wahrscheinlich anders lauten. Aktuelle Informationen finden Sie auf der Website der CSS Working Group[31].

Beispiel

Folgende Stilregel weist dem Element mit der ID hauptmenue eine feste Höhe und Breite zu. Kommt es zu vertikal überfließendem Inhalt, erscheint ein Scrollbalken. Kommt es zu horizontal überfließendem Inhalt, wird dieser außerhalb der Grenzen abgeschnitten:

```
#hauptmenue {
 width: 150px;
 height: 400px;
 overflow-x: hidden;
 overflow-y: auto;
}
```

padding

Die zusammenfassende Eigenschaft padding beschreibt die Größe des Innenrands eines Elements.

Der Innenrand ist ein Bereich, der sich zwischen dem Inhalt eines Elements und dem Rahmen befindet. Jede Hintergrundfarbe bzw. jedes Hintergrundbild eines Elements füllt auch den Bereich des Innenrands aus.

Die Größe des Innenrands kann auch für jede Seite einzeln mit den Eigenschaften padding-bottom, padding-left, padding-right und padding-top deklariert werden.

---

31. http://www.w3.org/TR/2002/WD-css3-box-20021024/#the-overflow-x

Vererbt: nein

Siehe auch: padding-bottom, padding-left, padding-right, padding-top

Werte

Ein bis vier unterschiedliche Werte (siehe Tabelle C–8), getrennt durch ein Leerzeichen.

Jeder Wert kann als CSS-Maßangabe oder als Prozentwert der *Breite* bzw. *Höhe* des übergeordneten Elements angegeben werden.

Tab. C–8
Wertkombinationen für padding und ihre Auswirkung

Anzahl der Werte	Auswirkung
1	Der Wert bezieht sich auf alle vier Innenränder.
2	Der erste Wert bezieht sich auf die horizontalen Innenränder oben und unten, der zweite Wert auf die vertikalen Innenränder links und rechts.
3	Der erste Wert bezieht sich auf den oberen Innenrand, der zweite Wert auf die vertikalen Innenränder links und rechts, der dritte Wert auf den unteren Innenrand.
4	Der erste Wert bezieht sich auf den oberen Innenrand, der zweite Wert auf den rechten Innenrand, der dritte Wert auf den unteren Innenrand, der vierte Wert auf den linken Innenrand.

Standardwert: 0

Kompatibilität

CSS-Version: 1

Funktioniert in allen CSS-fähigen Browsern, einschließlich Internet Explorer 4 und Netscape 4.

Für Elemente mit einem Rahmen zeigt Netscape 4 eine Lücke von drei Pixel Breite zwischen Rahmen und Innenrand an. Diese Lücke kann nicht entfernt werden und ist transparent, auch wenn dem Element ein Hintergrund zugewiesen wird. Mit den proprietären Netscape-Eigenschaften layer-background-color und layer-background-image kann diese Lücke mit der Hintergrundfarbe bzw. dem Hintergrundbild separat ausgefüllt werden.

Beispiele

Folgende Stilregel erzeugt einen dünnen Rahmen und einen roten Hintergrund um die Elemente der Klasse warnung. Um in dem Element etwas Weißraum zu schaffen, wird oben und unten ebenfalls ein

Innenrand von 5 Pixel sowie links und rechts ein Innenrand von 10 Pixel Breite angelegt:

```
.warnung {
  border: 1px solid;
  background-color: red;
  padding: 5px 10px;
}
```

Folgende Stilregel erzeugt einen Innenrand von 3 Pixel Breite in allen Zellen einer Tabelle der Klasse luftig. Sie ist somit die CSS-Entsprechung zum HTML-Attribut cellpadding.

```
table.luftig td, table.luftig th {
  padding: 3px;
}
```

padding-bottom, padding-top; padding-left, padding-right

Die Eigenschaften padding-bottom, padding-top, padding-left und padding-right beschreiben die Größe des unteren, oberen, linken und rechten Innenrands eines Elements.

Der Innenrand ist ein Bereich, der sich zwischen dem Inhalt eines Elements und dem Rahmen befindet. Jede Hintergrundfarbe bzw. jedes Hintergrundbild eines Elements füllt auch den Bereich des Innenrands aus.

Vererbt: nein

Siehe auch: padding

Werte

Jeder Wert kann als CSS-Maßangabe oder als Prozentwert der *Breite* bzw. *Höhe* des übergeordneten Elements angegeben werden.

Standardwert: 0

Kompatibilität

CSS-Version: 1

Funktioniert in allen CSS-fähigen Browsern, einschließlich Internet Explorer 4 und Netscape 4.

Für Elemente mit einem Rahmen zeigt Netscape 4 eine Lücke von drei Pixel Breite zwischen Rahmen und Innenrand an. Diese Lücke kann nicht entfernt werden und ist transparent, auch wenn dem Element ein Hintergrund zugewiesen wird. Mit den proprietären Netscape-Eigenschaften layer-background-color und layer-background-image kann diese Lücke mit der Hintergrundfarbe bzw. dem Hintergrundbild separat ausgefüllt werden.

Beispiel

Folgende Stilregel erzeugt einen dünnen Rahmen und einen roten Hintergrund für Elemente der Klasse warnung. Um in dem Element etwas Weißraum zu schaffen, wird oben und unten ebenfalls ein Innenrand von 5 Pixel sowie links und rechts ein Innenrand von 10 Pixel Breite angelegt:

```
.warnung {
  border: 1px solid;
  background-color: red;
  padding-top: 5px;
  padding-bottom: 5px;
  padding-left: 10px;
  padding-right: 10px;
}
```

page

Die At-Regel @page beschreibt, in welchem Format eine HTML-Seite ausgedruckt wird. Im folgenden Beispiel definiert die Stilregel Maße und Schnittmarken für das Seitenformat querformat:

```
@page querformat {
  size: 11in 8.5in;
  margin: 1in;
  marks: crop;
}
```

Mit der Eigenschaft page wird ausgewählten Elementen ein mit @page definiertes Format zugewiesen.

Vererbt: ja

Werte

Die Bezeichnung in einer bereits definierten @page-Regel oder auto.

Standardwert: auto

Kompatibilität

CSS-Version: 2

Wird akzeptiert von Internet Explorer 5 für Macintosh, Netscape 6, Mozilla und Opera, aber in sämtlichen Browsern nicht angewendet.

Beispiel

Folgende Stilregel bewirkt, dass alle div-Bereiche der Klasse praesentation nach den Vorgaben der @page-Regel querformat (wie bereits oben deklariert) ausgedruckt werden. Hinter jedem Bereich erfolgt zudem ein Seitenumbruch:

```
div.praesentation {
  page: querformat;
  page-break-after: always;
}
```

page-break-after

Mit der Eigenschaft page-break-after kann für die Druckversion einer Seite hinter einem Element ein Seitenumbruch eingefügt bzw. unterbunden werden.

Vererbt: nein

Siehe auch: orphans, page-break-before, page-break-inside, widows

Werte

Die Eigenschaft kann eine der folgenden Konstanten annehmen:

- always: Hinter dem betreffenden Element wird immer ein Seitenumbruch eingefügt.

- avoid: Hinter dem betreffenden Element wird ein Seitenumbruch vermieden. Diese Einstellung bewirkt, dass das Element in der Druckversion einer Seite auf keinen Fall vom nachfolgenden Element getrennt wird.

- auto: Der Browser nimmt einen Seitenumbruch vor, wenn es in der Druckversion angebracht ist.

- left: Der Browser führt nach dem Element so viele Seitenumbrüche durch, dass das nachfolgende Element bei doppelseitigem Ausdruck immer oben auf der linken Seite steht.

- right: Der Browser führt nach dem Element so viele Seitenumbrüche durch, dass das nachfolgende Element bei doppelseitigem Ausdruck immer oben auf der rechten Seite steht.

Standardwert: auto

Kompatibilität

CSS-Version: 2

Funktioniert in Internet Explorer ab Version 4, Netscape ab Version 7, Mozilla und Opera. Alle Browser behandeln left und right wie always.

Der Wert avoid wird vom Internet Explorer für Windows nicht richtig unterstützt. Um den entsprechenden Effekt zu erzielen, muss die Eigenschaft mit JavaScript auf eine leere Zeichenkette ("") gesetzt werden.

Beispiel

Folgende Stilregel verhindert einen Seitenumbruch direkt hinter einer Überschrift:

```
h1, h2, h3, h4, h5, h6 {
  page-break-after: avoid;
}
```

page-break-before

Mit der Eigenschaft page-break-before kann für die Druckversion einer Seite vor einem Element ein Seitenumbruch eingefügt oder unterbunden werden.

Vererbt: nein

Siehe auch: orphans, page-break-after, page-break-inside, widows

Werte

Die Eigenschaft kann eine der folgenden Konstanten annehmen:

- always: Vor dem betreffenden Element wird immer ein Seitenumbruch eingefügt.
- avoid: Vor dem betreffenden Element wird ein Seitenumbruch vermieden. Diese Einstellung bewirkt, dass das Element in der Druckversion einer Seite auf keinen Fall vom vorhergehenden Element getrennt wird.

- `auto`: Der Browser nimmt vor dem betreffenden Element einen Seitenumbruch vor, wenn es in der Druckversion angebracht ist.
- `left`: Der Browser führt vor dem betreffenden Element so viele Seitenumbrüche durch, dass es bei doppelseitigem Ausdruck oben auf der linken Seite steht.
- `right`: Der Browser führt vor dem betreffenden Element so viele Seitenumbrüche durch, dass es bei doppelseitigem Ausdruck oben auf der rechten Seite steht.

Standardwert: `auto`

Kompatibilität

CSS-Version: 2

Funktioniert in Internet Explorer ab Version 4, Netscape ab Version 7, Mozilla und Opera. Alle Browser behandeln `left` und `right` wie `always`.

Der Wert `avoid` wird vom Internet Explorer für Windows nicht richtig unterstützt. Um den entsprechenden Effekt zu erzielen, muss die Eigenschaft mit JavaScript auf eine leere Zeichenkette (`""`) gesetzt werden.

Beispiel

Folgende Stilregel fügt vor allen `div`-Bereichen der Klasse `kapitelanfang` so viele Seitenumbrüche ein, so dass diese in der Druckversion auf einer rechten Seite oben erscheinen:

```
div.kapitelanfang {
  page-break-before: right;
}
```

page-break-inside

Mit der Eigenschaft `page-break-inside` kann in der Druckversion einer Seite innerhalb eines Elements ein Seitenumbruch unterbunden werden.

Vererbt: ja

Siehe auch: `orphans`, `page-break-after`, `page-break-before`, `widows`

Werte

Die Eigenschaft kann eine der folgenden Konstanten annehmen:

- avoid: Innerhalb des betreffenden Elements wird ein Seitenumbruch vermieden. Diese Einstellung bewirkt, dass ein Element in der Druckversion einer Seite nicht zerteilt wird.
- auto: Der Browser nimmt innerhalb des betreffenden Elements einen Seitenumbruch vor, wenn er in der Druckversion angebracht ist.

Standardwert: auto

Kompatibilität

CSS-Version: 2

Wird von keinem aktuellen Browser unterstützt.

Beispiel

Folgende Stilregel verhindert Seitenumbrüche innerhalb aller pre-Bereiche der Klasse sourcecode:

```
pre.sourcecode {
  page-break-inside: avoid;
}
```

pause

Mit einer Pause wird in akustischen Browsern angezeigt, dass zwei Bereiche inhaltlich nicht zueinander gehören. Mit der zusammenfassenden Eigenschaft pause werden die Eigenschaften pause-before und pause-after in einer einzigen Anweisung deklariert.

Vererbt: nein

Siehe auch: pause-before, pause-after, speech-rate

Werte

Ein oder zwei Zeitwerte, entweder als CSS-Maßangabe in s (Sekunden) / ms (Millisekunden) oder als Prozentwert der durchschnittlichen Wortdauer (wird bestimmt mit 1/tempo, wobei tempo für den Wert der Eigenschaft speech-rate steht).

Werden zwei Werte angegeben, bezieht sich der erste auf pause-before und der zweite auf pause-after. Wird nur ein Wert angegeben, gilt er für beide Eigenschaften.

Standardwert: abhängig vom Browser

Kompatibilität

CSS-Version: 2

Wird von keinem aktuellen visuellen Browser unterstützt.

Beispiel

Folgendes Beispiel erzeugt eine Pause von einer halben, durchschnittlichen Wortdauer vor und nach jedem `div`-Element:

```
div {
  pause: 50%;
}
```

pause-after, pause-before

Mit einer Pause wird in akustischen Browsern angezeigt, dass zwei Bereiche inhaltlich nicht zueinander gehören. Die Eigenschaften `pause-before` und `pause-after` beschreiben die Länge einer Pause vor und nach einem gesprochenen Element.

Vererbt: nein

Siehe auch: `pause`, `speech-rate`

Werte

Ein Zeitwert, entweder als CSS-Maßangabe in `s` (Sekunden) / `ms` (Millisekunden) oder als Prozentwert der durchschnittlichen Wortdauer (wird bestimmt mit 1/`tempo`, wobei `tempo` für den Wert der Eigenschaft `speech-rate` steht).

Standardwert: abhängig vom Browser

Kompatibilität

CSS-Version: 2

Wird von keinem aktuellen visuellen Browser unterstützt.

Beispiel

Folgende Stilregeln erzeugen eine Pause von einer halben durchschnittlichen Wortdauer vor jedem h1-Element. Vor h1-Elementen der Klasse `unterkapitel` wird keine Pause eingefügt:

```
h1 {
  pause-before: 50%;
}
h1.unterkapitel {
  pause-before: none;
}
```

pitch

Die Eigenschaft `pitch` beschreibt für akustische Browser die durchschnittliche Tonhöhe (Frequenz) der vorlesenden Stimme. Eine typische männliche Stimme besitzt eine Frequenz von etwa 120 Hz, eine typische weibliche Stimme eine Frequenz von etwa 210 Hz.

Vererbt: ja

Siehe auch: `pitch-range`, `richness`, `stress`, `voice-family`, `volume`

Werte

Eine CSS-Maßangabe in Hertz (Hz) bzw. Kilohertz (kHz) oder eine der folgenden Konstanten:

- `x-low`
- `low`
- `medium`
- `high`
- `x-high`

Die durch die Konstanten erzeugte genaue Frequenz hängt von der Eigenschaft `voice-family` ab.

Standardwert: `medium`

Kompatibilität

CSS-Version: 2

Wird von keinem aktuellen visuellen Browser unterstützt.

Beispiel

Folgende Stilregel erzeugt eine tiefe Stimme für alle Elemente der Klasse `bedrohlich`:

```
.bedrohlich {
  pitch: low;
}
```

pitch-range

Die Eigenschaft pitch-range beschreibt für akustische Browser die Variation der Tonhöhe der vorlesenden Stimme. Dadurch beeinflusst wird etwa die Empfindung von Lebhaftigkeit und Aufgeregtheit.

Vererbt: ja

Siehe auch: pitch, richness, stress, voice-family, volume

Werte

Eine ganze Zahl zwischen 0 und 100, wobei 0 eine monotone Stimme, 50 eine normal sprechende Stimme und 100 eine besonders lebhafte Stimme erzeugt.

Standardwert: 50

Kompatibilität

CSS-Version: 2

Wird von keinem aktuellen visuellen Browser unterstützt.

Beispiel

Folgende Stilregel erzeugt für alle Elemente der Klasse bedrohlich eine überdurchschnittlich lebhafte Stimme:

```
.bedrohlich {
  pitch-range: 75;
}
```

play-during

Die Eigenschaft play-during beschreibt für akustische Browser einen Hintergrundton, der abgespielt wird, während im Vordergrund die Inhalte eines Elements vorgelesen werden.

Vererbt: nein

Siehe auch: cue

Werte

Die Syntax für die Eigenschaft play-during ist wie folgt aufgebaut. Die Werte werden durch Leerzeichen voneinander getrennt:

```
play-during: url(uri) [mix] [repeat]
```

uri steht für die absolute oder relative URL mit der Tondatei. Mit der optionalen Konstante mix wird der Hintergrundton des Elements mit dem Hintergrundton des übergeordneten Elements gemischt. Die optionale Konstante repeat bewirkt, dass der Hintergrundton in einer Endlosschleife abgespielt wird.

Alternativ können folgende Konstanten eingesetzt werden:

- auto
- none

auto führt dazu, dass der Hintergrundton des übergeordneten Elements immer weitergespielt wird, während das aktuelle Element gesprochen wird. none unterdrückt den Hintergrundton des übergeordneten Elements, während das betreffende Element gesprochen wird.

Standardwert: auto

Kompatibilität

CSS-Version: 2

Wird von keinem aktuellen visuellen Browser unterstützt.

Beispiel

Folgende Stilregel spielt die Datei geigen.wav als Hintergrundton in div-Bereichen der Klasse liebesszene ab:

```
div.liebesszene {
  play-during: url(/sounds/geigen.wav) repeat;
}
```

position

Die Eigenschaft position beschreibt die Methode, mit der ein Element auf der Seite positioniert wird.

Vererbt: nein

Siehe auch: bottom, left, right, top, z-index

Werte

Die Eigenschaft wird mit den folgenden Konstanten deklariert:

- absolute: Mit dieser Einstellung kann ein Element an einer fest definierten Stelle innerhalb seines übergeordneten Elements positi-

oniert werden. Zum Beispiel setzt top=0 und left=0 das Element in die linke obere Ecke seines nächsten übergeordneten Elements, das für position einen anderen Wert als static besitzt. Ist ein solches nicht vorhanden, wird es unmittelbar innerhalb des body-Elements positioniert.
Mit absolute positionierte Elemente sind aus der Dokumentstruktur einer HTML-Seite entbunden und werden aus dem Positionierungskontext für andere Elemente auf der Seite genommen.

- fixed: Diese Einstellung ermöglicht die gleiche Positionierung wie absolute. Wenn die Seite gescrollt wird, behält das Element jedoch seine Position im Browserfenster bei, anstatt mit dem Rest der Seite verschoben zu werden.

- relative: Mit dieser Einstellung wird ein Element relativ zu der Stelle positioniert, an der es mit der Einstellung static dargestellt würde. Zum Beispiel setzt top=30 und left=30 das Element 50 Pixel unterhalb und 30 Pixel links neben die Stelle, die es ohne Positionierung einnehmen würde.
Mit relative positionierte Elemente gehören weiterhin zum Positionierungskontext für mit static oder absolute positionierte Elemente. Richtet man mit absolute positionierte Elemente an mit relative positionierten Elementen aus, bleiben diese ebenfalls im Positionierungskontext der Seite enthalten.

- static: Mit dieser Eigenschaft wird ein Element nach der normalen Dokumentstruktur positioniert. Die Eigenschaften bottom, left, right und top haben keine Auswirkungen.

Standardwert: static

Kompatibilität

CSS-Version: 2

Funktioniert in allen CSS-fähigen Browsern. Die Einstellung fixed wird jedoch nur von auf Mozilla basierenden Browsern (einschließlich Netscape ab Version 6), Opera 7 und dem Internet Explorer 5 für Macintosh korrekt umgesetzt. Der Internet Explorer für Windows (bis Version 6) interpretiert fixed genauso wie absolute.

Beispiel

Folgende Stilregel positioniert das Element mit der ID logo mit einem Abstand von 30 Pixel vom oberen und rechten Rand des Browserfensters (im Positionierungskontext befindet sich das betreffende

Element unmittelbar im body-Element). Das Element bleibt an der fixierten Stelle im Browserfenster stehen, auch wenn der Benutzer auf der Seite scrollt:

```
#logo {
  position: fixed;
  top: 30px;
  right: 30px;
}
```

quotes

Mit der Eigenschaft content und den Pseudo-Elementen :before und :after können mit CSS *generierte Inhalte* vor oder hinter einem HTML-Element eingeblendet werden. Generierte Inhalte können unter anderem auch aus Anführungszeichen bestehen. Die Eigenschaft quotes beschreibt das Aussehen *generierter Anführungszeichen*.

Da es zu Anführungszeichen innerhalb von Anführungszeichen kommen kann, empfiehlt es sich, ein spezifisches Format für jede Verschachtelungsebene festzulegen.

Vererbt: ja

Siehe auch: content

Werte

Eine mit Leerzeichen getrennte Liste von Anführungszeichenpaaren oder none. Werden mehrere Paare angegeben, bezieht sich das erste auf die Ausgangsebene, das zweite Paar auf die erste Schachtelungsebene und so weiter. Mit der Konstanten none werden keine Anführungszeichen als generierter Inhalt angezeigt.

Standardwert: abhängig vom Browser

Kompatibilität

CSS-Version: 2

Wird am besten von Opera 7 unterstützt, jedoch mit einem Fehler: Werden Anführungszeichen für n verschachtelte Ebenen angegeben, verwenden alle verschachtelten Anführungszeichen ab Ebene n+1 das zuletzt benutzte close-quote-Zeichen als open-quote Zeichen. Als close-quote-Zeichen wird in diesem Fall ein doppeltes Anführungszeichen verwendet.

Auf Mozilla basierende Browser (einschließlich Netscape 6) unterstützen diese Eigenschaft, allerdings wird das zuerst angegebene Anführungszeichen automatisch auch auf allen Schachtelungsebenen eingesetzt.

Der Internet Explorer 5 für Macintosh unterstützt open-quote und close-quote in der content-Eigenschaft, ignoriert aber die Einstellungen dafür und wählt die Art der Zeichen selbst aus.

Der Internet Explorer für Windows (bis Version 6) unterstützt generierte Anführungszeichen nicht.

Beispiel

Folgende Stilregel definiert doppelte Anführungszeichen für die erste Ebene und einfache Anführungszeichen für die zweite Ebene. Diese Deklaration wird body zugeordnet und somit an alle Elemente vererbt. Die Anführungszeichen selbst werden für die Elemente blockquote und q (in der Zeile enthaltenes Zitat) eingesetzt:

```
body {
  quotes: '"' '"' "'" "'";
}
blockquote:before, q:before {
  content:open-quote;
}
blockquote:after, q:after {
  content:close-quote;
}
```

richness

Die Eigenschaft richness beschreibt für akustische Browser das Volumen der Stimme, die den Inhalt eines Elements vorliest.

Vererbt: ja

Siehe auch: pitch, pitch-range, stress, voice-family, volume

Werte

Eine ganze Zahl zwischen 1 und 100, wobei 0 einer weichen, lieblichen Stimme, 50 einer normalen Stimme und 100 einer voluminösen, harten Stimme entspricht.

Standardwert: 50

Kompatibilität

CSS-Version: 2

Wird von keinem aktuellen visuellen Browser unterstützt.

Beispiel

Folgende Stilregel stellt die Elemente der Klasse liebeslied mit einer überdurchschnittlich sanften Aussprache dar:

```
.liebeslied {
  richness: 30;
}
```

right

Die Eigenschaft right beschreibt den Abstand zwischen dem rechten Rand eines mit absolute positionierten Elements (einschließlich Innenrand, Rahmen und Außenrand)[32] und dem rechten Rand des nächsten übergeordneten Elements, das als position einen anderen Wert als static besitzt. Ist ein solches nicht vorhanden, dient der rechte Rand von body als Ausgangswert.

Bei Elementen, die mit relative positioniert sind, bewirkt right eine relative Verschiebung des rechten Rands zur Position, die das Element ohne CSS-Positionierung einnehmen würde. Eine Einstellung von 10px verschiebt den rechten Rand des Elements um 10 Pixel nach links, eine Einstellung von -10px verschiebt ihn um den gleichen Wert nach rechts.

Vererbt: nein

Siehe auch: position, bottom, left und top

Werte

Eine CSS-Maßangabe, ein Prozentwert oder die Konstante auto. Prozentwerte basieren auf der Breite des übergeordneten Elements. Die Konstante auto weist den Browser an, die Position des rechten Rands automatisch festzulegen. Andere Variablen wie Größe und Position werden dabei berücksichtigt.

---

32. Die CSS2-Spezifikation enthält eine fehlerhafte Stelle, die besagt, dass in diesem Zusammenhang Innenrand, Rahmen und Außenrand nicht beachtet werden sollten. Der Fehler ist bereits von der CSS Working Group in der Korrektursammlung der CSS2-Spezifikation dokumentiert.

Standardwert: auto

CSS-Version: 2

Funktioniert in allen CSS-fähigen Browsern, einschließlich Internet Explorer ab Version 4, Netscape ab Version 4 und Mozilla.

Beispiel

Folgende Stilregel positioniert das Element mit der ID menue direkt am rechten Rand der Seite (das Element befindet sich unmittelbar in body):

```
#menue {
  position: absolute;
  right: 0;
  width: 100px;
  height: 200px;
}
```

ruby-align

Ruby-Text wird in Japan und China benutzt, um in einer kleinen Schrift oberhalb des eigentlichen Textes Aussprachehilfen oder andere erklärende Informationen anzuzeigen. Es ist ein Bestandteil von XHTML 1.1 und wird detailliert in der »Ruby Annotation Recommendation«[33] des W3C beschrieben.

Die Eigenschaft ruby-align legt fest, wie ein Ruby-Text ausgerichtet wird.

Vererbt: nein

Siehe auch: ruby-overhang, ruby-position

Werte

Die Eigenschaft wird mit den folgenden Konstanten deklariert:

- auto
- center
- distribute-letter
- distribute-space
- left
- line-edge
- right

---

33. http://www.w3.org/TR/2001/REC-ruby-20010531/

Die genaue Bedeutung dieser Konstanten wird ausführlich auf der Entwurfsseite des CSS3-Ruby-Moduls[34] und in der Dokumentation zum Microsoft Internet Explorer[35] beschrieben.

Standardwert: auto

Kompatibilität

CSS-Version: wird bisher von keiner CSS-Spezifikation unterstützt

Funktioniert nur im Internet Explorer für Windows ab Version 5. Die Eigenschaft muss dabei auf das ruby-Element angewendet werden, das den betreffenden Ruby-Text (rt) enthält.

Eine entsprechende Funktionalität in CSS3 ist geplant. Die Entwürfe weisen darauf hin, dass die endgültige Eigenschaft so lautet wie hier beschrieben. Aktuelle Informationen finden Sie auf der Webseite der CSS Working Group[36].

Beispiel

Folgende Stilregel richtet den Ruby-Text zentriert über dem eigentlichen Text aus:

```
ruby {
  ruby-align: center;
}
```

ruby-overhang

Ruby-Text wird in Japan und China benutzt, um in einer kleinen Schrift oberhalb des eigentlichen Textes Aussprachehilfen oder andere erklärende Informationen anzuzeigen. Es ist ein Bestandteil von XHTML 1.1 und wird detailliert in der »Ruby Annotation Recommendation«[37] des W3C beschrieben.

Die Eigenschaft ruby-align legt fest, ob ein Ruby-Text über den eigentlichen Text herausragen darf.

Vererbt: nein

Siehe auch: ruby-align, ruby-position

---

34. http://www.w3.org/TR/css3-ruby
35. http://msdn.microsoft.com/workshop/author/dhtml/reference/properties/rubyalign.asp
36. http://www.w3.org/TR/css3-ruby
37. http://www.w3.org/TR/2001/REC-ruby-20010531/

Werte

Die Eigenschaft wird mit den folgenden Konstanten deklariert:

- auto
- none
- whitespace

Die genaue Bedeutung dieser Konstanten wird ausführlich auf der Entwurfsseite des CSS3-Ruby-Moduls[38] und in der Dokumentation zum Microsoft Internet Explorer[39] beschrieben.

Standardwert: auto

Kompatibilität

CSS-Version: wird bisher von keiner CSS-Spezifikation unterstützt

Funktioniert nur im Internet Explorer für Windows ab Version 5. Die Eigenschaft muss dabei auf das ruby-Element angewendet werden, das den betreffenden Ruby-Text (rt) enthält.

Eine entsprechende Funktionalität in CSS3 ist geplant. Die Entwürfe weisen darauf hin, dass die endgültige Eigenschaft so lautet wie hier beschrieben. Aktuelle Informationen finden Sie auf der Webseite der CSS Working Group[40].

Beispiel

Folgende Stilregel legt fest, dass der Ruby-Text nur in den benachbarten Leerraum ragen darf:

```
ruby {
  ruby-overhang: whitespace;
}
```

ruby-position

Ruby-Text wird in Japan und China benutzt, um in einer kleinen Schrift oberhalb des eigentlichen Textes Aussprachehilfen oder andere erklärende Informationen anzuzeigen. Es ist ein Bestandteil von XHTML 1.1 und wird detailliert in der »Ruby Annotation Recommendation«[41] des W3C beschrieben.

---

38. http://www.w3.org/TR/css3-ruby
39. http://msdn.microsoft.com/workshop/author/dhtml/reference/properties/rubyalign.asp
40. http://www.w3.org/TR/css3-ruby

Die Eigenschaft ruby-align bestimmt die Position des Ruby-Texts im Positionierungszusammenhang mit dem eigentlichen Text.

Vererbt: nein

Siehe auch: ruby-align, ruby-overhang

Werte

Im Internet Explorer für Windows ab Version 5 werden folgende Konstanten unterstützt:

- above
- inline

Der aktuelle CSS3-Entwurf des W3C schlägt jedoch folgende Konstanten vor:

- after
- before
- right

Die genaue Bedeutung dieser Konstanten wird ausführlich in der Dokumentation zum Microsoft Internet Explorer[42] und auf der Entwurfsseite des CSS3-Ruby-Moduls[43] beschrieben.

Standardwert:

- im Internet Explorer ab Version 5: above
- im CSS3-Entwurf des W3C: before

Kompatibilität

CSS-Version: wird bisher von keiner CSS-Spezifikation unterstützt

Funktioniert nur im Internet Explorer für Windows ab Version 5. Die Eigenschaft muss dabei auf das ruby-Element angewendet werden, das den betreffenden Ruby-Text (rt) enthält.

Eine entsprechende Funktionalität in CSS3 ist geplant. Aktuelle Informationen finden Sie auf der Webseite der CSS Working Group[44].

---

41. http://www.w3.org/TR/2001/REC-ruby-20010531/
42. http://msdn.microsoft.com/workshop/author/dhtml/reference/properties/rubyalign.asp
43. http://www.w3.org/TR/css3-ruby
44. http://www.w3.org/TR/css3-ruby

Beispiel

Folgende Stilregel positioniert den Ruby-Text in der gleichen Zeile wie den eigentlichen Text:

```
ruby {
  ruby-position: inline;
}
```

scrollbar-base-color

Die nicht in der CSS-Spezifikation enthaltene Eigenschaft `scrollbar-base-color` beschreibt die Farbe des Scrollbalkens in einem Element. Der Browser benutzt die darin deklarierte Farbe als Ausgangswert für die Farbbestimmung aller Einzelteile des Scrollbalkens.

Die Farben der Einzelteile eines Scrollbalkens können mit der Eigenschaft `scrollbar-element-color` auch einzeln festgelegt werden.

Vererbt: ja

Siehe auch: `scrollbar-element-color`

Werte

Jeder gültige CSS-Farbwert (siehe Anhang B, CSS-Farbreferenz).

Standardwert: abhängig von Benutzereinstellungen im Browser

Kompatibilität

CSS-Version: ist nicht Bestandteil der CSS-Spezifikation

Funktioniert nur im Internet Explorer für Windows ab Version 5.5, keine Unterstützung im »Standards-Compliant Mode«[45] des Internet Explorer 6.

Beispiel

Folgende Stilregel bestimmt die Farbe der Scrollbalken im Element `textarea` mit blau:

```
textarea {
  scrollbar-base-color: blue;
}
```

---

45. http://msdn.microsoft.com/library/en-us/dnie60/html/cssenhancements.asp

scrollbar-element-color

Diese nicht in der CSS-Spezifikation enthaltene Gruppe an Eigenschaften beschreibt die Farben der verschiedenen Teile eines Scrollbalkens. Die Namen der einzelnen Eigenschaften und die davon betroffenen Einzelteile sind in Tabelle C–9 aufgelistet.

Tab. C-9 Eigenschaften von Scrollbalken (nur Internet Explorer ab Version 5.5)

Eigenschaft	Betroffene Bereiche im Scrollbalken
scrollbar-3dLight-color	äußere linke und obere Seite des Scrollbalkens und der Pfeiltasten
scrollbar-arrow-color	Richtungspfeile auf den Pfeiltasten
scrollbar-darkShadow-color	äußere rechte und untere Seite des Scrollbalkens und der Pfeiltasten
scrollbar-face-color	Oberfläche des Scrollbalkens und der Pfeiltasten
scrollbar-highlight-color	innere linke und obere Seite des Scrollbalkens und der Pfeiltasten
scrollbar-shadow-color	innere rechte und untere Seite des Scrollbalkens und der Pfeiltasten
scrollbar-track-color	Hintergrundfläche des Scrollbalkens

Vererbt: ja

Siehe auch: scrollbar-base-color

Werte

Jeder gültige CSS-Farbwert (siehe Anhang B, CSS-Farbreferenz).

Standardwert: abhängig von Benutzereinstellungen im Browser

Kompatibilität

CSS-Version: ist nicht Bestandteil der CSS-Spezifikation

Funktioniert nur im Internet Explorer für Windows ab Version 5.5, keine Unterstützung im »Standards-Compliant Mode«[46] des Internet Explorer 6.

Beispiel

Folgende Stilregel hebt im Element textarea die 3D-Darstellung des Scrollbalkens auf und stellt ihn in den Farben Schwarz und Weiß dar:

```
textarea {
  scrollbar-3dLight-color: black;
  scrollbar-arrow-color: black;
```

---

46. http://msdn.microsoft.com/library/en-us/dnie60/html/cssenhancements.asp

```
    scrollbar-darkShadow-color: black;
    scrollbar-face-color: white;
    scrollbar-highlight-color: white;
    scrollbar-shadow-color: white;
    scrollbar-track-color: black;
}
```

size

Die Eigenschaft size beschreibt die Größe bzw. das Format der Druckversion einer HTML-Seite. size wird nur in At-Regeln (siehe Anhang A) deklariert.

Werte

Eine oder zwei durch Leerzeichen getrennte CSS-Maßangaben. Wird nur ein Wert angegeben, bezieht er sich gleichsam auf Höhe und Breite einer Druckseite. Werden zwei Werte angegeben, steht der erste für die Höhe und der zweite für die Breite. Alternativ können für die Bestimmung des Seitenformats auch folgende Konstanten deklariert werden:

- auto
- landscape
- portrait

Die Konstante auto weist den Browser an, seine Standardeinstellung für den Ausdruck einer Seite zu verwenden. Die Konstanten landscape und portrait legen fest, dass eine Seite im Quer- bzw. Hochformat ausgedruckt wird.

Standardwert: auto

Kompatibilität

CSS-Version: 2

Wird von keinem aktuellen Browser unterstützt.

Beispiel

Folgende Stilregel legt fest, dass eine Seite als DIN-A4-Seite im Querformat (21 x 29,7 cm) ausgedruckt wird:

```
@page {
  size: 21cm 29.7cm;
}
```

speak

Die Eigenschaft speak beschreibt für akustische Browser die Art, wie die Buchstaben beim Vorlesen ausgesprochen werden.

Vererbt: ja

Siehe auch: speak-header, speak-numeral, speak-punctuation

Werte

Die Eigenschaft speak akzeptiert die folgenden Konstanten:

- none: Der Inhalt des Elements wird nicht vorgelesen.
- normal: Der Inhalt des Elements wird normal vorgelesen.
- spell-out: Der Inhalt des Elements wird buchstabiert.

Standardwert: normal

Kompatibilität

CSS-Version: 2

Wird von keinem aktuellen visuellen Browser unterstützt.

Beispiel

Folgende Stilregel bewirkt, dass die Inhalte der Elemente abbr und acronym (Abkürzungen und Akronyme) in akustischen Browsern buchstabiert werden.

```
abbr, acronym {
  speak: spell-out;
}
```

speak-header

Die Eigenschaft speak-header beschreibt für akustische Browser, wie Überschriften von Tabellen vorgelesen werden.

Für das Vorlesen von Tabellen bietet ein akustischer Browser zwei Varianten: Entweder werden alle Überschriften einmal zu Beginn vorgelesen oder jeweils vor jedem einzelnen Tabellenfeld.

Vererbt: ja

Siehe auch: speak, speak-numeral, speak-punctuation

Werte

Die Eigenschaft speak-header unterstützt die folgenden Konstanten:

- always: Vor jeder Tabellenzelle wird die zugehörige Überschrift vorgelesen.
- once: Die Überschriften werden zu Beginn der Tabelle einmal vorgelesen.

Standardwert: once

Kompatibilität

CSS-Version: 2

Wird von keinem aktuellen visuellen Browser unterstützt.

Beispiel

Folgende Stilregel führt dazu, dass in Tabellen der Klasse matrix vor jeder Tabellenzelle die dazugehörige Tabellenüberschrift vorgelesen wird:

```
table.matrix {
  speak-header: always;
}
```

speak-numeral

Zahlen können entweder als eine Aneinanderreihung von Ziffern (z.B. eins, zwei, drei) oder als ganze Zahl (z.B. einhundertunddreiundzwanzig) gesprochen werden. Die Eigenschaft speak-numeral beschreibt für akustische Browser, nach welcher Methode die Zahlen in einem HTML-Element vorgelesen werden.

Vererbt: ja

Siehe auch: speak, speak-header, speak-punctuation

Werte

Die Eigenschaft speak-numeral unterstützt folgende Konstanten:

- digits: Jede Ziffer einer Zahl wird separat vorgelesen.
- continuous: Die Zahl wird als Ganzes vorgelesen

Standardwert: continuous

Kompatibilität

CSS-Version: 2

Wird von keinem aktuellen visuellen Browser unterstützt.

Beispiel

Folgende Stilregel lässt in einem akustischen Browser bei allen Zahlen, die in Elementen der Klasse binary vorkommen, jede Ziffer einzeln vorlesen:

```
.binary {
  speak-numeral: digits;
}
```

speak-punctuation

In akustischen Browsern können Satzzeichen entweder laut vorgelesen oder durch Pausen angedeutet werden. Die Eigenschaft speak-punctuation beschreibt, wie die Satzzeichen in einem HTML-Element vorgelesen werden.

Vererbt: ja

Siehe auch: speak, speak-header, speak-numeral

Werte

Diese Eigenschaft speak-punctuation unterstützt folgende Konstanten:

- code: Satzzeichen werden laut vorgelesen.
- none: Satzzeichen werden durch Pausen angedeutet.

Standardwert: none

Kompatibilität

CSS-Version: 2

Wird von keinem aktuellen visuellen Browser unterstützt.

Beispiel

Folgende Stilregel lässt in einem akustischen Browser alle Satzzeichen, die in Elementen der Klasse deutlich vorkommen, laut vorlesen:

```
.deutlich {
  speak-punctuation: code;
}
```

speech-rate

Die Eigenschaft speech-rate beschreibt das Sprechtempo, in dem der Inhalt eines Elements in einem akustischen Browser vorgelesen wird.

Vererbt: ja

Siehe auch: pause

Werte

Die Angabe erfolgt als Anzahl der Wörter pro Minute oder mit einer der in Tabelle C–10 aufgelisteten Konstanten.

Konstante	Sprechtempo
x-slow	80 Wörter pro Minute
slow	120 Wörter pro Minute
medium	180 – 120 Wörter pro Minute
fast	300 Wörter pro Minute
x-fast	500 Wörter pro Minute
slower	Vererbtes Sprechtempo minus 40 Wörter pro Minute
faster	Vererbtes Sprechtempo plus 40 Wörter pro Minute

Tab. C–10
Konstanten für speech-rate

Standardwert: medium

Kompatibilität

CSS-Version: 2

Wird von keinem aktuellen visuellen Browser unterstützt.

Beispiel

Folgende Stilregel lässt die Inhalte in Elementen der Klasse zaertlich überdurchschnittlich langsam vorlesen:

```
.zaertlich {
  speech-rate: slower;
}
```

stress

Die Eigenschaft stress beschreibt den Grad der Modulation, in der spezifisch betonte Wörter in einem akustischen Browser vorgelesen werden.

Vererbt: ja

Siehe auch: pitch, pitch-range, richness, voice-family, volume

Werte

Eine ganze Zahl zwischen 0 und 100.

Standardwert: 50

Kompatibilität

CSS-Version: 2

Wird von keinem aktuellen visuellen Browser unterstützt.

Beispiel

Folgende Stilregel lässt die Inhalte aller Elemente der Klasse betont in überdurchschnittlich starker Betonung vorlesen:

```
.betont {
  stress: 75;
}
```

table-layout

Die Eigenschaft table-layout beschreibt die Art, wie eine HTML-Tabelle aufgebaut wird. Neben der klassischen Berechnung einer Tabelle als Summe aller ihrer Zellen und Rahmen steht dafür noch eine weitere Methode zur Verfügung, nach der nur die erste Zeile der Tabelle berechnet und einfach auf alle Folgezeilen übertragen wird. So kann die Tabelle wesentlich schneller aufgebaut werden, allerdings werden die Tabellenzellen nicht mehr an ihre Inhalte angepasst. Es kann zu überfließenden Inhalten kommen.

Vererbt: nein

Siehe auch: max-height, min-height

Werte

auto oder `fixed`.

Standardwert: auto

Kompatibilität

CSS-Version: 2

Funktioniert im Internet Explorer für Windows ab Version 5 und Opera 7.

Beispiel

Mit folgender Stilregel werden Tabellen der Klasse `einfach` nach der schnelleren Methode `fixed` aufgebaut:

```
table.einfach {
  table-layout: fixed;
}
```

text-align

Die Eigenschaft `text-align` beschreibt die horizontale Ausrichtung von Text und anderen Inline-Inhalten in einem Blockelement. Diese Eigenschaft ist nicht zu verwechseln mit den Eigenschaften `margin`, `left` oder `right`, mit denen nur Blockelemente ausgerichtet werden.

Vererbt: ja

Siehe auch: `text-align-last, vertical-align`

Wert

Die Eigenschaft `text-align` unterstützt folgende Konstanten:

- `center`
- `justify`
- `left`
- `right`

`center`, `left` und `right` richten Inline-Inhalte entsprechend in ihrem übergeordneten Blockelement aus. `justify` erzeugt Blocksatz, links und rechts werden die Inline-Inhalte bündig dargestellt.

Seit CSS2 kann `text-align` auch Text in Tabellen ausrichten. Mit dem Wert ».« werden alle Dezimalpunkte in den Tabellenzellen vertikal untereinander platziert.

Standardwert: abhängig vom verwendeten Schriftsystem (ostasiatisch, arabisch oder lateinisch) und der Spracheinstellung im Browser

Kompatibilität

CSS-Version: 1 (Textausrichtung in Tabellen erst seit CSS2)

Funktioniert in allen CSS-fähigen Browsern. In älteren Versionen wird justify wie left interpretiert (erlaubt nach dem CSS2-Standard). Die Textausrichtung in Tabellenzellen wird von keinem aktuellen Browser unterstützt.

Beispiel

Folgende Stilregel richtet Text in body und in allen untergeordneten Elementen als Blocksatz aus:

```
body {
  text-align: justify;
}
```

text-align-last

Die nicht in der CSS-Spezifikation enthaltene Eigenschaft text-align-last beschreibt die Ausrichtung der letzten Zeile des Textes in einem Blockelement, für das text-align auf justify gesetzt ist.

Vererbt: ja

Siehe auch: text-align

Werte

Die Eigenschaft text-align-last unterstützt folgende Konstanten:

- auto
- center
- justify
- left
- right

Die Konstante auto zeigt die letzte Zeile mit dem für text-align deklarierten Wert an.

Standardwert: auto

Kompatibilität

CSS-Version: ist nicht Bestandteil der CSS-Spezifikation

Funktioniert nur im Internet Explorer für Windows ab Version 5.5.

Beispiel

Folgende Stilregel richtet die letzte Zeile des Blocksatztextes in `blockquote`-Elementen rechtsbündig aus:

```
blockquote {
  text-align: justify;
  text-align-last: right;
}
```

text-autospace

Die Eigenschaft `text-autospace` beschreibt den Abstand zwischen Zeichen verschiedener Schriftsysteme (wie Ziffern, ostasiatischen, arabischen und lateinischen Textzeichen).

Vererbt: nein

Werte

Die Eigenschaft `text-autospace` akzeptiert folgende Konstanten:

- `ideograph-alpha`: zusätzlicher Abstand zwischen ostasiatischen bzw. arabischen Zeichen und anderen Symbolen bzw. lateinischen Zeichen
- `ideograph-numeric`: zusätzlicher Abstand zwischen ostasiatischen bzw. arabischen Zeichen und Ziffern
- `ideograph-parenthesis`: zusätzlicher Abstand zwischen ostasiatischen bzw. arabischen Zeichen und runden Klammern
- `ideograph-space`: zusätzlicher Abstand zwischen ostasiatischen bzw. arabischen Zeichen und Leerzeichen
- `none`: kein zusätzlicher Abstand

Standardwert: none

Kompatibilität

CSS-Version: ist nicht Bestandteil der CSS-Spezifikation

Funktioniert nur im Internet Explorer für Windows ab Version 5.

Eine entsprechende Funktionalität in CSS3 ist geplant. Die Entwürfe weisen darauf hin, dass auch eine Kombination der oben genannten Konstanten möglich sein wird. Aktuelle Informationen finden Sie auf der Webseite der CSS Working Group[47].

Beispiel

Folgende Stilregel fügt in Absätzen der Klasse gemischt einen zusätzlichen Abstand zwischen ostasiatischen bzw. arabischen Zeichen und anderen Symbolen bzw. lateinischen Zeichen ein:

```
p.gemischt {
  text-autospace: ideograph-alpha;
}
```

text-decoration

Die Eigenschaft text-decoration beschreibt die Auszeichnung von Textelementen. Ein Text kann damit überstrichen, unterstrichen, durchgestrichen oder blinkend dargestellt werden.

Obwohl diese Eigenschaft nicht vererbt wird, wird eine Auszeichnung für das gesamte betreffende Element sowie für seine untergeordneten Elemente angewendet.

Vererbt: nein

Werte

Folgende vier Konstanten, die durch Leerzeichen getrennt auch kombiniert werden können:

- blink
- line-through
- overline
- underline

Die Konstante none hebt alle Textauszeichnungen auf, die in übergeordneten oder geringer priorisierten Regeln spezifiziert werden (zum Beispiel die standardmäßige Unterstreichung von Hyperlinks).

Standardwert: none

---

47. http://www.w3.org/TR/2003/WD-css3-text-20030226/#text-autospace-prop

Kompatibilität

CSS-Version: 1

Funktioniert in allen CSS-fähigen Browsern, die Konstante `blink` wird nicht vom Internet Explorer bis Version 6.0 unterstützt.

Beispiel

Folgende Stilregel hebt die Untersteichung von Hyperlinks auf und ersetzt sie durch einen gestrichelten unteren Rahmen:

```
a:link, a:visited {
  text-decoration: none;
  border-bottom: 1px solid dashed;
}
```

text-indent

Die Eigenschaft `text-indent` beschreibt den Einzug der ersten Textzeile in einem Blockelement.

Ein negativer Wert erzeugt einen hängenden Einzug, wobei die erste Zeile über den Inhalt des Blockelements nach links herausragt.

Vererbt: ja

Siehe auch: padding

Werte

Eine CSS-Maßangabe oder ein Prozentwert der Breite des übergeordneten Elements.

Standardwert: 0

Kompatibilität

CSS-Version: 1

Funktioniert in allen CSS-fähigen Browsern.

Beispiel

Folgende Stilregel erzeugt für alle Absätze p einen hängenden Einzug in Kombination mit einem gleich großen linken Innenrand:

```
p {
  text-indent: -1cm;
  padding-left: 1cm;
}
```

`text-justify`

Die nicht in der CSS-Spezifikation enthaltene Eigenschaft `text-justify` beschreibt die Abstände der Wörter in einem Blockelement, für das `text-align` auf `justify` gesetzt ist. Diese Eigenschaft ist zur Anwendung mit ostasiatischen und arabischen Sprachen gedacht. Hier verändern die unterschiedlichen Wortabstände, die üblicherweise für Blocksatz automatisch angepasst werden, den inhaltlichen Sinn und können daher mit CSS kontrolliert werden.

Vererbt: ja

Siehe auch: `text-align`, `text-kashida-space`

Werte

Die Eigenschaft `text-justify` akzeptiert folgende Konstanten:

- `auto`: Wortabstände werden automatisch vom Browser berechnet
- `distribute`: Wort- und Zeichenabstände werden vergrößert
- `distribute-all-lines`: wie `distribute`, wirkt sich auch auf die letzte Zeile aus
- `inter-cluster`: wie `distribute`, ohne Abstände zwischen südostasiatischen Zeichengruppen
- `inter-ideograph`: wie `distribute`, aber ohne Abstände zwischen lateinischen Buchstaben
- `inter-word`: vergrößert nur die Wortabstände in lateinischen Sprachen
- `kashida`: vergrößerte Abstände durch verlängerte Striche bei arabischen Schriften
- `newspaper`: wie `distribute`, wobei zusätzliche Wortabstände Vorrang vor zusätzlichen Zeichenabständen erhalten.

Standardwert: `auto`

Kompatibilität

CSS-Version: ist nicht Bestandteil der CSS-Spezifikation

Funktioniert nur im Internet Explorer für Windows ab Version 5 (`kashida` erst ab Version 5.5)

Eine entsprechende Funktionalität in CSS3 ist geplant. Die endgültigen Eigenschafts- und Wertbezeichnungen werden jedoch wahrscheinlich anders lauten. Aktuelle Informationen finden Sie auf der Website der CSS Working Group[48].

Beispiel

Folgende Stilregel legt für den Blocksatz in div-Elementen der Klasse spaltentext die Methode newspaper fest:

```
div.spaltentext {
 text-align: justify;
 text-justify: newspaper;
}
```

text-kashida-space

Die nicht in der CSS-Spezifikation enthaltene Eigenschaft text-kashida-space beschreibt die horizontalen Abstände von Zeichen und Wörtern in Kashida, einer Methode, um arabische Texte im Blocksatz darzustellen, ohne die semantische Bedeutung der Wort- und Zeichenabstände zu verändern.

Da sich diese Eigenschaft nur auf in Blocksatz dargestellte Elemente bezieht, muss text-align mit justify deklariert sein.

Vererbt: ja

Siehe auch: text-align, text-justify

Werte

Prozentwerte, die beschreiben, um wie viel Prozent die Streckung durch vergrößerte Buchstabenabstände bzw. vergrößerte Leerzeichen erfolgen soll. 0% führt zu einer ausschließlichen Streckung der Leerzeichen, 100% ergibt eine ausschließliche Streckung der Buchstabenabstände.

Standardwert: 0%

Kompatibilität

CSS-Version: ist nicht Bestandteil der CSS-Spezifikation

Funktioniert nur im Internet Explorer für Windows ab Version 5.5.

---

48. http://www.w3.org/TR/2003/WD-css3-text-20030226/#justification-prop

Eine entsprechende Funktionalität in CSS3 ist geplant. Die endgültigen Eigenschafts- und Wertbezeichnungen werden jedoch wahrscheinlich anders lauten. Aktuelle Informationen finden Sie auf der Website der CSS Working Group[49].

Beispiel

Folgende Stilregel bewirkt, dass die Streckung in einer Kashida-Zeile zu zwei Dritteln anhand der Leerzeichen und zu einem Drittel anhand der Buchstabenabstände vorgenommen wird:

```
div.spalte {
 text-align: justify;
 text-kashida-space: 33%;
}
```

text-overflow

Die nicht in der CSS-Spezifikation enthaltene Eigenschaft text-overflow beschreibt den Umgang eines Elements mit überfließendem Text (siehe overflow). Diese Eigenschaft betrifft dabei nur die *Breite* eines Elements (bzw. die *Höhe* bei vertikal geschriebenen Sprachen).

Da diese Eigenschaft nur dann Wirkung zeigt, wenn überfließender Inhalt abgeschnitten wird, darf overflow nicht mit visible deklariert sein.

Vererbt: nein

Siehe auch: overflow, white-space, width

Werte

Diese Eigenschaft akzeptiert eine der beiden folgenden Konstanten:

- clip: Der Text wird abgeschnitten.
- ellipsis: Der Text wird abgeschnitten und ein (...)-Zeichen an den Abschnitt angefügt.

Standardwert: clip

Kompatibilität

CSS-Version: ist nicht Bestandteil der CSS-Spezifikation

Funktioniert nur im Internet Explorer für Windows ab Version 6.

---

49. http://www.w3.org/TR/2003/WD-css3-text-20030226/#kashida-prop

Beispiel

Folgende Stilregel gibt an, dass Text innerhalb von Tabellenzellen nicht umbrechen soll, solange er nicht zu groß ist für die Darstellung in der Tabellenzelle. Andernfalls wird er abgeschnitten und ein (...)-Zeichen dahintergestellt:

```
td {
  white-space: nowrap;
  overflow: hidden;
  text-overflow: ellipsis;
}
```

text-shadow

Die Eigenschaft `text-shadow` beschreibt die Schattierung von Text. Ein Schatten wird immer als leicht versetzte, hinter dem Text positionierte Kopie erzeugt. Mit diesem Effekt wird simuliert, dass auf den Text auftreffendes Licht einen Schatten auf den Hintergrund des Elements wirft. Mit `text-shadow` können sogar mehrere Schatten erzeugt werden und mehrere Lichtquellen vorgetäuscht werden.

Vererbt: nein

Wert

Die Syntax von `text-shadow` ist wie folgt aufgebaut:

```
text-shadow: [color] xOffset yOffset [blurRadius] [, [color]
  xOffset yOffset [blurRadius] ...]
```

Schatten wird als mit Leerzeichen getrennte Wertsequenz definiert. Der dabei zuletzt angegebene Wert hat die höchste Priorität.

[color] steht für eine in CSS gültige Farbangabe für den Schatten. Wird keine Farbe definiert, wird die `color`-Eigenschaft des betreffenden Elements benutzt.

xOffset bzw. yOffset stehen für die horizontale bzw. vertikale Verschiebung des Schattens und werden definiert mit absoluten CSS-Maßangaben. Positive Werte verschieben den Schatten nach rechts unten, negative Werte nach links oben.

[blurRadius] steht für den Grad an Unschärfe, mit dem der Schatten dargestellt werden soll. Eine Definition erfolgt mit absoluten CSS-Maßangaben.

none führt dazu, dass kein Schatten angezeigt wird.

Standardwert: none

Kompatibilität

CSS-Version: 2

Wird von keinem aktuellen Browser unterstützt.

Beispiel

Folgende Stilregel stellt den Inhalt von Elementen der Klasse `phantom` als weißen Text auf weißem Hintergrund dar. Der Text erhält einen unscharfen, schwarzen Schatten, wodurch seine Umrisse erst sichtbar werden:

```
.phantom {
  color: #fff;
  background-color: #fff;
  text-shadow: black 0.5em 0.5em 0.5em;
}
```

text-transform

Die Eigenschaft `text-transform` beschreibt die Groß- und Kleinschreibung in einem Textelement. Text kann entweder durchgängig in Groß- oder Kleinschreibung oder mit großgeschriebenen Anfangsbuchstaben angezeigt werden.

Vererbt: ja

Werte

Die Eigenschaft `text-transform` akzeptiert folgende Konstanten:

- `capitalize`: Der erste Buchstabe eines jeden Wortes wird großgeschrieben.
- `lowercase`: Alle Buchstaben werden in Kleinbuchstaben dargestellt.
- `uppercase`: Alle Buchstaben werden in Versalien dargestellt.
- `none`: Der Text wird so angezeigt, wie er im Sourcecode verfügbar ist.

Standardwert: none

Kompatibilität

CSS-Version: 1

Funktioniert in allen CSS-fähigen Browsern.

Beispiel

Folgende Stilregel erzeugt großgeschriebene Anfangsbuchstaben für alle Wörter in Überschriften:

```
h1, h2, h3, h4, h5, h6 {
  text-transform: capitalize;
}
```

text-underline-position

Die nicht in der CSS-Spezifikation enthaltene Eigenschaft text-underline-position beschreibt die Position der Unterstreichungslinie in asiatischen oder anderen vertikal geschriebenen Textelementen.

Da sich diese Eigenschaft nur auf unterstrichene Elemente bezieht, muss text-decoration mit underline deklariert sein.

Vererbt: ja

Siehe auch: text-decoration

Werte

Die Eigenschaft text-underline-position akzeptiert folgende Konstanten:

- auto oder auto-pos: Die Unterstreichung steht über dem Text, wenn die Sprache auf ja (japanisch) und der Schreibmodus writing-mode auf tb-rl gesetzt sind.
- above: Die Unterstreichung wird über dem Text gezeigt.
- below: Die Unterstreichung wird unter dem Text gezeigt.

Standardwerte:

- Internet Explorer ab Version 6: auto
- Internet Explorer 5.5: below

Kompatibilität

CSS-Version: ist nicht Bestandteil der CSS-Spezifikation

Funktioniert nur im Internet Explorer für Windows ab Version 5.5. Die Werte auto und auto-pos werden erst ab Version 6 unterstützt.

Eine entsprechende Funktionalität in CSS3 ist geplant. Die endgültigen Eigenschafts- und Wertbezeichnungen werden jedoch wahrscheinlich anders lauten. Aktuelle Informationen finden Sie auf der Website der CSS Working Group[50].

Beispiel

Folgende Stilregel erzeugt in vertikal geschriebenen Sprachen Unterstreichungen immer unterhalb des Texts:

```
body {
  text-underline-position: below;
}
```

top

Mit der Eigenschaft top wird der Abstand zwischen dem oberen Rand eines mit absolute positionierten Elements (einschließlich Innenrand, Rahmen und Außenrand)[51] und dem oberen Rand der ganzen Positionsgruppe, in der sich das Element befindet, bestimmt. Das Element wird am nächsten übergeordneten Element, das für position einen anderen Wert als static besitzt, ausgerichtet. Ist ein solches nicht vorhanden, wird es am body-Element ausgerichtet.

Wird die Positionierung nach dem body-Element berechnet, wird das positionierte Element in Internet Explorer für Windows, Netscape 6 und Mozilla relativ zum oberen Rand des *Browserfensters* (in nicht gescrolltem Zustand) positioniert, und nicht, wie in der CSS-Spezifikation vorgesehen, relativ zum oberen Rand des ganzen Dokuments. Der Internet Explorer 5 für Macintosh führt die an body ausgerichtete Positionierung korrekt durch.

Bei Elementen, die mit dem Wert relative positioniert sind, bewirkt top eine relative Verschiebung des Elements von der Position, an der es ohne CSS-Positionierung dargestellt werden würde. Ein Wert von 10px verschiebt das Element zum Beispiel um 10 Pixel nach unten, ein Wert von -10px nach oben.

---

50. http://www.w3.org/TR/2003/WD-css3-text-20030226/#text-decoration-other
51. Die CSS2-Spezifikation enthält eine fehlerhafte Stelle, die besagt, dass in diesem Zusammenhang Innenrand, Rahmen und Außenrand nicht beachtet werden sollten. Der Fehler ist bereits von der CSS Working Group in der Korrektursammlung der CSS2-Spezifikation dokumentiert.

Vererbt: nein

Siehe auch: position, bottom, left, right

Werte

Eine CSS-Maßangabe, ein Prozentwert von der Höhe des übergeordneten Elements oder die Konstante auto. Die Konstante auto weist den Browser an, die Position selbst zu bestimmen, andere Variablen wie Größe und Position werden dabei berücksichtigt.

Standardwert: auto

Kompatibilität

CSS-Version: 2

Funktioniert in allen CSS-fähigen Browsern, einschließlich Internet Explorer ab Version 4, Netscape ab Version 4 und Mozilla.

Beispiel

Folgende Stilregel positioniert das Element mit der ID menue zehn Pixel vom Oberrand des Browserfensters entfernt:

```
#menue {
  position: absolute;
  top: 10px;
}
```

unicode-bidi

Die meisten westlichen Sprachen basieren auf der Schreib- und Leserichtung von links nach rechts. Viele östliche Sprachen wiederum werden von rechts nach links geschrieben und gelesen. Der Unicode-Standard[52] ermöglicht es, gemischte Texte beider Ausrichtungen in einem Dokument darzustellen. Ebenfalls in Unicode definiert sind Sonderzeichen wie zum Beispiel Währungen oder andere Maßeinheiten.

Der folgende Text soll beispielhaft einen Mischtext aus Englisch und Hebräisch skizzieren. Die Wörter in der von links nach rechts geschriebenen Sprache werden darin in Kleinschreibung dargestellt, die Wörter in der von rechts nach links geschriebenen Sprache in Großschreibung:

```
englisch1 HEBRAEISCH1 englisch2 HEBRAEISCH2 englisch3
```

---

52. http://www.unicode.org

Wir bauen unser Beispiel nun aus zu einem HTML-Fragment:

```
<p>englisch1 <q>HEBRAEISCH1 englisch2 HEBRAEISCH2</q> englisch3</p>
```

Der Text, der mit HEBRAEISCH1 beginnt und mit HEBRAEISCH2 endet, soll demnach als Zitat angezeigt werden. Das Ergebnis sollte wie folgt aussehen: »englisch1 2HCSIEARBEH englisch2 1HCSIEARBEH englisch3«.

Um diese Änderung der Textrichtung auch auf einer Webseite darstellen zu können, enthält der HTML-4.0-Standard (bzw. XHTML 1.0) das Attribut dir und das Element bdo. Unser Fragment sollte damit wie folgt aussehen:

```
<p>englisch1 <q lang="he" dir="rtl"> HEBRAEISCH1 englisch2
HEBRAEISCH2</q>
englisch3</p>
```

Das dir-Attribut von q gibt dabei die Darstellungsrichtung an – in diesem Fall »right-to-left«. Das lang-Attribut hat keine sichtbare Auswirkung. Die komplette Beschreibung zu Sprachen und der Anzeige von mehrsprachigen Texten finden Sie in Abschnitt 8 des HTML-4.0-Standards[53].

Die CSS-Eigenschaft direction erfüllt in Kombination mit der Eigenschaftsdeklaration unicode-bidi: embed denselben Zweck wie das dir-Attribut in HTML. Wird direction in Kombination mit der Deklaration unicode-bidi: bidi-override benutzt, führt es zu demselben Effekt wie das HTML-Element bdo.

In einem einfachen Fall wie dem geschilderten sollte man beim Einsatz des HTML-Attributs bleiben. Die CSS-Eigenschaften direction und unicode-bidi sind vielmehr dazu gedacht, um XML-Dokumente zu formatieren, die nicht von bidirektionalen Fähigkeiten profitieren können wie HTML 4.0. Da der Schwerpunkt dieses Buchs jedoch auf der Erstellung von Seiten für das Web liegt, verweise ich für genauere Informationen über diese Eigenschaften auf den CSS2-Standard[54].

Vererbt: nein

Siehe auch: direction

Werte

Die Eigenschaft unicode-bidi akzeptiert folgende Konstanten:

---

53. http://www.w3.org/TR/REC-html40/struct/dirlang.html
54. http://www.w3.org/TR/REC-CSS2/visuren.html#direction

- normal: Die Inhalte im betreffenden Element werden gemäß ihrer Schreibweise als LTR-Text (links nach rechts) oder RTL-Text (rechts nach links) dargestellt, Einstellungen für direction werden ignoriert.

- embed: Das Element unterteilt Inhalte verschiedener Schreibrichtungen in Gruppen und benutzt für diese die mit direction festgelegte Schreibrichtung – entsprechend dem Attribut dir in HTML.

- bidi-override: Alle Inhalte werden in der in direction festgelegten Schreibrichtung angezeigt, unabhängig von ihrer eigentlichen Schreibrichtung – entsprechend dem Element bdo in HTML.

Standardwert: normal

Kompatibilität

CSS-Version: 2

Wird von keinem aktuellen Browser unterstützt.

Beispiel

Folgende Stilregel setzt die Schreibrichtung eines XML-Elements namens hebraeisch auf rtl. Die Eigenschaft unicode-bidi wird verwendet, um sicherzustellen, dass alle in hebraeisch enthaltenen Inhalte auch dann in der mit direction festgelegten Ausrichtung angezeigt werden, wenn es ihrer ursprünglichen Schreibweise widerspricht.

```
hebraeisch {
  direction: rtl;
  unicode-bidi: bidi-override;
}
```

vertical-align

Die Eigenschaft vertical-align beschreibt die vertikale Ausrichtung von Text und anderen Inline-Inhalten in einem HTML-Element. Auch die vertikale Ausrichtung von Inhalten in einer Tabelle kann so festgelegt werden.

Vererbt: nein

Siehe auch: text-align

Werte

Die folgenden Konstanten richten Text und andere Inline-Inhalte unter Berücksichtigung der Schriftgröße des übergeordneten Elements aus:

- baseline: Richtet den Inhalt im betreffenden Element so aus, dass sich seine Grundlinie[55] auf der Grundlinie des übergeordneten Elements befindet. Besitzt der Inhalt keine Grundlinie (zum Beispiel bei einem Bild), wird der untere Rand des Inhalts an der Grundlinie der Schrift des übergeordneten Elements ausgerichtet.

- middle: Richtet den Inhalt im betreffenden Element so aus, dass sich sein vertikaler Mittelpunkt auf der halben x-Höhe[56] des übergeordneten Elements befindet.

- sub: Richtet den Inhalt im betreffenden Element so aus, dass sich seine Grundlinie etwas unterhalb der Grundlinie des übergeordneten Elements befindet. Der Text wird dadurch tiefergestellt. Die Darstellung lässt sich leicht optimieren, indem man für den Text eine kleinere Schriftgröße definiert.

- super: Richtet den Inhalt im betreffenden Element so aus, dass sich seine Grundlinie etwas oberhalb der Grundlinie des übergeordneten Elements befindet. Text wird dadurch höhergestellt. Die Darstellung lässt sich leicht optimieren, indem man für den Text eine kleinere Schriftgröße definiert.

- text-bottom: Richtet den Inhalt im betreffenden Element so aus, dass sich sein unterer Rand am unteren Rand des übergeordneten Elements befindet, unabhängig von der tatsächlichen Zeilenhöhe.

- text-top: Richtet den Inhalt im betreffenden Element so aus, dass sich sein oberer Rand am oberen Rand des übergeordneten Elements befindet, unabhängig von der tatsächlichen Zeilenhöhe.

Mit CSS-Maßangaben und Prozentwerten wird die vertikale Ausrichtung von Inline-Inhalten wie folgt bestimmt:

- *CSS-Maßangabe*: Eine CSS-Maßangabe verschiebt die Grundlinie des Inhalts (oder des unteren Rands, wenn keine Grundlinie existiert), ausgehend von der Basislinie des übergeordneten Elements, mit positiven Werten nach oben und mit negativen Werten nach unten.

---

55. Die Grundlinie eines Textes ist die imaginäre Linie, auf der er geschrieben wird. Die Unterseiten der Buchstaben liegen auf ihr, die Unterlängen überschreiten sie nach unten.
56. Die x-Höhe ist die Maßeinheit für die durchschnittliche Höhe der Kleinbuchstaben einer Schrift.

- *Prozentwert*: Ein Prozentwert verschiebt die Grundlinie des Inhalts (oder des unteren Rands, wenn keine Grundlinie existiert) mit prozentualem Anteil der Zeilenhöhe des übergeordneten Elements mit positiven Werten nach oben und mit negativen Werten nach unten.

Die folgenden Konstanten richten Text und andere Inline-Inhalte unter Berücksichtigung der Zeilenhöhe des übergeordneten Elements aus. Die Ergebnisse können sich von denen der anderen, an der Schriftgröße ausgerichteten Konstanten erheblich unterscheiden:

- `bottom`: Richtet den Inhalt im betreffenden Element so aus, dass sich sein unterer Rand am unteren Rand der Zeile des übergeordneten Elements befindet.
- `top`: Richtet den Inhalt im betreffenden Element so aus, dass sich sein oberer Rand am oberen Rand der Zeile des übergeordneten Elements befindet.

In der Deklaration für Tabellenzellen verhalten sich `sub`, `super`, `text-bottom` und `text-top` wie `baseline`. Die Konstanten `bottom`, `middle` und `top` beziehen sich auf die Box der Tabellenzelle, `baseline` bezieht sich auf die Grundlinie der Tabellenzeile.

Standardwert: `baseline`

Kompatibilität

CSS-Version: 1 (CSS-Maßangaben seit CSS2)

Funktioniert in Internet Explorer ab Version 4, Opera und Mozilla (einschließlich Netscape ab Version 6).

Der Internet Explorer für Windows bis Version 5 unterstützt nur `baseline`, `sub` und `super`. Version 5.5 funktioniert zwar mit allen Konstanten, allerdings nur für Elemente, die das HTML-Attribut `valign` unterstützen (zum Beispiel Tabellenzellen). Der Internet Explorer für Windows unterstützt für `vertical-align` generell keine CSS-Maßangaben oder Prozentwerte.

Beispiel

Folgende Stilregel richtet alle Tabellenüberschriften (`th`) an der vertikalen Mitte der Tabellenzellen aus, in denen sie stehen:

```
th {
  vertical-align: middle;
}
```

visibility

Die Eigenschaft visibility beschreibt, ob ein Element auf einer Seite sichtbar ist. Ein mit dieser Eigenschaft ausgeblendetes Element wird zwar nicht angezeigt, nimmt aber weiterhin seinen Platz im Layout der Seite ein. Um ein Element auch darin auszublenden, muss seine Eigenschaft display auf none gestellt werden.

Vererbt: ja

Siehe auch: display

Werte

Die Eigenschaft visibility akzeptiert die folgenden Konstanten:

- collapse: Wird diese Einstellung in Tabellen für eine Zeile (tr), Zeilengruppe (thead, tbody, tfoot), Spalte (col) oder Spaltengruppen (colgroup) deklariert, werden diese ausgeblendet und die Tabelle entsprechend verkleinert. Für andere Elemente wirkt diese Einstellung wie hidden.
- hidden: Das Element ist unsichtbar, behält aber seinen Platz innerhalb des Layouts bei.
- visible: Das Element wird sichtbar dargestellt.

Standardwert: visible

Kompatibilität

CSS-Version: 2

Funktioniert in allen aktuellen Browsern, die Konstante collapse wird aber von keinem aktuellen Browser unterstützt.

Netscape 4 unterstützt visibility nur für Elemente, deren position mit absolute oder relative deklariert ist.

Beispiel

Folgende Stilregel blendet Elemente der Klasse aktiv aus. Mit DHTML können sie in Abhängigkeit von Aktionen des Benutzers wieder sichtbar gemacht werden, was einen schönen interaktiven Effekt ergibt.

```
.aktiv {
  visibility: hidden;
}
```

voice-family

Die Eigenschaft voice-family beschreibt in akustischen Browsern die Stimme, mit der der Inhalt einer Seite vorgelesen wird. voice-family ist somit das akustische Gegenstück zu font-family.

Vererbt: ja

Siehe auch: pitch, pitch-range, richness, stress, volume

Werte

Vordefinierte Stimmdateien, abhängig von den Einstellungen des Browsers, oder generische Stimmnamen:

- male
- female
- child

Wie auch bei font-family werden generische Stimmnamen immer am Ende der Deklaration angegeben.

Standardwert: abhängig vom Browser

Kompatibilität

CSS-Version: 2

Wird von keinem aktuellen visuellen Browser unterstützt.

Beispiel

Folgende Stilregel erzeugt für Elemente der Klasse bedrohlich eine Stimme mit der Stimmdatei igor oder, wenn diese nicht auf dem System des Benutzers vorhanden ist, eine andere verfügbare männliche Stimme:

```
.bedrohlich {
  voice-family: igor, male;
}
```

volume

Die Eigenschaft volume beschreibt für akustische Browser die durchschnittliche Lautstärke, mit der die Inhalte eines Elements vorgelesen werden.

Vererbt: ja

Siehe auch: pitch, pitch-range, richness, stress, voice-family

Werte

Ein absoluter Wert zwischen 0 und 100, ein Prozentwert der Lautstärke des übergeordneten Elements oder eine der folgenden Konstanten:

- silent: keine Tonwiedergabe
- x-soft: die niedrigste hörbare Lautstärke, entspricht 0
- soft: geringe Lautstärke, entspricht 25
- medium: mittlere Lautstärke, entspricht 50
- loud: enorme Lautstärke, entspricht 75
- x-loud: maximale Lautstärke, entspricht 100

Standardwert: medium

Kompatibilität

CSS-Version: 2

Wird von keinem aktuellen visuellen Browser unterstützt.

Beispiel

Folgende Stilregel lässt Elemente der Klasse bedrohlich in einer überdurchschnittlich lauten Stimme vorlesen:

```
.bedrohlich {
volume: loud;
}
```

white-space

Aufeinander folgende Leerzeichen und Tabulatoren werden auf einer HTML-Seite auf einzelne Leerzeichen reduziert. Zeilenwechsel kommen nur im Zuge des automatischen Zeilenumbruchs zustande oder durch
-Tags im HTML-Code.

Um aufeinander folgende Leerzeichen oder manuell gesteuerte Zeilenumbrüche auf einer Seite zu erzeugen, muss man sich in HTML einiger Tricks mit Elementen wie , dem nowrap-Attribut in Tabellen-Tags und dem HTML-Tag <pre> bedienen, die eigentlich nicht für diese Einsatzzwecke gedacht sind.

CSS bietet eine elegantere und standardgerechte Lösung: Die Eigenschaft white-space ermöglicht es, in ausgewählten Elementen aufeinander folgende Leerzeichen anzulegen und Zeilenumbrüche zu steuern.

Vererbt: ja

Werte

Diese Eigenschaft akzeptiert folgende Konstanten:

- normal: Inhalte werden nach dem normalen HTML-Verhalten angezeigt: Leerzeichen werden zusammengezogen und Zeilen automatisch umgebrochen.

- nowrap: Leerzeichen werden zusammengezogen, automatische Zeilenumbrüche werden ausgeschaltet und nur mit
-Tags ausgelöst bzw. durch generierte Inhalte ersetzt (siehe content).

- pre: Leerzeichen werden nicht zusammengezogen und automatische Zeilenumbrüche ausgeschaltet. Diese Art der Darstellung zeigt ein ähnliches Verhalten wie das Element pre in HTML.

Standardwert: normal

Kompatibilität

CSS-Version: 1

Funktioniert in Mozilla (einschließlich Netscape ab Version 6), Opera und dem Internet Explorer 5 für Macintosh.

Der Internet Explorer für Windows unterstützt diese Eigenschaft erst seit Version 5.5 und den Wert pre nur in Version 6 im »Standards-Compliant Mode«[57].

Netscape 4 unterstützt diese Eigenschaft mit Ausnahme von nowrap.

Beispiel

Folgende Stilregel ermöglicht es, in div-Elementen der Klasse screen mehrere Leerzeichen hintereinander anzulegen, und unterdrückt automatische Zeilenumbrüche:

```
div.screen {
  white-space: pre;
}
```

---

57. http://msdn.microsoft.com/library/en-us/dnie60/html/cssenhancements.asp

widows

Die Eigenschaft widows beschreibt die minimale Anzahl an Zeilen in einem Abschnitt, vor denen ein Seitenumbruch eingefügt werden darf. Diese Eigenschaft ist für die Druckversion einer HTML-Seite vorbehalten und dient zur Vermeidung vereinzelt stehender Zeilen am Anfang einer Druckseite, so genannte Schusterjungs.

Als Beispiel dient ein Absatz mit sechs Zeilen. Wenn die Größe der Druckseite einen Umbruch nach der vierten Zeile erfordert, erzwingt eine Deklaration von widows mit 3 den Seitenumbruch *vor* dem Absatz, so dass die letzten drei Zeilen nicht getrennt werden.

Vererbt: ja

Siehe auch: orphans

Werte

Eine positive, ganze Zahl.

Standardwert: 2

Kompatibilität

CSS-Version: 2

Funktioniert in allen auf Mozilla basierenden Browsern (einschließlich Netscape ab Version 6), Opera 7 und dem Internet Explorer 5 für Macintosh.

Beispiel

Folgende Stilregel legt fest, dass beim Ausdrucken des betreffenden Dokuments kein Seitenumbruch innerhalb der letzten vier Zeilen eines Absatzes erfolgt:

```
p {
  widows: 4;
}
```

width

Die Eigenschaft width beschreibt die Breite eines Blockelements oder eines aus einer externen Quelle eingesetzten Elements[58]. In der Breite sind Innenrand, Rahmen und Außenrand nicht enthalten.

Ist die Breite des Inhalt in einem Blockelement größer als der ihm zugewiesene Wert für `width`, ist das Ergebnis abhängig von der CSS-Eigenschaft `overflow`.

Vererbt: nein

Siehe auch: `height`, `max-width`, `min-width`, `overflow`, `text-overflow`

Werte

Eine absolute CSS-Maßangabe, ein Prozentwert der Breite des übergeordneten Elements oder die Konstante `auto`.

Standardwert: `auto`

Kompatibilität

CSS-Version: 1

Funktioniert mit Mängeln in allen CSS-fähigen Browsern. Funktioniert vollständig in aktuellen, CSS2-fähigen Browsern (Netscape 6, Opera 7, Mozilla, Internet Explorer 5 für Macintosh).

Der Internet Explorer für Windows (bis Version 6.0) berechnet die Breite fälschlicherweise einschließlich Innenrand, Rahmen und Außenrand. Nur im »Standards-Compliant Mode«[59] in Version 6.0 tritt der Fehler nicht auf. Für alle anderen Versionen muss ein separates Stylesheet erstellt werden oder eine durch Ränder und Rahmen verkleinerte Box in Kauf genommen werden.

Der Internet Explorer 4 unterstützt diese Eigenschaft nur für einige Blockelemente (zum Beispiel `div`).

Netscape 4 unterstützt diese Eigenschaft nur für Bilder und mit `absolute` positionierte Elemente.

Beispiel

Folgende Stilregel erzeugt für Absätze der ID `textbaustein` eine feste Breite von 100 Pixel:

---

58. Ein eingesetztes Element ist ein Element, dessen Aussehen in einer externen Quelle bestimmt wird, zum Beispiel Bilder (über `img`-Elemente), Plugins (über `object`-Elemente) und Texteingabefelder (über `input`- und `select`-Elemente). Eine andere Art eingesetzter Elemente sind mit CSS-Pseudo-Elementen in der Zeile eingeblendete Elemente.
59. http://msdn.microsoft.com/library/en-us/dnie60/html/cssenhancements.asp

```
#textbaustein p {
  width: 100px;
}
```

word-break

Die nicht in der CSS-Spezifikation enthaltene Eigenschaft word-break beschreibt für Elemente in chinesischer, japanischer und koreanischer (CJK) Schrift ein spezielles Verhalten bei Zeilenumbrüchen.

Vererbt: ja

Werte

Die Eigenschaft word-break akzeptiert die folgenden Konstanten:

- break-all: Automatische Zeilenumbrüche können innerhalb von Wörtern erfolgen. Diese Einstellung ist für CJK-Texte geeignet, die auch lateinische Textfragmente enthalten.

- keep-all: Erlaubt generell keine automatischen Zeilenumbrüche innerhalb von Wörtern. Diese Einstellung ist für Texte in lateinischen Schriftsystemen geeignet, die auch CJK-Textfragmente enthalten

- normal: Erlaubt automatische Zeilenumbrüche innerhalb von Wörtern in CJK-Texten, jedoch keine automatischen Zeilenumbrüche innerhalb von Wörtern in Texten in lateinischen Schriftsystemen.

Standardwert: normal

Kompatibilität

CSS-Version: ist nicht Bestandteil der CSS-Spezifikation

Funktioniert nur im Internet Explorer für Windows ab Version 5.

Eine entsprechende Funktionalität in CSS3 ist geplant. Die endgültigen Eigenschafts- und Wertbezeichnungen werden jedoch wahrscheinlich anders lauten. Aktuelle Informationen finden Sie auf der Website der CSS Working Group[60].

---

60. http://www.w3.org/TR/2003/WD-css3-text-20030226/#wordbreak-props

Beispiel

Folgende Stilregel erlaubt keine automatischen Zeilenumbrüche und ermöglicht eine sprachgerechte Darstellung chinesischer, japanischer und koreanischer Schrift:

```
body {
  word-break: keep-all;
}
```

word-spacing

Die Eigenschaft word-spacing beschreibt die Abstände zwischen den einzelnen Wörtern in einem HTML-Element.

Vererbt: ja

Siehe auch: letter-spacing

Werte

Eine absolute CSS-Maßangabe oder die Konstante normal. Prozentwerte sind *nicht* erlaubt.

Positive Werte vergrößern den Abstand zwischen Wörtern, negative Werte verringern ihn. In den meisten Fällen empfiehlt es sich, Werte in em (z.B. 0.5em) anzugeben. Dadurch wird der relative Abstand der Schriftart beibehalten, selbst wenn die Schriftgröße verändert wird (ein em entspricht der Größe einer Schrift).

Standardwert: normal

Kompatibilität

CSS-Version: 1

Funktioniert in auf Mozilla basierenden Browsern (einschließlich Netscape ab Version 6), Internet Explorer für Windows ab Version 6, Internet Explorer für Macintosh ab Version 4.01 und Opera.

Beispiele

Folgende Stilregel legt für alle Elemente der Klasse luftig einen zusätzlichen Wortabstand fest, der ihrer halben Schriftgröße entspricht:

```
.luftig {
  word-spacing: 0.5em;
}
```

Folgende Stilregel legt für alle Elementen der Klasse gedrungen einen Wortabstand fest, der um den Wert der halben Schriftgröße verringert wird:

```
.gedrungen {
  word-spacing: -0.5em;
}
```

word-wrap

Die nicht in der CSS-Spezifikation enthaltene Eigenschaft word-wrap beschreibt den Umgang mit Wörtern, die länger sind als die Breite (width) des Elements, in dem sie dargestellt werden. Entweder überfließen sie die Breite oder sie werden in die nächste Zeile umgebrochen.

Vererbt: ja

Siehe auch: width, text-overflow

Werte

- break-word (bricht Wort in die nächste Zeile um)
- normal (lässt den Inhalt aus der Box fließen)

Standardwert: normal

Kompatibilität

CSS-Version: ist nicht Teil der CSS-Spezifikation

Funktioniert nur im Internet Explorer für Windows ab Version 5.5.

Beispiel

Folgende Stilregel erzeugt einen Umbruch von langen Wörtern, wenn sie die Breite des Elements, in dem sie dargestellt werden sollen, überragen:

```
body {
  word-wrap: break-word;
}
```

writing-mode

Die nicht in der CSS-Spezifikation enthaltene Eigenschaft writing-mode beschreibt die Schreibrichtung in Textelementen: von links nach rechts geschriebene Zeilen im Zeilenlauf von oben nach unten (üblich für lateinische Sprachen wie Deutsch oder Englisch) oder von oben nach unten geschriebene Zeilen mit Zeilenlauf von rechts nach links (üblich für ostasiatische Sprachen wie Chinesisch oder Japanisch).

Vererbt: ja

Siehe auch: layout-flow

Wert

lr-tb oder tb-rl. Zeichen, deren Zeichensatz die Einstellung tb-rl nicht vorsieht, werden um 90 Grad im Uhrzeigersinn gedreht.

Standardwert: lr-tb

Kompatibilität

CSS-Version: ist nicht Bestandteil der CSS-Spezifikation

Funktioniert nur im Internet Explorer für Windows ab Version 5.5.

Eine entsprechende Funktionalität in CSS3 ist geplant. Die endgültigen Eigenschafts- und Wertbezeichnungen werden jedoch wahrscheinlich anders lauten. Aktuelle Informationen finden Sie auf der Website der CSS Working Group[61].

Beispiel

Folgende Stilregel setzt den writing-mode für body und seine untergeordneten Elemente auf die ostasiatische Methode tb-rl:

```
body {
  writing-mode: tb-rl;
}
```

z-index

Die Eigenschaft z-index beschreibt die Position eines nicht mit static positionierten Elements in einem Stapel sich überlappender Elemente.

Elemente, die mit static oder gar nicht positioniert sind, befinden sich im selben Stapelkontext immer unterhalb von Elementen, die mit absolute oder relative positioniert sind. Ihr z-index beträgt 0. Elemente im gleichen Stapelkontext mit demselben Wert für z-index werden in der Reihenfolge ihrer Erwähnung im HTML-Code gestapelt, das erstgenannte nach unten, das letztgenannte nach oben.

---

61. http://www.w3.org/TR/2003/WD-css3-text-20030226/#Progression

Vererbt: nein

Siehe auch: position

Wert

Eine positive, ganze Zahl oder die Konstante auto. Je höher der numerische Wert, desto weiter oben die Position.

Bei Verwendung der Konstante auto verhält sich das Element wie mit z-index von 0. Es erzeugt allerdings keinen neuen Stapelkontext, sondern integriert sich an unterster Position in einen bestehenden Stapelkontext.

Standardwert: auto

Kompatibilität

CSS-Version: 2

Funktioniert in allen CSS-fähigen Browsern, einschließlich Netscape 4.

Beispiel

Folgende Stilregel positioniert das Element mit der ID hauptmenue zehn Pixel von der linken oberen Ecke des Browserfensters entfernt. Kommt es zu einer Überlappung, lässt es der z-index über anderen Elementen mit einem niedrigeren z-index schweben:

```
#hauptmenue {
  position: absolute;
  top: 10px;
  left: 10px;
  width: 100px;
  height: 300px;
  z-index: 10;
}
```

zoom

Die nicht in der CSS-Spezifikation enthaltene Eigenschaft zoom ermöglicht es, ein Element und seinen Inhalt zu skalieren.

Vererbt: nein

Werte

Der Faktor der Vergrößerung, entweder als Fließkommazahl, als Prozentwert oder die Konstante normal.

Standardwert: normal

Kompatibilität

CSS-Version: ist nicht Bestandteil der CSS-Spezifikation

Funktioniert nur im Internet Explorer für Windows ab Version 5.5.

Beispiel

Folgende Stilregel zeigt alle Bilder auf einer Seite in der halben Größe an:

```
img {
 zoom: 50%;
}
```

D   Empfohlene Bücher und Websites

Die folgende Bibliografie enthält einige der besten Bücher und Websites, die es über Cascading Stylesheets gibt.

Die Aufstellung hat keinen Anspruch auf Vollständigkeit und ist nicht nach Qualität oder Wichtigkeit geordnet. Denn das CSS-Universum ist bereits zu groß für den Blickwinkel einer einzigen Person und somit erst recht für den Anhang eines Buchs. Ich hoffe aber, dass Sie die folgenden Quellen genauso schätzen werden wie ich und dass sie Ihnen genauso weiterhelfen können. Jede einzelne wird in der Aufzählung von einem Kommentar begleitet, damit Sie gleich erkennen können, welche am besten zu Ihrem Vorwissen und Ihrem Anliegen passt.

D.1   Bücher

Danny Goodman: *Dynamic HTML: The Definitive Reference. 2nd Edition.* O'Reilly. 0-596-00316-1

Dieses Buch ist das beste, das es zu DHTML gibt. Neben HTML, JavaScript und dem Document Object Model (DOM) wird auch CSS ein großer Teil gewidmet. Danny Goodman erklärt aus eigener großer Erfahrung heraus präzise und gut verständlich den Einsatz aus der Sicht des Praktikers. Das Buch kostet zwar seinen Preis (ca. 60 Euro) und ist mit seinen rund 1.400 Seiten nicht gerade ein Leichtgewicht, seine umfassenden Erklärungen und Referenzen machen es jedoch zu einer unverzichtbaren Ressource für die tägliche Arbeit.

Eric N. Meyer: *Eric Meyer on CSS: Mastering the Language of Web Design.* New Riders. 0-7357-1245-X

Eric Meyer zählt zu den anerkanntesten und bekanntesten Experten, wenn es um Cascading Stylesheets geht. Dieses hochwertige Buch, das in Übergröße und mit vielen Abbildungen erscheint, ist eine wahre

Schatzkiste mit vielen fortgeschrittenen CSS-Lösungen. Es ist als Workshop mit 13 Projekten aufgebaut, die Meyer Schritt für Schritt erklärt. Unter anderem lernt man, wie man HTML-Grußkarten, mehrspaltige Layouts, originelle Scroll-Seiten und Aufsehen erregende Textformulare erstellt. Ein wunderschönes und hilfreiches Arbeitsbuch für Fortgeschrittene!

Steve Callihan: *Cascading Style Sheets (CSS) By Example*. InformIT. 0-7897-2617-3

Dieses ist das beste CSS-Buch für Einsteiger, das mir bisher untergekommen ist. Callihans Schreibstil ist ansprechend, anregend und sehr gut nachvollziehbar. Mit vielen Beispielen und Code-Fragmenten werden die ersten Schritte besonders einfach gemacht. Dieses Buch ist eine optimale Ergänzung zu diesem Buch, wenn Sie gerade erst mit CSS begonnen haben und die Details noch einmal aus einer anderen Blickrichtung angehen möchten.

D.2 Nützliche Webseiten

Leider ist vermutlich vieles von dem, was Ihre Lieblingssuchmaschine zum Thema CSS findet, schon veraltet, bevor Sie es das erste Mal in Ihren Browser laden. Mit der Veröffentlichung der CSS2-Spezifikation im Jahre 1998 gab es eine wahre Flut an Artikeln mit Einstiegsthemen, Tipps und besonderen Rezepten für die damals neuesten Browserversionen. Das Web und die Browser haben sich seitdem jedoch enorm weiterentwickelt und nur wenige Seiten sind heute noch auf dem neuesten Stand.

Die folgenden Websites sind allesamt CSS-Pflänzchen, die bis heute ständig aktualisiert werden. Es gelten jedoch die üblichen Vorsichtsmaßnahmen von Online-Ressourcen. Was noch heute die beste Site zu einem Thema sein kann, kann morgen schon ein toter Hyperlink sein.

A List Apart

http://www.alistapart.org

A List Apart gilt seit den ersten Tagen des WWW als Eckpfeiler der Webdesign-Community. Die Website von Koryphäe Jeffrey Zeldman ist gespickt mit neuesten Informationen über CSS. Zeldman zeigt Lösungen und Techniken anhand von Beispielen, die man direkt auch auf der eigenen Seite einsetzen kann. Dazu gibt es ein umfassendes Archiv mit Artikeln von den besten Designern und Autoren zum Thema.

HTML Utopia – Designing Without Tables

http://www.sitepoint.com/article.php/379

Streng genommen ist es dieser kleine inspirierende, zweiteilige Artikel, der verantwortlich ist für dieses Buch und den Ansatz, den wir darin gewählt haben. Er erklärt, wie für ein Seitenlayout HTML-Tabellen mit CSS ersetzt werden können. Eine originelle, kurze Einführung in CSS, auch geeignet als Zusammenfassung dieses Buchs, mit der Sie Ihr Wissen auffrischen können.

The AnyBrowser Campaign Site Design Guide

http://www.anybrowser.org/campaign/abdesign3.html

Eine der besten Websites zur Browserkompatibilität und Teil der »Viewable With Any Browser«-Kampagne, die Designer und Entwickler detailliert darüber informiert, wie ihre Seiten in den wichtigsten Browsern dargestellt werden. Auf der Site gibt es Links zu den offiziellen Standards sowie jede Menge Tipps und Techniken, um möglichst viele Browserversionen zu unterstützen. Dazu kommen viele Verweise auf Validatoren, Checker-Tools und Artikel über alle wichtigen Standards und Spezifikationen.

glish.com: CSS Layout Techniques

http://glish.com/css

Eine schöne, anregende Übersicht über CSS. Diese Website bietet viele detaillierte Artikel über Unmengen verschiedener Layouts und Designeffekte mit CSS und ihre Eigenheiten sowie eine lange Liste an weiteren, nützlichen Ressourcen. Optimale Recherchequelle und Linksammlung zugleich.

The Layout Reservoir – BlueRobot

http://bluerobot.com/web/layouts/default.asp

Diese Website dient vor allem als Codesammlung für viele verschiedene zwei- und dreispaltige CSS-Layouts. Darüber hinaus gibt es interessante Informationen und Beispiele dazu, wie man Elemente auf HTML-Seiten am besten zentriert und welche Effekte man damit herbeiführen kann.

Little Boxes at the Noodle Incident

http://www.thenoodleincident.com/tutorials/box_lesson/boxes.html

Erfahrungswerte von anderen Designern sind immer hilfreich, besonders dann, wenn sie gut dokumentiert sind. Die Little Boxes bietet beides, zudem noch hervorragend visualisiert und mit ausführlichen Codefragmenten versehen. Jede Seite schildert ein anderes CSS-Layout und die dafür geeignete Herangehensweise. Auch spezifische Probleme werden aufgearbeitet und elegant gelöst.

Websitetips.com

http://www.websitetips.com/css/

Websitetips.com ist eine hervorragende Plattform für Insider-Informationen zum Thema CSS und andere Webtechnologien mit einer umfassenden Referenz an anderen Quellen. Die ideale Anlaufstelle, wenn man auf Probleme stößt oder Fragen hat, die einem sonst niemand beantworten kann.

Complexspiral Demo

http://www.meyerweb.com/eric/css/edge/complexspiral/demo.html

Diese Demo ist eine Subsite von Eric Meyers Homepage *Meyerweb.com*. Trotzdem ist sie in sich geschlossen und würde eigentlich eine eigene URL verdienen. Sie ist die Adresse Nummer eins im Web für die Gestaltung von Hintergründen mit CSS. Darüber hinaus bietet sie viele schöne Designeffekte. Das Schönste jedoch ist, dass sich Eric Meyer in den Sourcecode schauen lässt und diesen auch noch anschaulich erklärt.

Accessibility Features of CSS

http://www.w3.org/TR/CSS-access

Auch wenn eigentlich die ganze CSS-Site des W3C eine äußerst nützliche Quelle ist, ist die Sektion für das Design behindertengerechter Sites besonders herauszustellen. Hier erfahren Sie einfach alles, was Sie mit HTML und CSS tun können, um Ihre Website so barrierefrei wie möglich zu gestalten.

Eric Meyer on CSS

http://www.ericmeyeroncss.com

Hinter dieser Adresse verbirgt sich die Website zu Eric Meyers Buch mit demselben Titel. Sie enthält eine sehr informative Fehlerkorrektur, an der viele bekannte Cracks mitgearbeitet haben, und viele Informationen, die noch weit über das Buch hinausgehen.

Real World Style

http://realworldstyle.com

Eine besonders schöne, sauber gestaltete und hilfreiche Site von Mark Newhouse mit einer Menge an Tipps, Einsichten, Meinungen und vielen weiteren Bonbons zum Thema. Eine wertvolle Plattform ist auch der Blog, der immer wieder neue Tipps und Ansichten zu CSS enthält. Sehr interessant und ständig aktualisiert!

NYPL: Style Guide

http://www.nypl.org/styleguide/

Die Website zum Thema der hochgeschätzten New York Public Library mit Styleguides zu XHTML und CSS. Die richtige Site, wenn man inmitten aller Tipps und Tricks mal wieder vergessen hat, wie man auch mit einfachem und sauberem Code gute Ergebnisse erzielen kann.

W3C Recommendation for Cascading Style Sheets, Level 1
W3C Recommendation for Cascading Style Sheets, Level 2

http://www.w3.org/TR/REC-CSS1
http://www.w3.org/TR/REC-CSS2

Die offiziellen Sites der gültigen CSS-Spezifikationen sind die definitiven Quellen darüber, wie Cascading Stylesheets exakt und den Standards entsprechend eingesetzt werden. Die W3C-Spezifikationen sind gut verlinkt, durchsuchbar und in einer hervorragenden Informationsarchitektur aufgebaut.

Diese Spezifikationen sollten eigentlich die genauen Anweisungen abbilden, wie Browser CSS interpretieren sollten. Da die Praxis davon leider stark abweicht, ist es ratsam, neben den W3C-Spezifikationen immer auch eine Kompatibilitätstabelle zur Hand zu haben.

W3C CSS Validation Service

http://jigsaw.w3.org/css-validator

Unter dieser URL ist der Validation Service des W3C zu finden. Mit diesem kann man den eigenen CSS-Code einer exakten Prüfung nach den CSS-Standards unterziehen. Umfassende Erläuterungen zu diesem Dienst finden Sie in Kapitel 13.

Image Overflow Trick

http://people.opera.com/jax/buzz/css/imagepos/

Diese Website enthält ein hervorragendes und gut nachvollziehbares Beispiel für das Ausschneiden von Bildinhalten, wie wir es bereits in Kapitel 9 besprochen haben. Hier finden Sie einige weitere Tricks und Einsatzzwecke für diesen Effekt.

Fancy Paragraphs With CSS

http://www.sitepoint.com/article.php/942

Dieser Artikel auf der Sitepoint-Website zeigt, wie man Fließtext interessant und originell gestalten kann. Vertieft werden die Techniken, die in Kapitel 9 dieses Buchs vorgestellt werden, mit einigen weiteren Effekten und Beispielen. Eine kleine Site, die sich lohnt und Ihnen dabei helfen kann, Design auf Ihre schlichten Text-Webseiten zu bringen.

CSS Is Easy!

http://www.sitepoint.com/article.php/309

Ein weiter Sitepoint-Artikel vom Co-Autor dieses Buchs Kevin Yank. In sechs Teilen erklärt er darin die ganze CSS-Technologie! Das vielleicht kürzeste CSS-Tutorial, das es gibt, ideal auch als Referenz, die man schnell überfliegen und überall mit hinnehmen kann.

What is Liquid Design?

http://www.sitepoint.com/article.php/951

Noch ein Sitepoint-Artikel, dieses Mal über den Einsatz von CSS und HTML-Tabellen für die Gestaltung dehnbarer, flexibler Layouts. Fest fixierte Layouts sind immer die schlechtere Wahl und sollten erst dann eingesetzt werden, wenn kein Weg daran vorbeiführt. Wie Sie die Dehnbarkeit Ihrer Seite um fast jeden Preis bewahren können, veranschaulicht Ihnen Nick Wilson in diesem Artikel.

Introduction to CSS Shorthand

http://www.sitepoint.com/article.php/966

Und zu guter letzt ein weiterer Sitepoint-Artikel, der sich lohnt: Wie wir in diesem Buch gelernt haben, gibt es für viele, sehr detaillierte Eigenschaften auch zusammenfassende Eigenschaften, die den Einsatz von CSS besonders einfach machen. Ein simples `font` kann zum Beispiel alle Merkmale enthalten, die ein Element über `font-family`, `font-size`, `font-weight` und viele andere `font`-Eigenschaften wissen muss. Dieser kleine Artikel enthält alle wichtigen Punkte, die Sie beim Einsatz zusammenfassender Eigenschaften beachten sollten.

Index

A

abwärtskompatibel
　　CSS-Seiten ~ machen 253
alternative Stylesheets 29, 33, 71
Anführungszeichen 11
At-Regeln 265
　　@font-face 265
　　@import 41, 265
　　@media 265
　　@page 265, 267, 372
auditive Stylesheets 269
<a>-Tag, siehe auch Hyperlinks 53

B

Barrierefreiheit 32, 72
behindertenfreundliche Websites, siehe Barrierefreiheit
Benutzereinstellungen, siehe Browser
Besonderheit, siehe Kaskadierung
Bilder, siehe Grafiken
blinkender Text 187
Blockelemente, siehe Elementtypen
Blocksatz, siehe Text ausrichten
Box-Modell 82
　　Abstände 81
　　Außenrand 91
　　Innenrand 84
　　Rahmen 99
　　Rahmenfarbe 100
　　~-Bug 112
Braille-Drucker 266
Braille-Zeile 72, 266
Browser 37
　　alte ~ 38, 249, 253
　　Benutzereinstellungen 62, 139, 140, 146
　　CSS-Unterstützung 38
　　erkennen 39, 256
　　kaputte ~ 40, 257
　　nicht CSS-konforme ~ 254
　　Sprachausgabe 72

C

Code-Archiv xix
CSS
　　Browser 37
　　Design 67
　　Einsatzgebiete 21
　　Grenzen 30, 223
　　Vorteile 68
　　Zweck 5
CSSCheck-Validator 253
CSS-Eigenschaften, siehe Eigenschaften
CSS-Positionierung 102, 111, 224
　　absolut 102
　　relativ 102
　　Seitenbereiche 111
　　z-index 125, 423
CSS-P, siehe CSS-Positionierung
CSS-Regeln 8, 10, 47
　　Deklarationen 10
　　Selektoren 10, 47
　　Typen 11
　　siehe auch At-Regeln
　　siehe auch Selektoren
CSS3 229
Cursor, siehe Mauszeiger

D

Deklarationen (CSS-Regeln) 10
<del>-Tag 189
DHTML 270
<div>-Tag, siehe Elemente
DOCTYPE Switching 260
Drei-Spalten-Layout, siehe Layout
Durchschuss 179
dynamisches HTML, siehe DHTML

E

Eigenschaften 10, 279
   azimuth 279
   background 244, 280
   background-attachment 281
   background-color 83, 145, 146, 282
   background-image 283
   background-position 284
   background-position-x 286
   background-position-y 286
   background-repeat 287
   behavior 288
   border 101, 289
   border-bottom 289
   border-bottom-color 100, 290
   border-bottom-style 291
   border-bottom-width 100, 292
   border-collapse 292
   border-color 100, 101, 293
   border-left 289
   border-left-color 100, 290
   border-left-style 291
   border-left-width 100, 292
   border-right 289
   border-right-color 100, 290
   border-right-style 291
   border-right-width 100, 292
   border-spacing 295
   border-style 99, 101, 295
   border-top 289
   border-top-color 100, 290
   border-top-style 291
   border-top-width 100, 292
   border-width 100, 101, 297
   bottom 298
   caption-side 299
   clear 115, 136, 213, 300
   clip 301
   color 10, 145, 302
   content 303
   counter-increment 306
   counter-reset 307
   cue 308
   cue-after 309
   cue-before 309
   cursor 242, 309
   direction 311
   display 101, 237, 238, 313
   display-model 229
   display-role 229
   elevation 317
   empty-cells 317
   filter 318
   float 28, 113, 211, 320
   font 45, 153, 160, 321
   font-family 11, 154, 323
   font-size 11, 155, 324
   font-size-adjust 327
   font-stretch 328
   font-style 159, 329
   font-variant 159, 330
   font-weight 160, 331
   height 332
   ime-mode 334
   layer-background-color 334
   layer-background-image 336
   layout-flow 337
   layout-grid 337
   layout-grid-char 339
   layout-grid-line 339
   layout-grid-mode 340
   layout-grid-type 341
   left 103, 342
   letter-spacing 182, 344
   line-break 344
   line-height 179, 345
   list-style 347
   list-style-image 201, 349
   list-style-position 200, 350
   list-style-type 196, 351
   margin 91, 98, 352
   margin-bottom 97, 268, 354
   margin-left 92, 268, 354
   margin-right 268, 354
   margin-top 97, 268, 354
   marker-offset 355
   marks 356
   max-height 356
   max-width 357
   min-height 356
   min-width 357
   -moz-border-radius 358
   -moz-border-radius-bottomleft 360
   -moz-border-radius-bottomright 360
   -moz-border-radius-topleft 360
   -moz-border-radius-topright 360
   -moz-opacity 361

orphans 362
outline 363
outline-color 364
outline-style 365
outline-width 366
overflow 219, 367
overflow-x 368
overflow-y 368
padding 86, 369
padding-bottom 84, 371
padding-left 84, 92, 371
padding-right 84, 85, 371
padding-top 84, 371
page 372
page-break-after 373
page-break-before 374
page-break-inside 375
pause 376
pause-after 377
pause-before 377
pitch 378
pitch-range 379
play-during 379
position 102, 105, 380
quotes 382
richness 383
right 384
ruby-align 385
ruby-overhang 386
ruby-position 387
scrollbar-arrow-color 390
scrollbar-base-color 389
scrollbar-darkShadow-color 390
scrollbar-element-color 390
scrollbar-face-color 390
scrollbar-highlight-color 390
scrollbar-shadow-color 390
scrollbar-track-color 390
scrollbar-3dLight-color 390
size 391
speak 392
speak-header 392
speak-numeral 393
speak-punctuation 394
speech-rate 395
stress 396
table-layout 396
text-align 171, 397
text-align-last 398

text-autospace 399
text-decoration 187, 400
text-indent 176, 401
text-justify 402
text-kashida-space 403
text-overflow 404
text-shadow 405
text-transform 406
text-underline-position 407
top 103, 408
unicode-bidi 409
vererben 47
vertical-align 411
visibility 102, 313, 414
voice-family 415
volume 415
white-space 416
widows 418
width 112, 418
word-break 420
word-spacing 182, 186, 421
word-wrap 422
writing-mode 422
z-index 125, 214, 423
zoom 424
zusammenfassende 44
Eingabeformulare 117
eingebettete Stylesheets 13
Einrückung (bei Zeilen) 176
Elemente
    body 45, 46, 120
    code 102
    div 24, 27, 46, 131, 170, 218
    head 45
    html 45
    img 27, 57, 114, 219, 332, 419
    input 332, 419
    link 46
    meta 46
    object 332, 419
    select 332, 419
    span 25, 102, 104, 113, 159, 169
    strong 102
    title 46
Elementtypen
    Blockelemente 24, 85, 101, 237
        als Inline-Elemente 313
    Inline-Elemente 101, 102, 170
        als Blockelemente 313

em (M-Höhe) 61, 89
Ereignisabfolge, siehe Kaskadierung
ex (x-Höhe) 61
externe Stylesheets 14

F

Farben 22, 139, 140
    auswählen 143
    Benutzereinstellungen 146
    CSS-Farbreferenz 273
    definieren 141
    Farbnamen 141, 274
    Hintergrund 22, 89, 145, 146
    Hyperlinks 193
    kombinieren 143
    Rahmen 100
    RGB-Werte 142, 273
    systemspezifische Farbwerte 142, 278
    Tabellen 149
    Text 22, 145
    Textkästen 147
    Transparenz 146
    Vordergrund 145
    websichere ~ 144
<font>-Tag 153, 157
Footbag Freaks 129

G

Gewichtung, siehe Kaskadierung
Grafiken 27, 211
    ausrichten 211
    ausschneiden 217
    Hintergrundbilder 146, 216, 244, 245
    Text auf ~ 214
    Transparenz 146, 216, 245
    umfließender Text 211

H

Herkunft, siehe Kaskadierung
Hintergrundbilder 146
    fixieren 244
    teilweise transparent 216, 245
Hintergründe
    Farben 22, 89, 145, 146
<hr>-Tag 189

HTML xvii, 3, 73, 270
Hyperlinks 242
    als Blockelemente 237
    Aussehen 192
    Farben 193
    Mauszeiger über ~ 26, 238
    Unterstreichung entfernen 236
    Zustand 193

I

<img>-Tag 27, 57, 114, 211, 219, 332, 419
Initialen, hängende 25, 113
Inline-Elemente, siehe Elementtypen
Inline-Stylesheets 13

J

JavaScript 30, 39, 229, 270

K

Kapitälchen 159
Kaskadierung 202
    Besonderheit (Spezifität) 203, 206
    Ereignisabfolge 203, 205
    Gewichtung 203, 208
    Herkunft 203, 208
Kommentare 63
kursiv 159
K.-o.-Text 214

L

Layout 111
    an Größe des Browserfensters anpassen 119
    Drei-Spalten-~ 105
    Kopfbereich 108
    mehrspaltig 102, 223
    mit mehreren Blöcken 111
linksbündig, siehe Text ausrichten
Links, siehe Hyperlinks
<link>-Tag 14, 33, 44, 69, 107, 205
    media-Attribut 71, 258

Listen 195
    als Menüs 234
    als Untermenüs 240
    Aufzählungszeichen 196, 201
    Textfluss 200

M

Maßangaben 58
    absolut 59
    absolut vs. relativ 118
    relativ 61
    Seitenlayout 111
Mauszeiger
    über Hyperlink 26
    über Menüeintrag 238
    verändern 242
Medientypen 71, 266
mehrspaltiges Layout, siehe Layout
M-Höhe 61, 89
Mozilla-Bug 124

N

Navigationsmenü 233
Netscape Navigator 4.x 40, 257
    Probleme 258
    von Stylesheets abschotten 257

P

Pixel 59, 60, 84
Positionierung, siehe CSS-Positionierung
Properties, siehe Eigenschaften
Pseudo-Elemente 52
    :after 303
    :before 303
    :first-child 52
    :first-letter 52
    :first-line 52
Pseudo-Klassen 26, 53, 192
    :active 53, 192, 193
    :first 268
    :focus 53, 192
    :hover 26, 53, 192, 193, 237, 242
    :lang() 53, 54
    :left 268
    :link 53, 193
    :right 268
    :visited 53, 193

R

Rahmen, siehe Box-Modell
Ränder, siehe Box-Modell
rechtsbündig, siehe Text ausrichten
Regeln, siehe CSS-Regeln
Rollover-Buttons 237

S

Schattierung, siehe Text 190
Schriften 24, 153
    Browserunterschiede 156
    Größe 155, 156, 157
    herunterladbar 166
    Kapitälchen 159
    Maße 156
    nicht standardisiert 163, 166
    Schriftenlisten 164
    Schriftgattungen 155
    Schrifttypen 154
    standardisiert 163
    Stil 159
    Strichstärke 160
    Zeilenhöhe 161
    siehe auch Text
Scrollbalken 219, 278, 389, 390
    verhindern 134
Seitenbereiche 80
Seitentypen 79
Selektoren 10, 47
    Attribut-~ 56
    Elementtyp-~ 48
    für benachbarte Elemente 56
    für direkt über- und untergeordnete Elemente 55
    für Nachfahren 54
    gruppieren 58
    ID-~ 51
    Klassen-~ 50, 148
    Pseudo-Element-~ 52
    Pseudo-Klassen-~ 53
    universelle 48

Semantische Auszeichnung 70
Sniffer-Skripte 256
<span>-Tag, siehe Elemente
Spezifität, siehe Kaskadierung
Sprachausgabe 72, 266, 269
Stapeln von Inhalten 125
Stile 8
Strichstärke 160
style-Attribut 13, 43
Stylesheets
    alternative ~ 29, 33, 71
    auditive ~ 269
    embedded 13, 44
    extern 14, 44
    inline 13, 43
<style>-Tag 13, 14, 38, 40, 44, 205
    media-Attribut 267
Suchmaschinen 71

T

Tabellen 4, 16
    farbige Felder 149
    Nachteile 5
    sinnvoller Einsatz 7
Tags, siehe Elemente
testen 13
Text
    auf farbigem Hintergrund 144
    auf Grafiken 214
    ausrichten 171, 211
    blinkend 187
    dekorativer ~ 187
    durchgestrichen 189
    Farbe 22, 145
    farbige Kästen 147
    Grafiken umfließen 211
    horizontale Abstände 178
    Kapitälchen 159
    kursiv 159
    K.-o.-~ 214
    Laufweite 182
    Oberstriche 188
    schattiert 190
    Schriftgröße 155, 156, 157
    Trennlinien 189
    unterstrichen 187
    vertikale Abstände 178

Wortabstände 184
    siehe auch Schriften
Transparenz 146, 216, 245

U

unsichtbar, siehe Eigenschaften, visibility
Untermenü (im Navigationsmenü) 240

V

Validierung 249
Vererbung 45

W

Web Content Accessibility Guidelines
    (WCAG) 1.0 73
Web Design Group (WDG) 253
Weißraum 171
Werte, siehe Maßangaben
Wertlisten 11
World Wide Web Consortium (W3C) 5

X

x-Höhe 61
XHTML 1.0 73
X-Library 230
XML-DOCTYPE-Switching-Bug 261

Z

Zeilenhöhe 161
zentriert, siehe Text ausrichten
zusammenfassende Eigenschaften, siehe
    Eigenschaften

Sonderzeichen

@, siehe At-Regeln
<!-- ... --> 63
/* ... */ 63

Index

!important 208
% (Maßangabe) 61
# (Selektoren) 51
* (Selektoren) 48
+ (Selektoren) 56
, (Selektoren) 58
. (Selektoren) 50
> (Selektoren) 55
:active, siehe Pseudo-Klassen
:after, siehe Pseudo-Elemente
:before, siehe Pseudo-Elemente
:first-child, siehe Pseudo-Elemente
:first-letter, siehe Pseudo-Elemente
:first-line, siehe Pseudo-Elemente
:focus, siehe Pseudo-Klassen
:hover, siehe Pseudo-Klassen
:lang(), siehe Pseudo-Klassen
:link, siehe Pseudo-Klassen
:visited, siehe Pseudo-Klassen